中共中央党校科研精品文库
国家开发银行资助
中共中央党校2011年度重点科研项目

加快转变经济发展方式政策与实践

韩保江 李鹏 主编

Jiakuai Zhuanbian Jingji Fazhan Fangshi
Zhengce yu Shijian

中共中央党校出版社
The Central Party School Publishing House

图书在版编目（CIP）数据

加快转变经济发展方式：政策与实践/韩保江，李鹏主编．北京：中共中央党校出版社，2013.10

ISBN 978-7-5035-5061-4

Ⅰ．加…　Ⅱ．①韩…　②李…　Ⅲ．中国经济-经济发展-发展方式-研究　Ⅳ．F124

中国版本图书馆 CIP 数据核字（2013）第 097785 号

加快转变经济发展方式：政策与实践

责任编辑　曲　炜　王　琪
版式设计　李　灵
责任校对　王　巍
责任印制　王洪霞

出版发行　中共中央党校出版社
（北京市海淀区大有庄 100 号）
邮　　编　100091
网　　址　www.dxcbs.net
电　　话　（010）62805800（办公室）（010）62805824（发行部）
经　　销　新华书店
印　　刷　北京四季青印刷厂
字　　数　323 千字
版　　次　2013 年 10 月第 1 版　　2013 年 10 月第 1 次印刷
开　　本　700 毫米×1000 毫米　1/16
印　　张　19.75
定　　价　39.00 元

出版前言

中央党校作为党的最高学府，长期以来，为革命、建设和改革开放培养了一批又一批领导干部，同时，涌现了一批又一批学术名家和优秀学术成果。

近年来，中央党校教研人员深入开展科研课题研究，取得优异成绩。我们选择其中具有较高学术水平和社会价值的研究成果，经校内外专家评审，作为《中共中央党校科研精品文库》出版，以展示中央党校学术研究的整体实力，提升中央党校的整体学术形象，打造中央党校的学术品牌。

以《中共中央党校科研精品文库》出版为契机，我们将推出更多能够在国内外产生影响、在历史上流传下去的受读者欢迎的精品力作，为中央党校“一流学府”建设添砖加瓦，为全面建成小康社会、实现中华民族伟大复兴的中国梦提供智力支撑。

中共中央党校科研部

中共中央党校出版社

目　　录

下篇 实践篇

前　言

“转方式”是后危机时代中国的头等大事

中共中央党校国际战略研究所所长　韩保江

国际金融危机后，随着欧美传统经济势力的下降，中国等新兴经济体的经济总量以及国际竞争力提升，国际竞争格局及国际社会治理机制将发生深刻变化。在这种新的国际竞争格局中，中国要谋求更大发展空间，解决自身在全面建设小康社会的发展难题，都必须加快解决中国经济社会发展过程中“时空压缩”形成的“结构性”矛盾，加快经济发展方式的战略性转变。唯有如此，中国经济才能真正走上全面、协调、可持续发展的道路。

一、后危机时代中国经济发展方式面临的新约束

国际金融危机后，世界各国都在根据其国家利益和金融危机对其影响的程度而开始调整自己的发展战略和思路，由此引起国际关系的调整和大国博弈必然影响到中国的国家利益。因此，中国制定经济结构调整战略必须充分考虑新的世界政治经济格局和大国博弈的约束。

1. **新的国际竞争格局将恶化中国发展的国际环境**。改革开放30多年，中国经济高速发展，GDP年均增速超过9.8%，由此中国一路赶超英、法、德等发达国家的经济总量，成为世界“第三大经济体”。由于成功应对这次百年一遇的国际金融危机和日本经济的长期低迷，2010年中国又超过日本成为仅次于美国的世界“第二大经济体”。对于中国的这种高速发展和地位提升，无论是出于国家利益的考虑，还是鉴于意识形态的冲突，国际社会特别是传统经济大国对中国的策略都会有所调整，由此中国面临着来自发达国家和发展中国家的“全维竞争”。一是国际社会对中国的期待将进一步提升，其集中体现就是关于G2和Chimerica的说法。

G2 概念是华盛顿彼特森国际经济研究所所长伯格斯坦在 2008 年 7/8 月号的《外交事务》杂志上提出的，他认为美国应寻求同中国发展一种真正的伙伴关系，以实现对全球经济体系的共同领导，而不是纠缠于双边关系中的众多问题和相互抱怨。美国少数学者和个别战略家将 G2 一词上升到政治层面，特别是提出一种中美共治的制度性领导结构，进而以此要求中国要为国际社会多承担责任，并努力"像负责任的利益攸关方那样行事，履行其承诺并与美国和其他国家共同努力，促进为其成功提供条件的国际体系"。美国对中国提出的责任要求很多，如经济上，开放市场，增加内需，改变中美贸易逆差关系；政治上，加速推进政治改革，实现政治自由化和民主化；军事上，增加军事透明度；外交上，帮助解决地区安全问题及热点问题，如朝鲜、伊朗和苏丹达尔富尔问题；环境上，减少废气排放量使之符合国际排放标准，等等。二是西方发达国家和部分发展中国家将更加防范中国，并为中国的进一步发展和国际化制造麻烦。它们不仅因为中国是一个由共产党领导的社会主义大国崛起而心中不快，而且会由于担心中国快速发展影响其发展利益而制造麻烦，继续"妖魔化"中国的经济发展。例如，美国安全中心高级研究员罗伯特·卡普兰在美国《外交政策》杂志 2010 年 5 月至 6 月号上撰写的一篇题为《中国权力地图——中国能在陆上和海上扩张多远》的文章指出："中国从北面深入俄罗斯远东地区，将中亚的石油和天然气经由输油管输入新疆维吾尔族自治区，压制西藏并在印度洋海域建立一连串似乎意在包围印度的'基地'，为吞并台湾和获取资源，中国控制了南海和东海并不断向太平洋延伸势力。中国正成为搅乱世界格局的一大因素。"① 日本《选择》杂志 2010 年 6 月号刊登的《中国的地缘政治学》的文章更加明确地称："为提高 13 亿人口的生活水平不得不在海外寻求粮食、金属和一系列自然资源是激发中国扩张势力的直接原因。从地缘政治学角度看，这一扩张与日本、俄罗斯和印度等国发生矛盾与冲突。可以说，冷战结束后，亚洲整体的秩序正迅速向'中国单极时代'迈进。"② 美国《外交政策》双月刊 2011 年 3/4 号发表题为《中国威胁》的文章指出："中国的崛起虽然没有威胁到今天的民主国家，但西方之外大多数独裁国家均将其奉为范例。通过经济上的成功把独裁统治合法

---

① 〔美〕罗伯特·卡普兰：《中国权力地图——中国能在陆上和海上扩张多远》，《参考资料》2010 年 7 月 22 日第 138 期，第 17 页。

② 《中国的地缘政治学》，《参考资料》2010 年 7 月 22 日第 138 期，第 17 页。

化，中国使其他国家更难看到民主的未来。简而言之，对美国和西方来说，中国依然是它们面临的一个挑战，而非伙伴或朋友关系。”① 美国著名地缘政治学家和经济学家威廉·安道尔在北京举行的其新著《石油大棋局》全球首发式上指出：“从那些连续发生的事件中看出，石油严重依赖进口的中国在积极对外寻求合作的过程中，美国始终如幽灵相随。”“美国一占领伊拉克，就马上废除了中石油和伊拉克的石油联合开采合同；中国刚刚与苏丹签署在达尔富尔的开采石油协议后，美国就唆使当地内战全面爆发；美国还在缅甸发动袈裟革命，干扰中缅油气管道和在建港口等等。”“在中非石油合作稍有眉目时，美国就组建了美军非洲司令部，目的是确保美国获取非洲丰富的石油和其他战略资源，这一使命还包括保证这些资源的安全，不让中、印、日、俄等国获得垄断地位和特别待遇，当前美国在全球的真正竞争对手是中国，非洲将是美中战略竞争中越来越重要的舞台。”② 2012 年美国企业研究所高级研究员约翰·博尔顿在《华尔街日报》上发表题为《中国干涉太平洋地区，美国缺乏应对良策》的文章告诫奥巴马政府：“美国必须明确认定，北京在东海和南海的扩张与美国国家利益相悖。它关系到我们及亚太盟友——从日本、韩国、澳大利亚到包括印度尼西亚、马来西亚、越南和菲律宾在内的东盟国家的重大利益，包括海底矿产资源和美国及全球繁荣至关重要的海上交通和贸易航道。”③ 因此，种种迹象表明，危机后中国发展的国际环境将进一步复杂而紧张，不确定性和风险将进一步加大。

2. 国际社会“贸易保护主义泛起”将阻碍中国产品出口增长势头，动摇出口导向的发展方式。这场金融危机虽然发端于美国，但重灾区却不仅是美国，欧盟、日本及许多新兴市场经济国家的经济发展都受到了严重破坏。这种破坏性不仅仅是经济增速的下降，而是社会与政治的混乱和失业率的攀升。因此，以美国为代表的许多西方发达国家出于稳定国内经济，保护国内就业的需要，背弃了其曾经热捧的“贸易自由化”主张，较为普遍地搞起了新贸易保护主义，人为地排斥产品进口，有的尽管允许进口也是附加许多条件。2007—2009 年全球反倾销案件分别是 165 件、213

① 《中国威胁》，《参考消息》2011 年 3 月 8 日。

② 〔美〕威廉·安道尔：《石油大棋局》，《瞭望》2011 年 9 月 12 日第 37 期。

③ 〔美〕约翰·博尔顿：《中国干涉太平洋地区，美国缺乏应对良策》，《参考资料》2012 年 9 月 28 日第 187 期。

件和201件，针对中国的案件就分别有63件、71件和76件，均超过三分之一。特别是贸易摩擦形式花样翻新，由单纯的微观产品摩擦向宏观经济摩擦、投资摩擦、制度摩擦、技术贸易摩擦等领域延伸。如此泛滥的贸易保护主义形势，必然恶化中国的产品出口形势，进而导致我国长期奉行的出口带动经济增长的模式难以为继。

3. 发达国家实施“再工业化”战略将削弱中国制造业的比较优势。在过去10年，40%的美国企业利润来自金融领域，这种虚拟经济是不可持续的，这也是美国陷入金融危机的根源。美国经济必须深刻转型，政府将通过制定新的教育、医疗卫生、能源计划，增强美国经济竞争力，为经济新的腾飞奠定坚实的基础。制造业的这种特点当然有助于创造就业。相关研究表明，制造业的每个工作岗位可以支撑其他经济部门的3个工作岗位。美国劳工统计局预测，2008—2018年，美国制造业将有超过220万个生产性就业岗位空缺。后危机时代，美国政府面临拉动经济增长、促进就业的当务之急。美国制造业的固有规模、就业优势和发展潜力使之成为奥巴马政府解决现实问题的天然选择。事实上，自2008年金融危机以来，美国就不断思考拉动制造业、“再工业化”的主张。2009年1月，奥巴马在国情咨文中更是提出，美国经济要转向可持续的增长模式，即出口推动型增长和制造业增长。所谓“再工业化”，是基于工业在各产业中的地位不断降低、工业品在国际市场上的竞争力相对下降而提出的一种“回归”战略，也就是重回实体经济，让工业投资在国内重新集中。之所以要“再工业化”，就是由于在过去很长一段时间，美国人工成本和医疗保健开支不断上涨，以及海外市场的不断开放，越来越多的美国企业喜欢将制造业的工厂移植到海外，因为这样可以更廉价地加工产品和承担工程。不过，尽管此种方式可以让美国企业的利润率节节攀升，但对于美国国内就业形势却没有任何帮助。在美国“再工业化”战略中，大力发展新兴产业，特别是投资发展气候友好型能源已成为重要的政策举措。美国政府不仅计划在10年内投资1500万美元支持发展下一代新燃料和燃料基础设施，还将采取政策措施，鼓励企业，特别是中小企业创新，使美国成为清洁技术的领导者。这些“后工业化国家”重打工业化的“老牌”，无疑会冲击像中国这样的新兴工业化国家，进而使其面临来自拥有技术优势的发达国家工业产品的激烈竞争。

4. 全球气候变化规则和低碳经济浪潮将压缩中国传统生产方式和消费模式的存在空间。2009年的哥本哈根会议和2010年的坎昆会议发出了一个重要信号，那就是国际社会将在《京都议定书》的基础上开始重新制定新的全球气候变化规则，即国际范围内为实现温室气体减排所做的各种制度性安排。可以说，新的全球气候变化规则的矛头将直指中国、印度、巴西、俄罗斯等新型工业化国家和广大发展中国家。其用意是通过限制温室气体排放来限制广大新型工业化国家崛起和发展。哥本哈根会议前后，发达国家利用气候变暖和鼓动一些岛屿国家打“悲情牌”，向中国等新兴工业化国家施压，进而要求中国等新兴工业化国家减少碳排放，就是一个例证。因此，我们在通过参与这一新规则制定谈判争取权利的同时，也必须充分看到，未来气候变化规则不仅将重塑全球产业结构的形态和布局，而且将为清洁能源和低碳经济的发展创造制度环境。而这将在一定程度上决定各国在未来国际分工中的地位。中国需要重新定位和规划自己的产业结构和发展模式。

5. “第三次工业革命”的来临要求中国不能错失发展机会。在国际竞争、信息革命、资源环境等多重压力和动力的作用下，“第三次工业革命”加速酝酿，以“智能制造”为核心的第三次工业革命，有可能使全球技术要素与市场要素的配置方式发生革命性变化。中国若不能取得先导性技术突破并将其产业化，不仅无法占据此次超级产业革命制高点，更有可能在全球新一轮的产业分工与财富版图切割中被边缘化。《经济学人》杂志文章断言：“‘中国制造’将因人力成本（提高）、人力贡献（降低）以及新型定制化生产（的出现）失去竞争力，‘中国崛起’将被第三次工业革命所终结，中国未来的发展将前所未有地处于困难境地。”

6. “中等收入陷阱”迫使中国要妥善处理经济发展与社会进步的关系。经过改革开放 30 多年的发展，中国人均 GDP 达到 3000 美元，2012 年更是达到 6100 美元，不仅成为世界中等收入国家中的一员，而且真正进入全面建成小康社会的新阶段。然而，历史证明，这个阶段是中等收入国家能否完成产业升级步入高收入国家的敏感阶段，即“中等收入陷阱”阶段。南美的巴西、阿根廷、墨西哥、智利和亚洲的马来西亚，20 世纪 70 年代进入中等收入国家行列之后，由于收入差距过大造成内需增长缓慢、城市化进程出现大量的贫民窟、金融风险造成国家财富损失、一般制造业向高端产业和社会服务业升级过程中出现不可跨越的障碍等原因，至今仍然挣扎在同样的经济发展水平上。中国的台湾、香港以及新加坡和韩国则花了不到 20 年的时间，就成功进入了高等发达国家的行列。韩国的突破方向是制造业产业升级、娱乐服务业崛起。新加坡的服务业起的作用比较大。因此，中国要安全度过这一阶段并“成功升级”，必须借鉴国际经验，妥善处理传统产业与战略性新兴产业、经济与社会、集权与分权、法治与民主等关系，最大限度地减少经济结构调整成本和社会冲突。

7. 总人口、老龄人口、就业人口“三峰叠至”与自然资源严重不足的突出矛盾将增加中国经济发展方式转变的复杂性。中国的最大问题是人口难题：一是人口数量太大，人口增长过快。现在虽然实行严格的计划生育政策，但是每年仍净增1400万—1500万人，即每年增加一个世界大国的人口，到2040年中国总人口将达16亿。二是在人口增长过程中有8—10亿劳动力需要就业，就业压力巨大。三是人口老龄化负担剧增。中国人未富先老。根据全国老龄办发布的数据显示，2009年，全国60岁以上老年人口达到1.6714亿，占总人口的12.5%。到2040年预计将达2.5亿以上，占总人口的23.79%，60岁以上的人口是20多岁人口的2—3倍。我国人口发展的这些新特点很明显地与我国有限的自然资源的现实发生矛盾。我国矿产资源总量较大，约占世界的12%，居世界第3位。但人均资源量少，仅为世界人均水平的58%，居世界第53位。我国人均水资源拥有量2200立方米，仅为世界平均水平的四分之一。我国现人均耕地面积不足1.4亩，不到世界人均水平的40%。2009年人均石油开采储量、天然气可采储量、煤炭可采储量，分别为世界平均值的11%、5.5%和58%。因此，我们必须从战略上统筹考虑我国这一人口与资源的突出矛盾，进一步提高调整经济结构的自觉性。

二、危机后新约束下中国经济发展方式凸现的结构性矛盾

国际金融危机及给中国经济发展带来的新约束，像一个检验经济发展健康程度的“CT设备”，让我们看到我国经济发展方式存在的结构性矛盾。这些结构性矛盾不仅直接决定着中国经济发展的方式、动力及质量，而且决定着中国社会的稳定和和谐。它们具体表现为：

1. 城乡二元经济结构失衡，“三农”矛盾突出。2012年，中国10.1%的农业GDP养活48%左右的农村人口，农村人口不可能依托农业增收。尽管2004年以来连年加大对农业的政策支持力度，但是，由于城乡二元经济结构和城乡分治的格局始终没有被真正打破，优势资源和发展势力严重向城市倾斜，最终导致工农产品价格剪刀差、社会资本剪刀差、人力资本剪刀差和土地收益剪刀差等“不等价交换”趋势日益严重，最终

导致了国家对农业的投入和补贴越多，城乡居民收入差距越大的“(投入)补贴悖论”。据统计，2004—2011年，中央财政对农业的投入分别是2626亿元、2975亿元、3397亿元、3917亿元、5955亿元、7161亿元、10419亿元和12287亿元。然而，城乡居民收入差距并没有根本改变差距扩大的势头，从1978年2.56∶1，1985年的1.86∶1，到2005年扩大为3.22∶1，2006年的3.28∶1，2007年的3.33∶1，2008年的3.31∶1，2009年的3.33∶1，2010年的3.23∶1，2011年的3.13∶1，2012年仍高达3.10∶1①。由于这种城乡“不平等”的发展格局，致使“三农”矛盾日益突出，农业安全和农村稳定形势令人担忧。

2. **需求结构失衡，消费不足矛盾突出**。一个国家的宏观经济健康发展的先决条件是：总供给＝总需求。而在产能过剩的条件下，总需求是否充足又成为决定经济增长快慢的关键。总需求由消费、投资和净出口三部分构成，由此人们也把消费、投资和出口喻为拉动经济增长的“三驾马车”。过去长期以来，由于我们过度追求GDP的增长率，忽视经济增长质量，加上部分官员政绩观扭曲，为保速度常常通过大量投资来追求“短平快”，久而久之忽视增加消费对经济稳定增长的长期拉动效应。由此，消费不足成为我国长期没有很好解决的结构性矛盾。追究消费不足的根源又在于居民所得在整个国民收入分配格局中比例偏低，使得老百姓没有得到与经济发展水平相当的“实惠”，没能充分分享经济发展的成果。因此，千方百计扩大消费需求，不仅是国际金融危机后出口受阻时的必然选择，而且是维持中国经济可持续、健康发展的理性选择。

3. **国民收入分配结构失衡，民生和社会矛盾突出**。我国目前国民收入分配结构失衡，主要表现在：一是居民收入占整个国民收入的比重不断下降，企业和政府所得不断上升。据调查，1995—2007年，从收入法核算的国内生产总值看，初次分配中劳动报酬占比从51.4%持续下降到39.7%。相反，企业所得（固定资产折旧＋利润）所占份额则从36.3%持续提高到46.1%，提高近10个百分点，国家所得（生产税净额）份额从12.3%提高到14.2%。劳动收入占比远远低于美国是71%，印度是55%，巴西是46%的水平。二是国民收入（财产）在居民之间分配不平衡，两极分化比较严重。据专家测算，我国目前最贫穷的1/5家庭仅占全部收入的4.27%，次贫穷的1/5占9.12%，中间的1/5占14.35%，次富有

① 文中数据根据2004—2012年历年国务院政府工作报告整理得出。

的1/5占21.13%，最富有的1/5占50.13%。而据美国1990年的数据，美国最贫穷的1/5家庭收入占全部收入的4.6%，而最富有的1/5占44.3%。这种失衡的分配结构，不仅严重制约着消费需求的扩大，而且严重激化了社会矛盾。

4. **产业结构失衡，服务业发展不足的矛盾突出**。一产不稳、二产不强、三产不足，是中国产业结构的基本特点。讲一产不稳，就是由于基础设施落后，资本和科技投入不足，中国农业还没有摆脱“靠天吃饭”的尴尬。讲二产不强，就是由于我们缺乏核心技术和自主知识产权，尽管成为“世界工厂”和制造大国，但还没能成为“创造大国”。不仅大量的机器设备需要进口，而且即便生产出的工业品也是获益微薄。目前，集成电路的90%以及轿车制造装备、纺织机械等高技术装备的70%依赖进口。医药专利的95%、汽车专利的90%、计算机芯片专利的80%，数控机床和纺织机械专利的70%，都掌握在外国公司手中。由于缺乏核心技术和自主品牌，我国企业不得不将每部国产手机售价的20%、计算机售价的30%、数控机床售价的20%～40%支付给国外专利持有者。中国生产的DVD机每台售价不到30美元，而交给别人的专利费接近10美元，生产企业的最终利润只有1美元。据美国《华盛顿邮报》的报道，中国制造的芭比娃娃玩具，在美国每个售价20美元，而从中国到美国的到岸价是2美元，其中1美元是运输费和管理费，0.65美元是原材料进口费，只有约35美分留在中国，仅占整个芭比娃娃零售价的1.75%。讲三产不足，就是第三产业严重滞后于中国的工业化和城市化水平，进而成为制约中国经济高效益发展的“瓶颈”。根据2006年《世界发展报告》：1990年与2005年相比，高收入国家从62%上升到72%，中低收入国家从46%上升到53%，低收入国家从41%上升到50%。而我国2012年第三产业比重只有44.6%，第三产业就业只有35.7%。第三产业发展滞后，不仅成为我国经济发展方式粗放的直接表现，而且也是我国经济很难摆脱高消耗、高污染的重要原因。

5. **区域经济结构失衡，中西部发展滞后的矛盾突出**。中国区域经济发展不平衡呈现“矩阵式”的复杂结构。从大的区域结构看，东中西部发展不协调，区域收入差距扩大；从区域内部来看，西部不同地区、不同民族地区发展严重不平衡，中部地区内部各省之间发展不平衡，东部地区之间发展不平衡；具体到各国省市区内部发展也严重不平衡，如新疆的南北疆之间、广东的珠三角地区与粤北地区、江苏的苏南和苏北地区之间发展也存在很大差距。造成这种区域发展不平衡的原因，有的是自然条件等客观原因，有的是体制和政策等主观原因。对于由于体制和政策原因导致的，可以通过改革体制和调整政策来弥补发展差距，但是，由于自然条件等客观原因造成的收入差距恐怕很难弥补。也正是这种客观的差距却成为引发区域发展矛盾乃至西部民族地区不稳定的重要根源。

6. **对外贸易结构失衡，自主创新能力低下的矛盾突出。**我国对外贸易在快速发展的同时，也积累了一些结构性矛盾。一是加工贸易所占比重偏大。2008 年加工贸易占对外贸易的比重达 41.1%，其中出口所占的比重更大。加工贸易是我国利用自身劳动力资源优势、参与国际分工的重要方式，有利于扩大就业、增加外汇收入。但加工贸易对税收和技术进步的贡献却不大，国内企业只能拿到很低的加工费。二是出口产品大量为贴牌生产。我国出口企业中拥有自主品牌的不到 20%，自主品牌出口占出口总额的比重低于 10%。大部分利润被外国品牌商拿走，污染和消耗则留在国内。三是出口产品层次较低。出口产品主要集中在劳动密集型产品和制造环节上，即使是机电产品和高新技术产品，大部分也是中低端加工装配环节的产品，国内增值率不高，仅为 26.23%，比美国、日本及德国分别低 22%、22%和 11%。

三、后危机时代加快转变中国经济发展方式的战略性对策选择

1. **要扭住主要结构性矛盾，提高结构调整和发展方式转变政策的针对性。**一是大力破除“二元经济”困局。在继续加强新农村建设的同时，着力推进城镇化和城乡发展一体化。城镇化是持久扩大内需、促进经济持续较快增长的重要途径。它不仅是多种经济资源向城镇集中的过程，更是人本身的变化过程，包括就业从农业转向非农产业，居住地由农村转到城市，最终使农民转为市民。城镇化的过程，将在城市基础设施、住房、公共服务等多方面产生巨大需求，成为今后相当长时期内我国经济持续较快增长的强大动力。据测算，我国城市人口每提高 1 个百分点，可拉动 GDP 增长 1.5 个百分点。我国城镇化率年均提高 1.44 个百分点，每年可增加消费 1144 亿元左右，拉动最终需求增长 2.3 个百分点。二是大力调整需求结构。调整需求结构的关键在扩大内需，特别是扩大消费。扩大消费从根本上是让居民增收，这就要求：一方面，把“蛋糕”做大，在发展经

济、扩大就业的基础上不断提高城乡居民收入水平；另一方面，把“蛋糕”切好，着重提高广大农民和城镇低收入群体的收入水平。当前，我国收入分配不合理，从宏观角度看，表现为居民收入在国民收入中的比重偏低，劳动报酬在初次分配中的比重偏低，这是我国消费率持续降低、投资率持续升高的症结所在。从微观角度看，表现为居民内部不同群体收入差距持续扩大。低收入者的消费倾向高但缺乏购买力，高收入者购买能力强但消费倾向低。因此，合理调整收入分配关系，是扩大消费、促进经济平稳较快增长的必然要求。三是大力调整分配结构。初次分配和再分配都要处理好效率与公平的关系，再分配更加注重公平。一方面，逐步提高居民收入在国民收入分配中的比重和劳动报酬在初次分配中的比重，努力使城乡居民收入增长不低于经济增长，使劳动报酬增长不低于甚至应略高于经济增长和企业收入增长；另一方面，逐步缩小居民收入分配差距。既要充实完善强农惠农政策体系，加强社会保障体系建设，逐步提高扶贫标准和最低工资标准，不断提高农民和城镇低收入者的收入；又要完善企业管理层薪酬制度，规范垄断行业收入，加强对高收入的税收调节，促进收入分配结构合理化。四是大力调整产业结构。在继续加强农业基础地位，推动工业由大变强的同时，着力提高服务业的比重。作为我国经济中的突出“短板”，服务业比重过低问题在这次国际金融危机冲击下反应尤其明显。加快发展服务业，从根本上要解放思想，彻底转变重实业、轻服务的观念，真正把服务业当作产业来对待，推动服务业发展成为国民经济的主导产业。同时，要妥善处理发展战略性新兴产业与提升传统产业的关系。既要积极有序发展新一代信息技术、节能环保、新能源、生物、高端装备制造、新材料、新能源汽车等新兴产业，进一步培育新的经济增长点，又要大力发展和提升传统劳动密集型产业，继续保持比较优势，创造更多的就业机会。五是大力调整区域结构。一方面，要着力构建东中西部优势互补、良性互动、协调发展新机制，既要大力推进区域间公共服务均等化，又要在产业发展上体现各区域的比较优势，每个区域都要在充分考虑资源环境承载能力的基础上，形成各具特色的优势产业；另一方面，要着力建立有利于区域分工协作、协调发展的生态补偿机制和碳排放权交易机制，通过调整物质利益关系来促进区域协调发展。六是调整外贸结构。着力提高一般贸易中的自主品牌和高附加值产品出口比重。

2. 要深化经济体制改革，坚决破除制约经济发展方式转变的体制障碍。经济结构不合理和发展方式粗放从根源上都可以追溯到体制机制问题。只有消除了体制机制障碍，才能为结构调整和发展方式转变铺平道路。为此，一要深化土地制度、户籍制度、财政和金融体制改革，建立有利于城乡一体化发展的体制机制。城乡一体化发展需要基础性制度支撑。既要加快建立土地流转制度，放开农民进入中小城市的户籍限制，又要建立使所有社会成员之间公平占有公共资源的财政体制。二要深化财税体制改革，实行有利于结构调整和发展方式转变的财税制度。下一阶段的改革就是要加快健全中央和地方财力与事权相匹配的体制，加快建立和完善有利于形成主体功能区的财政体制和政策体系，形成有利于结构调整、促进科学发展的财税体制和机制。三要推进资源性产品价格改革，发挥好价格杠杆促进结构调整和发展方式转变的作用。要加快推进能够反映市场供求关系、资源稀缺程度、环境损害成本的生产要素和资源性产品价格形成机制，充分发挥价格在节约能源资源、保护生态环境、抑制“两高一资”行业盲目扩张的杠杆作用。要建立真正反映农业生产成本的农产品形成机制，加快缩小工农产品剪刀差。四要完善社会保障体系，为加快推进结构调整和发展方式转变“保驾护航”。要在经济发展的基础上逐步提高社会保障水平，更好地发挥社会保障作为人民生活“安全网”和收入分配“调节器”的作用，为实现推进结构调整和发展方式转变提供有力社会保障。五要改善宏观调控，加强对结构调整的引导。一方面，要更大程度地发挥市场在资源配置中的基础性作用，通过市场优胜劣汰、企业兼并重组实现经济结构的调整优化；另一方面，要注重发挥政府调控的作用，通过宏观调控为结构调整和发展方式转变创造有利的经济环境。

3. **要推动政策创新，为结构调整和发展方式转变提供正确的政策导向**。要通过政策的激励与约束作用，引导和推动结构调整和发展方式转变朝着国家预期的方向发展。财税政策既可以通过减税、贴息、补助等方式鼓励特定产业发展，也可以通过加税等方式限制特定产业发展。产业政策可以通过调整行业准入门槛、促进企业兼并重组、调整产业技术标准等来鼓励或限制行业的发展。投资政策要发挥好政府投资的引导作用，进一步规范和改革投资审批、核准、备案制度，积极为扩大社会投资创造条件。信贷政策要以产业政策为基础，加强窗口指导，扩大或收紧对特定行业的信贷资金供应。环保政策可以通过环境评价和环保标准的调整推动结构调整。

4. **要实施创新驱动战略，为结构调整和发展方式转变提供科技和人才支撑体系**。提高自主创新能力是推进结构调整和发展方式转变的中心环节，加强人才队伍建设是增强自主创新能力的重要保障。要加强基础研究、前沿技术研究和社会公益性技术研究，在能源、信息、生物、空间、海洋、新材料等领域取得新突破；找准制约我国重点产业发展的关键技术障碍，攻关研发出一批能有效促进产业升级、技术改造和节能减排的自主创新技术，并加大产业化力度和规模化应用。加快建立以企业为主体、市场为导向、产学研相结合的技术创新体系，引导创新要素向企业集聚。完善知识产权保护制度和激励机制。通过引进海外高层次科技人才回国创新创业、加快建设国家科技创新人才培育基地等方式，培养一批高层次科技领军人才。要系统设计和整体推进教育改革，把我国从人口大国转变为人力资源强国。

5. **要完善政绩考核体系，形成有利于结构调整和科学发展的组织保证。**推动经济结构调整，领导班子和领导干部是关键。中央印发了《关于建立促进科学发展的党政领导班子和领导干部考核评价机制的意见》，强调干部考核评价指标要体现综合性、全面性，既要注重发展的速度和规模，又要注重发展的方式、质量、结构、效益；既要注重经济建设情况，又要注重社会发展、人与自然和谐发展情况；既要注重已经取得的显绩，又要注重打基础、利长远的潜绩。要按照推进主体功能区建设的要求，针对不同区域主体功能定位，突出不同区域的考核重点；要强化对违反科学发展观行为的刚性约束，充分发挥干部考核对推动结构调整、促进科学发展的导向作用。

| 上　篇 |

政策篇

第一章

中国传统经济发展方式的主要特征及转变的紧迫性

中国传统经济发展方式是在特殊的国内外政治经济环境下，在特定的发展战略指导下形成的，其特征主要是以下几个方面：

一、赶超战略下的工业主导型产业增长方式

建国初期中国面临严重的外患内忧，处于敌对势力的包围和西方国家的封锁禁运之中，为了生存和发展，必须加快工业化进程，迅速增强国防实力和经济实力。重工业的发展是工业化的集中体现，也是经济和军事实力的基础，还是西方国家强大的主要表现，加之受到苏联模式的影响，我国逐渐形成“赶超”战略指导下的工业化路线。

建国后，我国工业产值在工农业总产值中的比重迅速上升，1952 年只有 43.1%，1960 年上升到 78.2%。其中，重工业产值占工业总产值的比重由 35.5%提高到 66.6%[①]。即使 60 年代的结构调整使工农业和轻重工业的矛盾有所缓解，但工业优先发展战略一直没有动摇。

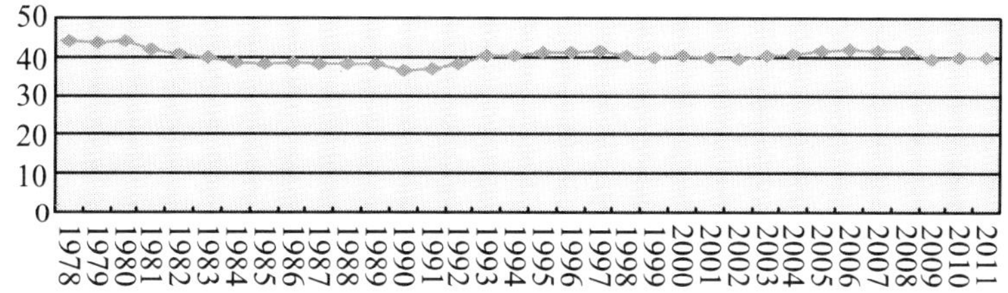

图 1—1　1978—2011 年我国国内生产总值中工业所占比重（单位：%）

资料来源：《中国统计年鉴 2012》，中国统计出版社 2012 年版。

① 周叔莲、郭克莎主编：《中国工业增长与结构变动研究》，经济管理出版社 2000 年版，第 57 页。

改革开放以来，我国不断进行产业结构的调整，产业结构不合理状况有所优化改善，但以重化工业为主，由工业主导的产业增长方式没有根本改变。如图1—1所示，1978—2011年我国国内生产总值工业所占比重基本稳定在40％上下。这一比例尽管与改革开放之前畸高相比，有所下降，但是从我国初级阶段的实际国情来看，我国工业增加值比重长期偏高，已经大大超过主要国家的历史高点。从完成工业化的国家看，德国工业增加值占比峰值为1970年的39.1％，2007年已降至25.1％；美国1981年的峰值是29.3％，2007年已降至17.1％。同处东亚地区的国家和地区中，日本工业增加值占比峰值为1970年的38.8％，2007年下降至22.8％；韩国为1987年的34.5％，2007年下降至31％。

从轻重工业的结构看，重工业仍然占据主导地位。2011年，我国重工业总产值的比重是72％，资产比重是77％，营业收入比重是72％，利润总额是72％，但就业人员比重只有62％，如表1—1所示。

表1—1　2011年我国轻重工业结构　（单位：％）

项目	工业总产值	资产总计	营业收入	利润总额	从业人员
轻工业	28	23	28	28	38
重工业	72	77	72	72	62

资料来源：《中国统计年鉴2012》，中国统计出版社2012年版。

目前，以重化加工制造为主的工业结构是我国产业比例失调的主要表现，造成第一产业基础长期薄弱，第三产业发展长期滞后。按照世界银行数据，中等收入国家第三产业平均比重为53％，高收入国家平均比重为72.5％，低收入国家平均比重为46.1％。2011年我国第三产业占国内生产总值的比重为43.4％，比重不仅低于发达国家和同等收入水平国家，更低于低收入国家，第三产业发展的滞后，也成为我国经济发展“高增长、低就业”问题的主要原因。

二、“消费弱化、投资强化”国内需求增长方式

我国重工业优先发展的“赶超战略”，是在工业化基础薄弱，资本稀缺和西方世界经济封锁的条件和背景下实施的。因此，优先发展资本密集型工业，不得不压低国内居民消费，集中一切可控资金用于生产建设，这形成了“高积累、低消费”基础上的投资主导型经济增长方式。改革开放

后，中国经济迎来了持续 30 多年的高速增长期，但“高积累、低消费”的需求结构特征并未转变，并且呈现日益加剧的趋势。

20 世纪 80—90 年代，在国内商品短缺和劳动力“无限供给”的背景下，企业家纷纷投资发展劳动密集型产业，依托廉价劳动力迅速积累资本，扩大生产规模。地方政府在发展经济的冲动和地区竞争的推动下，以扩大投资作为加快经济建设的主要抓手，采取财政、税收等多方面扶持政策鼓励企业扩大生产。这段时期，投资对经济增长的拉动作用得到了充分发挥，有力地支撑了中国经济的快速起飞。1997 年东南亚金融危机后，中国短缺经济时代终结，产能过剩和需求约束问题开始凸显，“高积累、低消费”的需求结构和投资主导的经济增长方式面临转变。但由于社会发展滞后，社会保障制度不完善，以及教育、医疗和住房实行市场化取向改革等，居民预防性储蓄意愿强烈，扩大消费内需没有取得实质性突破。2001 年，中国加入 WTO 为过剩产能打开了巨大的国外消费市场，大量企业转向国际市场，用市场结构调整代替产业结构升级，缓解了收入分配调整和扩大消费内需的压力，国内投资率不仅没有下降，反而随着出口的扩张，比重进一步提高。

表 1—2　1978—2011 年消费与投资占 GDP 的比重　（单位：%）

年份	最终消费率	资本形成率	年份	最终消费率	资本形成率
1978	62.1	38.2	1995	58.1	40.3
1979	64.4	36.1	1996	59.2	38.8
1980	65.5	34.8	1997	59.0	36.7
1981	67.1	32.5	1998	59.6	36.2
1982	66.5	31.9	1999	61.1	36.2
1983	66.4	32.8	2000	62.3	35.3
1984	65.8	34.2	2001	61.4	36.5
1985	66.0	38.1	2002	59.6	37.8
1986	64.9	37.5	2003	56.9	41.0
1987	63.6	36.3	2004	54.5	43.0
1988	63.9	37.0	2005	53.0	41.5
1989	64.5	36.6	2006	50.8	41.7
1990	62.5	34.9	2007	49.6	41.6
1991	62.4	34.8	2008	48.6	43.8
1992	62.4	36.6	2009	48.5	47.2
1993	59.3	42.6	2010	48.2	48.1
1994	58.2	40.5	2011	49.1	48.3

资料来源：《中国统计年鉴 2012》，中国统计出版社 2012 年版。

表1—2是1978—2011年国内消费与投资占GDP比重的比较，可以看出：第一，最终消费需求占GDP的比重虽然最高，却是逐渐下降，从1978年的62.1%降至2011年的49.1%，下降了13个百分点。在20世纪80年代，最终消费需求平均比重在60%以上，90年代下降至60%以内，自2006年始，则降至不足50%。第二，资本形成率占GDP比重则从1978年的38.2%上升至2011年的48.3%，提高了10.1个百分点。消费需求在GDP中比重大幅度的下滑，直接导致国内经济增长对投资和出口依赖程度的提高。

三、从“内需转向外需”的出口拉动型增长方式

改革开放以来，中国开始努力发挥后发优势和比较优势，实行对外开放，转变了进口替代战略，调整了贸易保护主义的政策，改革了国家高度集中统一的外贸、外国投资和外汇管理体制，建立经济特区，大力发展对外贸易，大量引进外资和国外先进技术及管理，尽可能利用国内外两个市场和资源发展经济，中国经济发展方式也逐渐从内向型走向外向型，从以内需为主转向以外需为主。

改革开放以来，中国实际利用外资数额逐年增长，1978—2011年累计吸收外商直接投资规模达到11691.65亿美元，外商直接投资数额由1983年的9.2亿美元增加到2011年的1176.98亿美元，增长了100多倍，年均增长20%，大大高于同期国内生产总值年均9%的增长速度。20世纪90年代后期，中国利用外资稳居世界第2位、发展中国家第1位。在经济全球化、外资大量进入、国际分工协作深化和国际产业转移等综合因素共同发挥作用下，中国的对外贸易实现了前所未有的迅猛增长。表1—3显示的是1978—2011年中国进出口贸易数量：进出口总额从1978年的206.4亿美元增长到2011年的36418.7亿美元，对外贸易总量在世界的排位由1978年的第29位跃居2011年世界第2位。贸易差额从80年代初期的逆差逐渐扭转为顺差，2005年突破千亿美元，达到1020亿美元，2008年高达2981.3亿美元。

1978—2011年，中国出口总额逐年快速递增，1978年是97.5亿美元，1994年突破千亿美元，达到1210.1亿美元，2000年达到2492亿美元，此后，每年以千亿美元的速度强势递增，2007年突破万亿美元大关，即使受到国际金融危机的影响，中国出口总额仍然保持了较快的增长速度，2011年达到18983.8亿美元。随着中国出口大国地位的奠定，中国

也逐渐成为进口大国，进口总额从1978年的108.9亿美元逐年快速增长，2008年突破万亿美元大关，2011年达到17434.8亿美元。

随着外资的大量流入和贸易顺差的不断积累，使我国的外汇储备迅速增加，由1978年1.67亿美元增加到2011年的31811亿美元，居世界第1位，成为美国的第一大债权国。

表1—3　1978—2011年中国进出口贸易数量　（单位：亿美元）

年份	出口总额	进口总额	进出口总额	差额=出口-进口
1978	97.5	108.9	206.4	-11.4
1980	181.2	200.2	381.4	-19.0
1985	273.5	422.5	696.0	-149.0
1990	620.9	533.5	1154.4	87.4
1991	719.1	637.9	1357.0	81.2
1992	849.4	805.9	1655.3	43.5
1993	917.4	1039.6	1957.0	-122.2
1994	1210.1	1156.1	2366.2	54.0
1995	1487.8	1320.8	2808.6	167.0
1996	1510.5	1388.3	2898.8	122.2
1997	1827.9	1423.7.	3251.6	404.2
1998	1837.1	1402.4	3239.5	434.7
1999	1949.3	1657.0	3606.3	292.3
2000	2492.0	2250.9	4742.9	241.1
2001	2661.0	2435.5	5096.5	225.5
2002	3256.0	2951.7	6207.7	304.3
2003	4382.3	4127.6	8509.9	254.7
2004	5933.2	5612.3	11545.5	320.9
2005	7619.5	6599.5	14219.1	1020.0
2006	9689.4	7914.6	17604.0	1774.8
2007	12177.8	9559.5	21737.3	2618.3
2008	14306.9	11325.6	25632.6	2981.3
2009	12016.1	10059.2	22075.4	1956.9
2010	15777.5	13962.5	29740.0	1815.1
2011	18983.8	17434.8	36418.7	1549.0

资料来源：《中国统计年鉴2012》，中国统计出版社2012年版。

随着中国对外贸易快速增长，贸易出口成为整个国民经济增长的强大推动力，外需在经济增长中的贡献越来越大，中国出口拉动型经济增长方式逐渐形成。表1—4是1978—2011年我国三大需求拉动的国内增加值贡献率，可以看出，我国 GDP 高速增长时期，最终消费支出总体下降；资本形成逐渐成为贡献率最大的需求；货物和服务净出口的拉动作用从 20 世纪 90 年代末期的负值迅速攀升，2005 年以后达到 20%左右，2008 年后因遭受国际金融危机的影响，才出现较大幅度下滑。图 1—2 是根据表 1—4 所做三大需求对国内增加值贡献率的趋势，反映出我国出口导向型经济增长方式的形成过程。

表 1—4　1978—2011 年中国三大需求对 GDP 增长的贡献率　（单位：%）

年份	最终消费支出	资本形成总额	货物和服务净出口
1978	39.4	66.0	—5.4
1980	71.8	26.4	1.8
1985	85.5	80.9	—66.4
1990	47.8	1.8	50.4
1995	44.7	55.0	0.3
2000	65.1	22.4	12.5
2001	50.2	49.9	—0.1
2002	43.9	48.5	7.6
2003	35.8	63.2	1.0
2004	39.5	54.5	6.0
2005	38.7	38.5	22.8
2006	40.0	43.6	16.0
2007	39.6	42.5	17.9
2008	44.1	46.9	9.0
2009	49.8	87.6	—37.4
2010	43.1	52.9	4.0
2011	55.5	48.8	—4.3

资料来源：《中国统计年鉴 2012》，中国统计出版社 2012 年版。

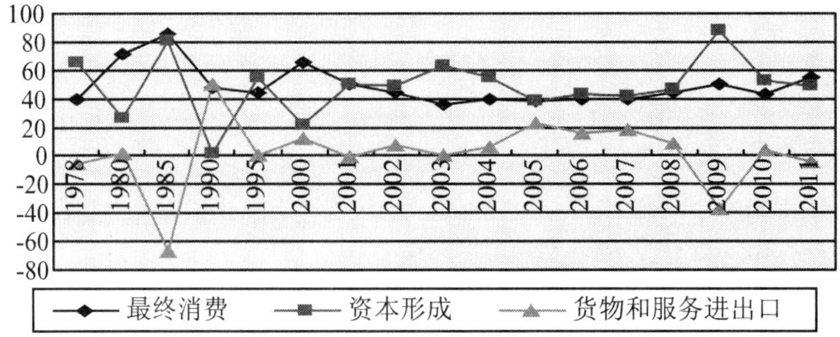

图 1—2　1978—2011 年中国三大需求对 GDP 增长的贡献率（单位：%）

四、低效率利用的粗放型要素配置方式

我国是一个资源丰富但人均占有量极少的国家，人均谷物产量相当于美国的26.5%、俄罗斯的54%；石油、天然气人均储量则不足世界人均水平的1/10，主要金属人均储量不足世界人均水平的1/4；人均水资源量约为2200m^3，仅为世界平均水平的1/4，是世界13个严重缺水国家之一；我国人均耕地面积只有1.38亩，在全世界26个人口超过5000万的国家中，人均耕地占有量仅高于孟加拉国和日本，排在倒数第三位。

尽管我国资源稀缺，经济发展应当以提高资源的利用效率为中心，但是我国经济增长的资源配置方式粗放，消耗资源多、利用效率低。2009年，我国GDP占世界的8.6%，却消耗了世界46.9%的煤炭和10.4%的石油；同年美国GDP占世界的24.3%，煤炭和石油消费量分别占15.2%和21.7%；日本GDP占8.7%，煤炭和石油消费量分别只占3.3%和5.1%①。我国能源综合利用效率比发达国家低10个百分点；单位GDP能源消耗分别是日本的11.5倍、美国的4.3倍；单位GDP消耗的钢材、铜、铝分别是世界平均水平的5.6倍、4.8倍、4.9倍。从工业能源效率看，8个主要工业部门占工业GDP能耗的73%，单位能耗平均比世界先进水平高出40%；我国每万元工业产值的用水量为103立方米，是国外先进水平的10倍，工业用水的重复利用率平均仅有40%左右，而发达国家平均为75%～85%②。

我国现有粗放型的资源配置方式造成了经济发展对能源、资源的极大需求和对环境损害的巨大压力，工业化的迅速发展在给地方经济带来大量产值和利税的同时，也产生了更加严重的环境污染和生态破坏的代价。粗放型资源配置方式不仅日益加剧未来中国经济发展与资源环境之间的矛盾，而且中国能源资源的大量进口，将助长“中国能源和资源威胁论”，引起世界其他各国的防范与竞争，中国不得不面对各种新的国际政治和经济问题。

五、中国加快转变经济发展方式的紧迫性

2008年国际金融危机爆发后，全球经济进入巨大变革和调整的新时

---

① 马建堂：《全面认识我国在世界经济中的地位》，《人民日报》2011年3月17日。
② 姚乐：《转变经济发展方式的矛盾、难点与出路》，《江汉论坛》2010年第11期。

期，中国处于加快经济结构战略性调整，加快促进经济发展方式转变的关键历史时期。

（一）国际市场需求增长缓慢，外需对中国经济的拉动能力日趋减弱

2008年国际金融危机后，各国短期内携手控制了危机的恶化。但美国等发达国家庞大的有毒资产没有得到有效处理，金融机构和政府债务沉重，主要经济体失业率居高不下；欧洲长期处于老龄化进程中，消费动力不足；日本金融体系受金融危机直接打击较小，但实体经济受汇率影响较大，近期地震与海啸对经济产生的影响尚难估计，经济不确定性增强。新兴国家经济尽管实现平稳增长，但普遍面临通胀压力上升、资产泡沫等挑战，需求增长规模还不足以弥补发达国家需求减少“腾出”的空间。从发达国家经济发展走势看，世界经济要真正走出危机的关键还取决于新技术革命的发生和全球主要经济体生产关系的重大调整，这两方面目前还未出现，新一轮世界经济周期的启动缺少有力的“引擎”，这些因素决定了世界经济复苏的曲折性、长期性，国际贸易需求也很难有较快增长。尽管世界经济重新陷入衰退的可能性较小，但据国际货币基金组织（IMF）初步预计，今后五年世界经济和国际贸易的增长速度难以恢复到危机前的水平。这种世界经济的发展现状和趋势，决定了中国经济增长的外需动力会大为减弱，中国若想保持7%～8%的经济增长，必须减少对外需的依赖，转而通过扩大国内需求为经济增长提供持续动力。

（二）中国贸易依存度过高，贸易摩擦日益严重，进口商品市场风险与日俱增

中国对外贸易迅猛发展，使中国的对外贸易依存度短期内大幅度提高。1978年仅为9.74%，到了2003年超过50%，达到51.89%；国际金融危机爆发前2006年高达66.5%，危机后2008年是59.84%，2009年是44.94%。中国过高的贸易依存度导致中国成为世界上贸易摩擦和遭受不公平贸易政策最多的国家。据WTO统计，近年来全球贸易摩擦数量快速上升，2007年发生165起，2008年发生210起，2009年全球贸易摩擦数量翻了一番，为440起①。中国自2009年超过德国成为全球第一大出口国

① 卢庆杰：《经济全球化与中国对外贸易形势分析》，《期货日报》2010年3月11日。

后，也成为贸易摩擦最多的国家。据商务部统计，目前中国连续 15 年成为全球遭受反倾销调查最多的国家，连续 4 年成为全球遭受反补贴调查最多的国家。其中，美国自 2006 年 11 月至 2009 年对我国发起“双反”调查 23 起，特别是金融危机爆发以来，仅 2009 年美国就对我国发起 10 起“双反”调查。2010 年，美国国际贸易委员会共发起 58 起 337 调查，其中有 19 起调查被诉方涉及中国企业，占调查总数的 1/3，调查总数及涉华案件总数均达历史新高。可以预见，后国际金融危机时期，面对需求增长和经济增长乏力的挑战，各国为了刺激本国经济、保护本国就业，特别是缓和国内失业率居高不下带来的政治压力，会进一步推出各种干预和贸易保护措施，国际市场竞争更加激烈，中国在未来面对的反倾销、技术壁垒等贸易摩擦会显著增加。

表 1—5　2011 年中国主要商品进口金额排序及数量

位　次	商 品 名 称	金额（亿美元）	数量（万吨）
1	原油	1967	25378
2	铁矿砂及其精矿	1124	68608
3	初级形状的塑料	472	2304
4	未锻造的铜及铜材	368	407
5	成品油	327	4060
6	大豆	298	5264
7	钢材	216	1558
8	煤	209	18204
9	纸浆	119	1445
10	食用植物油	77	657

资料来源：《中华人民共和国 2011 年国民经济和社会发展统计公报》。

随着中国出口贸易的高速增长，我国对石油、煤炭、铁矿石等能源资源的消费量也急剧上升。自 1996 年，我国开始从石油净出口国转变为石油净进口国。自 1999 年以来，中国成为全球石油需求增长最快的国家。根据国际能源机构的预测，到 2020 年，中国石油缺口将达到 2.5 亿吨，对进口石油的依赖程度将提高到 70%。我国 45 种主要矿产品中，2010 年保证需求的只有 24 种，2020 年只剩下 6 种，特别是铜、铁、铝等供应将严重不足，进口量占消费量的比重，将达到 60%～80%。由于国内加工制造的原材料对进口依存度越来越高，随着国际原材料价格的提高，国内企业越来越难以承受日益上涨的成本压力，中国制造品出口越多，国内对这些初级产品的进口依存度就越高。表 1—5 是 2011 年中国主要商品进口金额排序及数量，原油、铁矿砂及其精矿、初级形状塑料、铜材、钢材、大豆等六大类原料是中国进口金额最多的商品。2011年中国进口原油1967亿美元，数量是25378万吨，依存度接近60%；中国作为世界上煤炭储量最丰富的国家，现在已经成为一个纯进口国，2011年进口额是209亿美元，达到18204万吨。

初级原料大量进口使中国面临越来越多难以控制的购买、销售、运输和加工等各种风险。目前世界主要能源资源类商品主要集中于少数国家，被一些企业垄断，如世界40种主要矿石中，有13种矿产75%以上的储量集中在3个国家，23种矿产75%以上的储量集中在5个国家。国际金融危机后，美国等一些发达国家相继实施量化宽松货币政策，美元等货币流动性泛滥，新兴国家市场对原材料等大宗商品需求仍较强劲，国际市场大宗商品价格综合指数暴涨，仅仅在2010年铁矿石售价较上年底累计上涨170%。根据国际机构预测，在我国“十二五”期间，世界各种大宗商品价格总体上将维持高位，并可能呈现频繁波动的态势。由于国内进口和加工企业在国际市场上几乎完全处于被动局面，价格风险的分散方式、抵抗能力和化解手段极其缺乏，中国商品进口成本会日趋上升，我国出口加工制造业生存空间将被日益压缩。

（三）中国企业劳动力工资和福利水平在加速上升，传统经济发展方式的成本竞争优势日益缩小

我国传统经济发展方式是建立在人口、资源和环境的低成本基础上，出口商品的主要竞争优势是劳动密集型产品。改革开放30年来，我国劳动力供求长期处于大规模过剩状况，劳动力工资增长缓慢。由于劳动生产率的增长更快，职工劳动报酬增长相对滞后，因此企业单位劳动成本并没有上升。

但是近几年我国劳动力成本开始进入快速上升期，主要表现在以下两个方面：第一，职工工资增幅明显，企业直接成本提高。20世纪90年代以来我国职工工资的增长以1997年为拐点，1990年到1997年职工实际平均工资年均增长率约为4.86%，大大低于同期人均GDP增长（年均8.99%）；自1998年至2008年我国职工实际平均工资年均增长率为12.87%，高于同期人均GDP增长速度（年均8.36%）。第二，职工社会保障水平提高，企业间接成本明显上升。根据统计，目前企业社会保险费用平均占劳动力成本20%，占企业间接成本60%左右。随着我国养老、

医疗、失业、工伤、生育保险等城镇社会保障制度的逐步建立并完善，各项社会保险覆盖率和保障标准进一步增加，企业劳动力成本中所包含的间接费用也相应提高。

从我国的人口结构看，根据大部分机构和个人的预测，我国人口结构在“十二五”时期将发生根本性的转变，15—64 岁劳动年龄人口达到峰值。国家统计局最近公布的数据显示，2012 年我国 15—59 岁劳动年龄人口第一次出现了绝对下降，比上年减少 345 万人，占总人口的比重为 69.2%，比上年末下降 0.6 个百分点。随着中国“人口红利”进入刘易斯拐点区间，我国劳动力供求关系将由目前局部性短缺转变为更大规模和数量的结构性短缺，劳动力成本上升速度将快于经济增长速度，乃至企业目前的利润增长速度。

“十二五”规划时期，为了提高城乡居民劳动收入水平，我国提出了“居民收入增长和经济发展同步、劳动报酬增长和劳动生产率提高同步”的发展目标。随着各种具体政策措施的出台，劳动者工资成本加快提高成为我国企业必须面对的挑战和必须接受的事实。劳动力成本上涨，使我国大量微利以及低利润企业的旧有发展模式将难以维持，许多传统经济发展方式下的地区和行业面临停产、倒闭甚至破产的危机。因此，劳动力成本上升将迫使我国企业从主要依靠劳动等要素投入为主的增长方式，转向依靠科技进步、管理创新和提高劳动者素质这种新的发展方式上来。

（四）中国制造业长期处于“底端锁定”和“高端封顶”效应的夹缝中，传统经济发展方式难以持续

我国国内制造加工企业主要是通过代工方式嵌入全球价值链体系，依靠劳动力成本优势和良好的开放环境在创造财富、促进就业、出口创汇方面发挥了巨大的作用。这种发展方式对我国经济长期影响十分不利：第一，中国企业盈利能力低。我国制造业的优势是低成本生产要素，技术、资本和知识密集型的研发设计和品牌营销环节，绝大部分被跨国企业控制。权力的不对称决定了收益分配的不平等。跨国公司利用其自身的技术、网络和品牌优势获得了较高附加值，中国企业只能赚取较低的加工费。第二，中国本土企业出口产品技术含量较低。虽然中国对外贸易超高速增长，然而出口产品的技术含量并没有得到大幅度提高，“为出口而进口”的贸易格局并没有发生根本改变。第三，中国产品的技术含量提高困难。1992 年以来，我国出口产品的国内技术含量趋于下降，中国出口产

品的国内生产部分有低技术化倾向，中国越来越依靠国外的高技术投入来维持自身出口产品的竞争力。

我国制造业发展的这种不利局面，使我国经济发展方式深陷双重危机。一方面，在科技含量高的产品市场上，发达国家利用先进的技术和理念设计更加优质的产品，对我国技术创新、市场开拓、品牌塑造等方面进行长期限制与控制，在我国产生“高端市场封顶”效应；另一方面，国内产业升级和技术创新空间被压缩，国内加工企业长期被锁定在全球分工体系中的价值链低端，这种“低端市场锁定”效应，导致国内面临更为严重的资源、环境压力，我国政治、经济、社会和生态系统将难以承受。

（五）全球新兴产业增长点，为我国转变经济发展方式提供了突破点

2008 年国际金融危机后，世界各国尤其是发达国家为尽早走出危机的阴霾，均把发展战略新兴产业作为突破口，以期尽早较快形成新的经济增长点。在这一轮战略性新兴产业革命中，哪个国家率先抢占技术和市场的制高点，就能够取得全球经济发展的先导优势，引领世界经济增长。

从未来全球经济增长方式演变趋势、技术变革的方向以及国际竞争的焦点来看，围绕节能减排、发展低碳经济所形成的产业群将成为下一轮经济周期性增长的支撑点。第一，传统化石能源的稀缺性矛盾日益突出，这一领域供求关系和价格频繁波动对世界经济稳定运行的危害不断增大。第二，通过低能耗、低污染、低排放的技术投放，低碳经济发展能够催生新的能源技术和新兴产业群，实现人与自然和谐相处的可持续发展。围绕着低碳技术开发及相关产业发展，人类有可能展开新的技术革命和第四次工业革命。第三，目前低碳技术及相关产业仍是发达国家的优势领域，发达国家推进这一新兴领域发展和国际协调的主动性很强。第四，从技术创新的深度和广度来看，信息技术革命并未终止，新一代网络和信息技术的创新应用将促使信息化与工业化的深度融合，信息技术对工业生产技术和组织方式变革的影响将更为广泛、深入，与信息技术有关的制造业和服务业仍将是世界范围内最为活跃的领域之一。

尽管目前中国在低碳经济和新一代信息技术等产业领域尚不具备显著的技术优势，但世界经济新增长点的出现及其衍生，为中国“十二五”时期产业优化升级和培育战略性新兴产业确立了更高的战略方向，提供了更多的选择。目前中国主要工业产品的产量已经居于世界前列甚至首位，粗

放型经济增长方式已经难以为继。我国规模庞大的传统制造业产品、技术、装备升级和替代过程中，对战略性新兴产业的信息、节能环保、新材料、新能源、高端装备等技术产品有着巨大的需求，仅仅国内市场就能够为这些新兴产业发展提供广阔的市场空间，这种优势是较小经济体和非传统制造业大国根本不具备的发展条件。因此，我国必须牢牢抓住这一轮世界新技术革命的市场机会，充分发挥国内大市场的优势，把新兴产业的技术优势与传统制造业的生产优势结合起来，促进中国新型工业经济和现代服务经济发展。如果国内经济不能够利用新兴产业革命的历史机遇，突破发达国家在技术、市场和品牌等领域的封锁、封杀，中国与发达国家之间的技术差距、核心竞争力差距将被进一步拉大，中国仍将被迫处于国际产业链条的低端，转变经济发展方式会变得更加困难。

执笔人：李　鹏（中共中央党校经济学部）

第二章

经济结构战略性调整是转变经济发展方式的主攻方向

一、当前中国经济结构的主要问题

传统经济发展方式下，我国经济增长快速，但是累积的结构性问题越发严重。

（一）我国需求结构存在的问题

总需求指一个国家或地区在一定时期内（通常 1 年）由社会可用于投资和消费的支出所实际形成的对产品和劳务的购买力总量。凯恩斯主义经济学认为，在短期内一个国家的经济增长是由总需求的增长带动的。在开放经济下，四部门的经济模型中，西方经济学得出一个国家的总需求（Y）等于居民消费需求（C）、投资需求（I）、政府购买（G）和净出口（NX）的总和。即公式：Y＝C＋I＋G＋NX.（1）

由于从国内需求的角度，政府购买可以最终分解为对消费品的需求和投资品的需求，因而投资、消费、出口这三项被称为拉动经济增长的“三驾马车”。

1. 我国需求结构的现状。经历了 30 多年特别是进入新世纪以来的高速增长，我国经济总量已经超过日本，跃居世界第二，仅次于美国。近年来，关于“中国崛起”、“中国奇迹”这样的字眼频繁地出现在西方媒体中，我们感叹中国经济取得的巨大成就之余，也不能忽视这样的现实：经济增长过度依赖投资、经济发展方式粗放、经济增长外部风险加大等问题。

从当前的需求结构来看，内需已经成为拉动我国经济增长的主要推动力。2008 年国际金融危机爆发后，投资和消费对我国经济增长的贡献就占到 90％以上，出口对我国经济增长的贡献率已经两次成为负值，其中，比较特殊的是，2009 年我国出口对经济增长的贡献率为-37.4％，拖累当年的

GDP负增长3.5个百分点。这主要是受全球经济形势不佳的影响，导致我国出口额大幅度下滑。同时，出口受阻所带来的经济下行的压力，刺激政府不断出台救市措施，这一年，投资对我国经济增长的贡献率达到87.6%，拉动经济增长8.1个百分点。这一数据，一方面反映了我国政府应对这次全球金融危机的救市措施发挥了很大的成效，对稳增长发挥了巨大的作用；另一方面，也说明我国的经济增长过度依赖投资的现状，如表2—1所示。

表2—1　三大需求对国内生产总值增长的贡献率和拉动（2006—2011年）

（单位：%）

年　份	GDP增长率	最终消费支出		资本形成总额		货物和服务净出口	
		贡献率	拉动	贡献率	拉动	贡献率	拉动
2006	12.7	40.4	5.1	43.6	5.5	16.0	2.1
2007	14.2	39.6	5.6	42.5	6.0	17.9	2.6
2008	9.6	44.1	4.2	46.9	4.5	9.0	0.9
2009	9.2	49.8	4.6	87.6	8.1	−37.4	−3.5
2010	10.4	43.1	4.5	52.9	5.5	4.0	0.4
2011	9.2	50.8	4.7	53.3	4.9	−4.1	−0.4

资料来源：《中国统计摘要2012》，中国统计出版社2012年版。

虽然近年来消费和投资的增加都对我国的经济增长有很大的贡献，但我们可以看到目前消费对经济增长的贡献率要小于投资对经济增长的贡献率。投资仍然是拉动我国内需的主要驱动力，2006—2011年这6年，消费对经济增长的年均贡献率为44.6%，而投资对经济增长的年均贡献率为54.5%。不仅如此，投资的增长率要快于消费的增长，2006年至2011年，投资的年增长率始终大于消费的年增长率，其中2008年相对于2007年来说，投资增长24.7%，考虑到通胀的因素，实际值会小一点，但也说明了近年来投资的迅速增长，如表2—2所示。

表2—2　2006—2011年最终消费支出和资本形成总额（按当年价格计算）

年　份	最终消费支出		资本形成总额	
	绝对值（亿元）	年增长率（%）	绝对值（亿元）	年增长率（%）
2006	113103.8	13.8	92954.1	19.4
2007	132232.9	16.9	110943.2	19.4
2008	153422.5	16.0	138325.3	24.7
2009	169274.8	10.3	164463.2	18.9
2010	194115.0	14.7	193603.9	17.8
2011	224740.8	15.8	229102.4	18.3

资料来源：《中国统计摘要2012》，中国统计出版社2012年版。

2. 我国需求结构存在的问题。中国经济的高速增长，主要是由投资拉动，特别是2008年次贷危机爆发之后，我国政府在严峻的国际形势下迅速实施了一系列刺激经济的政策，各级政府扩大投资，以带动国内需求的增长，使中国第一个走出危机的阴影。这不禁给人造成了一种幻觉，似乎只要扩大投资，只要政府不断加大在基础设施方面的投入，中国经济就能持续高速发展，更有甚者，将这种以投资为主的需求结构上升为“中国模式”，完全不考虑这种经济增长模式的弊病和不可持续性。

第一，目前的需求结构导致投资效益不断下降。投资效果系数是指一定时期内单位固定资产投资所引起的国内生产总值的增加。它在数量上等于国内生产总值的增加额除以固定资产投资额。

2000—2011年这12年，我国的投资效果系数在数值上上下波动，其中前6年，我国的固定资产投资效果系数的平均值为28.3%，后6年，我国的固定资产投资效果系数的平均值为24.2%，随着我国投资的不断增加，投资的效果却呈现下降的趋势。这意味着，同样数量的投资量，如今所带来的GDP的增长额还不及过去。或者也可以说，为了带动同样多的GDP的增长，如今要比过去投资的更多，如图2—1所示。

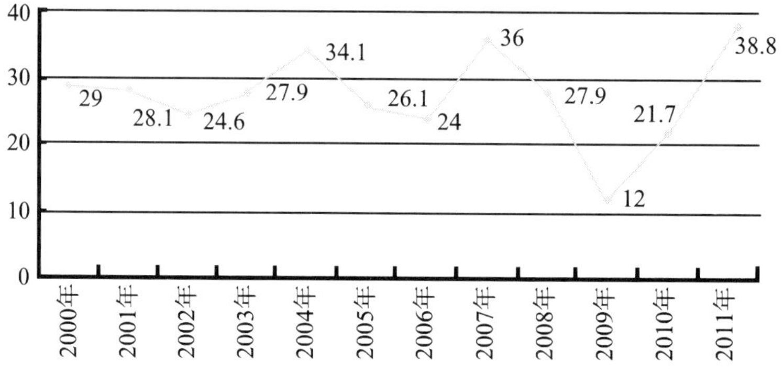

图2—1　2000—2011年固定资产投资效果系数（单位：%）

资料来源：根据《中国统计摘要2012》计算，中国统计出版社2012年版。

在上述图表中，2009年我国的固定资产投资效果系数降到了12%的历史低点，也就是说，我国每增加1亿元的固定资产投资所带来的GDP的增长只有1200万元。在前面也曾提到，2008年下半年，为了应对严峻的国际经济形势，我国政府出台了很多扩大投资的经济刺激方案。2009年，投资对GDP的贡献率达到了87.6%，我们从投资效果的角度也可以看出当年投资规模的巨大以及存在的巨大的浪费，高投入低效率，长此以往，必将严重地影响我国经济的持续发展。

第二，投资过快增长加大了我国资源环境的压力。近年来，中国经济高速发展，然而在其背后，隐藏了很多深层次的问题。政府的每一轮增加投资都伴随着我国大型基础设施建设、重工业建设的粗放式扩张。然而从消耗来看，我国诸多消耗指标都远远高于世界平均水平，特别是高于发达国家。实际上，我国的单位GDP能耗不仅与发达国家差距巨大，甚至还要落后于一些发展中国家如印度、巴基斯坦等。统计资料显示，在2008年，我国的万美元国内生产总值能耗是7.86，当年的世界平均水平是2.94，而发达国家更是只有1.83，可见差距之大，如表2—3所示。由于资源的巨大消耗，目前我国许多资源都依赖于进口，而资源价格的不断上涨不仅容易导致输入性通胀，同时也导致我国一些资源密集型企业利润率的下滑。

表2—3 万美元国内生产总值能耗 （单位：吨标准油/万美元）

国家和地区＼年份	2000	2004	2005	2006	2007	2008
世　界	3.02	3.04	3	2.96	2.92	2.94
高收入国家	2.04	1.97	1.94	1.88	1.85	1.83
中等收入国家	7.35	7.25	7.05	6.87	6.59	6.51
低收入国家	11.89	11.22	11.05	10.67	10.55	10.33
中　国	9.13	9.12	8.88	8.61	7.99	7.86

资料来源：世界银行WDI数据库。

除资源的浪费之外，我国环境恶化的趋势也更加严重。从水体污染来看，我国的七大水系几乎全被污染，劣五类以下水质所占的比重越来越大。近年来，我国发生的水域重金属污染事件屡见不鲜。从空气污染来看，虽然我们有效地控制了企业硫化物和碳化物的排放，但是细小颗粒污染却在我国的大中城市呈现上升的趋势。前段时间，关于PM2.5监测的讨论吸引了越来越多的人的关注。天津是一个重工业城市，每年受可吸入颗粒影响的天数都在200天以上，空气的污染严重影响了当地人民的生活和身体健康，如图2—2所示。

第三，投资和消费的失衡不利于我国居民收入水平的提高。近年来，我国的消费率已经由2005年的53%下降到2011年的48.2%，而投资率却由41.5%上升到49.2%，投资率第一次超过了消费率，如图2—3所示。随着经济的增长，我国城乡居民的人均收入水平有了较大的提高，从

2002年到2010年这9年时间里，我国城镇居民人均收入的平均增长率为9.8%，农村居民人均收入的平均增长率为7.4%，而我国的国内生产总值的平均增长率为10.7%，这表明我国居民收入的增加赶不上GDP的增长，这也从侧面说明了我国消费率不断下降的原因，如表2—4所示。

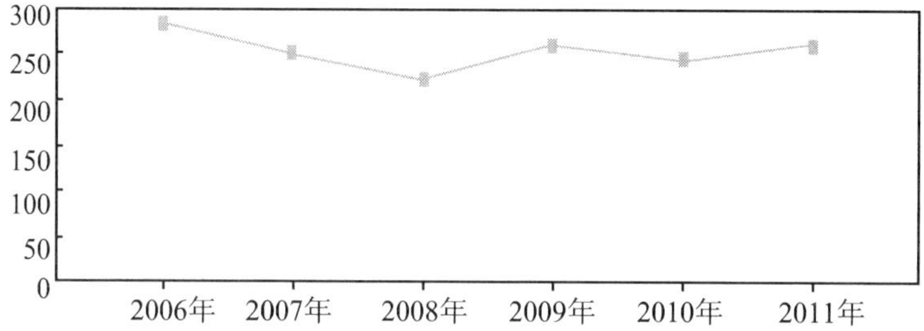

图2—2　2006—2011年天津市受可吸入颗粒影响的天数

资料来源：中华人民共和国环境保护部网站数据中心。

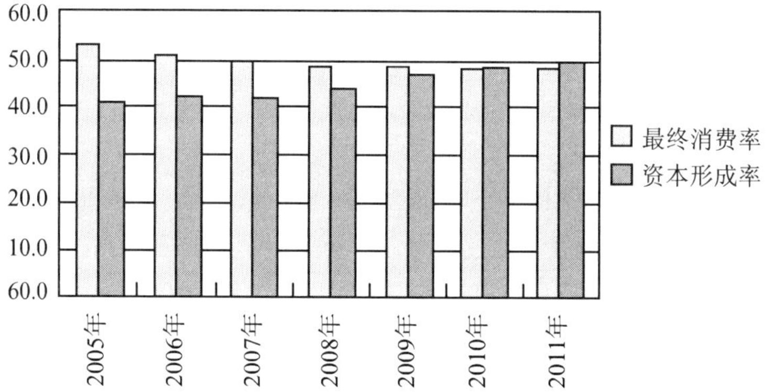

图2—3　2005—2011年我国的最终消费率与资本形成率（单位：%）

资料来源：《中国统计摘要2012》，中国统计出版社2012年版。

问题在于，为什么高投资率不利于提高我国居民的收入水平？这可以从我国投资的方向上找到答案，政府将大量的资金投在基础设施建设、投在国有大中型企业、投在资金和技术密集型的重化工业。而这些企业并不能像中小型私企一样大量带动就业。就业是民生之本，收入之源，因此投资的扩大对提升老百姓的收入并没有多少益处。不仅如此，由于投资扩张所引起的资源价格上涨的收益也不能为老百姓所有，这是因为我国的土地资源、矿产资源等属于国家而非个人。物价过快上涨只能给老百姓的生活带来灾难，在工资水平基本不变的情况下，过高的通胀只会严重影响人们的生活质量。

表 2—4　2002—2010 年我国城乡居民人均收入增长率与 GDP 增长率

（单位：%）

年份	城镇居民人均收入增长率	农村居民人均收入增长率	GDP 增长率
2002	13.4	4.8	9.1
2003	9.0	4.3	10.0
2004	7.7	6.8	10.1
2005	9.6	6.2	11.3
2006	10.4	7.4	12.7
2007	12.2	9.5	14.2
2008	8.4	8.0	9.6
2009	9.8	8.5	9.2
2010	7.8	10.9	10.4

资料来源：《中国统计年鉴 2012》，中国统计出版社 2012 年版。

第四，过度依赖投资的增长模式加大了我国经济运行的风险。我们不能否认短期内，特别是遇到经济危机时，投资仍然是拉动经济的不二法宝。但是，从长期来看，过度投资所带来的经济金融风险是不容忽视的。政府投资的扩张，往往伴随着银根的宽松和金融系统信贷量的急剧扩张，2008 年，我国政府的 4 万亿经济刺激方案，直接推高了我国的银行贷款，2009 年我国金融机构贷款余额增长居然达到了 31.74%，如表 2—5 所示。然而借来的钱总是要还的，有相当多的企业因为不能偿还债务而面临破产和倒闭。特别要提到的是，地方政府为了追求政绩，也会有强烈的投资冲动，盲目搞城市化建设，扩大城市规模，大建开发区、大学城等，这些投资扩张的背后是地方政府以及企业债务的增加。

表 2—5　2005—2011 年我国金融机构的贷款余额

年　份	金融机构贷款余额	
	绝对值（亿元）	增长率（%）
2005	194690.4	9.25
2006	225347.2	15.75
2007	261690.9	16.13
2008	303394.6	15.94
2009	399684.8	31.74
2010	479195.6	19.89
2011	547946.7	14.35

资料来源：《中国统计年鉴 2012》，中国统计出版社 2012 年版。

除此之外，盲目扩张投资的风险还在于使我国中小型民企的发展陷入困境。目前的国际经济形势，已经使我国东南沿海的出口型中小企业深受打击，而倚重投资增长，消费长时间不能提升的话，这些企业将无法生存，再加上融资成本和人力成本的上升，我国的中小企业发展举步维艰。

（二）我国产业结构存在的问题

“十一五”期间以及“十二五”的开端，我国的产业结构不断调整，三次产业在国民经济中所占的比例日趋合理，但目前，我国的产业结构仍面临严峻的问题。

1. 产值结构与产业结构严重失衡。从近年的统计数据来看，目前，我国第一产业占 GDP 的比重保持在 10%左右，并且保持着下降的趋势，第二产业占 GDP 的比重由 2006 年的 47.9%下降到 2011 年的 46.8%，与此同时第三产业占 GDP 的比重稳步上升，由 2006 年的 41%提高到 2011 年的 43.1%，如表 2—6 所示。

表 2—6　国内生产总值构成（2006—2010 年）

年　　份	国内生产总值	第一产业	第二产业	第三产业
2006	100.0	11.1	47.9	41.0
2007	100.0	10.8	47.3	41.9
2008	100.0	10.7	47.5	41.8
2009	100.0	10.3	46.3	43.4
2010	100.0	10.1	46.7	43.2
2011	100.0	10.1	46.8	43.1

资料来源：《中国统计摘要 2012》，中国统计出版社 2012 年版。

从目前我国三次产业对国内生产总值的贡献来看，2006—2011 年，第一产业对 GDP 增长的年均贡献为 4.5%，第二产业对 GDP 增长的年均贡献为 52%，第三产业对我国 GDP 增长的年均贡献为 43.5%。其中，第一产业对国内生产总值的贡献率不到其 GDP 份额的一半；第二产业，主要是工业，对我国 GDP 增长的拉动作用最大；第三产业对经济增长的贡献率基本上与其所占 GDP 份额相当，如表 2—7 所示。

表 2—7　三次产业对 GDP 增长的贡献率　（单位：%）

年　份	国内生产总值	第一产业	第二产业	第三产业
2006	100.0	4.8	50.0	45.2
2007	100.0	3.0	50.7	46.2
2008	100.0	5.7	49.3	45.0
2009	100.0	4.5	51.9	43.6
2010	100.0	3.8	56.8	39.3
2011	100.0	4.9	53.5	41.6

资料来源：《中国统计摘要 2012》，中国统计出版社 2012 年版。

然而，从我国三次产业的就业人员构成上来看，劳动力在三次产业的分配与其所占的 GDP 的份额以及对经济的贡献率差别巨大，这在第一产业显得更加明显。2011 年，我国第一产业就业人数占全国就业人数总和的 34.8%，而同年第一产业 GDP 对经济增长的贡献率只有 4.9%。这种情况的出现有其客观的原因，我国一直是农业大国，虽然随着城市化进程的加快，我国务农人口的比例有所下降，但是庞大的基数决定了第一产业仍然存在过多的劳动人口。而大量的劳动人口被固定在土地上，劳动力不流动，对提高农民的收入也是不利的。而第二、第三产业，其就业人数分别占全国就业人数总和的 29.5%和 35.7%，低于其同期所占 GDP 比重以及对经济增长的贡献率。这种情况不利于产业结构的优化升级，如图 2—4 所示。

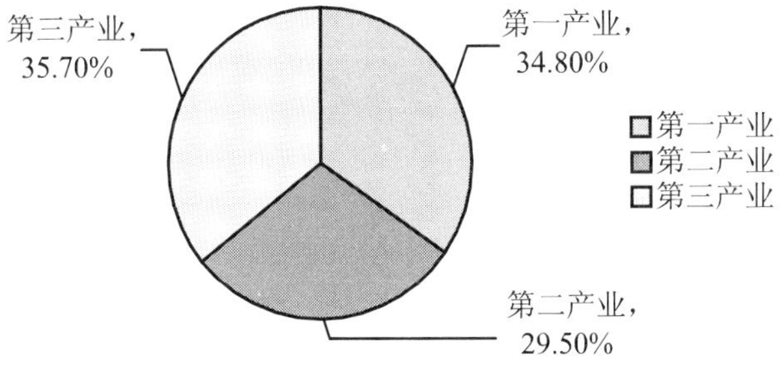

图 2—4　2011 年我国三次产业就业人员构成（单位：%）

资料来源：《中国统计摘要 2012》，中国统计出版社 2012 年版。

2. 我国三次产业之间的发展失衡。2010 年，我国的人均 GDP 已经超过了 3500 美元，经济总量超过日本，成为全球第二大经济体，但是我国产业结构与其他国家相比，仍然有巨大的差距。

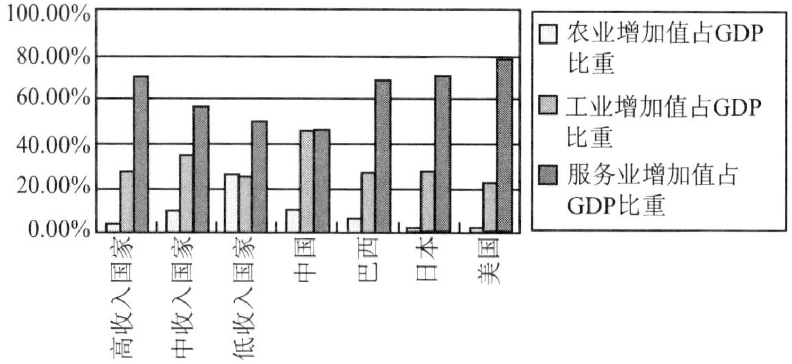

图 2—5　2010 年世界各国国内生产总值的产业构成（单位：%）

资料来源：世界银行 WDI 数据库。

根据世界银行 2010 年的统计数据，我们可以看到，我国三次产业结构的不平衡性矛盾非常突出，主要表现为：第二产业比重过高，第三产业比重过低。从第三产业看，世界上高收入国家第三产业的产值占国内生产总值比例的平均值都在 60%以上，而像美国、日本这样的发达国家，其第三产业的比例更是超过了 70%，而我国的第三产业的比例却不到 50%，不仅远远低于西方发达国家，也低于同是金砖国家的巴西，2010 年巴西第三产业占 GDP 的比例为 68%。而就第二产业来说，其在我国国内生产总值中的比例要大大超过其他高收入国家，即使在中等收入国家中，我国第二产业的比例也是遥遥领先。这一方面，说明我国整体上还是依赖工业来推动经济，产业结构还处在一个较低的层次；另一方面，这种落后的产业结构也为我国经济的可持续发展带来挑战，资源环境的压力使现有的产业结构举步维艰。

3. 产业内部结构不合理。

第一，一产不稳。种植业始终占据我国第一产业的主要部分，改革开放之初，种植业一度占据我国农业的 80%，然而到了 2008 年，我国种植业的比例仍然超过 50%。种植业比重过高不利于我国农业产值的提高。由于国家对农业的基础设施投入不够，再加上经营单位小，科技水平低导致我国农业整体生产率水平低下，靠天吃饭的问题没有解决，建立现代农业的蓝图更是无从提起。

第二，二产不强。随着我国工业的不断发展，我国已经成为名符其实的工业大国，被其他国家称为世界工厂。我国的主要工业品产量都跃居世界前列，钢材、煤炭、发电、水泥、化肥、棉布等的产量都是世界第一。

而我国生产的玩具占到了全球的70%以上，生产的鞋子占到了全球产量的一半。但是产量多并不代表收益多，更不代表科技含量好和全球竞争力强。实际上，我国在高端装备制造，在新能源、新汽车，在高技术密集的软件和计算机开发上都与发达国家有很大的差距。例如，到目前为止，我国还不能完全自主研制出用于大型运输机以及第四代战斗机的航空发动机，如表2—8所示。

表2—8　我国工业主要产品产量居世界的位次

项目 年份	粗钢	煤	原油	发电量	水泥	化肥	棉布
1990	5	3	8	7	4	3	1
2000	2	1	5	2	1		2
2010	1	1	4	1	1	1	1

资料来源：联合国统计月报数据库，联合国FAQ数据库。

第三，三产滞后。我国第三产业的发展相对于西方发达国家来说还处在低级阶段，第三产业在国民经济中的比例和贡献率都较低。在现代物流、技术研发、金融保险、信息服务等诸多行业都缺乏竞争力。特别是我国的金融市场，随着国内金融市场的逐渐放开，面临着越来越大的压力。

(三) 我国企业结构存在的问题

从宏观上看，企业结构主要是我国不同类型、不同规模企业的结构关系和比例关系。

1. 国有经济的发展过于强大。十五大报告指出："公有制的主体地位主要体现在：公有资产在社会总资产中占优势；国有经济控制国民经济命脉，对经济发展起主导作用……国有经济起主导作用，主要体现在控制力上。"

在我国所有制经济结构中国有经济在关系国家经济命脉的行业中占绝对的垄断地位。此外，国企在一般竞争性领域所占比例有增无减，最终会损害人民群众的利益并影响国家经济健康发展。2008年经济危机后的宏观调控，为应对经济危机的影响，中央政府实施了4万亿投资计划、十大产业振兴规划、宽松的货币政策以及大规模扩张信贷。这些计划基本上都是政府推动的投资项目，包含大量的基础设施建设和固定资产投资。从资金走向看，基本上都是用于中央和地方政府主导的固定资产投资。国有经济过于强大会挤压民营企业的生存空间，造成经济效率低下、加剧社会收入分配的失衡等问题，最终影响经济社会的良好发展。

2. 民营企业相对脆弱。近年来，在世界经济不景气的背景下，我国东南沿海许多外贸型企业由于海外市场订单的减少和取消，生存相当艰难。同时，很多成品和半成品加工的民营企业缺乏生产的核心技术，处在全球生产链的最底层，本来利润就非常微薄，现在随着业务量的下降，甚至开始出现大面积亏损。民营企业发展脆弱已经成为不争的事实。

除此之外，由于中国金融市场的不完善，民营企业在金融市场上受到更多的约束，中国的民营企业从银行获得的贷款比例也远远低于与我们处在相同发展水平的国家。不仅如此，民营企业的税负压力也相当沉重，这不仅降低了民营企业的利润率，也降低了民营企业的市场竞争力。每次政府进行宏观调控，不少民营企业都会受到重要影响。与此同时，国有企业却往往在宏观调控期间加紧扩张，反而兼并了许多很有效率且有一定竞争力的民营企业，经济中出现了国有化的回潮，这与市场化改革的方向是完全背道而驰的。

3. 中小企业发展不足。21 世纪以来，随着经济全球化的快速发展，经济界普遍认为，中小企业是未来经济发展的主要力量。各国政府、企业部门都把中小企业的发展提升到战略高度并予以高度重视。中小型企业在缓解就业压力、增加社会财富、激发市场活力等方面具有十分重要的意义。

当前，我国中小企业在发展过程中已被人才匮乏、资金缺乏、过度竞争、政策歧视等等一些深层次的问题困扰。大量中小企业身处传统制造业，靠赚取微薄的加工制造利润为生，今天更面临成本上升和收入下降的双重挤压，陷入前有狼后有虎的前后夹击的境地。从收入方面来看，国际金融危机及其发酵而生的欧债危机导致外需不振，出口收入下降；中小企业缺乏核心竞争要素，只能通过扩大再生产以降低成本来保持竞争优势，遂使产能过剩，收入下降；人民币升值导致同等外币收入的人民币收入下降。从成本方面来讲，环境、原材料、能源、劳动力、资金五虎齐攻，成本轮番上涨，叠加上升。中小企业出境困难。

（四）我国区域结构存在的问题

我国区域经济结构的问题主要包括经济领域的差异、社会服务领域的差异以及科学技术发展水平的差异：

1. 区域间经济发展水平参差不齐。由于各地区在资源禀赋、地理环境、地区战略、国家的政策扶持力度等方面存在较大的差异，因此尽管各地区经济都有了长足的发展，但是地区间的差异却日益增大。30 余年间，我国国民生产总值由1978年的3645.2亿美元增至2010年的401202亿美元，增长了110倍。但是各地区GDP的增长水平却有较大的差距，如表2—9所示。

表2—9　各地区GDP（亿元）及其占GDP的比重　（单位：%）

	国内生产总值	东部地区		中部地区		西部地区	
年份	总　量	总量	占比	总量	占比	总量	占比
2001	109655	63610	58.01	26208	23.90	18735	18.09
2002	120333	71177	59.15	28681	23.83	20718	17.02
2003	135823	82967	61.09	32590	23.99	23696	14.92
2004	159878	99495	62.23	39489	24.70	28603	13.07
2005	184937	117934	63.77	46362	25.07	33493	11.16
2006	216314	138502	64.03	53967	24.95	40346	11.02
2007	265810	165194	62.15	65360	24.59	49182	13.26
2008	314045	194085	61.80	78781	25.09	60448	13.11
2009	340903	211887	62.15	86443	25.36	66973	12.49
2010	401202	250488	62.43	105146	26.21	81408	11.36

资料来源：《中国统计年鉴2012》，中国统计出版社2012年版。

从2001年至2010年的数据可以看出，各地区的国民生产总值的绝对额均有很大程度的增长，但从与总量的比重关系看，东部地区和中部地区的国内生产总值占总产值的比重在逐年上升，而西部地区的比重却呈下降趋势。从东部、中部、西部具有代表性的省份来看，1992、1997、2003年，广东省的GDP分别是2293.54亿元、7315.51亿元、13625.87亿元，在全国经济总量中的比重分别为8.61%、9.78%、11.62%；河南省的GDP分别是1279.75亿元、4079.26亿元、7048.59亿元，占全国经济总量中的比重分别为4.80%、5.46%、6.01%；青海省的GDP分别是87.52亿元、202.05亿元、390.21亿元，在全国经济总量中的比重分别为0.33%、0.27%、0.33%①。

同时，从人均GDP的角度来看，1980年，东部地区人均GDP比全国平均数高34%，2002年高53%。同期，中部地区从相当于全国平均水平的88%下降到75%，西部地区从70%下降到59%。1980—2002年，西部和东部人均GDP相对差距由1∶1.92扩大为1∶2.59，中部和东部由1∶1.53扩大为1∶2.03，西部和中部由1∶1.25扩大为1∶1.27②。

① 文中数据根据《中国统计年鉴》整理和推算。
② 王梦奎：《关于统筹城乡发展和统筹区域发展》，《管理世界》2004年第4期。

表 2—10　2010 年我国财政支出数量（亿元）和比重（%）的区域结构

项　目	地方合计	东　部		中　部		西　部	
		东部合计	占比	东部合计	占比	东部合计	占比
一般预算支出	73884.43	33378.05	45.18	19102.78	25.85	21403.60	28.97
一般公共服务	8499.74	3843.78	45.22	2289.75	26.94	2366.21	27.84
公共安全	4642.50	2312.31	49.81	1108.69	23.88	1221.50	26.31
教育	11829.06	5606.68	47.40	2940.77	24.86	3281.62	27.74
科学技术	1588.88	1133.09	71.31	252.98	15.92	202.82	12.77
文化体育与传媒	1392.57	697.17	50.06	315.06	22.62	380.34	27.31
社会保障和就业	8680.32	3394.07	39.10	2627.10	30.27	2659.15	30.63
医疗卫生	4730.62	1985.25	41.97	1323.97	27.99	1421.41	30.05
环境保护	2372.50	956.59	40.32	640.28	26.99	775.62	32.69
城乡社区事务	5977.29	3501.47	58.58	1172.15	19.61	1303.67	21.81
农林水利事务	7741.69	2797.91	36.14	2330.84	30.11	2612.94	33.75
交通运输	3998.89	1787.86	44.71	1052.22	26.31	1158.81	28.98
资源勘探电力信息事务	2996.65	1635.96	54.59	701.68	23.42	659.02	21.99
商业服务业等事务	1273.35	618.02	48.53	349.35	27.44	305.98	24.03
金融监管等事务支出	148.88	55.26	37.12	57.54	38.65	36.08	24.23
地震灾后恢复重建支出	1094.64	139.60	12.75	18.73	1.71	936.30	85.54
国土资源气象等事务	1153.99	361.68	31.34	404.98	35.09	387.33	33.56
住房保障支出	1990.40	518.51	26.05	626.12	31.46	845.76	42.49
粮油物资储备管理事务	676.84	198.47	29.32	310.65	45.90	167.71	24.78

资料来源：《中国统计年鉴 2012》，中国统计出版社 2012 年版。

2. 区域间公共服务财政支出差距较大。我国东部地区和中西部地区的公共服务存在着明显的差距，原因在于东、中、西部地区财政支出的差距。以 2010 年我国的财政支出水平为例，东部地区的一般公共服务支出占全国总支出的 45.22%，远远大于中部和西部地区，而其中教育、科学技术、文化体育、环境保护、基础设施建设、社会保障以及医疗卫生等项目的支出，东部地区支出占总支出的比重均大于中部与西部地区，其中科学技术支出更是占总支出的 71.31%，远远大于中西部地区该项支出的总和。这种财政支出方式决定了东部地区获得了比中西部地区更多的资源，造成了区域差距的拉大，如表 2—10 所示。

（五）我国城乡结构存在的问题

我国的经济体制改革始于农村，农村的经济体制改革始于人民公社制度的破除，通过打破农村政社合一的局面，改革极大地解放了农村的生产力，促进了农村经济社会的发展。农村的经济体制改革有效地带动了城市的经济体制改革，推动了整个国民经济的发展。但是这场变革却未从根本上触动计划经济的另一支柱——城乡二元结构体制，这种体制以牺牲农村利益支持和服务城市发展、权力和义务的不对等为特征，表现为城市工业经济与传统的农业经济并存，农村经济高度依附于城市，以牺牲农业和农村为代价发展城市工业。这种城乡二元结构体制在带来国民经济高速增长的同时，也拉大了城乡差距，逐渐成为制约国民经济发展的一大障碍。总结起来，我国的城乡结构问题表现为：

1. 农村经济发展滞后，城乡居民收入差距呈扩大趋势。尽管改革开放以来，我国农村经济得到了突飞猛进的发展，但是农业生产力相对于工业生产力而言仍然较低，主要表现为农业生产规模小、效率低，农业现代化、市场化程度低，农业产业化尚未形成。同时，城乡居民收入差距问题成为我国城乡结构的首要问题，改革开放以来，农民收入增长缓慢，城乡居民收入差距呈逐年扩大的局面。如表 2—11 所示，我国城乡收入差距呈现出逐年扩大的趋势。1990 年城乡居民年平均收入比仅为1∶1.53，到 2009 年这一比例达到峰值1∶2.65，相对应的城乡可支配收入比由 1990 年的1∶2.2扩大到 2009 年的1∶3.33，在 2008 年，城乡居民年平均收入差距的绝对值首次超过 1 万元。

表 2—11　城乡人均收入

年　份	平均每人全部年收入		平均每人年可支配收入		城乡收入比	可支配收入比
	农村居民	城镇居民	农村居民	城镇居民		
1990	990.38	1516.21	686.31	1510.16	1.53	2.20
1995	2337.87	4279.02	1577.74	4282.95	1.83	2.71
2000	3146.21	6295.91	2253.42	6279.98	2.00	2.79
2001	3306.92	6707.08	2366.4	6859.58	2.03	2.90
2002	3448.62	8177.4	2475.63	7702.8	2.37	3.11
2003	3582.42	9061.22	2622.24	8472.2	2.53	3.23
2004	4039.60	10128.51	2936.4	9421.61	2.51	3.21
2005	4631.21	11320.77	3254.93	10493.03	2.44	3.22
2006	5025.08	12719.19	3587.04	11759.45	2.53	3.28
2007	5791.12	14908.61	4140.36	13785.81	2.57	3.33
2008	6700.69	17067.78	4760.62	15780.76	2.55	3.31
2009	7115.57	18858.09	5153.17	17174.65	2.65	3.33

资料来源：《中国统计年鉴 2012》，中国统计出版社 2012 年版。

2. 缺乏城乡间统一市场，要素自由流动受限。我国的城乡结构问题还表现在城乡间经济发展失衡。城乡平衡发展是指城市和农村及其内部各产业部门以大致相近的水平和速度实现自身的增长。实现城乡平衡发展的一大前提是城乡间市场的统一和各种要素的自由流动。我国现在存在较为严重的市场分割，城乡之间的劳动、资本、技术的自由流动受到较大的限制：由于城乡二元户籍制度的存在，我国大量的农村剩余劳动力无法落户城市，这限制了城乡间劳动力的自由流动；由于农村各种配套设施的缺乏，不能满足企业需求，因而大量企业仍选择城市作为投资地点，这阻碍了资本向农村的转移；相应的，企业由于大量人才和资本流向城市，这相应地限制了技术的城乡交流。

3. 城乡间公共基础设施建设差距扩大，农村基础设施建设落后。改革开放以来，我国实行的是以牺牲农村利益和农村发展来支持城市工业化的方针，因此发展战略偏向于城市，由此带来了宏观资源配置的城乡差异。一方面，由于我国城乡公共基础设施建设采取完全不同的两种机制：城市基础设施主要靠国家财政投资，而农村公共基础设施主要靠农村自行投资建设，国家仅仅给予适当的补助，这种政策安排使得与城市相比，农村的基础设施供给严重不足，农村地区特别是中西部地区的水利、交通、电力、通信条件较差，一些农村地区村镇布局不合理，垃圾处理、生态保护措施缺乏；另一方面，由于财政投入力度的城乡差异，城乡间基础设施建设的差距逐年拉大。例如，从1998年大规模发行国债开始，到2005年发行国债总计近10000亿，而用于农业、农村的投资大约只占1/3。中国有2/3的人口在农村，但只有1/3的国债用于“三农”，即使是这1/3也没有完全用在农民身上，比如大江大河的治理是纯公益性建设，收益面是全社会，不只是对农民的；还有生态环境建设，退耕还林还草也是外部性极强的公共品，正效益对城市和农村居民都是相同的。这些投资统计在“三农”里面是不科学的。如果扣除掉这一块，国债用于农业、农村的比重会更低。

4. 缺乏农民权利保障机制，农民权益遭到侵害。城乡差距不仅表现在城乡居民的收入差距上，更重要的是城乡居民的地位、权利、义务和身份的非对等性。城市用地对农民土地的低价征收、补偿不到位等各种损害农民权益的情况时有发生：农民工的社会保障、工伤保险、租住房屋、子女教育问题等也缺乏相关制度的保护，农民工在城市务工期间也常遇到拖欠工资等问题。这些问题需要通过诸如户籍制度、就业制度等制度的变革得以解决。

二、经济结构战略性调整的主要思路

“十二五”期间，经济结构战略性调整是转变经济发展方式的主攻方向，我国应从需求结构、产业结构、企业结构、区域结构和城乡结构5个方向进行调整。

（一）需求结构调整的主要思路

当前紧紧围绕现阶段我国需求结构存在的三对矛盾，本着扩大内需与降低外需并重、扩大消费与优化投资并行、扩大规模与提高质量并举的原则，通过调整外需、优化投资、扩大消费三条路径，统筹规划，合理设计，综合采取各项措施，实现经济增长由依靠投资、出口拉动向消费、投资、出口协调拉动的转变，实现由生产大国向消费大国的转变，从而增强经济增长的内生动力和可持续发展能力，确保我国在未来较长时期内保持经济平稳较快发展。

1. 扩大居民消费需求。扩大消费需求兼有稳定经济增长和调整需求结构的双重功效，不能再将其作为一项摆脱内需不足的临时性手段，而要作为我国一项长远的经济发展战略，推动我国从生产大国向消费大国转变。

第一，完善收入分配制度，建立居民收入稳增机制。消费是收入的函数，稳步提高居民收入是扩大消费需求的前提。首先，以发挥市场对劳动力资源配置的基础性作用为主，推动劳动报酬在分配格局中的占比，保障劳动者获得合理劳动报酬，分享经济增长收益的基本权益。其次，实施积极的就业政策，进一步落实好新的支持和促进就业的税收优惠政策，促使城乡居民劳动报酬收入稳步增长。再次，适度降低宏观税负，减轻企业和居民税收负担。此外，深化企业工资制度改革，着力建立所有者、经营者、生产者相互制衡的收入分配决定机制和合理的工资增长机制。

第二，积极稳妥推进城镇化，释放农民潜在消费需求。从长期来看，加快城镇化进程，有序转移农村劳动力是提高农民收入、扩大农村消费，进而扩大最终消费需求的重要途径。首先，以解决农村转移人口在城镇就业落户为重点，按照进入城市时间、工作及纳税等差异划分不同层级，使已经进入城镇和将要进入城镇的转移人口，逐步取得教育、医疗、住房等基本公共服务。其次，剥离附着在户籍制度上的福利待遇，逐步实现城乡基本公共服务均等化。再次，加强城镇体系规划与综合交通运输规划的衔接，加强公共交通、污染防治、水电气热供应等城镇基础设施建设。最后，规范城市建设用地指标与吸纳人口指标挂钩制度，中央财政对农村转移人口公共服务给予适当补助。

2. 调整外需，促进内外需协调发展。

第一，加快外需战略调整，向内需主导型经济转变。在现有的经济发展模式下，中国制造高度依赖欧美等消费国，导致经济发展自主性较差。调整的方向有两个：一是建立中国经济内部循环，扩大内需，尤其是消费需求。把中国制造的商品更多地放在国内市场消化，形成从生产到消费的国内经济大循环。二是减少对美国这样的国家出口，增加对资源国的出口，从而建立我国和资源国之间双向制约的通道。经过改革开放 30 多年的发展，中国已经积累了庞大的制造能力，这些能力不可能空置，必须要寻找新的出口市场，而资源进口国是一个较为理想的对象。

第二，有序适度扩大进口，不断提升国际经济地位。首先，完善能源资源产品进口与储备机制，根据国际大宗商品价格变动趋势，适时增加石油等相关产品进口，充实战略物资储备。其次，不断完善进口贴息、进口信贷、进口信用保险等政策手段，简化进口的环节和手续，提高进口环节的便利化程度，扩大先进技术设备、关键零部件进口。再次，有选择地降低关税水平，适度增加最终消费品的进口，提高进口消费品的质量和档次。最后，利用欧元区部分国家主权债务危机深化的“时间窗口”，以扩大进口和“走出去”为抓手，支持其渡过经济难关，争取从欧洲增加高技术产品进口。

第三，加快加工贸易转型，培育出口竞争的新优势。加工贸易是我国对外贸易的主要方式，是中国世界工厂定位的主要实现形式。目前，一是要推动加工贸易由低端向高端转型，鼓励加工贸易企业布局完整的生产制造链，提高产品的技术含量和附加值。二是鼓励加工贸易从加工组装向研发设计、品牌管理、营销服务等产业链上下游延伸，增加我国的利益。三是努力培育中国的民族加工贸易企业，改变加工贸易经营主体以外资为主的格局，降低加工贸易“飞地经济”的风险。四是加快贸易体制创新，为加工贸易转型提供体制机制支持。

3. 优化投资，提高投资效率和质量。

第一，优化政府投资结构，更好提供基本公共服务。发挥好政府投资的积极作用，把缩小城乡和区域发展差距、民生工程、产业结构调整、生态环境建设等作为投资的着力点。首先，保持投资适度增长和合理规模，积极有序地开工建设国家确定的重大项目，严格控制新上项目和产能过剩行业建设项目的投资，严格限制高耗能产业规模扩张。其次，把扩大投资与促进就业、改善民生结合起来，促进增投资与扩消费的良性互动。再次，支持基础设施配套薄弱环节建设，加大向“三农”、水利、社会事业、铁路、公路等公共基础设施的投资。最后，加大民生建设投资力度，加大保障房建设和推进基本公共服务均等化的设施建设投入。

第二，鼓励促进民间投资，激发经济增长内生动力。鼓励和引导民间投资，推动各种所有制经济平等竞争、共同发展，完善促进民间投资在投资领域、投资能力上存在的体制机制性问题。首先，建立有利于激活和利用民间资本的市场准入机制，遵循非禁即准的原则，放宽市场准入，确立民间资本平等市场主体地位。其次，建立有利于激活和利用民间资本的公共投资机制，落实民间投资“新 36 条”，在经济资源、金融资源分配、财政补贴、税收优惠等方面切实落实民营企业的国民待遇，提高投资的自主增长能力。再次，鼓励和引导民营企业通过参股、控股、资产收购等多种方式参与国有企业改制重组，支持有条件的民营企业通过联合重组等方式进一步壮大实力。最后，推进和深化相关领域的体制改革，改变目前存在的阻碍民营投资进入的“弹簧门”、“玻璃门”状况，同时保持政策连续性与稳定性，营造各种所有制经济平等竞争、共同发展的稳定预期。

（二）产业结构调整的主要思路

1. 加快城镇化建设，促进建立现代农业。针对我国目前农业发展技术含量低、分散经营、基础设施薄弱、制约劳动力流动等状况，政府要采取综合而全面的政策和措施，在提高农民收入的同时，促进农业生产率的提高，推动农业的产业化经营。

要加快城镇化进程，加大对农民工的政策扶持。改变我国农业人口占比过大的根本措施是促进城镇化建设，让更多的农业人口转变成城市人口，在这一过程中不可避免地会出现农民工大量涌入城市的状况，虽然这可能给城市的管理带来一定的压力，但农民工却扮演着城市的建设者角色，对城市发展有着不可替代的贡献，政府应该加强对农民工的政策扶持，帮助其解决基本的保障问题。

推动农业产业化、加快建立现代农业。国家要进一步巩固农业的基础地位，就必须进一步加大支农惠农政策，除了减少农民的负担和加强对农民生活医疗的保障之外，政府还要加大基础设施的投入力度，加大对农业科技化的财政和金融支持，鼓励林业、渔业、畜牧业的发展，促进农业均衡发展。鼓励农村土地流转，促进农业的产业化，提高农业的生产率，促进建立现代农业。

2. 淘汰落后产能，大力培育战略性新兴产业。针对我国目前工业大而不强，产品结构、组织结构、技术水平都不能适应未来国内外竞争的现状，我们必须加快调整工业的内部结构，一方面，要淘汰落后产能，促进技术进步；另一方面，要加大力度，促进战略性新兴产业的发展，在激烈的国际竞争中站住脚。

战略性新兴产业已成为全球产业竞争的制高点，也是我国转变经济发展方式和产业升级的重要途径。我国已经制定了战略性新兴产业的详细规划，还有两个问题值得注意。一是战略性新兴产业的选择。战略性新兴产业到底靠政府来划定，还是依靠市场自己筛选，市场的筛选又靠什么机制？从高科技产业的发展经验来看，政府可以划定大的范围，但具体的技术和产品要交给市场来选择。市场选择机制可以借鉴美国的经验，发挥资本对利润追逐所带来的敏锐的嗅觉，让资本去挖掘战略性新兴产业。从政策上讲要充分建立风险投资、创业投资、股权投资等为主的战略性新兴产业投资机制。二是政府的政策支持体系。首先，要解决战略新兴性产业融资问题，要按照研发、产业化及市场化三个阶段，采取风险投资、产业化补助、市场化融资等方式，实行政策的全覆盖。在资金支持中，政府可以更多采取市场化机制，可以委托专业机构，也可以以政府资金引导更多的市场资金来完成。其次，要建立包括财税、人事、科研等在内的完整的政策体系，促进各项政策之间的协调配合。再次，坚持国家统筹，将目前各部门出台的政策有效协调起来，增强合力。

3. 推动服务业转型，更多吸纳就业。我国服务业占国民经济比重低于世界平均水平，其发展滞后主要受思想认识、配套政策、体制机制等多方面因素制约。为此，一是完善服务业发展的政策环境，放宽服务业准入，在部分生产性服务业启动增值税改革试点。二是逐渐打破垄断，推进有序竞争。我国银行、保险、电信、教育、新闻出版、广播电视等行业仍然保持十分严格的市场准入，竞争不活跃，限制了服务业发展。三是加快服务业发展的体制改革。增加服务业相关考核目标以提高政府发展服务业的积极性，加快事业单位改革，推动部分服务业社会化、市场化。四是积极拓展适应社会需求的新型服务业的发展。如家政、养老、健康等社会公共服务。

（三）企业结构调整的主要思路

1. 进一步推动国有企业的改革与调整。改革开放 30 多年来，中国国有企业改革取得了很大的发展。从确定以建立现代企业制度作为国有企业改革的方向，到 20 世纪末开始实行的国有企业战略结构调整，即实行了以“抓大放小”为内容的国有企业组织结构调整重组和国有经济战略性调整以后，中国国有企业的整体发生了很大的变化。之前困扰我们的国有企业效率低下、技术落后、包袱沉重、亏损严重甚至是资不抵债的现象已经得到了根本性的改观。

虽然国有企业改革已经取得了很大的发展，但国有企业改革的道路还任重而道远。一是国有企业的发展要坚持有所为有所不为。除了在关系国计民生的重要领域要发挥主导作用之外，国有企业应该选择适当性的退出某些与民争利的领域。同时要将更多的精力投在国家产业的重大战略性突破上，比如大型飞机制造、航空航天发动机等等。二是加快国有企业结构的进一步调整。促进国有企业建立现代管理制度，掌握现代经营理念，更好地发挥国有企业在经济发展当中的主导性和积极的作用，要推动国有企业进一步经过改革，完善现代企业制度。三是国有企业监管体制有待进一步完善。要加强国家和地方国资委对国有企业资产的管理以及国有企业经营的监督，防止国有资产由于管理不善而流失，同时也要避免国有企业盲目的扩张和兼并。要把监管和乱管区分开来，地方政府要切实做好政企分开，尽量不要去干预国有企业正常的经营活动。

2. 鼓励创新和技术进步，促进民营企业的发展。近年来，我国的民营经济在国民经济中的各项比重逐年提升，已经成为国民经济中最重要的组成部分和10年间我国经济持续快速增长的主要力量。随着民营企业的发展壮大，市场竞争日益激烈，再加上受经济危机影响的外部环境，民营企业的比较优势逐渐变小。这就要求民营企业要在生存的基础上寻求更高层次的发展，创新成为民营企业实现可持续发展的唯一途径。

民营企业只有通过创新才能在激烈的国内外竞争中分得一杯羹。一要推动技术创新，提升企业核心竞争力。鼓励民营企业进行技术创新，从而提高企业核心竞争力，更新企业生产方式，提高企业抗风险能力。二要推动产品创新，提升企业产品竞争力。企业的发展始终要结合市场的需要，在产品同质化严重的今天，企业的独创性产品将决定着市场主动权和话语权。三要推动经营管理模式的创新，重塑企业形象。企业经营管理模式的创新有助于企业高效率、低成本的有效运转，创新的管理方法将对企业的可持续发展起到重要的作用。

3. 完善相关政策，推动中小企业发展的步伐。针对目前我国中小企业在一些方面还存在着发展障碍，完善相关政策法律，促进中小企业的发展，对我国经济和社会发展就显得尤为重要。一是为中小企业发展提供有效政策支撑，虽然国家和各级地方政府对民营经济的地位和作用给予了充分的认可和肯定，但却缺乏相关的帮扶民营经济的政策，不能令民营企业和国有企业处于一个平等的位置。国有企业在某些地方、行业依然享受着不平等的特权。而处于萌芽状态的中小型企业，实力和竞争力都太弱，而相应的帮扶政策有利于幼小的中小企业的成活和健康发展。二是取消对某些行业过高的门槛限制。在某些高利润和国有企业高垄断的行业，政府和相关部门对民营企业设置了过高的门槛，这种不公平的待遇，不利于当前我国产业结构优化、调整和长远发展，也不利于我国民营企业的发展。三是帮助中小企业解决融资难的难题。我国现有的银行等金融机构对民营企业提供的信贷资金还远远不足，缺乏专门为民营企业提供服务的信贷机构，借贷成本高和信贷覆盖面狭窄，这些问题都严重阻碍了中小企业的发展。四是要切实减轻中小企业的税务负担，国家应从税收制度出发，给中小企业更多的利润空间，同时减税还有利于中小企业员工收入的提高。

（四）区域结构调整的主要思路

1. 以产业结构调整为支撑，培育区域特色产业。解决我国区域结构的问题，首先应调整区域产业结构，促进产业结构优化升级，集中各种资源发展区域特色经济，战略性地发展地区中心产业。

紧抓“东—中—西”产业结构调整的契机，统筹全局，更加重视西部大开发和老工业基地建设。应通过加快东部地区产业结构升级、增强中西部地区产业承接能力、加强产业转移有效对接、完善促进产业转移的体制机制等，促进发达地区与欠发达地区间产业的有序转移与承接[①]。中西部有着良好的自然资源和人力资源禀赋，改革开放 30 多年，东部地区积累了良好的管理经验和技术水平。将资源整合，适时推进产业结构转移升级，促进中西部地区产业更新换代，大力发展低能耗、信息化、新能源的战略性新兴产业。

借鉴发达国家经验教训，因地制宜，培育特色产业。在制定落后地区中心产业发展战略方面发达国家有着丰富的经验，如美国的西部大开发以发展农牧业为主，主要利用了当地丰富的资源和有利的气候条件，后来又根据南部和西部地区的自然优势和独特的地理环境，把尖端武器生产、航空工业和电子工业定为开发的中心产业，这极有利地促进了该地区的产业结构调整[②]。我们国家在资源禀赋和地理状况上与早期的美国有着相似之处，要在发挥中西部资源优势的同时，努力培育特色产业。

发挥中心城市的辐射作用，即中心城市对于周边其他小城市的经济辐射和带动作用。内蒙古呼包鄂经济圈对内蒙整个矿产资源行业的带动就是良好的证明。以包头钢铁为带动，近年来，呼包鄂经济圈在矿产资源开发、利用上形成了良好的互补和协调式发展，形成了规模化的产业集群，培育了一大批上市企业，实现了产业的升级换代。

2. 以区域间要素交流为纽带，促进区域共同发展。调整区域经济结构要注重东中西部地区之间的合作，通过制度创新建立长效机制，加强地区之间资金、资源、技术、信息、人才、管理的交流与沟通。东部地区在

---

① 张纯记：《我国区际产业转移的制约因素与对策》，《经济纵横》2012 年第 1 期。

② 郭萍：《解决区域发展不平衡问题的国际经验及其启示》，《唯实》2000 年第 7 期。

资金、技术、信息和人才方面有着历史的优势，西部地区在资源和劳动力方面有着天然的优势，加速两者之间的流动，促进要素之间合理的搭配使用，有助于各个地区的跨越发展。要打破阻碍要素自由流动的各种人为障碍。在户籍制度上、资金流动和人才引进上建立对口支援，打破固有限制，有破有立有提升。

3. 以人才培养为助推器，加大人力资源投入。东部地区的历史经验证明：一两个行业领军人物或者关键技术保有者的引进能带动一个行业、一个产业乃至一个地区的发展。人才是科学技术的推进者和应用者，是资源的整合者，是创业精神的传播者。

区域结构的调整和产业结构的升级离不开人力资源，人力资源开发是经济发展和产业结构升级的基础，技术落后是制约中西部地区产业发展的重要因素之一，技术创新对于产业升级有着极其重要的作用。推动技术创新首先应有鼓励创新的环境，形成注重创新重视人才的氛围；技术创新成果的保护需要一定的制度保证，比如对专利技术的保护严格执法；技术创新离不开教育，应增加对教育的投入力度，培养高素质人才。同时，进行技术培训等职业培训，提升中西部地区劳动者的素质，满足经济发展的需求。

4. 以制度创新为突破口，跨区建设经济开发区。打破行政界限，通过划分经济开发区的方式，加强区域间的沟通交流，综合利用经济开发区内的各类资源，以东部地区带动中西部地区，促进区域间经济共同发展。促进企业跨区域发展，引导产业跨区域转移，企业的跨区域发展可以在更广阔的范围内合理配置资源，实现优化配置。骨干企业的转移可以带动相关配套企业的转移，实现产业群体的转移。

5. 加强基础设施建设，培育良好投资环境。中西部地区落后的基础设施也在一定程度上制约了经济的发展，因此要加大对中西部地区基础设施建设的投资，这不仅包括传统的交通通信设施建设，更应包括诸如信息高速公路的新型基础设施建设。同时，注重开发与保护并举，重视保护中西部地区的环境，高效利用资源，坚持可持续发展。

6. 拓宽投资渠道，提高资金运作效率。发展中西部地区经济离不开大量的资金投入，而在国家资金有限的情况下，应多渠道筹集资金，充分调动公有、私有、国家和地方企业的投资积极性，通过税收优惠等政策鼓励各方力量为区域经济发展提供资金支持，同时，应注重保护私人资产与个人投资，使投资来源多元化。充分利用各种金融工具，将项目、资源整合，吸引全社会资金投入，共同建设，提高资金使用效率。

（五）城乡结构调整的主要方向

解决城乡结构中存在的问题，应该将农业、农村、农民问题作为全面建设小康社会的重点，促进城乡二元结构的转变。具体的措施包括：

1. 增加农民收入，缩小城乡收入差距。解决城乡结构的问题，首要解决的是农民增收问题。通过发展县域经济、乡镇企业等农村非农产业来吸收农村过剩的劳动力；通过对农民进行职业技术培训和上岗培训，提高农民的职业技能从而使农民适应产业升级换代的要求；增加财政对于农民的转移支付，完善国家对于农副产品的价格补贴政策，多渠道提高农民收入水平，缩小城乡收入差距。

2. 发展现代化农业。解决城乡结构的问题，要统筹城乡产业发展，调整与优化城乡产业布局，在为城市工业化快速发展提供保障的同时，更要发展现代农业，提高科学技术在农业领域中的应用，利用规模效应发展大农业，提高农业的生产效率和机械化水平；以市场为导向，发展高附加值、深加工的农业产业链，通过纵向一体化战略发展现代农业。同时，在坚持农村基本经营制度、稳定和完善土地承包关系的基础上，积极探索、鼓励农民在自愿、有偿的前提下，进行土地承包经营权的流转，发展多种形式的适度规模经营①。

3. 提高小城镇集聚效应，发展农村金融服务。在协调城乡发展的过程中，要发展小城镇，提高小城镇的集聚效应。使农村工业向小城镇聚集，制定一系列符合小城镇发展的方针政策。同时，发展现代化农业，搞好农村经济离不开农村金融服务，通过金融体制改革，改善金融服务，增强金融对于农村经济社会发展的支持力度。坚持以市场化和商业化为导向，支持农村金融市场的发展；发展针对于农村市场的金融产品，根据农村市场的特殊性调整贷款的要求与偿还条件，建立适用新农村建设的多元化金融服务组织体系；同时，以立法的形式规定从农村吸收资金的金融机构要将资金以适当的比例返还给农村。

4. 增加农村基础设施建设和农村公共服务投入。破除城乡二元结构要求统一城乡基础设施建设和公共服务体系，扩大公共财政对农村的覆

---

① 杨娟：《浅谈加快形成城乡经济社会发展一体化格局》，《中共银川市委党校学报》2009年第4期。

盖。增加农村基础设施建设的公共财政支出，重点支持与农村发展、农民增收有关的农田水利建设、农村道路建设、农村通信建设等有利于农民提高生活水平和实现城乡一体化的项目。增加公共财政对农村教育投入，提供教育资源，促进城乡教育的同步发展；加大对农业科学研究和技术推广的投入，重点支持优良品种的培育、防疫体系的建立和先进农业技术的推广等；加大对农村医疗卫生建设的投入，增强农村基本医疗服务能力，继续完善农村新型医疗合作制度，调高财政补贴。

5. 提高农村劳动力就业保障和社会保障。通过促进农村非农产业的发展拓宽农村剩余劳动力的就业范围，推进城乡就业一体化，清除劳动力转移的制度难题；加强农民工维权教育，为农民工提供法律援助；统筹城乡社会保障制度，建立失地农民保障制度和农民工社会保障制度，把农民工的工伤保险、医疗保险、养老保险、失业保险统一纳入城镇社会保障范围，进一步完善农村最低生活保障制度。

执笔人：陈启清（中共中央党校经济学部）

第三章

科技进步和创新是转变经济发展方式的重要支撑

围绕转变经济发展方式这个主线，“十二五”规划提出“把科技进步和创新作为加快转变经济发展方式的重要支撑”，这是我国建设创新型国家的重大战略任务。

一、科技进步和创新在转变经济发展方式中的支撑作用

科技进步和创新是推动经济发展方式转变的直接动力。如果不进行自主创新，我国的经济发展难以脱离高投入、低产出、高消耗、低效益的旧有路径，难以维持在以前的发展水平上，而不能获得可持续发展，甚至出现经济下滑。因此，首先，提高企业和国家竞争力。从工业经济时代步入知识经济时代，以技术创新提高资源的利用效率，提高企业的综合竞争力，进而提高我国的综合国力。通过技术创新，提高出口产品的技术含量和附加值，提高企业和国家国际竞争力，实现企业“走出去”战略，降低对外物质资源的依赖，提高外资利用的质量，使我国的产业发展更加广泛且深入地融入全球产业链条的高端环节，谋得经济发展的主动权，实现对外经济发展方式的根本转变。其次，优化产业结构。必须依靠自主创新，掌握核心技术、关键技术，以技术创新推动经济结构的调整，优化产业结构，促进产业结构的升级。最后，加强可持续性。以技术创新解决工业文明造成的资源和环境问题，发展循环经济，实现经济的可持续发展。

二、科技进步和创新在转变经济发展方式中的作用机理

科技进步和创新为经济发展方式的转变提供物质基础，推动人类生产

和生存能力的不断提高，创造出日益增多的财富，在相同的生产要素供给下创造更多更好的经济效益，同时淘汰那些陈旧的生产技术和生产设备，使得我国经济平稳加快增长，并在这一过程中，逐步升级和优化经济结构，提高资源利用效率，打造国际竞争力较强的优势企业。由此可见，科技进步对我国转变经济发展方式的方方面面都起着积极的作用。下面，就从宏观、中观和微观三个层面分析科技进步和创新在加快转变我国经济发展方式过程中的作用机理。

（一）科技进步和创新有利于应对国际金融危机冲击，为我国转变经济发展方式提供长期稳定的发展条件

1. 从国际发展的趋势来看，国际金融危机使世界各国面临经济发展方式转变和产业结构调整的巨大压力，世界各国纷纷依靠科技创新积极抢占未来竞争的战略制高点，全球进入空前的创新密集和产业变革时代。随着全球经济一体化的发展，国与国之间在经济合作方面发生着千丝万缕的联系，没有任何一个国家可以独善其身，特别是随着我国对外开放程度的不断增加，国内经济形势越来越受到国际因素的影响。同时，影响国际经济形势的因素瞬息万变，在 2008 年国际金融危机爆发后，世界经济进入低速增长时期。紧接着，主权债务危机又将欧洲经济笼罩在阴影当中。由于发达国家过度超前的消费方式难以为继，必然引起全球需求结构发生新的变化。危机后，各国对外贸易政策逐渐发生变化，国际贸易保护主义抬头并向全球蔓延，针对我国的贸易保护升级，贸易摩擦增多，国际市场不稳定、不确定因素带来的风险进一步加大。对于我国这样一个长期依赖出口刺激经济增长的国家来说，这些风险会对我国出口的数量和结构产生长远和消极的影响。目前，以高效、低耗、低污染为特征的绿色经济成为全球大趋势。应对这些国际经济形势的变化，需要加快经济发展方式的转变，大力提高企业自主创新能力，打破技术创新瓶颈，降低消费和出口的对外依赖程度，扩大国内消费需求，推动经济发展由资源依赖向创新驱动、粗放发展向集约发展，提升我国应对国际金融危机的能力。

2. 从国内经济社会发展的现状来看，我国发展仍处于重要战略机遇期，但依靠物质消耗、要素投入和低成本比较优势的发展模式难以持续。增强科技创新能力是社会经济发展到一定阶段的必然要求。当前，我国正处于经济转轨与社会转型的关键历史时期。科技创新能力不足，将难以为国家的经济发展提供强劲而持久的动力支持。因此，党中央反复强调，必须坚定地把科

技进步和创新作为经济社会发展的首要推动力量，把提高自主创新能力作为调整经济结构、转变增长方式、提高国家竞争力的中心环节，把建设创新型国家作为面向未来的重大战略。创新是民族进步的灵魂。对我国来说，提高自主创新能力，是保持经济长期又好又快发展的重要支撑。

3. 促进可持续发展。长期过度依赖资源投入和消耗的增长模式在当今发展时期已经越来越难以维持。人口老龄化、资源数量锐减和环境承载力下降使得人口、资源和环境等要素对经济发展的制约作用日益突出。目前，我国人均能源资源占有量不到世界平均水平的一半，而单位国内生产总值的能耗明显高于发达国家水平和世界平均水平。如果不加快转变经济发展方式，资源将难以为继，生态环境将难以支撑。我国正处在必须调整结构才能实现可持续发展的重要阶段，迫切需要把自主创新摆在更加突出的位置，大幅度提高科技进步对经济增长的贡献率，减少对物质能源的消耗，使自主创新成为经济社会又好又快发展的内在动力。

4. 实现高质量发展。改革开放以来，我国经济持续快速增长，人民生活水平不断提高，综合国力显著增强。但是，经济结构和产业结构不合理的问题还没有得到根本性的解决，经济发展的质量和效益还有待提高，“低碳经济”、“绿色产品”逐渐成为现代社会发展中的流行用语，甚至成为一种时尚。随着居民生活水平的提高，人们越来越倡导绿色的生活理念，注重对生活环境的改善，生活质量的提升等更高层次的需求。如果自主创新能力不足，经济增长就会过于依赖物质资源的增加和简单劳动的投入，经济增长以水资源短缺，绿色空间锐减，环境污染加剧为巨大代价，在一定程度上抵消了经济快速增长带来的生活水平提高，人们的幸福感并不会随着收入水平提高而增强，反之可能日益下降。相比之下，自主创新能力强，将科技成果转化为现实的生产力，以较少资源投入实现经济增长，以尽可能少的污染排放完成产量指标，不仅带来经济效益的提高，而且带来生态环境质量的改善。

（二）科技进步和创新有利于产业结构调整和区域经济发展

1. 产业结构调整主要解决产业优化升级和可持续发展问题。当前，结构调整滞后于经济增长，经济发展中的一些深层次的问题远未解决，如主要产业集中在传统领域、多数产品处在价值链低端；低成本竞争优势受到前所未有的挑战，国际贸易摩擦增多；资源和环境的压力增大等。这都促使我国明确产业结构优化升级方向，解决当前产业结构中技术含量低、经济效益差、资源消耗高、环境污染大的问题，实现产业的可持续发展。从结构调整看，自主创新是促进产业技术升级和结构调整的关键手段和中心环节。一方面，我国产业结构中普遍存在产业集中度低、企业数量多、规模小、实力弱的突出矛盾，因此调整和优化产业结构首先必须通过技术能力的培养，造就一批具有较强自主创新能力和国际竞争力的大企业集团，带动和促进产业技术水平的提升；另一方面，调整产业结构不能被动地接受和等待外来技术，必须加快培养内在的技术创新能力，自主把握结构调整的方向与进程，重视在引进技术消化吸收基础上实现再创新，形成自主知识产权和自我发展能力。

2. 区域经济发展主要解决区域经济发展不平衡和缓慢的问题。一是科技进步和创新可通过利用外部科技资源，拓展区域的发展空间。区域经济发展可通过对外部科技资源的充分利用，不断拓展其发展空间。任何一个区域都不可能完全依赖自身有限的资源独自实现持久的经济发展，如果不能充分利用外部丰富的科技资源，其经济发展不仅成本高昂，而且必然会因自身资源的有限而终止。而全球化的历史表明，全球科技资源的利用问题不完全是一个简单的经济交易过程，而是一个政治及其战略的实施过程，更重要的是一个区域科技资源利用能力的不断提升的过程。利用能力不断提升的动力恰恰来自于自主创新，来自于自主创新所获得的核心技术，来自于自主创新所形成的区域战略产业对全球科技资源的吸纳能力。美国利用世界科技资源为其经济发展服务，不断拓展发展空间，成为世界强国，其成功的秘诀就在于自主创新，正是以自主创新获得、拥有了利用全球科技资源的能力。二是科技进步和创新可通过产业集群加强区域经济发展过程中的范围经济效应。区域产业集群对区域经济的发展有着决定性的作用，产业群的发展和建设可以促进地区间资源的有效配置和合理分工，减少产业结构趋同化和重复建设等问题，达到规模效应，从而促进区域产业结构优化升级和健康发展。自主创新，从空间上以创新源头为中心，在地域空间上向外进行有规律地扩散，使自主创新的影响不断扩大；从内容上，自主创新通过学习机制，使其他利益主体对自主创新不断学习，提升本身的技术水平，由此带来区域产业水平的提高。

（三）科技进步和创新有利于提高企业竞争力和促进政府职能转变，为我国转变经济发展方式提供坚实有力的市场主体

1. 科技进步和创新是提高企业核心竞争力的关键。首先，企业自主

创新能力是企业竞争力的核心，是企业做大做强的客观要求。企业的自主创新能力因其具有不易模仿和替代的特点往往是形成企业竞争力的关键。面对激烈的国际竞争，我国企业必须加强自主研发，利用自主知识产权开发新的产品和市场，获取创新利润，形成良性的自主创新机制，从而依靠持续的技术创新与进步形成核心竞争力，赢得市场主动权。其次，从企业可持续发展角度看，由于我国处于工业化中后期，经济规模扩张与资源环境之间的矛盾日益突出，投入约束对企业发展的制约作用越来越明显，低成本发展的空间越来越小，低成本竞争优势在逐步减弱。企业要实现可持续发展，需要不断提高自主创新能力，使企业在全球的竞争力由低端向中高端转化。经济发展方式的转变，就是通过创新对资本、劳动力、物质资源等有形的要素进行重新组合，以新的知识和技术改造物质资本、提高劳动者素质和管理水平，在减少资本、劳动力、物质资源等有形要素投入的情况下实现经济增长。离开了自主创新，就谈不上经济发展各要素的重新组合，更谈不上经济发展方式的转变。

2. 科技进步和创新有利于促进政府职能转变。首先，政府职能在管理服务方面存在着越位、缺位和不到位现象。越位现象主要体现在项目的制定和实施过程中，政府的服务意识相对淡化，干预微观的经济和创新活动的动机相对较强。各级政府、各个管理部门采用的以项目为中心的工作方式有明显的局限性，比如，不利于众多的传统产业、中小企业享受到同等优惠的待遇，不是真正意义上的普惠政策，不利于形成同一条产业链当中的各个环节和不同产业链之间响应环节的有机衔接，不利于政府管理人员的廉洁自律，对项目的控制力过大会导致寻租行为。政府的缺位现象主要集中体现在市场经济环境建设的落后，宏观战略和政策的把握不足等方面，所以政府应当把职能定位在提供具有非竞争性和非排他性的公共物品和公共服务上，制定和落实公共政策以及事关国家长远发展的战略性研究、前瞻性布局和重大研究基础等方面。政府管理不到位现象主要集中在政策法律法规的规定不够具体，对共性技术的研发缺乏管理规定，对企业的考核也还存在不完善的地方，包括产权制度的改革，政府要制定详实的实施计划；完善对企业考核的办法，规范法律法规；制定出切合实际的对高新技术企业人才股权激励办法等，为企业提供更好的发展和投资环境。其次，充分利用市场机制，加快科技和经济相结合，需要政府职能进一步转变。加快自主创新和经济发展相结合需要市场机制。从发达国家的实践来看，市场机制是促进两者有效结合的重要方式。市场机制作为经济社会系统配置资源的一种有效的制度安排，不仅为科技和经济活动的结合提供了连接的桥梁和纽带，而且能够通过市场机制所具有的优胜劣汰作用进行优化择取。最后，政府大力促使科技改革和经济改革两者紧密结合，鼓励市场竞争。建立以提高市场竞争力为目标的技术创新体制和机制。企业的创新不仅包括研究开发的创新，也包括产品的设计创新、工艺创新、管理创新以及商业模式创新等一系列环节，所以单纯的技术突破不能解决市场竞争力的问题。因此，单一的科技改革和经济改革都不能解决科技和经济结合的问题，必须大力推动科技改革和经济改革的紧密结合。

三、我国科技进步和创新存在的主要问题

经过30多年的改革和发展，我国科技进步和创新工作取得了很多重要的成果，积极因素不断增加。科技进步在促进传统产业升级和重点产业振兴，加快发展知识型现代服务产业，加快农业农村科技创新，大力提升科技改善民生的能力等方面发挥着越来越重要的作用。然而，在科技进步和创新过程中，仍然存在着企业技术创新活力和动力亟待加强、高层次创新型科技人才相对缺乏，研发投入较低、自主创新产出质量需要进一步提高等问题。

（一）企业主体地位有待加强

影响企业成为技术创新主体的原因是多方面的。

1. 从企业自身来看，现阶段我国企业的技术创新能力虽然有了很大的提高，但与发达国家相比，基础还很薄弱，我国的企业还没有真正成为技术创新的主体。这主要是由于我国企业在课题研究、科研立项、技术投资等方面存在重复浪费的现象；在基础性研究方面投入严重不足，在技术创新与新产品开发、引进技术的消化吸收能力方面依然比较薄弱；企业间没有建立和形成促进技术创新的战略协作关系。

2. 从政策制定来看，我国现行的许多政策是在改革开放之初形成的，重点在于单纯鼓励生产规模的扩张和出口创汇的财税、金融、投资、消费、政府采购等政策缺乏对企业自主创新的明确支持，与现阶段提高企业自主创新能力，发挥企业自主创新主体性作用，提升企业创新能力的要求已经不相适应。在落实国家针对加强自主创新的新政策方面，不仅需要各类经济政策的协调、配合，也需要中央和地方以及各个相关部门之间的有效合作。

3. 从绩效考核来看，没有把企业创新特别是发挥基础而又长久作用

的原始创新能力作为企业管理和考核的重点，也没有纳入地方领导干部的政绩考核体系当中，导致企业和地方缺乏自主创新的内在动力。

4. 从合作机制来看，有效利用科学研究院所和高等院校的科学研究开发能力，通过产学研紧密结合来提升企业自主创新能力具有重要的现实意义。但是，我国的产学研的结合程度较低，主要表现为企业对科研机构和高等院校科学技术研究的经费支持较少，这是由于高等院校和科学研究机构有时候只重视技术指标的先进性，研究出来的技术成果市场适应性不强，技术成果转化为现实的生产力比较困难，不能适应市场竞争的需要。

（二）人力资源发展落后

2010 年 5 月 25—26 日，中共中央、国务院召开了第二次全国人才工作会议，提出了由人力资源大国向人才强国转变、实现人才强国的战略目标。我国在科技人才培养和引进，人才管理体制机制创新、科技人才计划实施等方面也取得了新进展，科技人才资源总量持续增长。但是，人才队伍建设步伐仍旧不能放缓，目前还存在水平偏低，整体结构不尽合理，高质量人才缺乏等问题。受到东西部地区的地理位置、经济条件和科研环境等因素影响，人才队伍的区域分布也有失平衡。

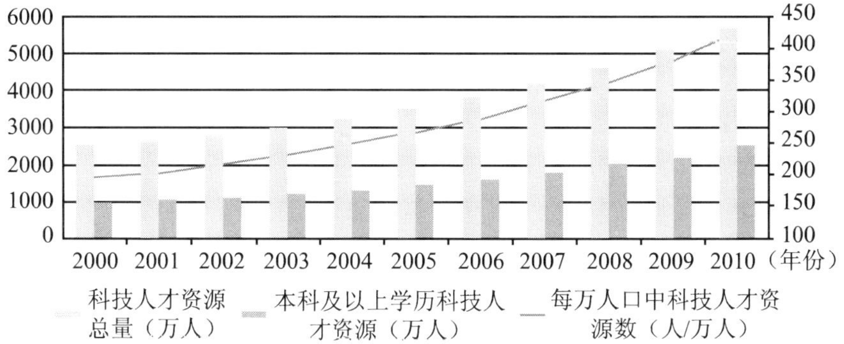

图 3—1　2000—2010 年中国科技人力资源状况

资料来源：根据历年《中国科技统计年鉴》整理得出。

1. 总量持续增长。首先，人力资源总量持续扩大。近年来，中国高等教育的快速发展，确保了科技人才资源总量持续稳定增长，中国科技人力资源总量超过美国，居世界第一位。2000—2010 年的 10 年中中国科技人力资源总量的年均增长率为 8.6%，呈现加速增长的态势，如图 3—1 所示。2010

年，中国科技人力资源总量达到5700万人，比2009年增长11.8%；其中，本科及以上学历者为2500万人，也居世界第一位。中国每万人口中科技人力资源数已达425人/万人，是2000年197人/万人的2.15倍。其次，与科技人力资源一致，2000年以来，中国R&D人员总量也保持高速增长态势，如图3—2所示。2010年，全国R&D人员全时当量为255.4万人年，较2009年增长26万人年，增长率达到11.5%；每万人就业人员中R&D人员达到33.6人年/万人，较2009年的29人年/万人有较大增长。

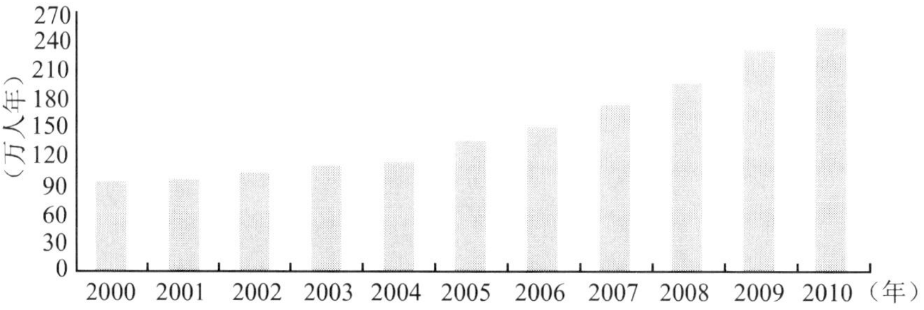

图3—2　2000—2010年我国R&D人员总量状况

资料来源：根据历年《中国科技统计年鉴》整理得出。

2. 结构仍然失衡。首先，区域分布结构不平衡。我国科技人力资源的地区分布仍然维持东高西低、梯级递减的特征，如图3—3所示。2010年，东部地区R&D人员全时当量达到169万人年，中部地区52.4万人年，西部地区只有33.9万人年，三者占全国的比重分别为66.2%、20.5%和13.3%。而2000年，东部、中部和西部地区的R&D人员占全国的比重分别为54.0%、23.4%和22.6%。东部地区比重逐年上升，中西部比重逐年下降，地区差距呈现扩大趋势。其次，人才质量结构不平衡。2010年，R&D研究人员全时当量初步统计为121.1万人年，总量低于美国居全球第2位；每万人就业人员中R&D研究人员达到15.9人年/万人；R&D研究人员占R&D人员的比重约为47%，这一比例远低于发达国家（普遍在60%以上），说明中国研究发展人员队伍的质量仍有较大的改善空间。进一步从企业主体方面看，2010年，科学研究与开发机构R&D人员全时当量为29.4万人年，占全国的11.5%；高等学校为29万人年，占全国的11.3%；大中型工业企业为137万人年，占全国的53.6%。据初步统计，企业R&D人员全时当量为187.4万人年，约占全国的73.4%；但从R&D研究人员来看，企业R&D研究人员所占比例相对R&D人员低得多，仅占全国的61.1%。尽管中国企业在R&D人员的规模上十分可观，但高层次研发人才还比较缺乏，研发队伍的层次有待进一步提升。

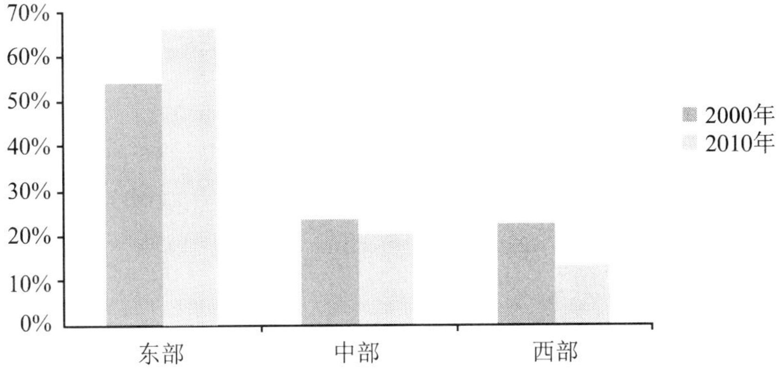

图 3—3　我国科技人力资源分布状况

资料来源：根据历年《中国科技统计年鉴》整理得出。

（三）研究经费投入总量和强度较低，研究投入类型比例失调

随着我国经济快速发展，2011年，我国科技经费投入保持增长态势，但是，R&D经费投入力度和强度与国外发达国家相比仍需进一步提高，同时研究经费和研究人员在R&D活动类型的分布比例失衡现象继续存在。

1. 研究经费投入尚需大幅提高。首先，R&D经费投入稳步增长，但是仍然存在较大差距。2011年我国全社会R&D总经费为8687亿元，增长23%。“十一五”期间，我国全社会R&D经费支出继续保持增长态势，2010年全社会R&D经费支出是2006年的2.4倍。从国际比较来看，2010年我国R&D总经费为1043.2亿美元（按年平均汇率1美元兑换6.77元人民币折算），规模仅次于美国和日本，已经超过德国成为全球R&D总经费第三大国。“十一五”期间，我国R&D经费总量先后超过了法国、英国和德国，与美国、日本的差距进一步缩小，约为美国的1/4，日本的3/5。受国际金融危机及欧洲主权债务危机影响，近两年日本、德国、法国、英国的R&D总经费出现了负增长或增长放缓的迹象。2010年OECD统计的R&D总经费（共41个国家和地区，占全球R&D总经费的95%以上）约1.21万亿美元，我国所占份额为8.6%，比2005年的3.4%提高了5.2个百分点，而美国、日本、法国、英国所占份额则出现不同程度的下降。中国对全球R&D活动的贡献进一步增大，世界研发活动逐渐呈现出多元化发展态势。

其次，经费投入强度低。随着中国 R&D 经费的迅速提高，R&D 经费投入强度（R&D 经费与 GDP 之比）也在稳步增长。2011 年，我国 R&D 总经费与国内生产总值之比为 1.84%，比 2005 年的 1.32%提高了 0.52 个百分点。但是不仅比 OECD 国家低，甚至与许多发展中国家还相差甚远。20 世纪 90 年代，我国R&D/GDP增长缓慢，1999 年以后这一比值开始稳步提高，2007 年达到 1.44%，高于俄罗斯（1.12%，2007 年）、印度（0.61%，2005 年）、巴西（1.11%，2007 年）、南非（0.92%，2005 年）、阿根廷（0.51%，2007 年）等发展中大国。在 40 个全球主要国家中，从 2005 年位列全球第 24 位提高到 2009 年的第 22 位，但是与美国、日本以及欧盟国家总体水平相比还有很大差距，如图 3—4 所示。

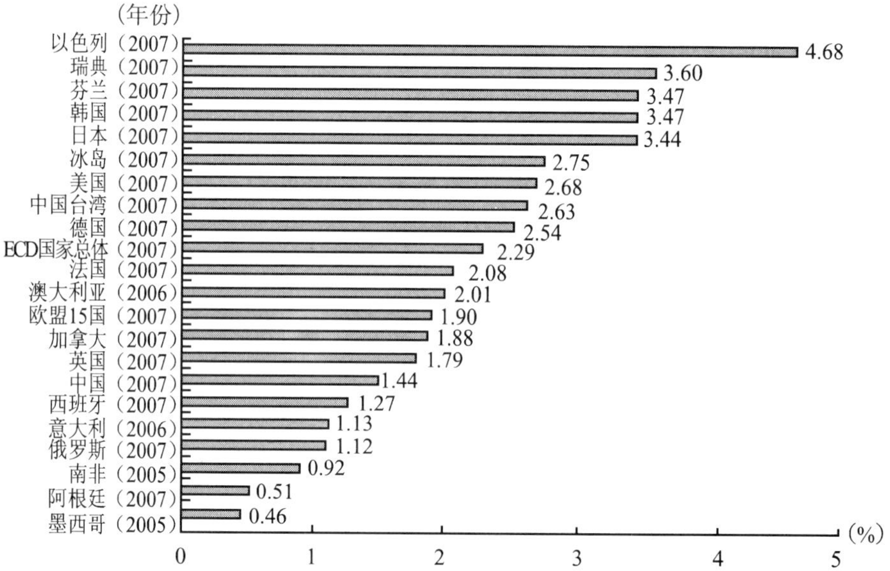

图 3—4　部分国家（地区）R&D 经费与 GDP 之比

资料来源： 根据 2010 年科技部科技统计报告得出。

2. 研究投入活动类型比例失调。R&D 从活动类型来看，可以分为基础研究、应用研究和试验发展三个方面。首先，基础研究经费投入不足。基础研究、应用研究和试验发展三者之间的经费支出比例，国际上一般认为1∶2∶5比较合理，而我国的这一比例，在 2011 年为1∶3∶18，明显倾向于试验发展，而忽视基础研究这一投资见效十分缓慢而影响极其巨大的 R&D 活动，深层次反映了我国基础研究和应用研究两大领域研究力量薄弱，从而导致缺乏原创性和科研成果，难以形成核心竞争力。从国际比较来看，在2007年公布数据的17个国家中，我国处于中等水平，高于以色列、俄罗斯，但仅为美国的3.2%，日本的10.7%，甚至波兰、阿根廷等发展中国家也超过了20%，如图3—5所示。与美国、日本、法国等发达国家以及韩国和俄罗斯相比，我国R&D经费支出在基础研究上的投入相对较少，而在试验发展上的投入比例太大，应用研究的投入比例相对比较合理。2011年，基础研究的经费为411.8亿元，占R&D总经费的比例为4.7%，发达国家这一比重大多在20%左右，相对较低的日本也在10%以上。因此，从历史发展来看，我国这一比重长期稳定在5%左右的局面没有改变。其次，从事基础研究的人员较少。从R&D人员按活动类型分布的数据看，从事试验发展活动的人员数量占有绝大部分比例，从事应用研究和基础研究活动人员的投入强度有待加强。2011年中国R&D人员中，从事基础研究的人员为19.3万人年，占6.7%；从事应用研究的有35.3万人年，占12.2%；从事试验发展的有233.7万人年，占81.1%，如图3—6所示。

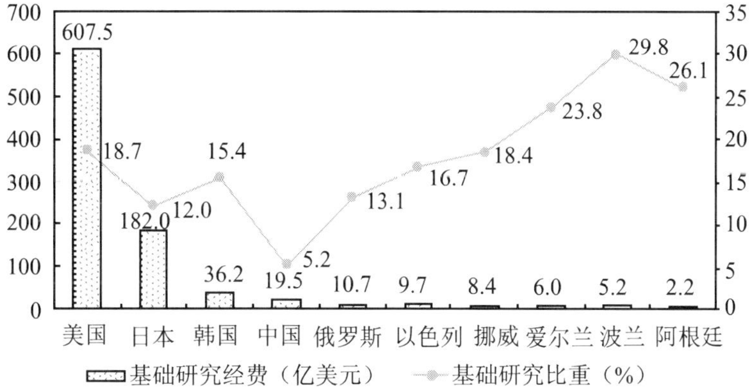

图3—5　部分国家基础研究经费及其占本国R&D经费支出总额的百分比

资料来源：根据2007年科技部科技统计报告得出。

（四）自主创新产出质量仍需提高

在后国际金融危机时期，全球资源、市场竞争加剧，发达国家更加注重利用知识产权制度提高其自主创新动力，保持其自主创新的质量，从而提高市场竞争优势。自主创新的质量在很大程度上可以从发明专利和科技论文这两个指标上体现出来，专利指标和科技论文是国际间进行科技实力评价、科技产出比较、市场竞争力评价的重要指标，常被用作衡量国家、产业或企业科技创新程度与自主创新能力的标准。我国目前自主创新产出主要表现出发明专利授权量偏低、企业发明专利职务申请授权量不足以及科技论文影响范围较小等问题。

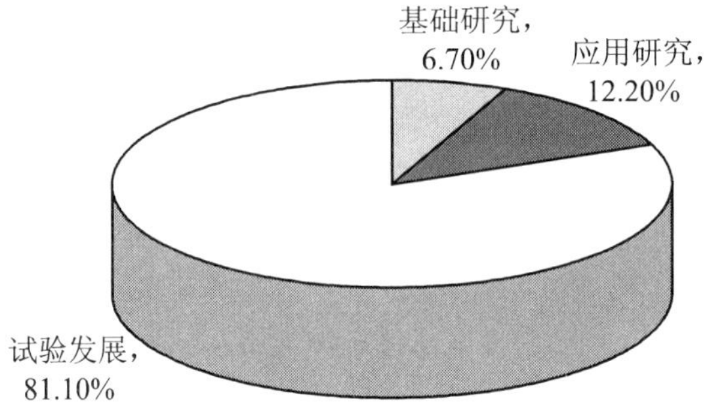

图 3—6　中国 R&D 人员按活动类型的分布

资料来源：根据历年《中国科技统计年鉴》整理得出。

1. 从专利指标来看，我国国内国外专利授权量逐年上升，来自国外的专利申请或授权的比率高于国内专利申请比率。从授权专利的不同类别来看，2011 年授权发明专利 172113 件，实用新型专利 408110 件，外观设计专利 380290 件，分别占当年授权专利的 17.92%、42.49%、39.59%，其中实用新型专利和外观设计专利占了总数的 80%左右，而发明专利比重偏低，这表明我国科技自主开发能力和知识产权的保护意识有待提高，如表 3—1 所示。从这三种专利的近几年间的比例变化可以看出，发明专利的比重较 2000 年的 12.04%有较大幅度的增加，从 2003 年起一直保持在 20%以上的比例。

表 3—1　中国专利授权量　（单位：件）

年　份	发　明	实用新型	外观设计	合　计
2000	12683	54743	37919	105345
2001	16296	54359	43596	114251
2003	37154	68906	76166	182226
2004	49360	70623	70255	190238
2006	57786	107655	102561	268002
2010	135110	344472	335243	814825
2011	172113	408110	380290	960513

资料来源：根据国家知识产权局公布的相关数据整理得出。

从国内职务发明创造专利申请授权总量来看，企业的专利授权总量的比重近几年都在80%以上，如表3—2所示，而大专院校、科研单位、机关团体等的授权比重仅在20%，并有下降趋势。但是，就发明专利的职务申请授权量而言，2011年大专院校和科研单位占国内授权的37.71%，企业占61.39%，与2006年的47.55%和51.26%相比，虽然企业所占的比例有了较大的提升，但仍然未占绝对地位，如表3—3所示。由此可见，虽然我国企业加快了技术创新的步伐，而且自主创新和知识产权的意识有所增强，但企业尚未真正成为原始创新活动的主体。

表3—2　国内职务发明创造专利申请授权量　（单位：件）

年　份	合　计	大专院校	科研单位	企　业	机关团体
2011	559372	56484	17777	474787	10324
2010	421831	43153	14268	359018	5392
2009	262222	27947	10269	218321	5685
2006	93131	10457	5313	76379	982

表3—3　国内发明专利职务申请授权量　（单位：件）

年　份	合　计	大专院校	科研单位	企　业	机关团体
2011	95069	26616	9238	58364	851
2010	66149	19036	6557	40049	507
2009	52265	14391	5299	32160	415
2006	18400	6198	2553	9433	216

资料来源：根据国家知识产权局公布的相关数据整理得出。

2. 从科技论文方面来看，根据美国出版的科学论文索引《SCI》、科学技术会议录索引《ISTP》和工程索引《EI》三种权威的检索工具的检索结果来看，2009年，我国科技人员（不含港、澳、台）在国际上发表的期刊论文和会议论文共253982篇，是2005年的1.7倍。按照国际论文排序来看，我国发表的科技论文在三种索引中的排名也由2005年的5、5、2上升为2、2、1，如表3—4所示。从《SCI》收录的我国科技论文的5年被引用情况来看，2005—2009年收录的论文总数为472766篇，被引用论文数1796896篇，论文影响指数（被引用论文数/收录的论文总数）为3.8，这说明我国的自主创新成果在国际上的影响在加大。但是总体来说，我国论文在国际上被引用的数量还不多，在影响因子高的国际学术期刊上发表的文章太少，论文的影响力比较小。

表 3—4　2005—2009 年中国发表论文情况

项　目	2005 年	2006 年	2007 年	2008 年	2009 年
篇数合计	153374	171878	207865	270878	253982
《SCI》	68226	71184	89147	116677	108806
《ISTP》	30786	35653	43131	64824	52159
《EI》	54362	65041	75587	89377	93017
位次					
《SCI》	5	5	3	2	2
《ISTP》	5	2	2	2	2
《EI》	2	2	1	1	1

资料来源：根据历年《中国科技统计年鉴》整理得出。

四、科技进步和创新推动转变经济发展方式的路径

促进经济发展方式的转变，是贯彻落实科学发展观，实现可持续发展的必然选择。推动科技进步，增强自主创新能力，既为我国经济发展方式的转变指明了方向，也是促进我国转变经济发展方式的有效手段。因此，需要不断加强深化科技体制改革，政府宏观调控职能，构建产学研创新体系等工作，进一步发挥科技进步和创造在加快转变我国经济发展方式中的支撑作用。

（一）重视市场机制的导向作用

在社会主义市场经济体制日趋完善的条件下，应重视市场机制对科技资源的导向作用，充分发挥市场配置资源的基础性作用，进一步促进科技与经济的有机结合。

1. 强化市场机制配置科技资源。根据配置的主体不同可以将资源配置方式分为市场配置和政府配置两种。计划经济时期，我们往往只看到市场自我调节所具有的消极作用，而很少看到市场对激励企业竞争，推动经济发展的积极作用，特别是看不到市场也是一种配置资源的方式而忽略了它对优化资源配置所起的促进作用。实行改革开放政策以后，政府逐步由计划经济体制向市场经济体制转变，并强调充分发挥市场在资源配置方面的基础性作用。市场机制通过竞争和价格杠杆把稀缺物资配置到能创造最好效益的环节中去，并给企业带来压力和动力。合理配置资源是市场机制的重要功能之一。要推动我国自主创新，实现产业结构优化升级，关键在

于要促进生产要素特别是与自主创新有关的生产要素因素在产业内或者产业间自由合理地流动。培育和强化市场机制在有效合理配置资源过程中发挥重要作用。当某种资源作为影响我国自主创新的生产要素在某一科技领域可以产生更高效率的产出时，市场机制就会引导这种资源向此领域内流动。价格的高低也对科技资源的配置起着自动调节的作用。比如，技术的稀缺性即在于原创性和唯一性，因此越有创新性的技术，同时掌握的市场主体就越少，技术价格就越高；而某一领域的技术创新越少，同时掌握的市场主体就越多，技术价格自然就越低。

2. 发挥价格机制反映市场需求的作用。市场机制要发挥调节作用，必须通过价格机制才能顺利实现。因为价格是经济信息的传播者。价格反映的是市场需求主体对某一商品的接受程度，在微观经济领域对微观经济主体的行为能够进行有效的调节。企业、高校和科研机构是我国自主创新的主要市场供给主体，而价格机制中，企业和科研单位只有以市场当中的价格信息为导向才能及时获悉经济发展最前沿的准确信息，确保自主创新所获得的技术不流于形式，只有符合市场需求的技术创新，才能成功转化为科学技术生产力，广泛应用于经济领域，从而推动区域产业结构优化升级，对经济社会发展大局起到支撑作用。同时，市场对各种信号的反应也是灵敏迅速的，自主创新的动力主要来自于经济主体的利益驱动和市场竞争的压力，在市场的导向作用中，价格机制会以价格的高低变化调节市场对商品的需求量与供给量，从而实现对商品生产、消费的改变。

3. 利用竞争促进自主创新。建立社会主义市场机制，就是坚持效率优先原则，给企业市场经济活动的主体地位，以进行技术创新所能获得的利益为驱动，以竞争为手段，促使企业自发地合理配置科技资源，并在科技资源的配置过程中，一要使企业经济活动与技术创新活动符合价值规律的要求，适应市场供求关系的变化。二要通过价格杠杆和竞争机制的功能，把科技资源配置到能使企业效益最大化的技术创新与科技进步过程当中，并通过竞争给企业以压力和动力，实现优胜劣汰。三要营造竞争环境。运用市场竞争机制促使企业对各种经济信号做出准确判断，自发调整资源配置与科研方向以促进技术生产和需求的协调，进而保障企业实现生产与需求的及时协调。

（二）发挥政府宏观调控的积极作用

各级政府要充分发挥职能，推动企业自主创新，为各类企业创新活动提供平等竞争的基础条件，为企业全力打造良好的市场环境和政策环境，支持推进企业自主创新，促使企业尽快成为自主创新主体，共同推进国家创新体系建设。

1. 增加资金投入，发挥杠杆效应和诱导效应。由于知识溢出和技术扩散的原因，使得技术创新活动社会收益会大于创新主体的私人收益，并且，由于企业从事基础研究和应用研究的自身回报与社会回报的差距更大，因而企业投资这两类活动的动机会更弱。因此，在一个完全市场条件下，企业的研发投入会低于社会需要的最优投入水平，投入资金不足是由此引发的一个很重要的问题，创新市场是处于非效率状态的。这时政府的调控作用就显得尤为重要，在弥补创新市场失灵方面起到举足轻重的作用。政府的科技投入对企业的影响主要有两大方面，一是对企业研发直接资助，引导鼓励企业进行研发活动。二是对企业研发活动提供间接支持，包括资助政府研究机构以及高校研究，通过技术外溢、技术转让、技术入股以及产学研合作等模式来促使企业创新。理论研究证明政府资金投入的不同方式会对其他科技投入主体（尤其是企业）产生一定的积极效应，比如杠杆效应和诱导效应。Guelle 和 Vanpottelsberghe（2000）对 17 个 OECD 国家（1981—1996 年）政府科技投入对企业 R&D 支出的影响（杠杆效应）进行了系统的研究，认为政府对企业 R&D 活动进行财政资助和提供税收优惠政策将刺激企业增加其 R&D 支出，政府资助企业研发 1 美元，企业将增加 0.7 美元的研发支出。童光荣、高杰（2004）从实证角度分析了我国政府 R&D 支出对企业 R&D 支出的诱导效应及其时滞问题，研究结果表明，我国政府部门支出对企业部门 R&D 支出具有诱导效应，企业部门 R&D 支出不仅取决于当期政府部门 R&D 支出，还明显与前期政府部门 R&D 支出相关。

2. 加强政府调控能力，促进资源合理配置。市场机制在企业科技资源配置中的基础性作用是至关重要的，但市场本身存在的自发性和滞后性等缺陷也会造成不良的竞争行为和科技资源的浪费，必须靠国家对市场活动的宏观指导和调控来加以弥补和克服。因而，在企业科技资源配置的过程中，要发挥政府的战略导向综合协调和服务功能，创造更好的创新环境。但要特别注意的是，政府的宏观调控的主要任务是保证市场发挥资源配置的基础性作用、维护市场竞争的秩序、促进产业结构优化、实现科技资源的充分合理利用、推动企业的技术创新与科技进步。在宏观调控的手段选取上，应以科技政策与科技规划为主，附以必要的法律手段保障，尽量减少强制性的行政手段。

3. 建立风险投资制度，拓宽企业融资渠道。我国正处于经济转轨时期，通过自主创新获取高新技术是实现经济顺利转轨和长期发展的重要动力，但我国高科技投入的力度与发达国家相比还有很大的距离，仅靠政府和企业自身科技投入远远不够，融资难已经成为影响我国企业自主创新的重要不利因素。风险投资基金作为现代经济中发展迅速的一种融资方式为我国发展高科技事业提供强大的资金支持。因此，完善和规范我国的风险投资体系和机制，加快风险投资行业的发展，对于加大科技投入，促进企业科技创新活动具有重要意义。同时，风险投资并不仅仅是给自主创新提供资金的职能，还在项目启动、成果转化、市场开拓等方面发挥重要的作用。

（三）巩固企业科技进步和创新的主体地位

科技进步和创新是企业转变发展方式、增强竞争能力的重要途径，是抵御市场风险、提高经济效益的重要手段。因此，需要继续巩固企业科技进步和创新的主体地位，进一步发挥企业创新的主体作用。

1. 不断深化科技体制改革。建设创新型国家，加快转变经济发展方式，实现我国发展的战略目标，最根本的是要靠科技的力量，最关键的是要大幅提高自主创新能力。当前，我国进入全面建设小康社会的关键时期和深化改革开放、加快转变经济发展方式的攻坚时期。科技在经济发展中的作用日益凸显，新科技革命和全球产业变革步伐加快，我国科技发展既面临重要战略机遇，也面临严峻挑战。必须在围绕企业创新主体，深化科技体制改革上取得新进展，建立健全科学合理、富有活力、更有效率的企业创新体系，激发全社会创造活力，实现创新驱动发展。

2. 进一步强化企业技术创新的主体地位，加快建立企业主导产业技术研发创新的体制机制。科研体制改革的目标应该是使企业作为技术创新的主体，是新技术、新产品的主要诞生地，而科研机构应成为国家技术创新的基础和源泉。要统筹发挥政府调控作用和市场在资源配置中的基础性作用，完善科技项目、经费管理制度和科技评价、奖励制度，形成对企业激励创新的正确导向；要落实和完善相关法律法规和政策措施，为企业主体进行科技创新发展提供有力保障。

3. 重新界定政府在企业科研活动中的职能。一方面，国家应该继续加强基础研究、公益性研究和共性研究，为国家整体科技发展构筑平台；

另一方面，政府应对重点技术创新项目进行引导和资助，政府应集中相当规模的人力、物力和财力，利用行政手段和市场竞争结合的方法，采取联合攻关的形式，对若干重点产业技术领域进行重点研究。

4. 要加强高水平科技人才培养，引进海外优秀人才，支持归国留学人才创新创业。建立健全科学合理的人才评价标准，加强科研诚信建设，营造科学民主、宽松包容的学术氛围，进一步激发广大科技人员的积极性和创造性。

（四）持续完善各项产权制度

建立归属清晰、权责明确、保护严格、流转顺畅的现代产权制度，是市场经济存在和发展的基础，是完善基本经济制度的内在要求。当前我国自主创新中出现的一些矛盾和问题，都直接或间接地涉及产权问题。建立健全现代产权制度，是不断激励个人和企业自主创新的制度保障。

1. 保护知识产权。没有知识产权保护，就不可能有自主创新。保护知识产权，不仅是树立我国国际信用、扩大国际合作的需要，更是激励国内自主创新的需要。牢牢树立保护知识产权观念，就是尊重劳动、尊重知识、尊重人才、尊重创造、鼓励自主创新的思想观念。提高知识产权保护意识和观念，加快完善有关法律法规，加大知识产权保护执法力度，坚决查处和打击各种违法侵权行为。

2. 明确企业产权边界。改革开放前，创新动力来自于政府，以政府为主体的技术创新模式使得企业的产权边界不明晰，技术创新的风险与利益和企业没有直接联系，导致本应为技术创新主体的企业既没有权力，也没有动力从事技术创新活动。市场交易的前提条件是明确的产权界定，因为产权界定了企业的受益或受损边界。产权明晰是企业技术创新的必要前提，只有企业自身可以依据产权对所从事的经济活动能够获得的利益或者损失形成合理的预期，才会主动追求利益的最大化，敢于投资于技术创新，产权的确立是最有效也是最持久的创新激励手段。

（五）构建产学研有效结合的创新体系

产学研合作不仅有利于全球经济一体化的发展，使资源达到最优的配置状态，实现最大的福利效应，同时也促进了高等院校和科研院所高素质人才的培养，为国家提供优秀的应用型人才，而且，采用产学研合作模式能够更快更好地实现技术创新，从而促进我国企业自主创新能力和国家核心竞争力的提升。因此，加强高等院校、科学研究机构和企业的产学研合作，充分发挥各自的比较优势，是进一步提高我国自主创新能力的战略性选择。

1. 发挥政府的宏观管理和协调职能。首先，统筹协调各方利益。产学研的合作机制是一个复杂的系统，它包括企业、高等院校以及各类科学研究机构等多个主体，涉及科学技术、经济和社会等多个领域。产学研模式的成功很大程度上取决于三个不同市场主体之间的协调程度，但自身性质的不同决定了三个市场主体在管理机制、市场行为和价值取向等方面存在很大的差异，因此在合作过程中，利益分配上的矛盾和分歧在所难免，从而会产生不利于产学研紧密结合的因素，阻碍国家整体自主创新能力的提高。对此，政府应充分发挥宏观调控和组织协调作用，在资源的配置、人才的流动等方面统筹和协调各方利益，形成合力。其次，采取激励措施。一是采用一定的激励制度加大企业对高校和科研院所科研经费的投入，如政府出资设立专项基金，对加大高校和科研院所科研经费投入的企业给予一定的财政补贴或者税收减免；政府出资组织产学研结合创新商品的展销会，帮助企业拓宽市场，使得新产品尽快被市场所接受，缩短大型工业企业资金回笼时间，为企业加强与学校、科研机构合作的信心打下坚实基础，也树立了长久的信心，使得产学研合作机制走上一条良性循环的道路；政府通过财政经费，对来自产学研合作创新的商品化成果或者未商品化成果进行购买，并对购买产学研科研成果的商家给予一定的优惠政策，从而降低由于创新的不确定性而带来三方合作创新资金无法收回的风险，保证产学研三方合作的积极性。二是政府可以根据产学研的技术成果进行排名，对于做出优秀成果的企业减免部分税额。对于高校和科研机构项目负责人给予奖励。通过政府的引导与扶持措施，加强政府与产学研三方之间的沟通，实现资源共享，逐步形成产学研所需的长效资金保障体系，推动产学研的紧密合作。三是政府需要制定科学合理的企业领导考核制度，不能仅仅注重企业利润情况，需要将企业与高校和科研机构合作的情况也放入到考核指标当中，即通过考核制度鼓励企业领导走产学研合作的道路。同时，还要注意适度延长企业领导的任职时间，以确保合作的稳定性和连续性。

2. 建立产学研良性互动机制。首先，实现优势互补。企业、高校和科研机构在进行研发活动时拥有各自的研究目标、重点和优势。其中，企业是技术创新、创新投入、产出及其收益的主体，利益最大化决定其要以市场需求为导向，同时倾向于避免独立承担技术转化时期的所有成本与风险，通过技术创新开发新产品，把研究成果尽快市场化，产生经济效益。高等院校面向的主体是学生，从事科研活动更加侧重创造新的知识，搭建完整科学的知识学科体系，因此一般从事基础性研究，这类研究成果在成果转化方面周期较长，难度较大，从基础研究过渡到实用技术的应用型研究往往存在瓶颈，难以给基础研究成果找到合理的市场应用定位。而科研机构主要承担与国家利益密切相关、涉及国计民生的项目。产学研合作研发的运行模式可以有效地集成高校、科研机构和企业的优势，有利于实现R&D资源优势互补，综合多方力量，进行科技难题的集中突破。其次，发挥资源共享作用。资源是具有稀缺性的，建立共享机制，切实提高科技资源的利用效率有助于构建有效的产学研合作模式。企业、学校和科研机构的资源稀缺性是三者相结合的根本出发点和根本动因。产学研合作进行技术创新是建立在企业、高校、科研机构之间，以市场运行机制为基础，将技术、资金、人才和生产要素等资源进行重新配置，采取多种形式，实现研发资源的优化组合并充分发挥其效用，从而形成企业、高校和科研机构三者间相互补充、相辅相成的合作研发的组织形式。采用产学研合作研发，既能有效解决企业研发能力匮乏和自主创新意识不足的问题，同时又能推动高校和科研机构的研发成果向产业转化。

（六）营造企业科技进步和创新的财政金融环境

大力加强国家财政对自主创新的支持，国家应当为科技进步和创新营造一个宽松的客观环境，制定并实施优惠的财税政策和金融政策等，增加企业自身的创新动力，降低企业在创新过程中的经济风险，特别是要为创新型企业的发展创造有利的财政金融环境。

1. 强化财政科技直接投入作用。从世界主要国家的经验来看，政府经费是研发经费最为重要的来源之一。直接的财政科技投入一般是通过财政预算来安排的政府财政支出，这不仅包括对教育和研究部门的经费支出，还包括对企业部门的直接财政补贴。针对财政科技投入设计更加科学合理的财政预算进行安排，加大基础研究的投入力度，提升应用研究投入效率、维持试验发展投入数量，加大广泛涉及高等教育、国家科技综合基础设施、国家安全重大项目及地区发展项目建设。

在财政科技投入政策作用于科技创新的整个过程中要特别注意以下两点。首先，改进政策导向模式。根据研发项目的不同性质，尤其是项目的外溢性大小，制定不同的财政资助方式，建立风险共担机制，最大限度地发挥政府资金的引导作用。如，外溢效应较强的共性技术研究和基础研究，以及社会公益性强的研发项目，可以仍然按照财政拨款方式无偿资助，而对那些经济效益大、成本回收周期短的研究项目，则不必全部由政府提供全部资金，而应发挥财政资金的杠杆作用。其次，建立财政科技投入评价体系。建立科学合理的财政科技投入评价体系，是整个财政改革的重要组成部分，是落实财政支出在促进我国科技发展作用的重要保障措施。发展和完善财政支出评价考核体系不能仅靠财政部门，因为财政支出绩效评价的根本意义在于财政支出最终效果，效果的实现依赖于各级政府和相关部门的协调合作。因此，如果仅仅从财政的角度来进行财政支出绩效评价，很难全方位地反映财政支出的实际效益与效率。从这个意义上讲，财政支出绩效评价体系，是以财政部门为主体，各级政府以及相关职能部门共同参与所形成的管理具有公共产品性质的财政科技投入的一项制度。因此，需要加强财政部门与各部门的协调与配合，明确各个部门在绩效评价体系建设中所应承担的职责。

2. 充分发挥税收调节作用，支持企业自主创新。首先，实行税收优惠政策的“普惠制”和“特惠制”。统一企业所得税标准，对企业所得税实施优惠政策，降低企业经营成本，激发国内企业自主创新的动力。创新是经济活动中普遍存在的现象，在每个行业和每个企业都可能发生。技术创新是一种行为，而非一种身份。技术创新并不仅仅指高新技术，也包括非高新技术，如对传统产业的技术改造等。因此，对技术创新的税收激励政策不应设置身份的限制，而应针对具体的项目和行为。高新技术企业当然可以享受相关的税收优惠政策，但对于非高新技术企业，只要其开展技术创新活动，也应该享受同等的税收支持。对一些中小企业和欠发达地区企业实行“特惠制”，大力扶持民营经济和中小企业的发展，在市场准入、信贷、税费、投融资等方面给予特别优惠待遇。其次，制定科学的税收政策。企业进行技术创新活动所需资金的主要来源为企业自身的资金、政府投入、金融机构的贷款、民间资本的投入和国外资金。投资方把资金投入企业所开展的技术研究，目的是获得较高的投资收益。但是，由于技术创新存在较高的风险，如果没有科学的政策扶持，会影响投资者的积极性，从而降低企业的融资来源。如凡企业把未分配利润转为投资用于技术创新的，这部分利润应允许抵免企业所得税；鼓励金融机构为企业的技术创新提供贷款，对从贷款中获取的利息，减征营业税；完善进出口税收政策，鼓励能源资源节约型、环保型、先进技术设备及其零部件产品的进口，限制高耗能、高污染、高物耗以及资源性产品的出口；专门研究制定扶持中小企业技术创新活动以及鼓励创业投资企业发展的税收政策。

3. 构建鼓励企业自主创新的金融支持体系。首先，实现金融体系的“机构观”向“功能观”转变。传统的金融“机构观”认为金融要发挥技术创新的功能必须在现有的金融机构框架下进行，根据现有的金融机构赋予其相应的功能。但是金融机构的形式和内容的易变性导致现实中对创新功能的需求由于没有相应的功能实现手段而得不到满足或者过度集中于某一手段使得这些功能可能会发挥过度，降低了金融系统支持技术创新的积极作用。我们需要实现由“机构观”向“功能观”的转变。金融体系“功能观”认为，竞争使金融机构及其组织形式具有多变性，而金融体系的基本功能则是相对稳定的。这种制度架构，追求的不是金融机构的多变性，而是金融体系功能的相对稳定。它致力于根据不同的金融功能，来设计金融组织形态和建立市场竞争机制，这种组织形态和竞争机制，将使金融体系能够更有效地降低交易费用，提高金融效率，更好地服务于企业科技创新。其次，建立健全金融支持技术创新的法律法规。金融机构支持技术创新的关键在于其推出的各种金融工具能够在不同层次和方面最大限度地满足企业的融资需求。科学、完善的金融法律法规制度可以通过鼓励金融机构创新，为金融机构的业务创新和发展提供宽松的制度环境促使其开发金融工具。而我国目前的《证券法》和《商业银行法》等金融相关法律、法规以及条例都存在对金融机构经营、金融工具运用等诸多方面的限制和禁止性规定，在诸如风险投资等新兴的投融资机制方面还没有完整的法律条文，严重制约了金融体系促进技术创新的积极作用。为此，相关政府部门应该采取积极措施，对现有的相关金融法律法规进行制定和完善，增强金融机构金融创新的积极性和可行性，促使金融和技术创新的紧密结合。

执笔人：郭　威（中共中央党校经济学部）

第四章

保障和改善民生是加快转变经济发展方式的出发点和落脚点

保障和改善民生是“十二五”期间，我国转变经济发展方式的根本出发点和落脚点。通过更高质量的民生建设，能够为经济结构战略性调整提供经济安全运行的社会条件、需求动力、投资机会和创新要素，促进经济建设和社会建设均衡推进、经济社会协调发展。

一、民生建设是中国特色社会主义事业的重要组成部分

新中国成立后，随着中国特色社会主义理论和实践的完善，按照以人为本的理念，保障和改善民生体现了中国不断发展进步的成就。

（一）重视民生是中国自古以来的重要治国方略

“民惟邦本，本固邦宁”，是中国几千年来重要的治国理念，在中华文明中有着深厚的历史文化根基。“民生”一词最早出现在《左传》，在《左传·宣公十二年》中第一次出现了“民生”一词，即“民生在勤，勤则不匮”，这里，“民”，是百姓的意思，“生”，是生存的意思，“民生”主要是指百姓的生计。

在近现代中国历史上，第一个认真思考“民生”问题的，是伟大的革命先行者孙中山。20世纪20年代，孙中山给传统的“民生”概念注入了新的内涵，并将之上升到“主义”和大政方针的国家高度。在其“三民主义”理论中，提出“民生就是人民的生活——社会的生存、国民的生计、群众的生命”，“民生就是政治的中心，就是经济的中心和种种历史活动的中心”[1]。

---

① 《孙中山选集》，人民出版社1981年版，第802、825页。

尽管马克思主义强调生产力是人类社会和社会个人生存发展的“绝对必须的实际前提”，是“一切历史的一种基本条件”，但人是生产力中最基本的要素，而且是主体性的要素，决定着生产力的内容、水平、程度和目的。因此，与人的发展最直接、最密切相关的民生状况也是马克思主义经济学的核心观点，“我们首先应当确定一切人类生存的第一个前提，也就是一切历史的第一个前提，这个前提就是：人们为了能够‘创造历史’，必须能够生活，首先就需要衣、食、住以及其他东西。因此第一个历史活动就是生产满足这些需要的资料，即物质生活资料，而且这样的历史活动，是一切历史的一种基本条件，人们单是为了能够生活就必须每日每时去完成它，现在和几千年前都是这样”①。

在马克思主义指导下，新中国的缔造者们，在革命年代就开始思考中国民生问题的重要性，并不断探寻解决之道。毛泽东早在1933年在“必须注意经济工作”的报告中就提出：“我们要使人民经济一天一天发展起来，大大改良群众生活……这是一个伟大的任务。”② 全国解放以后，以毛泽东为核心的第一代领导人要求“发展经济、保障供给”，提出社会主义制度的优越性，就是“生产不断扩大，因此人民不断增长的需要能够得到逐步满足这样一种情况”③。

1978年，中国实行改革开放后，邓小平多次强调、反复提醒：提高和改善人民群众的生活、实现共同富裕，是中国社会主义建设的核心目标，“社会主义的优越性归根到底要体现在它的生产力比资本主义发展得更快一些，更高一些，并且在发展生产力的基础上不断改善人民的物质文化生活”④，“社会主义的首要任务是发展生产力，逐步提高人民的物质和文化生活水平”。他谈到关于姓“资”、姓“社”的问题时提出：“判断的标准，应该主要看是否有利于发展社会主义社会的生产力，是否有利于增强社会主义国家的综合国力，是否有利于提高人民的生活水平”⑤。

在邓小平确立的“三步走”发展战略的指引下，刚刚进入21世纪后，中国基本实现了“三步走”战略的第一步和第二步目标，人民生活总体上达到小康水平。但这个小康水平还是低水平的、不全面的、发展很不平衡

① 《马克思恩格斯选集》第3卷，人民出版社1995年版，第231页。
② 《毛泽东选集》第1卷，人民出版社1991年版，第122页。
③ 《毛泽东选集》第5卷，人民出版社1977年版，第373页。
④ 《邓小平文选》第3卷，人民出版社1993年版，第63页。
⑤ 《邓小平文选》第3卷，人民出版社1993年版，第372页。

的。因此，党的十六大提出，我国要在21世纪的头20年集中力量全面建设惠及十几亿人口的更高水平的小康社会，使经济更加发展、人民生活更加殷实。全面建设小康社会的提出，充分表达了人民群众对经济、政治、文化、社会全面发展的迫切要求，代表了广大人民群众的根本利益。

（二）民生建设是中国特色社会主义的本质要求

总结我国社会主义建设的经验与教训，最重要的一条，就是社会主义的优越性最终应体现在提高人民群众的生活水平上，体现在改善民生上。离开人民群众生活的改善，离开人的全面发展，社会主义建设就失去了真实的意义。改革开放以来，我国开辟的中国特色社会主义道路之所以受到广大人民群众真心诚意的拥护，之所以受到世界各国的高度关注，关键在于它极大地、快速地、持续地改善了民生，使人民群众的生活水平不断得到提高。改善民生是一个综合性的目标，需要我们从经济建设、政治建设、文化建设、社会建设等方面协调推进。因此，“十二五”期间直至2020年，在“以人为本”科学发展观为主题的指引下，围绕转变经济发展方式这个主线，不断解放和发展生产力，把社会建设摆在更加突出的位置，使经济发展成果更多地体现到改善民生上。

（三）中国特色社会主义民生建设的基本内涵

按照《辞海》对于“民生”的解释，民生是指人民的生计。《现代汉语词典》对“民生”的解释也是“人民的生计”。在这里，“民”，是人民的意思。它的内涵相比古代社会的“民”有所扩大。“生”，是人的生产与生活的统一体。在现代社会，由于生产力水平的提高和民主意识的出现，民生一词的内涵有了扩大。“民生”的范围从人的基本的生存层面延伸到了人的生活层面。

对于“民生”这一概念的内涵，在现代社会，人们对它做了广义和狭义的不同界定。广义上的民生是指凡是同人们生产、生活有关的，包括直接相关和间接相关的事情都属于民生，其民生概念延伸到了经济、社会、政治、文化等所有领域。孙中山对民生的界定大致就是从广义的角度来立论的。广义的民生概念所包括的民生问题，内容大，涉及面广，它充分强调民生问题的高度重要性和高度综合性，但在进行解决民生问题的实践时难以把握。

狭义上的民生概念主要是从社会层面上着眼的。从这个角度看，所谓民生，主要是指民众的基本生存和生活状态，以及民众的基本发展机会、基本发展能力和基本权益保护的状况，等等。狭义的民生概念不能完全反映人们的活动范围和人们需求的复杂性，但相对来说在实践中比较容易把握，容易在具体层面制定出相应的民生政策和民生实践方法。

当前我国所使用的民生概念一般都是狭义的民生概念。如十七大报告提出的要“加快以改善民生为重点的社会建设”、“就业是民生之本”、“教育是民生之基”、“分配是民生之源”、“社保是民生之依”、“稳定是民生之盾”、让广大人民群众有活干、有学上、有饭吃、有衣穿、有屋住、病有医、老有养、生活幸福、都过上好日子等话语中的“民生”，就是从狭义的具体的社会建设层面着眼的。而改革开放以来的中国民生建设活动，也主要针对狭义层面的民生问题而展开。

二、加强民生建设对于转变经济发展方式的主要作用

民生与经济发展关系密切，在转变经济发展方式进程中，增加民生领域的投入，提高民生事业建设的水平，既能够扩大居民消费、提高投资效益，又能够为转变经济发展方式提供更多的人力资本。

（一）民生建设能够扩大国内需求，减少经济增长对外需的依赖

扩大消费需求，尤其是扩大居民消费是“十二五”期间，我国转变经济发展方式的战略重点，通过增加居民收入和改善公共服务水平，能够直接带动国内消费和投资。

1. 增加收入是扩大居民消费的经济基础。扩大内需的关键是让民众有一定的消费能力，决定消费能力大小的关键因素是收入水平。消费行为是收入的函数，收入又分短期收入和长期收入。短期收入的增加一般是很难改变消费行为的，只有长期收入水平稳定提高，才有可能改变消费行为。解决就业问题，可以解决劳有所得的问题，保证民众收入稳定的长期增长；通过分配制度的改革，提高劳动报酬在初次分配中所占的比重，可以直接增加民众的工资收入。教育、医疗、住房、社会保障等方面的改善，可以减轻民众的经济负担，负担的减少，意味着可支配收入的增加。收入的增加，稳定性增强，就会减少民众的储蓄意愿，释放消费潜力，带动居民消费需求的增长。

2. 增加民生建设投资，可以带动相关行业需求的增长。住房的改善就是明显的例子，实现住有所居，与住房相关的装修材料、家具、电子等方面的需求就会增加。根据计算，住宅建设如果增加 10 个百分点的话，有可能带动国内生产总值增长 1 个百分点。另外，住宅行业每吸纳 100 个人就业，可以带动相关行业 200 个人就业。因此，通过加大保障性住房的建设，既能够实现中低收入居民住有所居的愿望，又能够带动住宅相关的消费需求。

3. 增加基础设施公共产品投资，能够改善消费环境。消费环境既包括硬环境，也包括软环境。从硬环境看，主要包括道路、通信等基础设施建设，包括水、电、气等能源供应方面设施的建设。这些方面的建设对于启动消费有至关重要的影响，尤其对于相对落后的中西部地区和广大农村地区更为重要。通过加大基础设施建设，解决行路难、用电难、用水难等问题，使消费品可以以低成本以及更快捷的方式到达落后地区，可以使商品的供需信息更加快捷，可以使潜在需求转化为有效需求。从软环境看，落后地区特别是广大的农村地区，由于收入水平低，一些假冒伪劣商品充斥这些地区。虽然有民众辨别能力低的原因，但主要是收入低导致的。收入水平提高以后，消费的质量才能提升，特别是受教育水平的提高，可以转变消费观念，自觉抵制假冒伪劣商品，使其丧失市场需求而自动退出。所以，民生的改善，可以在一定程度上自动净化消费软环境。

（二）民生建设能够提高劳动者素质，为转变经济发展方式提供人力资本

经济学家卢卡斯（1988）提出人力资本的形成有两个重要的来源：教育和干中学。没有良好的人力资本，一个国家难以保持经济的持续发展，也难以保持在国际上的竞争力。通过改善民生，增加在科技、教育和医疗以及公共卫生上的投入，不断扩大就业规模和提高就业层次，培养和提升人力资本价值，能够为我国经济发展方式转变提供更多、更高素质的劳动力和人才。

1. 增加科技和教育的公共投入是人力资本形成的基础。建设创新型国家必须增加在科技和教育上的投资力度，提高人均占用教育和科技资源的水平，这是提高劳动者素质和增强人才创新能力的基础保证。2009 年底，我国主要劳动年龄人口平均受教育年限为 9.5 年，其中受过高等教育的比例仅为 9.9%。2010 年《中国的人力资源状况》白皮书显示，2008 年底，在我国 10.69 亿劳动力资源，7.79 亿就业人员中，全国人才资源

总量是1.14亿人，占劳动力资源总量的10.38%，劳动就业人员总数的15.93%。我国经济发展方式转变的困难，凸显了人口素质对经济发展制约的短板效应。发挥现阶段我国储蓄率高、财政收入增长快、投资能力强的优势，在转变经济发展方式的攻坚时期，调整政府财政在物质资本和人力资本中的投资结构，提高科技和教育等领域的投入水平，大幅度提升人口素质、人口质量，提高劳动者素质和科技进步在经济增长中的贡献率，为中国利用第二次人口红利打开机会窗口。

2. 就业是劳动者干中学的途径，稳定和扩大就业是培养实用型劳动力和人才的基础。就业不仅是劳动者获得基本生活保障的前提，而且也是通过干中学提升人力资本价值的最重要途径。失业意味着劳动能力的闲置，不仅劳动技能得不到发展，而且劳动技能会在闲置中萎缩。就业特别是稳定的就业，一方面，可以使劳动者在“干中学”中使人力资本不断得到提升；另一方面，由于就业中存在着升迁和收入提高的机会，劳动者也会乐意在提高自身素质方面进行投资，从而使劳动者的素质技能不断提升。

3. 增加医疗卫生投入促进人口健康，能够增加人力资本价值。改善民生，推进医疗服务，实现人人享有基本医疗服务，是国民健康的基本保证。健康状况会影响学习效率。健康的人，一方面，拥有正常的体力和智力，有正常的学习接受能力；另一方面，不会因身体原因而分散精力，从而保证学习的高效率。健康状况会影响人力资本的投资行为。一个人越健康，寿命越长，从教育中受益会越大，教育投资回报率高，回报时间长，就会产生一种激励效应，更加注重人力资本的投资，增加长线投资的动力。

三、民生建设进程滞后对于转变经济发展方式的影响

我国在传统经济发展方式下，尽管经济快速增长带动了就业扩大、收入提高和消费增长，但是由于长期制度和政策向经济增长的倾向，公共服务事业和民生发展状况整体滞后于经济成长，在经济结构战略性调整过程中，就业不充分、收入增长慢、劳动力素质低等问题的瓶颈制约作用越发突出。

（一）“总量性”和“结构性”就业困难双碰头，扩大就业的形势依旧严峻

“十二五”期间，中国经济将进入“次高速增长”时期，就业弹性会进一步降低，中国的就业形势依旧十分严峻。可以预见，即使我国在劳动

年龄人口达到峰值，“人口红利”期超过刘易斯拐点后，在转变经济发展方式的过程中，随着资本、技术密集型产业增长加速，建筑业增速高峰已过，越来越多的低素质技能和大龄劳动力会被淘汰。

劳动力需求是一种派生性需求，就业结构决定于相关的产业结构，转变经济发展方式过程中新兴产业发展和产业结构升级，具有排挤和吸纳劳动力的双重效应。一方面，随着产业升级和技术创新，高技术人才和高技能劳动力需求会迅速增加；另一方面，普遍劳动力，特别是中国大量农民工的素质和技能则越来越难以满足和适应新兴产业和升级产业的要求，面临被淘汰或者被拒绝的就业危机。当前我国外出农民工素质，20%是初中以下学历，70%是初中学历，大专及以上学历不足2%。现有农业从业人员中初中以下教育程度占总数的95.7%，随着科技的进步及在农业中的应用，将有更多的农民从农业生产中被释放出来，需要被二、三产业吸收，这些未来农民工绝大部分需要依靠劳动密集型产业来实现。如果第三产业中劳动密集型企业不能尽快大规模发展起来，上述农业剩余劳动力和第二产业淘汰的农民工就会共同形成大量结构性失业人口。

“十二五”时期，随着工业化和城市化进程加速，以及国际市场粮食、能源、原材料等大宗物品价格低廉时代一去不返，我国经济将进入高价格时代，国内企业将进入高成本时代，国内新兴产业发展和产业结构升级的速度会加快。因此，我国在“十二五”时期，可能面临更加严重的结构性就业困难问题。一方面，第二次人口出生高峰期的劳动力将超过50岁，已经进入劳动年龄的自然更替阶段，在发展方式转变进程中的快速技术升级压力下，可能提前自然淘汰；另一方面，第三次人口出生高峰期的劳动力尽管正处在30～40岁的劳动年龄黄金期，但是这些劳动力人口在青年时期恰好处在中国职业教育不发达、高中教育未全面普及的阶段，试图通过大规模职业培训来彻底提升劳动者技能较难实现，他们将被迫转向更加低级的就业市场和岗位，过度竞争会导致个人及家庭的收入、消费状况恶化。

2010—2020年是我国全面建成小康社会的关键时期，也是我国转变经济发展方式的攻坚时期，在经济结构战略性调整过程中，必须处理好转变的进度、路径和方式，尤其是要高度重视与之相配套的劳动就业措施，防止在国民经济进入刘易斯转折点之后，中国劳动力市场由总量型就业困难直接转入结构性失业困局，扩大居民消费需求和新型城镇化战略将面临大部分劳动年龄人口就业层次低、劳动收入低、消费水平低的普遍约束。

（二）政府收入再分配功能弱化，居民可支配收入增长滞后

近些年来，我国在收入分配领域“两个比重”，即居民劳动报酬占初次分配比重和居民收入占国民收入比重下降问题日益严重，居民可支配收入增长滞后于经济增长和国家财政收入增长、居民消费增长落后于政府消费增长。造成这种状况的重要原因是政府在国民收入再分配中调节功能弱化，不仅没有实现正向缩减，而且逆向调节问题日益突出，收入分配结构性不合理状况恶化，如表4—1所示。

表4—1　政府和居民在初次分配和再分配中收入数量　（单位：亿元）

年份	政　府			居　民		
	初次分配	再分配	增长幅度（%）	初次分配	再分配	增长幅度（%）
1992	4462.2	5388.9	20.77	17795.4	18452.8	3.69
1993	6097.9	6943.3	13.86	22075.3	22827.1	3.41
1994	8216.8	8926.6	8.64	31341.1	32292.2	3.03
1995	9103.1	9916.1	8.93	39024.8	40291.6	3.25
1996	11659.9	12570.3	7.81	46628.8	48125.1	3.21
1997	13334.4	14363.1	7.71	51537.6	53842.2	4.47
1998	14729.0	15119.5	2.65	54850.0	57043.5	3.99
1999	15170.7	16088.8	6.05	57553.4	59733.1	3.79
2000	17297.6	18916.4	9.36	62126.5	63251.7	1.81
2001	19993.5	22297.7	11.52	66252.1	67437.5	1.79
2002	22798.2	25235.6	10.69	72101.6	73304.9	1.69
2003	26183.4	30059.9	14.81	80699.6	81707.0	1.25
2004	27010.5	31219.5	15.58	95108.7	96513.7	1.48
2005	32414.5	37646.5	16.14	110306.1	111235.3	0.84
2006	38928.0	47143.5	21.10	128238.3	129047.5	0.63
2007	49010.0	59392.0	21.18	155654.1	156576.0	0.59
2008	55391.2	67977.4	22.72	180970.2	182429.5	0.81

资料来源：国家统计局《中国资金流量表历史资料（1992—2004）》以及《2011年中国统计年鉴》。

通过表4—1看出：1992—2008年，国民收入经过初次分配和再分配后，居民可支配总收入数量增加程度微乎其微，增长幅度甚至从1992年的3.69%逐渐下降为2008年的0.81%；政府可支配收入有了较大提高，尤其是近10年增幅提高较快，从1998年的2.65%增长到2008年的22.72%。图4—1和图4—2则显示出国民收入经过收入再分配后，政府所占比重明显提高，而居民所占比重没有明显变化。我国政府在收入再分配功能上的逆向调

节问题，不仅导致城乡居民转移性收入增长缓慢，而且导致政府在民生领域的公共财政投入不足，严重制约转变经济发展方式的进程。

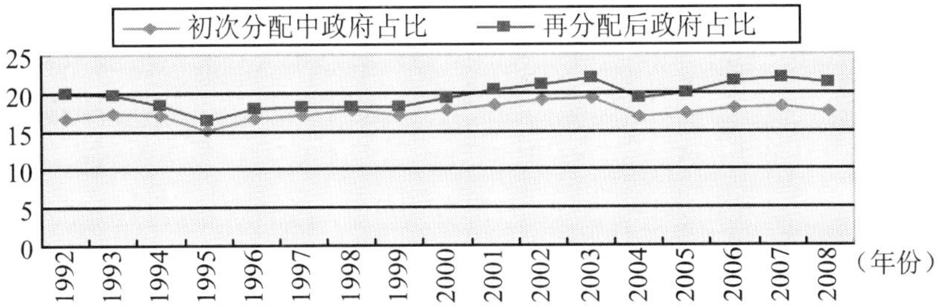

图 4—1 政府在国民收入初次分配和再分配中占比变化情况（单位：%）

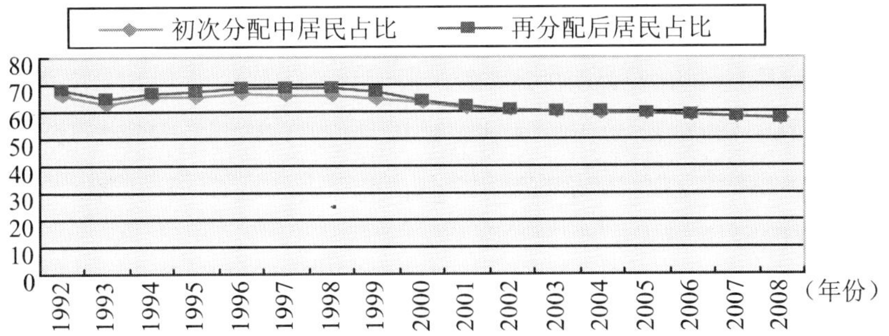

图 4—2 居民在国民收入初次分配和再分配中占比变化情况（单位：%）

资料来源：国家统计局《中国资金流量表历史资料（1992—2004）》以及《2011 年中国统计年鉴》。

（三）公共财政民生建设投入历史欠账较为严重，社会保障低水平覆盖难以大幅度刺激居民消费需求

尽管我国政府的可支配收入增长幅度较快，但是长期以来，我国面临着经济发展的巨大压力，政府一直扮演着经济建设型政府的角色，公共服务型政府转变进展缓慢，财政支出结构上更多偏向于经济建设，忽视以民生为主的社会建设。计划经济时期，我国财政支出的大部分主要用于经济建设方面，如 1978 年财政支出中的经济建设支出占 64.1%，其中基本建设支出就占到财政支出的 40.3%，是一种典型的“生产建设性财政”，形成中国“高积累、低消费”的需求结构。改革开放以后，随着经济快速发展，尤其是近些年来我国财政收入增长迅速，公共财政较之过去对民生的

投入也有明显的增长。在“十一五”期间，全国公共财政用于教育、医疗卫生和社会保障等民生领域的支出分别达到 4.45 万亿元、1.498 万亿元和 3.33 万亿元，平均增长了 1.5～2 倍。

由于我国在民生建设领域投入的历史欠账太重，尽管政府在教育、医疗、社会保障等方面的经费投入的绝对数增加较快，但支出比重依然偏低，人均占有量仍然不高，距离民众的需求差距很大，集中表现出国家财政实力增强与民生水平提高滞后相矛盾为特征的发展失衡。以 2008 年国际数据为例，如表 4—2 所示，我国人均 GDP 达到 3050 美元，已经完全进入中等收入国家行列。从医疗卫生、教育和社会保障三项主要指标来衡量的政府公共服务投入水平看，我国三项指标合计的比重只有 37.7%，不仅远远低于人均 GDP3000～6000 美元收入组别 54%的投入比重，也低于人均不足 3000 美元的收入组别水平的 42.7%。2010 年我国人均 GDP 达到 4384 美元，我国财政用于社会保障支出是 9130.62 亿元，城镇职工“五项基金”支出是 13309.96 亿元，合并后二项占政府财政和基金支出的比重为 22.48%，[①] 与同等发展程度国家相比，我国社会保障支出仍然偏低。

表 4—2　政府公共服务支出占公共财政支出比重与人均 GDP 关系（单位：%）

人均 GDP（美元）组别	医疗卫生	教育	社会保障	三项合计
0—3000	8.7	13.2	20.8	42.7
3000—6000	12.2	12.6	29.2	54.0
6000—10000	12.7	11.4	31.5	55.7
10000—20000	13.8	12.9	27.7	54.4
20000 以上	13.4	12.7	32.7	58.9
中国（2008 年）	4.4	14.4	18.9	37.7

资料来源：IMF 和《中国财政年鉴》，其中社会保障支出包含各种基金支出。

政府财政的公共服务支出总体不足，迫使居民拿出更多的收入来支付快速增长的教育、医疗和就业支出，不仅挤压了居民的其他消费增长，而且强化了居民的谨慎预期，降低了居民消费倾向。1991—2010 年和 2001—2010 年两个期间，我国社会消费品零售总额平均增长速度分别是 15.8%和 14.9%，而城乡居民储蓄平均增长为 20.6%和 16.8%，居民储蓄增长速度均高于消费的增长速度。由于公共服务等民生投入具有明显的

① 数据来源于《2011 年中国财政年鉴》和《2011 年中国社会保障年鉴》。

收入再分配作用，政府支出不足成为我国收入分配不合理和居民消费率下降的重要原因。

（四）政府民生建设投入结构不合理，公共服务均等化不足制约人力资本积累

当前，我国政府民生建设除了总体规模投入不足之外，在体制分割基础上形成的基本公共服务水平不均等问题更为严重。由于均等化的基本公共服务主要依靠政府的公共财政建设，从近些年的投入结构看，教育、医疗卫生、社会保障等公共服务在不同群体，尤其是城乡之间依旧存在巨大差距，公共服务均等化水平严重滞后于经济社会发展的要求。

1. 从义务教育均等化程度看。城市义务教育由国家财政负担，农村义务教育实行“以县为主”的管理体制，由乡财政或县财政负担。由于地方财政普遍困难，导致农村义务教育投入不足的情况十分突出。根据《2010 年中国教育统计年鉴》数据计算，2009 年，我国农村小学的生均教育经费支出为 3842.26 元，低于普通小学的 4171.45 元。全国初中阶段的农村中学生生均教育经费支出为 5023.51 元，也低于普通中学的 5564.66 元。我国城乡教师在收入水平、生活环境方面存在较大差距，城镇教师的稳定性较强，农村学校教师流动频繁，高层次教师流失严重，义务教育优质师资的城乡失衡状况十分严重。我国在“十二五”期间，及未来 20 年城镇化的方向，农村人口从向城镇转移就业，向居住生活落户转变，农村教育水平落后带来的劳动力素质低、学习能力差等问题严重制约了这一发展进程。

2. 从城乡基本医疗卫生资源配置看，我国医疗卫生人力资源、设施设备、先进技术基本上集中在经济发达的都市区和城市大医院，农村缺少卫生资源，农村在卫生人员、卫生经费、卫生设施等方面都明显落后。根据《2010 年中国卫生统计年鉴》数据计算，2009 年，城市和农村人均卫生费用分别为 2176.6 元和 562 元，二者之间的差值达到 1614.6 元；城市和农村每千人口卫生技术人员数分别为 6.673 和 2.86 人，城市和农村每千人口医院和卫生院床位分别为 4.7 张和 2.02 张。农村落后的经济发展水平，决定了社会资本在农村发展医疗卫生机构投资匮乏，城市高昂的医疗费用支出成为进城农民工及其家庭成员的重大负担，预防性储蓄和因病致贫、返贫问题在农村居民中仍然很普遍，农村消费的扩大和升级更为困难。

3. 从城乡社会保障均等化程度看，尽管我国基本社会保障体系建立晚，社会保障总体投入水平不足。但是覆盖面小、社会保障统筹层次低引发的“碎片化”问题对于城乡劳动力要素的自由流动和人口发展影响更大。我国医疗、失业、工伤和生育保险仅仅实现了地市级统筹，城镇职工基本养老保险、新农保和城镇居民养老保险仅仅实现了省级统筹，基础养老金的全国统筹进展仍然缓慢。

我国原有经济发展方式主要依靠要素和劳动力人口规模红利，公共服务建设滞后问题在经济增长中的制约作用并不明显，没有引起足够重视。在转变经济发展方式过程中，我国新型城镇化的主体是农村劳动力和居民，随着我国人口规模红利逐渐消失，基本公共服务均等化水平差距大产生的农村劳动力素质低、社会保障“碎片化”、医疗健康水平差等影响农村人口迁移的问题显得愈发严重。劳动力受教育程度和技能低水平徘徊引致的产业升级人才缺乏、劳动力收入提高缓慢、居民消费增长滞后等演变为制约转变经济发展方式的主要瓶颈。

四、转变经济发展方式过程中，保障和改善民生的主要思路

“十二五”期间，通过转变经济发展方式继续改善民生，要处理好“增长与分配”的关系，既要通过经济结构战略性调整，使经济增长转变到可持续发展的道路上，又要实现扩大就业、收入提高和保障改善的民生发展目标，在继续做大经济总量的同时，使社会民众有更多途径、方式参与和分享经济社会发展。

（一）在保持经济适度增长的基础上，继续扩大就业规模，加快提高就业层次

从“十二五”期间开始，我国经济全面进入次高速增长发展阶段，继续保持就业规模扩大，不断提高就业层次，增加劳动收入，是转变经济发展方式过程需要优先解决的问题。

目前，我国城乡居民的绝大部分收入来源于劳动报酬，1992—2008年城乡居民来源于劳动报酬的直接收入占可支配收入的比重从79.6％提高到82.5％，如表4—3所示。由于就业规模和能力决定劳动报酬的数量和增长，因此，经济结构调整应当以吸收更多劳动力为出发点，在劳动力、人才素质和技能提高的基础上，推进技术进步和产业升级，确保劳动

报酬增长与劳动生产率增长同步。

表 4—3　1992—2008 年我国居民劳动报酬收入占可支配收入数量和比重

年份	可支配收入（亿元）	劳动报酬收入（亿元）	比例（%）	年份	可支配收入（亿元）	劳动报酬收入（亿元）	比例（%）
1992	18452.8	14696.7	79.6	2001	67437.5	54374.3	80.6
1993	22827.1	18173.4	79.6	2002	73304.9	60654.2	82.7
1994	32292.2	25206.0	78.1	2003	81707.0	66832.2	81.8
1995	40291.6	32087.4	79.6	2004	96513.7	80950.8	83.9
1996	48125.1	37085.8	77.1	2005	111235.3	93148.0	83.7
1997	53842.2	41870.4	77.8	2006	129047.5	106369.0	82.4
1998	57043.5	44320.4	77.7	2007	156576.0	127918.9	81.7
1999	59733.1	47134.6	78.9	2008	182429.5	150511.7	82.5
2000	63251.7	50019.6	79.1				

资料来源：国家统计局《中国资金流量表历史资料（1992—2004）》以及《中国统计年鉴》。

1. 大力发展劳动密集型产业，扶持中小微型企业，多渠道开发就业岗位。从我国目前城市普通劳动力数量众多、受教育程度较低的实际情况出发，多渠道开发各种适合普通劳动者就业的岗位，提高就业参与率，促进农村富余劳动力向城镇转移就业，是提高收入、增加消费的最根本手段。劳动密集型加工业和服务业是扩大普通就业规模的产业载体，中小企业和微型企业是扩大就业的企业载体。各级政府要彻底减轻上述行业和企业的税费负担，提供更多小额信贷、工商优惠等各种鼓励性扶持措施，增强企业资本积累和生存能力，带动劳动力需求，扩大就业规模。

2. 建立统一规范灵活的人力资源市场。我国目前存在就业困难和岗位空缺的结构性矛盾，劳动力市场的信息不充分问题严重制约了劳动力的合理流动，造成劳动力资源配置低效，劳动力流动成本高、收入不稳定。国家要利用现有各地劳动就业部门的信息资源，加快建立全国统一的信息统计、发布、更新的信息平台，让用人单位和劳动者在更短的时间内实现沟通，发展规范的中介机构，形成“用人单位—服务平台—中介机构—劳动力”之间顺畅的信息交流机制。

3. 增强劳动者素质和技能。增强劳动力的素质不仅直接提高了就业能力和劳动生产率水平，而且更重要的是劳动收入会随之上升。我国目前劳动力收入仍普遍偏低，根本原因在于劳动能力低不能适应产业升级、城市发展和社会进步的要求。当前要大力推进教育均衡发展，促进城乡、区域、不同群体之间享受均等化的义务教育，提高他们学习和掌握现代工农业生产技术和经营管理的科学素养。根据我国工业化和城市化发展的进程需要，大力发展与之相适应的职业教育，为我国产业升级和社会化管理培养更多的实用性强、就业能力高的职业技术人才，解决青年人口的就业、收入和发展问题。改革高等教育专业设置，根据我国战略性新兴产业发展的要求，大量培养专业对口、技术实用、基础扎实的工程师和研发人才，促进创新型国家的建设，以产学研合作机制为基础，打通人才教育、培养、使用、产业发展的一体化发展路径，发挥他们的专业优势、利用创新意识，使个人发展同经济增长、社会进步密切结合起来，实现就业、收入、事业和产业共同发展的目标。

4. 建立职工工资正常增长和支付机制，使劳动收入和劳动生产率的提高同步。“十二五”时期，随着工业化和城市化进程加速，以及国际市场粮食、能源、原材料等大宗物品低廉价格时代一去不返，我国经济将进入高价格和高成本发展阶段。为了保持并逐渐增强居民的购买力，需要建立劳动者工资与物价的动态平衡机制，根据经济增长水平、城镇居民消费价格指数、职工平均工资增长等因素，及时调整工资标准，确定劳动工资的调整幅度，使工资增长幅度不低于城镇居民消费价格上涨幅度。中央和省级政府可以按照一定比例标准，每年从税收收入中计提劳动收入稳定基金，在正常年份积累，在通货膨胀严重的年份支出。要将工资增长水平纳入国民经济和社会发展规划，由人大、工会和劳动部门联合出台工资集体协商制度的规范化操作措施，建立工资集体协商指导员队伍，及时发布企业工资增长指导线、人力资源市场工资指导价位和行业人工成本信息，依据上述信息，通过开展工资集体协商签订工资集体协议，合理确定职工工资增长水平，促进企业建立适应市场经济要求的企业工资决定机制，确保职工劳动收入增长和经济发展同步。

（二）加强税收的收入再分配调节功能，加快建立均等化的公共服务体系

调节过高的收入分配差距、增加政府民生建设投入和促进居民提高消费率，必须完善我国政府的收入再分配调节功能，这是在经济发展方式转变过程中，保障和改善民生的制度基础。

1. 调整税收结构，建立公平的税收制度。我国以间接税为主的税制结构，主要是发挥其保障财政收入的功能，“十二五”期间，要特别加强税收对收入分配的调节作用。首先，要完善财产税收制度，弱化财富在高

收入阶层的累积效应。财产税体现了社会个体在竞争中的“起点公平”，在现代税收体系占据重要的地位。我国应在“十二五”期间，开始建立并完善以房产税为主体，包括土地使用税、车船税、车辆购置税、遗产税与赠与税在内的财产税体系，发挥财产税调节收入分配促进公平的作用。其次，开征社会保障税。社会保障税比目前的社会保障收费具有更高的法律约束力和规范性，有利于为社会保障提供稳定的资金来源，扩大社会保障覆盖面，有助于促进社会公平，弥补个人所得税、消费税、财产税等税种“劫富”难“济贫”的不足，推动社会保障分割体制的并轨，逐渐解决“碎片化”问题。再次，改革个人所得税制度。对于目前在调节收入分配中失灵的个人所得税制度，要重新选择合适的个人所得税税制模式，进行彻底改革。加强对高收入者的征收管理，建立高收入行业高收入纳税人的重点监控管理体系，加大打击偷逃个人所得税的力度。最后，改革消费税，引导社会合理消费。我国的消费税在税制设计上不是按照消费者的消费能力设计的税率，而是按照商品分类设计。随着人民生活水平的提高和消费升级，各种高档消费甚至奢侈消费增长迅速，这些本来应当成为主要消费税的来源，受到税制的约束，现行消费税难以起到收入和消费调节的作用。为进一步发挥消费税对高收入群体的调节作用，要将新型高档消费品纳入征税范围，体现高收入者多纳税的原则，为调节收入分配提供更多税源。

2. 建立民生优先的公共财政体制，奠定公共服务均等化的财政制度基础。保障和改善公民的民生质量，不仅在于发展理念的变革，更取决于与民生投入直接相关的公共财政体制的完善。全面实现基本公共服务均等化是一个长期过程，需要统筹规划、稳步推进，只有通过制度建设才能确保民生投入的可持续增长，确保公共服务均等化。在“十二五”乃至更长时期内，根据历史欠账规模、社会事业发展的进程和公共财政的承受能力，中央及地方政府应当确定在教育、医疗和社会保障等领域的支出增长规划，按照每年的递增速率，阶段性解决累积问题。根据各地省市、地县的发展程度，按照财权和事权统一的原则，形成中央与地方政府、发达地区和欠发达地区政府间合理的转移支付制度，保证不同地区政府都有财政支出能力，为地方居民提供均等化的公共服务。

基本公共服务的供给不仅取决于可供支配的财政资源，而且也受制于政府的决心与意愿。强化政府的基本公共服务职责，会直接增加基本公共服务供给，也会引起政府行为目标、行为模式、绩效评价方式等一系列变动，是推动政府职能转变的内在要求。要加强对各级政府履行基本公共服务职责的监测、评价和问责；完善政府绩效考核体系及相应的激励约束机制，将基本公共服务均等化指标纳入政府部门年度目标责任制考核，纳入领导班子和领导干部政绩考评体系，并逐步增加其权重。要进一步明确各级政府尤其是省级以下各级政府的事权，建立由中央和地方各级政府分类别、按比例合理负担基本公共服务的机制。中央政府主要负责基本公共服务范围划分、服务标准制定、财政转移支付以及服务监督评估；地方政府具体负责服务规划、服务组织和服务实施。

（三）转变公共服务事业的供给方式，吸引社会资本进入民生建设领域

我国民生建设水平滞后，除了政府投入不足的原因之外，根本症结在于，政府各级部门及其所属经营事业机构长期垄断公共服务行业，市场机制在公共服务领域的资源配置作用发挥远远不足。其结果，一方面，是各级政府，尤其是基层政府财政支出负担急剧攀升，严重制约民生建设的进程，多层次公共服务需求难以得到满足；另一方面，随着社会资本规模加速增长，社会资本进入教育、医疗卫生服务、养老等领域仍然面临诸多限制。因此，加快公共服务业的发展，要把政府的公共资金和社会的民间资本充分调动起来，为民间资本开辟新的投资领域，消除资本过剩；为改善民生创造更多的有效供给，提升全社会的公共服务水平和层次。

1. 消除行业垄断，探索社会资本进入公共服务行业多种方式。在强化政府基本公共服务供给主导作用的前提下，政府要发挥公共资金一两拨千斤的引导作用，解除主管部门、现有机构和组织的经营垄断，创造民营企业、非国有企业和社会组织更好的政策、法律和财税环境，吸引社会资金进入公共服务领域，形成政府、市场、非政府组织和个人分工定位准确，共同促进社会事业、公共服务发展的环境。以需求为导向，采用政府购买、管理合同外包、特许经营、优惠政策等方式，鼓励、支持和引导社会力量参与基本公共服务供给，形成政府主导、市场引导和社会充分参与的基本公共服务供给机制。要强化社会公众对基本公共服务供给决策及运营的相关知情权、参与权和监督权，加强公众参与公共服务绩效评估的广度和深度，使用“公民表”和“记分卡”等治理工具督促服务提供者提高基本公共服务效率和质量，更好地满足人民群众的需求。

2. 鼓励发展慈善事业，发挥其在调节收入分配、提供公共服务中的

作用。慈善事业是一个社会缓解贫困、缩小贫富差距、实现社会公平与正义、提升国家和社会凝聚力的有效手段。但我国慈善捐赠事业发展起步晚、社会参与度低、组织规模小，慈善机构发展面临较多的法律和法规约束。“十二五”期间，政府相关部门应当制定和颁布明确民间慈善组织法律地位的相关法律与法规，将慈善事业纳入法制轨道，使社会慈善组织的发展更具透明度和公信度，激发整个社会对慈善事业的热情和积极性。

（四）增加城乡居民的投资机会，为社会共同富裕开辟更多渠道

经过30多年的经济发展，我国城乡居民财产快速增加，创造了各种生产、经营、投资等市场机会和条件，让更多居民拥有更多的财产性收入，实现资产的保值和增值，是实现共同富裕的重要渠道。

1. 培育要素市场，增加居民投资渠道。尽管我国居民财产性收入来源扩大，但居民财产性收入的途径仍然较窄，城镇居民的金融财产性收入和出租房屋收入占了居民财产性收入来源的80%以上，农村居民的资产结构仍然以住房和储蓄存款为主。政府相关部门应当积极推进资本市场和要素市场建设，扩展股市、基金、保险、海外投资、房地产、金市、收藏等各种渠道，实现居民财产性收入来源的多元化，使城乡居民能够根据自己的财产数量和投资能力获得不同性质的财产收入。

2. 推行职工持股制度，建立劳动者参与企业财富的分享机制。职工持股计划不同于管理层收购，它是建立在劳动力产权的基础上和劳动力价值相结合的一种持股安排，职工依靠自身的劳动力产权无偿或低价获得企业一定份额的股份，并参与分红。职工持股主要适用中小企业，可以把人力资源和人力资本折合成股份，增加中小企业的合力，使职工真正享受到企业增值红利。企业通过职工持股将企业职工的利益紧密地与企业利害融为一体，把职工从一般劳资关系的对立方变成企业的“利益攸关者”，使企业产生更和谐的劳资关系。现代市场经济中，职工持股参与剩余价值的分配是普遍的现象，在许多国家这种分配制度已由企业行为上升为国家法令。实践表明，它在增加职工收入、缓和劳资关系和提升企业绩效方面有积极的作用。我国股份制经济发展以来，各地根据企业的不同情况开展了多种形式的职工持股试点。我国在“十二五”期间应鼓励在中小企业率先探索职工持股计划，条件成熟时在某些大中企业进行探索。不断完善职工持股制度，不仅要让企业经营者和技术干部持股，而且要让普通职工持

股，让更多人分享企业利润，获得财产性收入。

3. 完善资本市场的分红制度，保障投资者的权益。随着股份经济的发展，资本市场成为我国居民越来越重要的投资途径。但是当前我国资本市场的制度设计，是有利于企业廉价获取社会资本的“圈钱”机制，向投资者的分红回报制度约束薄弱。这种机制一方面，有失公平，损伤了大量中小投资者的合法利益，堵塞了股民参与社会财富分享的重要渠道；另一方面，逆向激励企业浪费资本、降低资源配置效率，不能逼迫企业走上创新发展的道路，转变经济发展方式的道路更为漫长。为了保证股东的投资权益和通过分红形式使股民获得更多的财产性现金红利收入，我国应加快通过立法形式强制地明确地要求上市公司派现分红，保护广大中小投资者的利益。

执笔人：李　鹏（中共中央党校经济学部）

第五章

“两型社会”建设是加快转变经济发展方式的重要着力点

我国经过30多年来的高速发展，国家经济、社会生产力和人们的生活水平都有了长足的进步。我国经济总量已经跻身于国际第二名，人均GDP进入中等发展水平，社会生产力的发展也已进入了工业化的中期。根据发达国家的发展经验曲线，中期工业化阶段随着经济进一步增长，环境污染状况会逐渐减轻。但总体上，我国仍然是高消耗、高排放、低利用的传统经济增长模式，生态破坏问题日趋严重，环境污染加重趋势尚未得到根本遏制。

一、“两型社会”建设事关中国特色社会主义事业全局战略

“两型社会”建设，即资源节约型和环境友好型社会（简称“两型社会”）的建设，就是在工业化、城镇化、全球化、市场化的过程中解决好资源、环境和可持续发展的关系的探索和实践的过程。资源和环境危机是我国转变经济发展方式必须面对的课题。一方面，我国处于工业化中期阶段，对资源的需求本身就会增加，但全球性的资源紧缺的供应格局进一步制约了我国两型社会建设的客观发展，照搬照抄国外的工业发展模型必然导致危机的加剧；另一方面，目前再生资源技术革命的进程难以满足未来发展的资源需求，且亚太地区的资源和能源需求进入高速增长期，未来地缘竞争加剧，在西方国家主导下全球能源管理格局对“两型社会”建设的推进不利。无论是战争还是贸易禁运，如果能源供应发生断裂，必然对我国经济发展带来极大的危害。

（一）环境危机加重

过去20年间，中国因环境污染和生态退化造成的损失占GDP的

7％～20％。2005年，因环境污染引发的冲突达5.1万起；2007年，40％的城市生活污水直接排放；60％的大型湖泊因矿物质和有机物污染而出现富营养化；在监测的197条河流中，半数受到硝酸铵、过锰酸盐和石油的严重污染；在监测的287个大中城市中，只有60.5％的空气质量达到环境保护部的标准（另一种说法是，全国只有44.9％的城市空气质量达到国家二级标准）。中国669座城市中有400座供水不足，110座严重缺水。上述环境污染是表面上的，是以城市或工业地区密集人群为中心的。实际上，那些“远在深山”的生态退化更加危险。环境污染了，国土还在，还有修复的可能。但一些致命的生态破坏则很难修复，如消失的物种不能“死而复生”，损失的土壤不能回到原位，干涸的湿地难以再现生机等等。

（二）水土资源流失严重

目前，中国水蚀、风蚀和冻融面积达356万平方公里；全国沙化土地174万平方公里，涉及全国30个省（区、市）。由于水土流失和沙漠化加重，中国古文明中心的发源地——黄河，目前年断流最长达227天。黄河流域年入河泥沙16亿吨；长江流域每年土壤流失量24亿吨。随土壤流失的还有各种营养元素，仅黄河流域每年流失的泥沙中，就含有N、P、K三种元素总量约4000万吨，超出了2003年全国的化肥需求量（3990万吨）。从东北的松花江到南方的珠江，许多河流、湖泊都不同程度地受到污染。因为不合理地围湖造田，使湖泊的面积缩小。由于森林或草原破坏，中国历史上形成的沙漠化土地达12万平方公里，近10年来又有所增加；全国水土流失面积已达9亿亩。青藏高原草地生产力由20世纪60年代的300公斤/亩下降到100公斤/亩以下；地下鼠量由过去的8～10只/公顷增至30只/公顷；土地裸露率由不到10％增加到30％以上。全国90％的可利用天然草原出现不同程度的退化，并以每年200万公顷的速度递增。红树林由历史上最大面积25万公顷，下降到目前不足1.5万公顷。在北方，河北省过去50年来湿地消失了90％，即便侥幸存留的湿地，8成以上也变成了污水排泄场所；陕西关中一带30多个县，几十年来消失上万个“涝池”（池塘）。在南方，中国最大的淡水湖鄱阳湖，水域面积从最高4000平方公里减少到不足50平方公里。干旱、半干旱区湿地状况更不容乐观：内蒙古阿拉善盟，由于上游地区过度开发黑河水，进入绿洲的水量由9亿立方米减少到目前的不足2亿立方米，致使东西居延海干枯，数百处湖泊消失。湿地被誉为“地球之肾”，“肾”萎缩大大降低了其调节气候、调蓄洪水、净化水体的能力，并在一定程度上加重了旱涝灾害。

（三）能源危机凸显

从整体上看，中国能源消费已形成以煤为基础，多元发展的消费结构。中国能源消费增速远远高于世界平均水平。现在我国年人均能耗水平 2.5 吨标准煤，按照正常人口增长测算，如果不控制能源消费总量，到 2030 年，我国一次能源消费总量可能接近或超过 70 亿吨标准煤。因此，“十二五”期间必须将一次能源消费总量控制在 42 亿吨标准煤以内，争取到 2020 年实现非化石能源占一次能源消费的比重达到 15%左右，单位 GDP 二氧化碳排放比 2005 年下降 40%～45%的目标。“十二五”规划已经将大幅降低能源消耗强度和二氧化碳排放强度作为约束性指标。“十二五”期间筹建国家能源节约和资源利用研发中心，重点在洁净煤、炼油、火电、核电以及可再生能源领域，开展节能减排和资源综合利用的试点工作。

全球七大能源商之一的 BP 石油公司 2012 年 6 月发布 2012 年世界能源统计年鉴，全球一次能源消费增长为 2.5%，中国则高达 8.8%，发达国家则呈现负增长。这种能源消费特征是与工业化发展阶段相关联的，工业化阶段初期和中期能源消费一般呈缓慢上升趋势，当经济发展进入后工业阶段后，经济发展方式发生重大改变后能源消费强度开始下降。能源消费人均占有量是衡量一个国家经济发展和人民生活水平的重要标志。一般地说，人均能耗越多，国民生产总值就越大，社会也就越富裕。能源消耗集中体现在用电量变化上，能源消耗高则用电量高，能源消耗低的社会则用电量低。现代产业结构的变化导致经济增长与用电量增长不同步，加上节能技术的发展，各种能源之间的相互替代复杂化，电气化进程加速，能源市场更加灵活，使得能源与经济发展的相互关系从紧密相关变得没有规律可循。能源弹性系数是由能源量的增长率与经济总量的增长率之比得出的，能源弹性系数的合理值在 0.5 左右，中国“十五”期间能源弹性系数在 1 左右，“十一五”虽有回落，但仍处于高位。

从能源消费需求看，根据国际能源署关于能源的生产量和消费量的预测，可以计算我国未来 15 年能源的国内需求缺口。依照目前的趋势发展下去，今后 5—15 年能源供求的突出矛盾将是结构性的，特别是石油需求的缺口将越来越大，未来石油短缺将成为我国能源安全的核心问题。到 2025 年，要实现经济年均增长 7%、8%、9%的目标，相应的石油缺口将分别达到 5.4 亿吨、6.25 亿吨和 7.19 亿吨，全部依靠进口弥补的话，石油对外依存度分别达到 68.09%、71.18%和 73.97%。同样，煤炭的供需缺口也不容乐观，到 2025 年，若勘探技术和生产能力没有大的改进，煤炭需求缺口全部依靠进口弥补的话，煤炭对外依存度将分别达到 15.02%、22.3%和 28.88%。我国本身就是全球煤炭最大的生产国，2008 年煤炭产量占全球总产量的一半，如果煤炭需要进口高达 9 亿吨，这个数字几乎是煤炭生产排名第二的美国全部产量。由此说明，煤炭生产只能更多依靠本国，进口存在一定困难。预计到了 2015 和 2020 年，中国石油净进口率将达到 57.4%和 59.7%，超过了石油安全的极限。

二、我国“两型社会”建设面临的主要困难

当前，我国“两型社会”的建设主要面临着如下几方面的困难：

（一）国际国内的资源和环境内外交困的压力

国际金融危机、主权债务危机、国际资源能源局势动荡，乃至国际保护主义对我国进出口相关行业产生巨大的冲击，大宗物品、石油、铜铁等原材料的供需和价格的波动等对我国主导产业的影响严重。资源争端的区域性问题、环境污染以及全球性气候变化、自然灾害已经成为影响社会生活的重要因素。20 世纪 70 年代曾经发生的世界性粮食危机、能源危机、环境危机，乃至人类生存危机似乎在慢慢重演。就国内而言，一方面，我国人均可用自然资源占有量仅世界平均水平的 1/4，但目前我国的生产方式仍然是高消耗、高排放、低利用的模式，如果不改变人口资源环境的发展模式，那么资源枯竭、环境恶化的结果指日可待；另一方面，国外在税收补贴和严格管制的“胡萝卜加大棒”的治理机制下，通过国际分工的方式，将产业化效率低下、污染严重的部分产业环节转移到第三世界国家。我国 13 亿人口占全球人口总量的 1/5 的巨量规模，其中城镇人口占 7 亿，农村人口约 6 亿，无法简单模仿或照搬国外发达国家的经验路径和方法。在人类环境意识觉醒的情况下，我们必须在新的国际社会可持续发展的合作框架下寻找新的机会和发展空间，自力更生迎难脱困，转危机为发展机遇，通过制度创新和科技创新占据国际分工产业链的优势环节。

（二）理念的革新和路径的创新

人类社会的发展过程是生产分工不断细化的过程，生产力不断集约，

人类改造自然的能力似乎越来越大。但是，随着人类生存的小环境在不断改善，地球自然演变的大环境却在不断恶化。大气层黑洞的加深，地球地质运动不断加剧，全球气候变化显著，人类世界存在多种毁灭性的危机隐患，大部分原因来自于人类本身的活动。从经济社会发展的角度，工业文明的生产模式是大量开采—集中生产—大量废弃的过程，外部环境必然持续恶化。因此，从 20 世纪 60 年代以来，人类就在探索新的社会化生产模式。“两型社会”建设必须从技术范式上进行改变。关于生态经济、循环经济、低碳经济、知识经济等的理论探索和实践应用都在试行中，尚没有真正形成资源节约、环境友好的运行机制。

纵观国内国外的经济发展历程，“两型社会”的经济治理理念经历了三个阶段的发展。第一阶段是被动性的污染治理阶段，主要采用先污染后治理的“末端治理”机制，通过庇古税和严格管制的方式对环境的经济外部性成本的简单平衡，一定程度上推动了节能减排技术的发展，但也促使高污染产业由发达国家和地区向不发达地区的国际产业转移。第二阶段是主动性预防为主的防治并重的“清洁生产”理念，通过企业责任延伸将资源回收纳入生产过程控制。随着高新技术的不断涌现，一些企业开始寻求成本更低、适用性更强的解决办法，大力开发和设计符合甚至优于环境标准的产品和工艺。第三阶段是可持续发展的绿色经营阶段，通过逐步建立碳权信用交易市场，形成全球宏观管理的“可持续发展”理念的全球共治模式。

末端治理在环境管理发展过程中是一个重要阶段，它有利于消除污染事件，也在一定程度上减缓了生产活动对环境的污染和破坏趋势。发达国家在 20 世纪 60 年代和 70 年代初，由于经济快速发展，忽视对工业污染的防治，致使环境污染问题日益严重，公害事件不断发生。环境问题逐渐引起各国政府的极大关注，并采取了相应的环保措施和对策。例如，增大环保投资、建设污染控制和处理设施、制定污染物排放标准、实行环境立法等，以控制和改善环境污染问题，取得了一定的成绩。但随着时间的推移、工业化进程的加速，末端治理的局限性也日益显露。首先，处理污染的设施投资大、运行费用高，使企业生产成本上升，经济效益下降。其次，末端治理往往不是彻底治理，而是污染物的转移，如烟气脱硫、除尘形成大量废渣、废水，集中处理产生大量污泥等，所以不能根除污染。再次，末端治理未涉及资源的有效利用，不能制止自然资源的浪费。通过 10 多年的实践发现，这种仅着眼于控制排污口（末端），使排放的污染物通过治理达标排放的办法，虽在一定时期内或在局部地区起到一定的作用，但并未从根本上解决工业污染问题。

环境管理发展的第二个阶段——清洁生产的定义包含了产品生命周期全过程环境管理。将综合预防的环境保护策略持续应用于生产过程和产品中，以期减少对人类和环境的风险。生命周期评价和ISO14000国际环境管理标准作为清洁生产机制的核心方法和国际重要标准，具有里程碑式的重要意义。“清洁生产”概念的出现，最早可追溯到1976年。当年欧共体在巴黎举行了“无废工艺和无废生产国际研讨会”，会上提出“消除造成污染的根源”的思想；1979年4月欧共体理事会宣布推行清洁生产政策；1984年、1985年、1987年欧共体环境事务委员会三次拨款支持建立清洁生产示范工程。联合国环境规划署提出“清洁生产”术语。认为这是一种新的创造性的思想，该思想将整体预防的环境战略持续应用于生产过程、产品和服务中，以增加生态效率和减少人类环境的风险。对生产过程，要求节约原材料与能源，淘汰有毒原材料，降减所有废弃物的数量与毒性；对产品，要求减少从原材料提炼到产品最终处置的全生命周期的不利影响；对服务，要求将环境因素纳入设计与所提供的服务中。

第三阶段“可持续发展”概念的最早提出见诸于1987年联合国大会的报告《我们共同的未来》。20世纪90年代，随着可持续发展思想不断深入人心，国际上一些企业开始把生态环境保护作为经营的目标，把生态环境治理作为经营的内容，把环境因素作为构建企业竞争优势、获取更大利润的战略要素之一，通过谋求实现经济效益、社会效益和环境效益三者统一的绿色经营战略，达到企业可持续发展的目的。碳信用是2009年哥本哈根气候峰会上提出的节能减排市场化的新概念，碳信用或称碳权是碳交易市场排碳量的计量单位，也是京都议定书里的一个经济工具。各发达国家都在尝试不同的手段改变社会交易成本结构，例如通过设置排污权、碳权、生态税等遏制污染的机制，促使有利于环境可持续发展的产业形成规模经济，但现阶段却成为我国企业参与国际竞争的绿色壁垒。

（三）循序渐进的客观要求与一蹴而就的急迫发展要求之间的矛盾

1962年美国海洋生物学家蕾切尔·卡逊的著作《寂静的春天》出版，书中所描述的人类可能面临一个没有鸟、蜜蜂和蝴蝶世界的情景，引起了社会对环境保护的关注，标志着人类环境意识的启蒙。1972年6月16日，联合国大会在斯德哥尔摩通过了《人类环境宣言》和《世界环境方案》，直接促进了国际环境法的发展，标志着这是人类社会第一次全球范围内的环境运动的开端。1987年，布伦特兰提出“可持续发展”概念，1992年联合国大会形成一个全球性合作框架。国际上关于资源与环境的经济发展的研究已经持续半个世纪。人类环境意识不断加强，全球已经形成“可持续发展”的协同共治框架。一方面，自1995年开始一年一度的“联合国气候峰会”已经成为影响国际政治经济格局的重要平台，当前发达国家主导制定的规则使得我国发展面临被动的局面，资源和环境进一步捉襟见肘；另一方面，我国从2005年第一次提出“两型社会”建设概念，2007年设立综合配套改革区，但“两型社会”建设效果不理想，并未能真正转变经济的发展方式，经济社会仍然沿着不可持续的道路滑向深渊。主要有四方面的客观原因：

1. 这是我国社会经济发展的阶段特性决定的。我国现有产业结构的模式是传统工业化中期的模式，相比较第一产业和第三产业，工业对GDP的贡献率更大，尤其是重化工业。2008年受国际金融危机的影响，国家的大部分投资都是投向基础建设和公共服务领域，这进一步增加了我国经济建设对基础资源能源的需求。

2. 这是现有经济体制决定的，是我国国家财富分配结构决定的。根据每年GDP在居民、企业和政府的分配模式中，政府所占的份额更大些。政府主导的财政投入除常规使用的额度，很大部分用于战略产业投资和扶危济困上，很难采用市场的手段来提高资源利用率，短期内也无法评价这些投入带来的社会效益。

3. 这是我国现有产业技术水平决定的。很多环境危机因素隐藏在现有成熟的生产模式下的材料、工艺、产品下，短期的技术水平无法提出更好的替代方案。企业竞争是逐利的生存竞争。无论经济主体是地区、企业或个人，从宏观上一定会延续原有的生存模式。

4. 是我国经济发展不平衡的特点决定的。末端治理、清洁生产和可持续发展的生产和消费理念的实施，从经济学角度，本质上代表了经济运行成本结构性的额外增加。产业的流动转移会使得处于不同工艺生产和管理水平的企业在国内找到适应其发展的地区。我们可以看到短期内富裕地区和发达地区的差异会更大，但宏观上国家和地区的产业重新配置增加了产业转移的耗费和成本。

因此，“两型社会”建设一定是一个长期螺旋发展的过程，且初期需要更强大的资源和能源保障。

三、加快“两型社会”建设，促进经济发展方式转变的主要思路

“两型社会”建设的目标是最终建立全面、协调、可持续发展的经济社会。随着人口线性增长的趋势发展，经济系统的物质投入和废物排放亦呈线性增长，因此环境危机、粮食危机、能源危机、金融危机必然纳入两型社会建设难点分析的视野。法国经济学家和战略分析家雅克·阿塔利的著作《在全球危机中寻找自己的活路》一书中指出，危机必将留下无数的受害者和寥寥无几的胜利者，但是每次危机总有人能逃出生天，且比被卷入危机时更好。因此，我们要排除万难、勇往直前面对在危机中如何求生存的挑战，变危机为发展机遇，主要思路如下。

（一）国家战略发展层面，应善用国际平台，合理利用全球金融市场、能源市场和粮食市场为我国两型社会建设赢得时间和空间

当今全球化格局中的三大经济体——美国、欧盟、日本仍然发挥着较大的影响力和号召力，并且他们在可持续发展的产业进程中各有千秋。美国虽然陷入经济衰退和国债危机的漩涡中，但是美国的信用保障主要是靠市场体制下的企业和整体技术实力，因此美元仍然是国际资本市场的最强大的杠杆。日本和欧盟在清洁生产和可持续发展方面一直是走在领先地位的。欧盟统一的货币体制为前一阶段的私有化、自由化、资本化的全球运作起到了积极的推动作用，使得欧盟在国际市场中获得三足鼎立的有利地位。虽然，2009 年开始爆发欧洲国家主权债务危机使得欧盟的统一货币制度面临解体的威胁。但是，从 2006 年开始在欧盟 27 国进行运作的低碳经济的试验，构建了碳权和碳税等一系列带有货币特性的信用体系，实质上带有统一货币和统一财政的操作特征。

全球化的发展实际上是大国博弈的结果。我国想要在全球化进程中获得进一步的发展面临两方面的障碍，一方面，发达国家把持着国际格局，技术和体制的门槛既指明了未来发展方向，也给我们造成了难以逾越的进入障碍；另一方面，随着人类对资源节约和环境保护意识的逐渐加强，尤其是推行清洁生产机制和可持续发展的企业责任延伸，给我国海外业务的经营和发展提出了更高的要求，竞争格局会被重新打破。再加上全球后金融危机时代的贸易保护壁垒，我国海外业务必将受到重创。这些都需要我们依托现有的国际治理框架进行更深入的战略规划部署。

1. 信息整合，有据可依。由于国际政府组织和非政府组织的信息管理机制多头化且相对分散，公开的平台如粮食署、粮农组织、能源署、开发署、世界银行、世贸组织、国际货币基金组织、其他非政府组织都各有信息统计平台，他们分别从不同的渠道获取相应的信息。这些信息的整合能够给予我们关于全球粮食供求、能源供求变化的全景图，有助于我们对全球拓展的需求管理的决策。

2. 先予后取，知己知彼。国际援助项目运作是进入国际产业的最佳先导期。我们可以根据以前相关的国际援助项目的报告情况和调查研究获取第一手实战经验。美国曾经通过国际援助加上资本运作的手段重新整合国际粮食供应链，几乎颠覆了第三世界国家的农业生产体系，成为全球粮食供应的最大的操盘手。这些都是我们值得借鉴的经验。

3. 求才若渴，团结协作。国际组织中集中了许多顶级的专家学者，他们有些参与并见证了全球化格局的演变，很多还是可持续发展理念的先导者。每个专家学者都代表了一种学术见解和一定的国际影响力。全球化格局的形成需要战略先导下的持续推进，而不仅仅是实力的较量。预见性和执行力是同样重要的稀缺资源。因此，一定程度上，全球化进程的实质是对人才库的培养和持续供给的保障。

回顾近30年来的全球化热点，倡导私有化、自由化、资本化实质是促进各国对土地、林、矿等资源的使用权和经营权的解放。而最近在可持续发展理念下有望看到海权、贸易权、碳权等的进一步解放。但这些概念较之前者从归属来讲更具虚拟性，一定程度上与“货币”一样带有信用经济的性质。

当前世界各国都在探索新的发展领域。有人说21世纪是海洋的时代。世界的发展从上天入地的延伸拓展到了海域的争夺。从粮食供给的角度，海洋能够孕育丰富的渔业。从能源供给的角度，海洋蕴藏着无穷的能量。从循环经济的角度，海洋是生态圈中不可或缺的环节，不管是在末端治理、清洁生产，还是可持续发展的理念下，海洋能给国家和地区带来更大的发展空间，更有效的解决方案，为我国“两型社会”建设赢得更多的时间和空间。

（二）从社会意识引导方面，应坚持“政府推动、企业主导、公众参与”的原则，从知识、价值观、组织、技术和环境5个方面协同推进

“两型社会”建设需要将资源和环境的约束加入到社会建设的各个方面。小到每个人每个家庭的日常生活习惯的改变，企业的节能减排、清洁生产和可持续发展的改造；大到国家对粮食、能源等的宏观需求变化，再

到全球事务如气候谈判、打破贸易壁垒、实施国家战略等。“两型社会”建设的顺利进行必须建立在人们资源节约和环境保护意识的基础上，并真正落实到行动中。国际上人类环境意识的觉醒从20世纪70年代开始经过了近50年的时间，但是全球环境仍在恶化，实践证明仅靠宣传和人类的自觉行为是不能遏制资源枯竭和环境恶化的趋势的。其原因是：现代工业的社会化生产是大量生产、大量消费、大量废弃的线性增长模式，打破了自然界生产和消费的生态循环。在整个经济链条中，由于主体认知的局限性，经济外部性和交易成本的存在，仅靠个人和企业的微观控制是难以消除宏观上的资源浪费的。因此，“两型社会”建设必须始终贯穿社会意识的引导，坚持“政府推动、企业主导、公众参与”原则，缺一不可。

1. 政府是倡导“资源节约和环境友好”意识的第一推动力。首先，政府是国家的守夜人，是公共资源的管理者，公共品由于缺乏排他性和竞用性容易造成“公地的悲剧”，进而加剧资源枯竭和环境恶化的趋势。但是公共选择理论告诉我们公共品的价格决定机制有缺陷，政府在公共品建设的投资决策时，往往资源节约和环境友好两个目标之间本身会产生一定的矛盾。所以政府作为推动者更合理，不能作为直接操作者。其次，政府代表国家公器，保障社会建设朝着合理的方向发展。政府可以通过立法或制定标准进行管制或收取庇古税等的方式增加污染企业的运行成本，使得一部分产业转移或者消亡。政府也可以通过排放权的配额发放建立交易机制，结构性地改变经济运行的交易成本，以孕育未来的主导产业。再次，政府是最大的资源配置主体。通过国家资源的使用权和发展权的初次分配，政府可推动“两型社会”的良性发展，当然配置得不好，可能出现相反的结果。国家还是实施国民收入再分配的主体，通过货币和财政等的经济杠杆，可以使社会形成“资源节约和环境友好”意识的导向型的动力。最后，政府本身是资源和能源的消耗主体之一，一些政府工程也存在着使环境恶化的可能性。在“两型社会”建设中政府工作者应起着模范带头作用。

2. 企业是“两型社会”建设的主导者。首先，我国经济建设的主体是企业，它们直接参与市场竞争，为整个社会的发展提供产品和服务。在长期的市场经济的运行过程中形成了生产要素市场和产品市场。生产要素市场中提供生产要素的企业与最终产品和服务的提供者进行交换；产品市场中生产者和消费者直接进行交换。两种不同的市场共同构成了生产者到消费者的四个环节生产、交换、消费、分配，每个环节都有一定的资源耗费和经济外部性，形成某种交易成本结构。一般地，市场上价格的形成是由供求双方根据产品和服务的情况达成一定的均衡。由此，同样是秉承清洁生产和可持续发展理念的企业之间会更容易达成信任，自觉地降低了交易成本，逐渐形成“资源节约型环境友好型”的产业集聚。相反，秉承资源掠夺性理念的企业圈也会同样集聚。那么等到国家标准出台进行管制干预或类似排放权的交易平台出现的时候，前者可以迅速壮大，得到可持续发展；而后者只能被迫着手产业转移或者自然消亡。其次，适合“两型社会”建设的经济运行模式和经济结构的形成需要更多敢于创新、敢于尝试的企业家。无论是节能减排技术，还是清洁生产技术和可持续发展的战略思想都在一定程度上增加了现有企业的运行成本，同时各种经济政策也在改变着企业运行的交易成本。传统企业要么改变，要么消亡。最终，未来社会的经济支柱在改革的不断探索中逐渐形成，完成产业结构的更新换代。最后，新兴战略产业的发展要靠企业。战略资源的利用和战略通道的建立只有通过企业的市场化运作，才能真正形成新一轮的创新浪潮，实现熊彼特式的经济跨越。

3. 公众参与是“两型社会”建设中最重要的关键环节。公众的资源环境意识的主动性和积极性决定了“两型社会”建设的深度和广度。首先，我国二元经济模式下农业经济吸纳的就业人群比工业经济要多得多。生态农业的理念有助于提高农业的社会效益和经济效益。其次，资源节约、环境友好的理念有助于人与人之间的协作关系更加密切、更加友好，有助于产业环境的良性发展。再次，培养公众的绿色消费观，引导公众形成节约、环保的社会饮食习惯。最后，非政府组织作为监督“两型社会”建设实施的重要力量，在利益平衡格局中起着不可或缺的重要作用。例如，日本立法要求定时检查报告实施情况，并鼓励公众检举揭发。

“两型社会”建设的进程是与社会意识的觉醒同步发展的，“两型社会”建设涉及到人类环境意识的启蒙，颠覆了千万年来人类征服自然的价值观理念，是对现有经济模式的改革。所以，“两型社会”建设理念的贯彻需要从知识、价值观、组织、技术、环境5个方面协同推进，最终达到制度环境的变迁。

（三）从政策框架和制度体系设计方面，坚持“自下而上”的渐进路径，通过强制和诱导两种策略逐步推进

“两型社会”建设的保障，必须依靠政策框架和制度体系设计。从某种意义上说，“两型社会”的建设过程就是制度变迁的过程。从发达国家治理污染，合理利用资源的经验教训，可以看到，从末端治理到清洁生产

机制，再到可持续发展的理念，每一个阶段的成功推进都配合了相应的经济政策和制度革新。在末端治理阶段，国家通过严格管制促进节能减排技术的研究开发进一步增强了整个社会的环境意识，相关知识和技术的积累达到了一定的程度。同时社会也养成了良好的生活和饮食习惯，形成了与改革相匹配的社会消费行为偏好。企业在产业转移的过程中积累了产业链流程再造和产品生命周期的管理经验，并且进一步拓展了产业发展的地域空间、加强了资源整合能力，逐渐在全球化扩张中由被动转移转为主动扩张。更重要的是，在产业拆分转移、扩张发展中，培养了世界型的人才队伍，壮大了产业能力。在清洁生产阶段，以上这些优势得到了进一步的加强，并且形成产业集聚力量，通过制度设计，形成绿色壁垒，抢先获得了发展权和主导权。在这两个阶段，我们比之发达国家整整落后了近50年。

德日在发展静脉产业，构建循环型社会方面的立法都处在世界的顶级行列。其中又以日本的立法更具有规划性，采取了基本法统率综合法和专门法的模式，其基本法律体系分为三个层次：一是基本法层面，包括《环境基本法》和《循环型社会形成推进基本法》。二是综合法层面，包括《固体废弃物处理和公共清洁法》和《资源有效利用促进法》。三是各种专项法层面，如《容器包装分类回收及再生利用促进法》、《特定家用电器再生利用法》等。德国的相关立法体系包括宪法、普通专项法律、条例和指南4个层次。1996年《循环经济与废物法》生效，成为德国建设循环型社会的总纲性专项法律，是静脉产业法律体系的核心，其强调生产者的责任和意识，要求生产者对其产品的整个生命周期负责，规定废弃物的管理原则是：避免产生—循环使用—最终处置。在这一法律框架下，不同的行业有不同的循环经济法规，如《饮料包装押金规定》、《废旧汽车处理规定》、《废旧电池处理规定》、《废木料处理办法》等。

我国的国情特点决定了我国对于“两型社会”建设的制度变迁应该采用“自下而上”的渐进路径。就像1992年邓小平南方讲话后开启的改革开放历程一样。采用“胡萝卜与大棒”并举的手段，通过强制和诱导两种策略逐步推进。

（四）从社会生产模式转型方面，坚持以信息化带动工业化，以工业化促进信息化，发展静脉产业，推进从开放式分工逐步转向闭合式分工

“两型社会”建设持续推进的标志，就是社会生产模式的转型。建议

从短期、中期、长期三个阶段逐步推进社会化生产从开放式分工转向闭合式分工。

1. 初级阶段必须加快产业技术升级，提升节能环保技术的应用能力，通过产业转移等进行结构性调整。在经济全球化的发展过程中，关税壁垒作用日趋削弱，包括“绿色壁垒”在内的非关税壁垒日益凸显。近几年，一些发达国家在资源环境方面，不仅要求末端产品符合环保要求，而且规定从产品的研制、开发、生产到包装、运输、使用、循环利用等各环节都要符合环保标准，对我国发展对外贸易特别是扩大出口产生了日益严重的影响。我们要高度重视，积极应对，尤其是要积极推进清洁生产，大力发展循环经济，逐步使我国产品符合资源、环保等方面的国际标准。

2. 中期阶段主要是积极推动并引导“静脉产业”的形成。“静脉产业”（Venous Industry）一词最早由日本学者提出。他们把废弃物排出后的回收、再资源化相关领域形象地称为“静脉产业”，就如同人体血液循环中的静脉一样，作为解决废弃物快速增长的一个良好途径。“静脉产业”将成为未来具有相当潜力的产业之一，在成为新的经济增长点的同时还可以解决中国现阶段的就业问题。例如，德国的双向系统（Dual System Deutschland，简称 DSD），也称为绿点公司，该公司是一家主要负责管理全国包装废物回收再利用的非营利民间组织，还负责社区黄色垃圾箱和垃圾袋中垃圾的收集、分类、回收和再利用，处理费用由获得“绿点”标志认证的企业或销售商支付。在德国，“静脉产业”已经成为一个重要的产业，每年就有约 410 亿欧元的营业额，并可创造 20 多万个就业机会，在日本也是一样，2000 年仅回收和再资源化事业一项的产值就高达 21 兆日元，创造了 57 万个就业机会。

3. 走新型工业化道路，坚持以信息化带动工业化，以工业化促进信息化。新型工业是在信息工业基础上发展起来的智能工业，是一种以人脑智慧、电脑网络和物理设备为基本要素的新型经济结构、增长方式和社会形态。2012 年 3 月 22 日，美国政府启动“大数据研究与开发计划”。白宫方面指出，过去在信息技术研发方面的联合投资推动了超级计算机和互联网的创建，而大数据研究与开发计划有望使我们利用大数据进行科学发现、环境和生物医学研究、教育以及保护国家安全的能力发生变革。因此，中国要推行的新型战略工业应当是智能工业，这是新型工业化的高级标准。除此之外，建立在绿色发展理论上的循环工业是新型工业化的重要组成部分，凡是智能循环的工业都是新型工业。中国未来的新型工业化将同时向智能、循环两个目标迈进。

（五）逐步搭建知识经济平台，营造产、学、研、官、商、媒、盟的无缝合作机制，促进创新，把握第四次技术革命的发展机遇

“两型社会”建设给了我们一个机会从物质投入环节的资源开采到废物排放，对整个经济运行进行生命周期分析。对于生产、交换、分配、消费的全过程，若以生态设计和系统工程理论为指导，采用新工艺、新技术，形成物质集成、能量集成和信息集成机制，可通过全球进行资源配置、产地配置、市场配置、循环再利用配置和替代配置。这样既从根本上解决资源和能源约束矛盾和环境压力，又满足不断增长的消费需求，生产力的发展可在新的高度上构建全球化的新的均衡态势，形成有利于“低投入、高产出、少排污、可循环”的政策环境和发展机制。以尽可能少的资源消耗和尽可能小的环境代价，取得最大的经济产出和最小的废物排放，实现经济、环境和社会效益相统一。依靠科技进步、技术创新和工艺水平的提高，由能源、资源消耗型向节约型转变，由数量扩张型向质量效益型转变，形成环境生态友好的产业链，加强与世界一流企业合作，尽快缩小与世界先进水平的差距，提高工业竞争力，构建起科技创新机制和技术支持体系，实现跨越式发展。要从国家长远整体利益出发，站在中国乃至世界经济发展的高度，以国际、国内两个市场为基础，努力提高核心竞争力，追求生态环境和经济效益最佳化。构建结构合理、资源节约、生产高效、环境清洁的运行管理模式，实现可持续发展的战略目标，为实现资源节约型、环境友好型社会的建设作出贡献。

当我们回顾地球史，深思白垩纪时代恐龙灭绝之谜；当我们查看地球仪，看看失落的楼兰古国，我们应该感受到人类生存的危机不是不存在，而是当一切来临的时候，我们或我们的后代只能束手待毙。因此，“两型社会”建设必须进行知识革命、产业革命、生活方式的革命，最终达到人类与自然的和谐共处，达到真正的可持续发展。人类应该从资本经济时代走上知识经济时代。知识经济是以知识平台商品为中心的现代市场经济。知识经济的形成，将知识产业与制造产业进行分工，使得资本经济封闭的一体化产业变革为全行业的扇形产业生态体系。知识平台的基本特性，可以促使经济全球化的波状扩展。同时，互联网的发展与知识平台构成了知识维度的虚拟世界，使知识经济呈现虚实交互的特征。

全球化即是世界经济体系的结构性转变。经济全球化进程实质上是一

个大规模经济实力和政治权力再分配的过程。我们应构建有利于我国长期发展、有利于人类文明延续的经济平台，真正推动人类的明天迈向可持续发展的轨道。

执笔人：胡希宁（中共中央党校经济学部）
黄亚娟（中共中央党校研究生院）

第六章

改革开放是加快转变经济发展方式的强大动力

改革开放以来，特别是以所有制改革为核心的生产关系的变革，为经济发展提供了强大动力，释放了市场经济的活力。当前国际形势复杂多变，政治经济社会环境复杂多变，转型时期社会矛盾突出。一时的改革并不能取得一劳永逸的效果。为了实现更高水平的小康社会的目标，早日进入发达国家行列我们必须毫不动摇地坚持改革，深化改革。

一、经济体制改革是转变经济发展方式的动力

加快转变经济发展方式是我国经济发展阶段必须经历的一个必然过程。改革开放以来，我国经济发展取得了巨大成就，但在快速发展中也出现了许多突出问题，其集中表现在经济发展方式粗放。经济发展量变已经累积到一定程度，必然呼唤经济发展方式的质变。只有加快转变经济发展方式，才能解决我国经济转型时出现的各种复杂的经济社会矛盾，为经济增长提供新的可持续的动力。

加快转变经济发展方式必须坚定不移地深化经济体制改革。自 1992 年党的十四大报告正式提出“我国经济体制改革的目标是建立社会主义市场经济体制”，至今已 20 多年。20 多年来，社会主义市场经济体制的改革经历了酝酿提出、初步建立和不断完善的阶段，取得了重大进展。十八大提出要全面深化经济体制改革，深化改革是加快转变经济发展方式的关键。因此任务依然艰巨，虽然社会主义市场经济体制已经初步建立，尚有诸多方面需要继续完善。我国经济发展到今天，改革初期，没有发生或者没有预想到的问题，现在已经暴露出来，生产资料所有制、产权制度、分配制度、金融制度的某些条款和垄断部门利益博弈后产生的各种行政规

章，已经或者正在逐渐成为阻碍生产力发展的枷锁，要想更大程度地释放市场经济的活力，充分发挥广大人民群众共同创造财富的积极性，必须兴利除弊，继续深化经济体制改革。

经济体制改革的核心问题是处理好政府和市场的关系，必须更加尊重市场规律，更好发挥政府作用。当前政府职能有很大转变，市场化的水平得到很大提高。但是不可否认，在交通、通信、汽车、钢铁乃至日用品领域，政府干预仍然很多，除了合理合规的宏观经济调控手段之外，各种行政规章制度层出不穷。指令性计划已经取消，变相干预在增加。包括要素市场在内的市场体系已初步建立，但难以高效运转。

所有制结构有很大调整，国有企业改革有很大进展。以公有制为主体、多种所有制经济共同发展的格局已基本形成。非公有制经济从无到有，已经形成与国有、集体经济三分天下的格局。电力、通信、铁路、石油等垄断利益部门，仍然是国有经济一枝独秀，超额垄断利润的存在，损害了全社会利益的最大化。

完善有效的宏观调控体系正在形成。政府目前主要通过利率、税收、货币等经济手段进行调控。但是宏观调控体系的建立并不能保证宏观调控的效果和时效性。如近几年对房价的调控，对农产品价格的调控，往往是摁下葫芦起了瓢。宏观调控的技术水平还有待进一步提高。

要素市场化改革是我国市场经济体制改革的重要环节，一些要素市场的改革得到了大力推进，如土地市场、资源市场、劳动力市场、资本市场等，但要素市场的市场化推进程度仍然有限，改革任重道远。要素市场由于其在资源配置中的主导型和基础性作用，是调整中国经济发展模式的关键点，成功的要素市场化改革将会极大促进资源配置效率提高，公平公正的市场秩序的建立。

对外贸易发展迅速，贸易规模不断扩大、进出口商品结构不断优化（劳动密集型产品比重逐渐降低，技术密集型产品逐渐增加）、贸易方式不断创新、贸易市场逐渐多元化。对外贸易的飞跃发展，利用外资不断扩大，对外投资增速加快，现代流通全面推进，有力地促进了经济振兴、社会进步和民生改善，同时显著提升了国际地位和影响力。但产品结构、产业结构仍然不合理，对外依存度还很高，因此全球经济普遍低迷的情况下，我国对外贸易的调整、体制的改革非常迫切。

总之，改革开放以来，我国经过 30 多年的发展，经济总量世界第二，外汇储备世界第一。全面深化经济体制改革，将会触及一些部门一些人的利益，改革改到核心就像“割自己的肉”一样，很难受但必须痛下决心，这可以为今后经济发展提供强大动力，释放市场经济活力。当前国际形势复杂多变，政治经济社会环境复杂多变，转型时期社会矛盾突出。所有制结构和实现形式有待进一步优化和创新；如何处理政府和市场的关系仍然在探索；以市场供需为基础的资源配置体系有待进一步完善；政府宏观调控能力亟待加强；对外贸易结构尚需转变。一时的改革并不能取得一劳永逸的效果。为了2020年全面实现小康社会，早日进入发达国家行列，我们必须毫不动摇地坚持改革，深化改革。

二、转变经济发展方式面临的主要体制障碍

（一）所有制关系还没有厘清

30多年改革开放，所有制改革无疑是我国经济体制改革的最大难点之一，我们可以形象地把所有制改革比喻成经济体制改革的“珠穆朗玛峰”和“马里亚纳海沟”。所有制，顾名思义即人们对物质资料的占有形式，通常指对生产资料的占有形式，即生产资料所有制，它是指人们在生产资料或者通过生产资料，形成或建立的经济关系。概括起来说，所有制包括了生产资料归谁所有、归谁占有、归谁使用以及发挥这些权能得到的物质利益归谁所得和支配的关系。

所有制改革是关系到我国长远发展和国计民生的一件大事，难点主要表现在以下几个方面：

1. 怎样判断当前所有制与生产力发展之间的关系。所有制改革的根本目的就是要促进生产力的发展。考察所有制是否优越，关键要看是不是符合经济社会发展要求，是不是能够解放和发展社会生产力。生产力的发展可以用国民经济增长速度、人均收入增长速度、资源利用效率、生产过程中科学技术水平等一系列指标来衡量，生产资料所有制中的生产资料私有、集体所有、全民所有和混合所有等几种状态无法量化衡量，即使我们通过计算不同所有制经济比重来简单描述，也无法建立衡量所有制对生产力发展影响的具体指标。无法定量分析，我们只有通过总结以往经验，通过逻辑分析，判断所有制是否能促进生产力的发展，哪些方面不能适应生产力的发展，哪些方面能促进生产力的发展。

改革开放以来，我们提出并坚持“两个毫不动摇”，即毫不动摇地巩

固和发展公有制经济，毫不动摇地鼓励、支持和引导非公有制经济发展。从 1978 年至 2011 年，我国的国内生产总值由 3645 亿元增长到 471564 亿元，公有制经济活力不断增强，国有资产总量不断增加，在关系国家安全和国民经济命脉的重要行业和关键领域，一大批富有活力的国有和国有控股企业脱颖而出；非公有制经济不断发展壮大，不仅在培育市场体系、"倒逼"国企改革、完善市场体制等方面发挥了推动作用，而且在活跃市场、增加税收、扩大就业等方面，作出了重要贡献。"两个毫不动摇"之所以能激发活力、提升效率、发挥优势，就在于它尊重了我国社会主义初级阶段的基本国情，不搞单一公有化，也不搞全盘私有化，而是实行多元化、多样化、混合化，从而调动各方面积极性，发挥各方面优势，实现共同促进，共同发展。

公有制经济得到了很大的发展，但非公经济的发展更快，根据统计非公经济在我国 GDP 增长中的贡献，早就超过 50%，加上外资经济就会超过一半多。而且非公经济的效率要高。"2009 年国企利润中 80%是由中石油、中石化、中海油、中联通、中移动、中电信等不到 10 家垄断企业提供的，其余绝大多数国企要么产能过剩、要么亏损。国企占有 60%以上的社会资源，对 GDP 增长贡献不足 3%，就业贡献不足 20%。2009 年私营企业工业同比增长 18.7%，国有企业同比增长 6.9%……私营企业从业人数同比增长 5.3%，国有企业同比增长 0.8%；私营企业主业收入同比增长 18.7%，国有企业同比降低 0.2%；从最重要的利润指标来说，私营企业的总利润同比增加 17.4%，而国有企业同比降低 4.5%。货币供应量每增加 1%，国有工业实际增加值平均为 0.83%，民营工业则为 2.87%，是国企的 3 倍多。"①

通过对过去 30 多年所有制改革的回顾，我们发现找到影响经济发展的所有制因素，才能找准所有制改革的关键。现在我们进行所有制改革，切忌盲目乱改，一定要从实际出发，从问题出发，找到制约生产力发展的所有制因素改革，这是我们必须面临的难题之一。

2. 如何解决所有制改革与"姓资姓社"的讨论。生产资料所有制是生产关系的核心部分，每次生产资料所有制的变革都会引起社会主义姓资姓社的讨论。由于社会主义初级阶段是过渡性质的社会，同时存在着社会主义和资本主义因素，因而改革开放中的"姓社姓资"问题是绕不开的一

① 《开放导报》2010 年第 3 期，第 65 页。

个普遍问题。这个问题也是在中国特色社会主义建设中能否坚持正确改革方向的一个关键问题。

从市场运行机制方面来看，它只是一种资源配置方式，资本主义可以用，社会主义也可以用。市场经济本身有它固有的规律和原则，无论在资本主义条件下，还是社会主义条件下都是共同的、一样的。在这个意义上、这个层次上它本身是不存在“姓社姓资”问题的。

但是所有制改革不只是停留在市场运行机制方面，不仅仅是所有制实现形式的改革和探索，还关系到所有制结构的变化，谁是主导，谁是主体的问题。现在非公有制经济对工业产值的贡献超过了70%，法人企业数的70%，GDP贡献的50%，就业人数的80%，技术创新的65%，发明专利的75%，新产品的80%以上都是非公经济创造的。公有制经济还是处于主导地位，但是从非公有制经济发挥的作用越来越重要看，非公有制经济更像是主体。社会性质是否发生了变化，到底姓资还是姓社？不免引起一些人的质疑。怎样看待改革中所有制结构的变化以及非公有制经济的作用和地位，怎样避免“姓社姓资”问题的讨论对意识形态的冲击，是我们必须面对的难点问题之一。

面对姓资姓社问题的质疑，既不能一味回避，闭口不谈，也不能不加约束，放任自流。中央确定舆论基调，只要有利于发展社会主义社会的生产力、有利于增强社会主义国家的综合国力和提高人民生活水平的，有利于社会主义基本制度的巩固和发展的，在保持公有制主体地位的前提下，就可以对所有制大胆变革。至于姓资姓社问题，先不讨论。但人们的疑问仍然存在，如何解决？

3. 垄断利益集团对改革的阻力。所有制改革要做到国有企业进退有序，有所为有所不为，必然会对现有经济利益格局产生极大冲击。市场经济发展了这么多年，已经形成了一些力量强大的垄断利益集团。比如石化、电信等行业，利益分配格局形成已久，盘根错节，根深蒂固，给所有制改革造成了强大阻力。改革就是一个利益再分配、形成新的利益格局的过程，会牺牲、伤害一部分既得利益者。当前深化改革的最大阻力来自于如何打破利益格局。事实上，国务院关于促进非公有制经济发展的新、旧“36条”，已经极大地触及到了垄断集团利益，并受到了他们强烈的阻挠，甚至制定有利于加强垄断的行规，有的垄断行业不但拒绝民有资本进入，而且力图扩大垄断范围。

事实上，关于非公经济发展的新“36条”的落实，已经极大地触及到了垄断集团利益，并受到了他们强烈的阻挠，甚至制定有利于加强垄断的行规，有的垄断行业不但拒绝民有资本进入，而且力图扩大垄断范围。

2012年两会上政府工作报告68次提及改革，2013年3月18日李克强总理在两个小时的记者见面会上，提到“改革”的次数多达29次，认为改革贵在行动，“喊破嗓子不如甩开膀子”，凸显了改革的决心，也从侧面说明改革目前面临着难题和阻力。深化改革的阻力来自一些既得利益者和既得利益部门，全社会要凝聚改革共识，要把改革的着力点放在扩大人民群众的利益基础之上，要调动全社会参与改革，这样的改革才能成功。所有制改革极大地触动了既得利益者和垄断利益集团，如何破除垄断利益集团的阻挠，把改革进行到底，是政府面临的工作难点之一。

4. 国有企业监管困难。公众是国有经济和国有企业的主人，但在实践中，对国有经济的各级代理人和具体管理者缺乏足够的监督和制约。国有资产在国有企业的经营和企业产权改革的过程中大量流失。一些国有企业内部控制薄弱，领导干部的权力没有得到有效制衡，使得少数人借机肆意侵吞国有资产，腐败现象屡禁不止。企业管理决策采取领导“拍板式”权威决策，民主决策只流于形式，这样常常会因为一个错误的决策使整个企业面临绝境，造成“个人决策、集体负责”这种扭曲的决策行为，直接影响了管理效率。我国国有企业法人治理结构的基本特征是政府行政干预的内部人控制。随着国有企业改革，特别是“放权让利”改革的不断推进，下放给企业的经营自主权事实上都落到内部人手中，而未下放的权利仍然掌握在各级行政部门手中，他们对企业的行政干预还远未停止，这就形成了政府干预和内部人控制相结合的治理结构特点。目前的国有资产监管法律法规对国有企业作出了一些规定，此规定使得国有企业监管基本实现了有法可依。但是由于这些法律法规还不完善、不具体，可操作性也不强，致使一些政府对企业在监管过程中出现违法违规问题，例如立法机关和相关部门未能及时完善国有企业监管法律法规、规范企业行为的根本性措施，未能从法规制度上堵住国有资产流失的明沟暗渠。同时监管法律法规的落实检查不够理想，未得到贯彻执行。

（二）政府行政管理体制不适应现代市场经济

随着我国经济体制改革的不断深化，政府行政管理体制改革的深化显得越来越迫切。2008年党的十七届二中全会《关于深化行政管理体制改革的意见》明确提出“到2020年建立起比较完善的中国社会主义行政管理体制”的目标。经过四年多的努力，按照大部制改革思路我国行政体制改革取得了部分成效，中央与地方、中央各部门、政府与市场之间的不协调关系开始扭转，政府职能逐渐转变，管理的公开性和透明度日益扩大，政绩考核和问责机制开始建立。

尽管成绩斐然，但政府行政体制改革在广度和深度上仍然难以让人满意。中央和地方财权、事权没有理顺，地方土地财政走到尽头；中央各部门利益固化、行政成本过高；政府和市场界限不明，政府越位、缺位时有发生；政府从“管理者”到“服务者”的职能定位没有改变，社会管理和公共服务明显薄弱；灰色收入、暗箱操作继续蔓延，政府公信力下降，法治政府建设任重道远；唯 GDP 论“深入官心”，政绩考核标准过于单一，行政问责形同虚设。这些问题直接影响政府正确履行职能，在一定程度上制约了市场经济发展，影响经济发展方式的转变。

1. 政府与市场界限不明。政府和市场的关系问题是经济学研究的重要问题之一，从经济学史来看，就二者关系主要有两个截然不同的观点：一是自由主义学派所提倡的放任自由。二是凯恩斯主义学派所提倡的政府干预。两大理论都曾被一些政府所采用，作为主流思想指导各国经济的运行，也都曾大放异彩，然而最终却又都被责难而退出历史舞台。自由主义片面强调市场作用，在实践过程中容易造成社会公正缺失、两极贫富悬殊，引发经济社会危机；凯恩斯主义片面强调政府作用，在实践过程中容易造成政府规模庞大、效率低下、官僚主义盛行、财政赤字严重，社会经济发展缓慢。就我国目前而言，可谓两种状况并存。一些领域、一些行业政府该管不管或是管理不够，出现缺位，最为明显的就是医疗、养老、失业、救济以及其他社会公共保障服务的供给；而另一些领域、一些行业政府不该管而管或是管理过多，出现越位，尤为显著的是政府对生产要素价格等微观经济活动的干预。之所以会出现这两种现象，主要在于政府和市场界限不明，目前的行政体制和经过 30 多年改革开放所建立起来的市场经济体制、机制不相符。

2. 中央和地方关系，特别是财权、事权没有理顺。财权和事权是政府履行职能的基础。不同层级政府之间财权缺乏合理明确划分，财权与事权不相匹配，是影响我国行政管理体制改革的一个深层次问题，也制约了诸多问题的解决。就财权而言，建国以来我国进行了四次大规模的财政管理体制改革，分别是，建国初国民经济恢复时期实行的统收统支体制；1953—1978 年 20 多年内实行的“统一领导、分级管理”体制；改革开放后，于1980年开始实行的“划分收支，分级包干”体制；1994年至今实行的分税制财政体制。分税制实施以来财政收入占GDP的比重和中央财政收入占全国财政收入的比重都逐步上升，中央财力有所加强，地方组织收入的积极性也有所提高。但就当前而言，政府事权和支出范围划分还不够合理和明确；各级政府的收支划分需要进行调整；政府间财政转移支付制度不够规范、科学，地方税收体系不够规范，省以下分税制财政管理体制还不够完善；基层财政普遍出现困难的局面，地方政府负债严重。此外，我国的转移支付制度也不够完善，一般性转移支付规模偏小，专项转移支付过多、不规范，转移支付资金可预见性差。事权方面，不同层级政府之间权责不一致，地方缺乏积极性，中央和地方在财税、金融、投资、社会保障以及工商、质检、国土资源管理等领域分工和职责不一致。县域政权自古以来就是我国政治稳定的基石，但是，在高度中央集权的体制下，县域政权的权责并不对称。

3. 政府职能还有待转变，社会管理和公共服务缺乏。改革30多年，但计划经济体制还没有完全转变为社会主义市场经济体制。政府职能定位仍是“管理者”甚至是“控制者”。在绝大多数领导眼中“社会管理”就是管理者依靠权力或威慑力去约束、限制被管理者，缺乏服务意识。社会管理中政府居于主导地位，公众处于附属地位，且注重管控惩罚，轻视预防协调。公共服务方面，政府提出了基本公共服务均等化，但公共产品供给的短缺是有目共睹的事实，并由此制约了广大居民的消费能力、消费倾向和消费预期的提升。总的来讲公共服务包括经济性公共服务、社会性公共服务和制度性公共服务，而这三个方面政府都有大量的作业要补，任务艰巨。一方面，是政府管理的理念没有改变，服务意识不强，公共产品供给不足；另一方面，随着我国经济发展，人民生活水平提高，以及改革过程中所出现的城乡、地区发展不平衡，居民收入分配差距过大等问题的日益凸显，加之广大公众利益诉求的内容和途径增多，公民社会参与意识和能力不断增强，社会透明度越来越高，这都给政府的管理和执政能力提出了新的挑战。政府的职能如不扭转，管理思维如不改变，服务意识如不提升，二者之间的矛盾将会加深，随之而来的群体性事件将会增多，社会管理的难度和成本也会上升。因此，改革迫在眉睫，虽然棘手，也必须尽力为之。

4. 民主科学决策机制不健全。民主制度，天下之公理。天下之权，唯民主是主。随着经济的发展，广大人民群众的民主观念日益增强，政治参与意识不断提高，让权力在阳光下运行，使决策反映群众的心声，已成为我国行政体制改革的一个重要出发点和归宿。而就目前现状而言，民主集中制贯彻不到位，一些地方和部门的决策过程缺乏民主程序，“一把手”说了算的现象仍较为普遍，部分政府部门习惯于闭门造车，忽视通过有效形式听取各方面意见，特别是广大人民群众的意见，一些重大决策往往缺乏必要的协商过程和民意基础。缺乏民主，全凭领导的“拍脑袋”来决策，不仅决策的连续性、稳定性很难保证，决策的科学性也令人质疑。领导绝非“通才”，对于那些专业性、技术性较强的重大事项，如不认真进行专家论证、技术咨询和决策评估，而草草拍案上马，会后患无穷。但在实际工作中这种现象却又屡见不鲜，不少智囊、决策机构的作用被忽视，成了原话照录的秘书班子或是游离于政府决策咨询之外的普通研究机构。“决策在前，咨询在后”，决策出来之后，再由咨询机构对决策的可行性进行论证，其真正的“科学性”也就可想而知了。

5. 政府绩效管理和行政问责机制不健全。绩效管理是政府管理和服务方式的创新，是行政体制改革和建设服务型政府的重要手段，也是加强和巩固党的执政地位、进行执政能力建设、推进社会主义民主进程的要求。目前，唯 GDP 论仍大行其道，GDP 成为政绩考核指标体系的核心内容，由此导致一些地方盲目攀比 GDP 增速，以牺牲资源和环境为代价追求经济粗放式增长，政绩工程、形象工程屡禁不止。调结构、转方式现已成为共识，政绩考核体系也应健全和完善，更多地将环境、资源、社保、医疗、科教文卫、社会治安等要素考虑在内，而不能唯 GDP 是瞻。与政绩考核相伴而行的是行政问责。失职、渎职、滥用职权、随意决策其根源就在于权责不清、有权无责，缺乏相应的责任追究机制。无惩赏机制，便无责任意识，更无风险观念。决策者如不需为其决策后果承担责任，其决策时所考虑的因素必然少之又少，且多事关个人而不顾集体，一切都为自己职位的升迁服务，犹如一骑绝尘，来去匆匆，而全不顾背后狼烟四起，不为地方的长远发展着想。

（三）宏观调控的“度”很难把握

宏观调控是政府实施政策、措施以调节市场经济的运行，通过经济、行政、法律三个手段，直接或间接地实现促进经济增长、稳定物价、增加就业、保持国际收支平衡的四大目标。宏观调控经济学理论基础主要是新凯恩斯主义，新凯恩斯主义吸收了各个流派合理的理论和政策主张，发展和完善了国家干预主义思想，主张运用财政和货币政策去干预经济活动。国际金融危机爆发背景下，新凯恩斯主义在理论和实践上，更加流行起来。

改革开放以来，我国宏观经济的总量高速增长，但是受经济周期影响不同时段波动明显，针对经济发展周期的不同阶段，政府一定程度上借鉴西方各个经济理论流派关于国家干预的思想，对经济活动进行了调控、矫正。按照时间顺序，我国的宏观调控实践可分为 4 个阶段：一是 1978—1984 年，这一阶段坚持“计划经济为主、市场调节为辅”，主要采取行政手段来调控经济。二是 1985—1992 年，这一阶段是社会主义市场经济理论形成时期，仍采取行政手段为主的调控方式，但连连受挫。三是 1993—2007 年，这一时期是国家宏观调控基本成型期，调控方式以行政手段为主逐步转化为经济手段为主，成效显著。四是 2008 年至今，金融危机之后，国家对经济干预的力度越来越大，主动性越来越强，宏观调控的能力得到进一步提升，但盲目性、主观冲动性也越来越严重。综观西方经济理论流派的演变和我国宏观调控实践的进程，我们可以清晰地看到，那种主张自由放任的经济自由主义，不符合当今社会经济发展的现状，违背未来经济发展的潮流和趋势，只有将市场和政府相结合，通过政府的宏观调控来弥补市场自身运行中出现的垄断、外部性、信息不对称、收入分配不公、公共产品供给不足的缺陷，才是未来各国经济发展的必然选择。

1. 宏观调控的“尺度”难以拿捏。阿瑟·刘易斯在其著名的《经济增长理论》一书中曾提出，落后国家在政府主持下至多用几十年时间就可以实现经济的快速发展，“政府在经济生活中的作用已日益增长，而且今后一段时间内将继续增长”。回顾我国经济发展的历程，该论断无疑是正确的，而问题的关键是政府在经济生活中的作用即宏观调控的力度该增长多少，这里有一个“量”或“度”的问题，这也是目前我国宏观调控的难点和症结所在，如果“度”把握不住，越过或达不到市场与政府的边界，政府出现越位或缺位，那么宏观调控肯定是不完善、不理想的。

第一，国内外政治、经济局势的演变，使得宏观调控的难度加大。随着改革的深入，以往被掩盖的社会矛盾凸显，部分人对改革的持续性发出了质疑，一些对改革持否定意见的人试图重返计划经济的老路，社会思想分化，地方群体事件频发，维稳成本增加，政府注意力被分散，对经济的宏观调控受到干扰；同时，由于改革所形成的利益集团，为了维护自身的既得利益，与政府进行博弈，致使政府部分宏观调控政策难以出台和执行。

第二，随着经济的发展，人民生活水平的提高，人们更多地去追求精神层面的满足，更多地关注民主、公平、法治。公众对政府给予希望，想从政府获得的公共产品的需求增多，而且这种希望和需求没有一个具体的量化标准，某种程度上甚至可能是无限需求，这样宏观调控政策出台和执行时所需考虑的因素增多，宏观调控的压力变大，背后的隐性成本提高。随着我国市场化进程的加快，“经济人”理念越来越“深入人心”，甚至被扭曲的信奉和崇拜，社会浮躁之风盛行，人们急功近利、诚信缺失，违背市场运行的规则，使得原本依靠市场力量就可以解决的问题，不得不诉诸于政府才能实现。同时，也正是由于这种浮躁心态，使得一些经济问题曝光之后，公众将错误全部归责于政府，政府公信力下降，造成社会公众对政府调控失去信心。

第三，宏观调控的重点不明、标准单一，宏观调控目标实现度难以真实衡量。政府想要调控的对象过多，一些微观经济行为，例如，企业结构调整问题都被纳入了宏观调控的范畴，使宏观调控有不堪重负之感。如果一味地大包大揽，宏观调控就容易过犹不及。就经济运行中出现的某些问题而言，其本是经济周期运行过程中必然出现的自然现象，依靠市场自身力量就可以熨平和愈合的，政府却要加以干预，给予指导，这样旧的问题不但不能解决，还会产生一系列新的负面效应。重点不明，不能做到有的放矢，“乱开方”，调控目标的实现度就难以衡量，而且很有可能一事无成。

宏观调控的目标主要通过 GDP、CPI 和失业率等几个关键指标来衡量。而单纯这几个指标又有统计口径和统计方法的区别，经过宏观调控后数字结果很好，但是实际效果与老百姓的心理预期却相差甚远。比如多年来 GDP 呈两位数的发展，但是居民的人均收入始终低于经济增长速度，资源、生态等其他指标始终没有纳入到评价标准当中，或是在其中所占的比重较小，这样经济发展的质量就很难有一个客观的评价，宏观调控的效果也就很难得以真实量化。

2. 行政、法律、经济三大调控手段难以协调。要想取得良好的宏观调控效果，必须行政、法律、经济三种手段三管齐下，以经济手段调控为常态，除了突发重大事件，尽量减少行政手段的使用，法律手段则更具有权威性、规范性、稳定性。我国是由计划经济体制向市场经济体制转型，转轨以来政府一直努力将宏观调控去行政化，破除政府在经济发展中的“家长式”身份。事实上直到 1993 年，政府以行政手段为主的宏观调控方式才逐渐弱化，经济手段的地位才逐渐得以凸显。至今也就刚刚 20 年，加上政治体制改革长期滞后，部分领导干部传统的计划经济观念没有从根本上破除，因而在具体的宏观调控实践中，仍存在着过多的采用行政手段去干预经济活动的行为，这一现象在经济发展相对落后的地区，在国有企业领域又表现得格外突出。由于转轨的时间过短而造成的经验不足，旧的观念没有破除，加上行政手段自身速效性的特点是导致行政、法律、经济手段难以协调的主要原因，而要破除这一难题，唯有继续深化改革，通过发展来解决改革中出现的问题，畏首畏尾，裹足不前，想在现有体制下或是回归到原来的计划经济体制来解决这一问题都没有出路。

3. 运用财政政策、货币政策技术水平有待提高。财政政策、货币政策、土地政策、产业政策是宏观调控经济手段主要运用的政策措施，其中又以财政政策、货币政策为主。财政政策为何难以运用主要由以下两方面原因造成：首先，财政政策需要解决的问题增多，资源在各产业部门之间、地区之间流转不畅；要素投入报酬不对称；部分行业利润过高，而部分行业税负过重；居民收入差距过大；社会保障体系不健全等都需要财政政策加以干预，负担不轻。其次，财政体制自身问题重重。1994 年的财政体制改革，基本上建立了与社会主义市场经济体制相适应的财政体制框架，但当时的改革措施还远没有到位，有的领域甚至还没有触及，我国的财政体制改革需要进一步深化。政出多门导致的政府财力分散问题；财政支出管理滞后问题；中央与地方分税制财政预算管理体制问题；税收结构不合理问题；政府支出预算特别是“三公”支出过大问题等都需要解决，自身问题重重。

2008 年为了刺激经济推出的“4 万亿”刺激经济计划，虽然成效显著，但是其弊端也是显而易见，计划推出后 PPI 居高不下，大量资金没有真正投放到规定领域，反而与热钱一起涌入房地产行业，一定程度上加大了政府房价调控的困难，一些地方政府的跟风投资，也加剧了地方政府的债务风险。

4. 宏观调控实施中的中央和地方关系有待于进一步厘清。如果说前三点属于宏观调控政策出台时的困难，那么中央和地方的关系问题则属于宏观调控政策实施中的难点。国家的宏观调控政策本应具有权威性和严肃性，在执行时应当不折不扣，但在具体实施过程中却经常出现地方和中央博弈的现象，如耕地保护问题、地方小煤窑问题、房价问题、“三公”消费问题等。“上有政策、下有对策”、“自设特区”对中央政策进行任意肢解、曲解，甚至变相不执行，致使中央政令不通。既得利益集团、地方政府与某些经济学家联盟企图控制经济话语权，力图打破中央的宏观调控，政策指向的目标群体追求自身利益最大化。地方政府拼投资、拼 GDP 增长率，大量介入微观经济活动，干涉市场和企业经济行为，房地产投资越压越猛，通过压低劳动力工资来吸引投资，地方生态环境恶化，各地劳工生存条件令人堪忧，地方和中央在经济增长问题上出现了分歧，在资源配置、增长速度、财税等方面进行博弈。造成这一现象的原因主要在于中央和地方的事权、财权划分不合理，政绩考核体系不健全，无法真正调动地方的积极性来保证中央宏观经济政策的切实贯彻执行。

（四）要素市场的主要资源性产品的改革不到位

经过 30 多年的改革开放，社会主义市场经济体制日臻完善。但要素市场化方面的改革仍然是我国市场经济体制的薄弱环节，如资源性产品中的水和电资源市场化改革任重道远。要素市场由于其在资源配置中的主导和基础性作用，所以成功的要素市场化改革会极大促进资源配置效率提高，公平公正的市场秩序的建立。下面主要从水资源和电力资源的角度来分析问题。

随着工业化、城镇化和新农村建设进程的加快，我国工业用水、用电、城镇居民生活和农业用水用电量不断增加，水资源匮乏及电力资源的短缺成为阻碍我国经济发展的巨大障碍。市场化的今天，水资源也成为一种商品在市场流通，其供、需以及结构上的矛盾也应由市场价格机制来调节，电力资源也一样。因此，建立一套合理、有效的资源价格形成和运行机制，保证水价电价处于一个理性、稳定的水平，是破解我国当前水电资源难题，完善要素市场以及社会主义市场经济体制的必由之路。

1. 水资源匮乏，价格混乱。根据我国《城市供水价格管理办法》规定：城市供水实行分类水价。根据使用性质可分为居民生活用水、工业用水、行政事业用水、经营服务用水、特种用水等五类。各类水价之间的比价关系由所在城市人民政府价格主管部门会同同级城市供水行政主管部门结合本地实际情况确定。总体而言，城市的供水价格由自来水价格（管网建设和维护成本）、污水处理费、水资源费（受益地区还加收了南水北调基金）和城市公用事业附加构成。具体征收价格，根据国家发改委价格监测中心公布的 2010 年 7 月全国 122 个城市水价统计数据分析，我国绝大多数城市的水价为 1～3 元/吨，和售水成本相对比，我国当前的水价不足以维持供水成本，入不敷出。而农业用水由于地域差异性较大，目前仍未建立一个完善有效的水价体系。价格偏低，是我国当前水价存在的最大问题，而其背后又有一系列的深层次问题：

第一，成本上升、价格倒挂，水厂普遍亏损。根据《城市供水定价成本监审办法》（征求意见稿），城市供水定价成本由合理的制水成本、输配成本、期间费用构成。其核心是制水成本，主要包括原水费、水资源费、原材料费、动力费、人员工资及福利。近几年，我国不少城市开始征收水资源费，且其价格不断上扬，就北京而言，2010 年水资源费在其居民生活用水价格中占比高达 43%。此外，十几年来我国电价和人力资本费用也在不断上涨，这都直接导致用水费用提高。其中，北方省份单位售水成本普遍较高，据资料显示，2009 年全国就有 12 个省份单位售水成本在 2 元/立方米以上。水成本价格的上涨速度，远远超过了其销售价格，水价倒挂，必然导致大量的水厂亏损。根据《城市供水统计年鉴》，2009 年城市供水亏损总额为 19.13 亿元。全国 16 个省份供水亏损，其中北京、河南、上海、辽宁、河北、浙江亏损状况最为严重，利润总额均亏损 2 亿元以上。

第二，采用单一制计量方式，水价在不同群体之间的负担不公平。水价改革在世界范围内经常遭到强烈的社会和政治反对，如何形成一个合理的价格，既能提高水资源的利用效率和投资回报率，又可以照顾到全社会的整体利益，特别是不损害弱势群体的利益是一个社会性难题。当前，我国的地方政府大都不愿将水价提高到环境可持续发展的水平，各种形式的补贴普遍存在。日常生活中，低收入群体的用水量远远低于高收入群体的用水量，在现行的较低水价和众多补贴政策下，低收入群体在用水支出上节省的费用远远低于高收入群体在用水支出上所节省的费用。现行的水价体系不仅没有真正起到保护弱势群体的作用，反而使高收入群体更多地从中获利，进一步拉大了贫富差距，同时也导致水务公司较差的财务收益，进而影响供水质量和服务水平，有损我国水资源的合理开发利用。然而，如果水价过高，用水支出在低收入群体收入比重中的占比又会提高，将直接影响其生活质量和生活水平，进而引发一系列社会问题。因此，反对水价上涨的声音往往来自对弱势群体的关注。一般认为，用水支出占居民家庭收入比例的最大值应该在 3%～5%之间，在当前价格体系下，对于一些贫困市县的低收入人群来说，承受能力已成问题。之所以会出现这一问题，主要在于我国大多数城市采用单一制的计量水价，根据平均成本来定价，按照贸易决算表计量的水量来计算水费，计算方法简单。

第三，农业水价改革陷入困境。当前，我国的农业供水成本与水价之间的缺口在逐年拉大，部分地区农民用水费用支出较高。在取消农业税、加强支农力度、增加各类补贴等强农惠农政策背景下，农业水费计收难度日益加大，水价改革难以推进，水费实收率不断下降。水费收入锐减使许多水管单位职工工资欠发，职工队伍不稳定，人才流失严重，基层水管单位的发展状况不容乐观。此外，由于农业灌排工程与末级渠系破损严重，计量设施不配套，农业水价改革硬约束变得更加突出。当前，我国的灌溉工程绝大多数修建于20世纪50—70年代，农田水利工程老化破损不配套。随着家庭联产承包责任制的推行和农村税费改革的深化，以户为单元的农村基本经济制度完全建立，乡镇、行政村等基层管理组织的管理职能发生变化，农田水利基础设施的建设、运行、管理没有纳入农村基层政府的管理体制，末级渠系管理主体缺位，处于“农民管不了，集体不愿管，国家管不到”的被动状态。农村水价改革的推行举步维艰。

2. 供电价格体系不合理。中电联《电力工业“十二五”规划滚动研究报告》称，“在考虑煤价上涨、弥补历史欠账和电力企业净资产收益率8%的条件下，2015年合理的平均销售电价应在728.7元/千千瓦时，较2010年上涨27.6%、年均增长5%”。提高电价，与国际电价接轨，似乎成了电力系统内部关于未来我国电价改革和走向的一致判断，但从具体分析来看，我国的电价改革有很多功课要补，有众多难点需要克服。

第一，上网电价没有形成竞争。1999年，国家就先后在浙江、山东、上海两省一市和东北三省实行“网厂分开，竞价上网”的改革试点，随后又在东北实行两部制电价改革。但时至今日，“竞价上网”的运作没有实质性进展。上网环节，仍是政府定价模式，煤、电价格矛盾突出。电力产业重组之后，各地区仍以自己原有的形式进行发电和报价，出现了“多家办电”、“多家管理”的混乱局面，形成了“一厂一价”、“一机一价”的个别成本定价形式。不少地区为维护本省、本地区发电企业利益，宁可接受本省发电企业的高价电，也不利用其他地区的低价电。

第二，输配电价过低，没能形成合理的输配电价机制。按照国际惯例，电网企业在厂网分离后，是独立的生产单位，应根据输配电成本和社会平均投资水平来确定输配电价。但在我国的电力输配环节，由于输配电成本费用不清晰，没能建立有效的电网输配电成本约束机制，进而合理的输配电价机制和水平也难以确立。当前，我国各地区基本仍实行过去的销售电价减去上网电价的方式来计算输配电价，而从各地区具体价格标准来看，输配电价过低是普遍的现象。过低的输配电价严重影响了电网企业在电网建设中的投资信心，给国家电网的维护和电网企业的健康发展都带来了巨大风险，一旦电网建设滞后，将对经济社会的发展产生长期的负面影响。

第三，销售电价过于单一，电价补贴不合理。我国的销售电价过于单一，偏于僵化，缺乏弹性。事实上，同一单位的电能在生产和销售中的固定成本存在很大差异，而在我国现行的电力价格机制下，不同用户电价在用电负荷率和电压上不能表现出固定成本上的差别，从而不能与上网电价实现及时有效的市场联动，不能有效调节电力供求关系。电价分类除了工业电价外，其他行业和部分省市居民用电一律采用一部制电价，且工业电价偏高，居民电价偏低。此外，我国当前的电价补贴结构不合理，交叉补贴严重，居民用电价格由工业和商业来补贴。例如《销售电价管理暂行办法》第20条规定："居民生活和农业生产电价，以各电压等级平均电价为基础，考虑用户承受能力确定，并保持相对稳定。如居民生活和农业生产电价低于平均电价，其价差由工商业及其他用户分摊。"本来我国的《电力法》强调的是"公平负担"的原则，不搞价格补贴或价格交叉补贴，但从目前现状来看，交叉补贴的范围和幅度不仅没有缩小，反而更加突出，甚至逐渐被合法化。

（五）对外开放层次有待提升

投资、内需、出口被喻为拉动经济增长的"三驾马车"。改革开放以来，我国采取出口导向型政策，意在通过巨大的国外需求来拉动我国经济平稳快速增长。在政府政策的扶持以及我国廉价的劳动力优势双重因素作用下，我国的对外贸易市场一直保持着较高的增长速度，为我国经济的平稳快速增长做出了不可泯灭的贡献。

在改革开始初期，我国的对外贸易规模很小。在1978、1980、1985年，我国的进出口总额分别为206.4亿美元、381.4亿美元和696亿美元。直到1990年，我国的对外贸易总额才突破千亿美元大关。随着改革的深化，我国经济持续高速发展，与此同时，我国的对外贸易总额也不断提高。到2008、2009、2010年，我国的进出口总额已经分别达到25632.6亿美元、22075.4亿美元和29740亿美元。这几年来，我国对外贸易不仅在数量上有了绝对的增长，在世界贸易的地位上也有显著的提高。到了2010年，中国的出口规模已经排在世界第一位；而进口规模也不甘落后，到了2010年中国进口规模已经排在世界第二位，仅次于美国。与此同时，我国对外贸易的结构也在不断优化。首先，我国对外贸易出口结构实现了两次较大的突破。第一次突破在1986年，纺织品出口量超过石油出口量成为我国第一大类出口产品，标志着我国摆脱了以资源为主的出口结构，进入了一个以劳动密集型制成品为主导的时期；第二次突破在1995年，机电产品出口总额首次超过纺织品出口总额成为我国第一大类出口产品，标志着我国从以劳动密集型制成品为主的出口结构向以资本、技术密集型制成品为主的出口结构的转变。其次，我国进口商品结构也明显得到优化。随着经济发展方式的转变，原材料和中间产品的进口比重不断下降，工业制成品进口比重稳步上升，资本、技术密集型产品成为进口的主导产品。

虽然，近年来我国对外贸易取得了长足的发展。但是在迅速发展的同时，我国的对外贸易也暴露出一系列问题。我国出口的产品大都是低附加值产品，呈现出“高消耗、高投入、高依赖、低收益”的特征，对我国的资源环境造成较大压力。随着对外贸易规模的扩大，我国经济的对外依存度也不断提高。特别是2008年金融危机以及欧债危机以来，世界范围内的需求波动对我国经济产生显著影响，增加了我国经济运行的风险。面对这些问题和隐患，我国政府应该如何采取措施以保持对外贸易的可持续发展从而保障我国经济健康稳定运行，这已成为一个重大而艰巨的课题。

1. 产品出口结构不合理。虽然我国的出口总额在世界贸易体系中位居前茅，但在我国出口的产品中技术含量低的劳动密集型产品所占的比重较大。这些产品都是企业凭借我国廉价的劳动力优势才在国际市场上具有一定的竞争力。因而，我国出口贸易总额虽然大，但出口的都是低附加值的产品，所获得的利润率较低。而且这些大都是高能耗、高污染的产品，其生产对我国的资源环境造成了很大的破坏。同时，由于产品利润率低，企业为了获得较多的利润就会增加产品供给，供给增加会使价格降低，进而降低产品的利润率，造成一个“恶性循环”。这会使得我国出口总额虽大，但获得的利润却比较低。

由于我国出口的比较优势在于劳动密集型产品，但随着我国人口红利的逐渐消失，我国的廉价劳动力优势会不断失去，到时我国的低附加值产品就会失去价格优势。同时，随着印度、越南等一些新兴国家的崛起，它们拥有比我们更为低廉的劳动力，因而它们的产品在价格上会比我们的产品更具有竞争力，从而抢占我们的国际市场份额。如果我国产品的国际市场份额降低，即出口减少，而进口又不变，使得对我国商品总需求减少，不利于我国经济平稳增长。

2. 对外贸易依存度较高。对外贸易依存度是根据对外贸易额与国内生产总值的比值来计算的，用于衡量一国经济发展对世界市场的依赖程度。对外贸易依存度又可具体分为出口依存度和进口依存度。

随着我国经济的不断发展，我国的国内生产总值和对外贸易总额都在逐渐增加。但对外贸易总额的增长速度快于国内生产总值的增长速度。从2001年开始，我国进出口贸易总额年均增长速度为21.6%，其中出口总额和进口总额的年均增长速度分别为21.9%和21.4%，远远高于国内生产总值的年均增长速度。因而我国的对外贸易依存度不断提高。我国的对外贸易依存度从1978年的10%上升到2004年以后的70%以上。

对外依存度过高会使得我国经济受世界经济环境变化的影响较大，增加我国经济运行的风险。如果世界经济形势保持良好的发展态势，我国经济在不出意外的情况下也会保持平稳增长。然而，世界经济形势一旦恶化，随之而来的是对我国出口产品的需求降低，从而使我国经济停滞甚至发生衰退。2008年的世界金融危机以及2011年的欧债危机的爆发对我国经济的影响很大，造成很大冲击。这就显示出了我国对外贸易依存度过高的风险性。

3. 贸易保护主义不断抬头。自我国加入世界贸易组织以来，国际市场逐渐向我国降低准入门槛。然而，随着我国对外贸易市场井喷式的发展，世界各国——尤其是美国、日本及欧洲——明显感到来自中国出口产品的压力，逐渐变相地采取贸易保护措施来应对这一压力。这些国家对我国采取贸易保护措施主要有两方面的原因：一是将贸易保护措施作为遏制我国发展的战略。随着我国综合实力的提高，这对传统发达的资本主义国家的世界地位的威胁不断加大。它们企图通过贸易保护措施来遏制中国对外贸易市场的发展，从而降低我国经济发展的动力，进而达到遏制我国经济发展的目的。二是出于本国政治目的的需要。由于具有廉价的劳动力，我国的出口产品在世界市场具有很强的价格竞争力。许多国外企业因此而不断收缩业务甚至倒闭。再加上金融危机与欧债危机，这些国家急需通过减少进口增加出口来恢复本国市场以降低失业率。

这些国家主要通过反补贴、反倾销、技术贸易壁垒等措施来为难我国的出口产品。自入世以来到2010年底，我国受到贸易救济调查共692起，涉及总额约400亿美元。更有甚者，我国不仅连续16年成为世界上遭遇反倾销调查最多的国家，并且连续5年成为遭遇反补贴调查最多的国家。在贸易保护主义抬头的情况下，我国的对外贸易市场的发展受到很大影响，进而影响到我国经济平稳发展。

4. 产业结构不合理。一国的产业结构与进出口结构在逻辑上有如下关系：产业结构决定进出口结构。在我国的产业结构中，第二产业仍然占很大的比重。虽然随着我国经济的发展，第三产业在我国有了很大的发展：第三产业所占的比重从1980年的21.4%逐渐提高到2008年的40.1%。第三产业的发展速度虽然很快，但与传统的发达资本主义国家相比，我国的第三产业所占的比重仍然偏低。那些传统的发达资本主义国家的第三产业在整个国民生产总值中一般占到60%～70%左右。

我国的第三产业发展还很不成熟，与第二产业的发展仍然有很大差距。这就决定了我国出口的产品主要以货物为主，服务贸易发展较为缓慢。这对我国的对外贸易很不利。为了促进经济增长就要加大货物出口总额。而我国出口的产品大部分是通过粗放型的生产方式生产出来的，具有“高消耗、高污染、低收益”的特征。出口越多虽然会在短期内推动我国经济发展，但长期来说这会不断消耗我国的资源，并对我国的环境造成巨大的破坏，不利于我国经济社会的可持续发展。

5. 人民币升值压力不断增大。随着我国综合实力的提高以及由于外贸市场发展带来的大量外汇的积累，国际世界要求我国人民币升值的呼声越来越高，对我国人民币升值施加的压力也越来越大。自2005年汇率制度改革以来，人民币进入一条快速升值的通道，至今人民币累计升值幅度超过20%。

近年来，我国的出口导向型政策和廉价的劳动力优势极大地推动了我国经济快速发展。但人民币的升值会对我国经济造成严重影响。虽然人民币升值会降低我国的进口成本，但我国的出口产品绝大部分是低附加值产品，是靠我国廉价的劳动力优势才在国际市场上有价格优势。并且我国企业出口的产品大部分都是以美元计价并结算，同时我国企业在国际市场上的议价能力低，只能接受国际市场上的价格。一旦我国出口产品的国际市场价格不变，而人民币升值，这就会降低我国企业的人民币收入。而我国企业的生产成本都是以人民币计价，因此这会降低我国企业的出口利润。如果人民币升值过于激烈，这会导致我国众多外贸企业的利润急剧下降甚至亏损而破产，从而导致我国出口萎缩，进而影响到我国经济的平稳增长。

三、深化经济体制改革，加快转变经济发展方式进程

（一）坚持基本经济制度、继续优化所有制结构

1. 观念和理论应与时俱进。自古以来，“兴利易，除弊难”是社会变革的普遍规律。30 多年改革的实践证明，思想观念的改变和更新是中国改革的第一大障碍，所有制改革攻坚贵在解放思想。我国非公有制经济从“资本主义的尾巴”到“必要的有益的补充”，再到需要“毫不动摇”发展的社会主义市场经济“重要组成部分”，到现在进行“平等竞争”和受到“平等保护”的市场主体，都是不断解放思想、逐步冲破认识上的传统羁绊，取得的一次次理论飞跃。而每一次理论的飞跃，都为非公有制经济的发展提供了理论和政策依据，开拓了广阔的发展空间。

只有解放思想，不断地推进所有制改革，提出所有制改革的新理论、新政策和新的法律法规，才能充分发挥所有制对生产关系的促进作用，最大程度地释放市场经济的活力。在所有制改革和调整问题上，我们坚持实事求是和“三个有利于”原则，思想认识不断解放，政策上不断创新，实践中不断探索。改革开放以来，所有制关系发生了巨大变化，不仅初步形成了国家所有、集体所有、个人所有、私人所有、港澳台所有、外国资本所有、混合所有以及其他形式所有的“多种所有制形式群”，还初步形成了公司制企业、集团企业、集体企业、合作企业、合资企业、合伙企业、联营企业、业主制企业等“多种企业组织形式群”。

2. 积极推行公有制的多种有效实现形式。深化产权改革，继续推进国有企业股份制改革。产权是所有制的核心和主要内容，产权是中国一切经济问题的深层症结所在。国有企业的产权改革是目前我国产权改革和整个经济体制改革的核心，对国有大中型企业进行产权多元化改革，建立现代企业制度是国有企业制度的根本性变革，是深化国有大中型企业改革的突破口。股份制是一种最有效的资本组织形式，最适合社会化大生产和市场经济的需要；以现代产权制度为基础，发展混合所有制经济，是我国公有制特别是国有制与市场经济相结合的有效形式和途径。

股份制为市场经济提供和构建了一种良好的资本组织形式及建立在此基础上的现代产权制度。归属清晰、权责明确、保护严格、流转顺畅的现代产权制度是现代企业制度的合乎逻辑的发展。以现代产权制度为基础，

发展混合所有制经济。以股份制作为公有制的主要实现形式，能促进经济体制改革，盘活国有资产，进行产业和产品结构调整，提高经济效率，有利于国民经济的发展。发展混合所有的股份制，符合社会主义市场经济条件下企业运营发展的客观规律，是一种行之有效、具有独特功能的产权组织形式。目前，我国要培育多元投资主体，做法可以有：一是鼓励私有资本购买国有股，参与国有企业股权改革。二是吸引海外资本，参与国有企业改革。三是培育和鼓励机构投资者参与国有企业股份制改革。四是试行职工持股。

3. 调整和优化国有经济布局和结构。从战略上调整国有经济布局和结构，是从整体上搞好国有经济、发挥国有经济主导作用的一项重要举措，也是调整和完善所有制结构的一项重要内容。十八大继续强调，作为工业经济的主体，国有企业要健全现代企业制度，优化布局和结构，增强活力，更好地发挥国有经济的控制力和影响力。优化国有经济布局和结构，可以提高国有经济的整体素质和质量，增强国有经济的活力和竞争力，更好地发挥国有经济的控制力、影响力和带动力，使公有制经济主导作用进一步增强，巩固和完善公有制为主体、多种所有制经济共同发展的基本经济制度。把调整所有制结构和推进股份制改革结合起来，围绕经济和社会发展的总体规划全盘考虑和安排国有经济的“进”与“退”，做到“进”而有为，“退”而有序。

推进国有资本调整和国有企业重组，完善国有资本有进有退、合理流动的机制，加快国有经济布局和结构战略性调整。坚持有进有退、有所为有所不为的方针，推动国有资本向重要行业和关键领域集中；向具有竞争优势的行业、高新技术产业和未来可能形成主导产业的领域集中；向具有较强国际竞争力的大公司大企业集团集中。加快形成一批拥有自主知识产权和知名品牌、国际竞争力较强的优势企业，要通过资产重组、结构调整，以“功能型”的“主体和主导”替代“数量型”的“主体和主导”。

4. 建立健全国有资产管理和监督体制。管好用好国有资产，关系到我国基本经济制度的坚持和完善，关系到全面建设小康社会目标的实现。国有资产监督和管理要把发挥地方政府的积极性与中央统一政策的指导作用结合起来，防止损害各利益相关方的利益、引起社会不稳定、制约改组和调整的步伐。改革国有资产管理体制已成为深化国有企业改革的关键。建立中央政府和地方政府分别代表国家履行出资人职能，享受所有者权益，权利、义务和责任相统一，管资产和管人、管事相结合的资产管理体制。明确国有资产监管机构的性质、职能、监管范围和与企业的关系等一系列重要问题。做到政府的公共管理职能与出资人职能的分离，实现管资产和管人、管事相结合。

要坚持政资分开，要依法履行出资人职责，要维护所有者权益。建立国有资本经营预算制度和企业经营业绩考核体系；积极探索国有资产监管和经营的有效形式，完善授权经营制度；健全产权交易规则和监管制度，推动产权有序流转；建立健全国有金融资产、非金融资产和自然资源性资产等的监管办法。将公有制改造成以混合经济为主的股份制，“加强政府监管和社会监督”；硬化产权约束，为政企分开、政资分开提供契机；强化社会舆论、公众对国有资产的运营的监督；加强法制建设和舆论监督，严惩权贵资本主义，用法治斩断权力与资本结合的“脐带”，确保国有资产保值增值。

（二）加强政府职能转变、建设服务型政府

根据深化行政体制改革的总体目标，“到 2020 年建立起比较完善的中国特色社会主义行政管理体制”。政府改革要从简单的精简机构转变为侧重于削减职能上来；政府工作要由事前审批转到事中监督和事后服务；政府调控的方式要由过去直接的行政手段转变为政策法律调控为主，由直接调控变成间接调控，由微观调控变为宏观调控，由直接管理到以政策法规进行监管和调控；政府操作方式要转向透明行政、依法行政。政府职能转变的重点在于进一步推动国企改革，为职能转变奠定经济基础；转变行政管理模式，由“管”向“服务”发展；按照市场经济对职能的要求，实行机构重组；改进政府决策方式；加强政府对外经济管理职能，提高政府管理水平。

1. 正确定位，处理好政府和市场关系。自由主义和凯恩斯主义各有特点，我国应根据实际情况将二者巧妙结合起来，来指导经济的运行和发展。

第一，树立有限政府的观念。对于市场经济运行的具体问题应尽可能地依靠市场自身的力量去解决，政府的注意力应放在如何构建和完善市场经济体制，保障市场经济秩序的有效运行上，而不应当过多地去干预具体的微观经济活动。要引导社会重塑诚信观念，破除垄断，完善竞争机制。诚信缺失、无序竞争等是阻碍我国市场经济进一步发展的严重问题，如不解决市场经济将很难健康发展。

第二，完善宏观调控机制。政府对经济活动进行干预应去行政化，更多地采用经济手段，用好财政、货币、产业三大政策工具，制定和实施政策时充分考虑政策时延，注重长期效应，尽可能保持政策的连续性，避免因政策多变而造成经济发展的大起大落。

第三，深化国有企业改革。国企改革多年，成效显著，但为何仍饱受诟病，这与国企的利润分配以及当今公众对社会贫富差距过大的强烈不满有关，这其实是一个社会问题。企业做大做强之后，如何不让人眼红和企业本身的宗旨、理念以及企业的自身形象有着重大关系。国企在进一步壮大自己的同时，应切实承担更多的社会责任，树立自身的良好形象，通过对社会的反哺，来偿还自身在资源、政策等方面背负的“债务”，消除公众的歧视和偏见，做良心企业、百姓企业。

2. 推行大部制改革，合理划分中央和地方财权、事权。

第一，推行大部制改革，积极探索省直管县，减少行政层级。政府机构设置上将职能相近的机构进行整合，专注于政策制定。国务院的组成部门可减少设置，同时设置若干相对独立的执行机构，专注于政策执行。在有条件的地方探索省直管县，减少行政层级，市、县政府机构设置要侧重于执行，大大精简和整合现行的综合性机构，根据各地实际情况不必使上下对口，左右看齐，更加灵活地设置以提供公共服务以及市场执法监管为主的各类组织机构，重点整合执法队伍，解决多头执法问题。

第二，各级政府的收支划分应进行调整。按照弥补市场失灵原则和公共产品的层次性进行支出，改变财权层层向上集中，事权逐渐下放的趋势，既要维护中央权威又要保护地方积极性。公共产品供给方面，属于全国性公共产品的由中央财政买单，地方性公共产品由地方财政买单，跨地区性公共产品由中央和地方财政共同支付。在当前税制基础上，调整税制结构，根据税源和税收性质对税种进行重新分类，明确征税主体，调好中央和地方各占比重。加快房产税、遗产税出台和实施方案，并考虑由地方进行征收，收入归地方所有。

第三，完善政府间财政转移支付制度。改变专项转移支付投入过于分散，“渠道”过长，“有钱养兵，无钱打仗”的状况。逐步取消税收返还，加大一般性转移支付规模，明确省财政向县财政直接转移。

3. 提升公共服务水平，建立利益诉求机制。市场经济条件下，社会管理和公共服务成为政府的重要职能。深化行政体制改革就是要明确以公共服务为重点的政府职能转变。目前，我国公共产品供给不足，医疗、卫生、养老、失业等方面的社会保障缺口较大，政府也在做着不懈的努力，力图实现基本公共服务均等化。基本公共服务均等化有助于缓解当前的社会危机，可以稀释部分民众的不满情绪。但公众对公共产品的需求没有上限，而政府又不可能提供无限多的公共产品，中间的缺口必然引起公众新的不满，而如何去解决新的不满，应当也是政府在深化行政体制改革时所应考虑的问题。从长远来看，政府在推进基本公共服务均等化的同时，也应构建一套长效的利益诉求、利益表达机制。当前我国民众的利益诉求方式，主要是上访也就是越级反映，随着新媒体的发展又出现了网上曝光。但它们都不是正常的利益诉求方式，正是它们的广泛存在说明了民意被压抑，人民利益诉求无门。而要解决这一问题可以考虑允许人口自由流动，由公众去选择政府，如果某一地区民众对当地政府公共产品的供给不满，可以选择去其他地方，国家再定期对各地方人口规模进行统计，责令规模减小的政府进行整改，完善社会服务，提高公共产品的供给。

4. 完善民主决策机制。

第一，建立重大事项决策机制。目前我国这一方面的机制还比较欠缺，政府对涉及经济社会发展全局的重大事项决策，应提前进行充分的调查研究，搜集第一手的材料和信息，并广泛听取各方面意见，充分进行协商和协调，不仅进行可行性论证，还要进行不可行性论证，避免重大决策的盲目出台。

第二，完善决策咨询机制。对于专业性、技术性强的政策，应切实进行专家论证、技术咨询、决策评估，对于咨询结果应充分考虑，把其作为决策的重要依据。同时还应保证咨询机构、咨询专家的独立性，保证其决策中立、真实，尽量同时委托多个咨询机构进行咨询、论证，对于论证结果不一致的地方，应格外慎重考虑。此外，咨询机构的选择上应尽量以外地咨询机构为主，尽量减少有垂直关系的决策机构进行重大决策咨询。

第三，完善决策听证制度。对于诸如重要基础设施建设、重大行政许可事项设立、重大行政处罚事项实施等涉及面广和群众日常生活有密切关系的决策事项，应进行公示和听证，有条件的地方可进行民意普查，保证群众的知情权和建议权，进行公示、听证、普查时，不能故意隐瞒群众可能反对的信息，保证信息的完整性和真实性。对于群众质疑的部分，进行专家论证和专家说明，切不可违背民意做出决策。

5. 推行绩效管理和行政问责机制。要全面正确履行政府职能。改善经济调节，更多地运用经济手段、法律手段并辅之以必要的行政手段调节经济活动，增强宏观调控的科学性、预见性和有效性，促进国民经济又好又快发展。严格市场监管，推进公平准入，规范市场执法，加强对涉及人民生命财产安全领域的监管。加强社会管理，强化政府促进就业和调节收入分配职能，完善社会保障体系，健全基层社会管理体制，维护社会稳定。更加注重公共服务，着力促进教育、卫生、文化等社会事业健康发展，建立健全公平公正、惠及全民、水平适度、可持续发展的公共服务体系，推进基本公共服务均等化。

第一，指标考核体系上要淡化 GDP，强化对结构优化、民生改善、资源节约、环境保护、基本公共服务和社会管理等目标任务完成情况的综合评价考核。每一条考核内容都应当具体可感、富有针对性、加强导向性。针对不同级别、不同岗位、不同权重的干部做出不同细化条款，不能“一刀切”。

第二，考核评定人员覆盖面应尽量广泛，与权力覆盖面相挂钩。不管什么级别、什么部门都应接受同一级别其他党、政、军、政协等部门的考评，但考核内容应当有所区分，同一部门以考核日常政务为主，其他部门以考核部门利益协调和日常工作、生活作风为主。

第三，考核方式上实行网络考核。网络考核覆盖面大、可操作性强、成本低、保密性高。建立网上政务平台，公开领导干部职能分工和日常工作信息，设立考核专栏，除了公文性的客观指标评价之外，设立主观评价区，允许考评人员结合自身感受对领导干部做出客观真实评价。行政问责方面，主要建立决策失误追究制度，从决策的提出、专家咨询、听证论证，以及具体的操作实施都有明确的责任主体，决策失误事实既成之后，按比例承担责任。推行决策失误引咎辞职、民事赔偿和刑事处罚制度，严惩决策失误行为。同时，建立行政问责制度时应明确行政问责的具体内容、形式和程序，将行政问责机制与民主决策机制、政绩考核机制、监督机制等结合起来，提高行政问责的可操作性。

（三）规范宏观调控手段、提高宏观调控水平

1. 宏观调控要从实际情况出发，注重实效。必须坚持用科学发展观来统领我们经济社会发展的全局，来指导发展的实践，实现国民经济的持续快速高效运行。我们现在的经济体制不是典型的市场经济体制，不是完善的市场经济体制。所以，有很多具体表现，如我们国有企业的产权约束还没有硬化，地方政府还不适当扮演着市场主体的角色等等很多表现。在

这种情况下，我们很多市场的信号，作为市场主体来说，可能反应扭曲了或者迟钝了。所以我们强调注重宏观调控的有效性，在使用经济手段、法律手段的时候，我们还有必要使用一些行政手段，因为市场主体对市场信号反应是迟钝的或者是扭曲的，当然，这并不是鼓励实施行政手段，而是要继续使用有效的行政手段干预经济。

宏观调控要根据宏观经济形势的变化，把握好调控的方向和重点。中国 2011 年在宏观调控当中节奏是有变化的，比较集中的措施是在 2011 年 4 月底，包括提高存款准备金率，大幅度调高了过热的行业——钢铁、电解铝、水泥、房地产这些行业固定资产资本金比率，暂停了农用地转为公用地的审批，这个也是针对当时投资过猛、过热，针对性是很强的。随着投资增幅的趋缓，宏观调控的力度、节奏也进行了相应的调整。所以我们说宏观调控必须是有针对性，适时适度，把握好节奏，把握好调控方向，把握好时机和力度，这也是一个重要的启示。

2. 突出优化结构。要着力调整财政支出结构和国债资金投向结构，继续加大对农业的投入，加大对教育、科技、卫生、环境保护等社会发展薄弱环节的投入，大力支持就业再就业和社会保障工作。在制度创新上，着眼建立长效机制，致力于推进经济体制改革。从财政自身方面看，主要是进一步完善省以下财政体制，缓解部分县乡财政困难。积极推进税制改革，创造公平市场环境。继续推进增值税转型试点，深化农村税费改革、研究所得税合并方案，进一步完善个人所得税和消费税的相关政策，物业税也提上议事日程。同时，继续深化预算管理制度改革，提高财政资金安全性和使用效率。

3. 宏观调控要多种手段相结合，更加注意运用经济手段。在信贷上，注意发挥利率和扩大利率浮动范围这些措施，来改善合理控制信贷总规模，在投资上加强市场准入方面的管制，在重要的商品总量平衡上，加强储备调节和进出口的调节。随着形势的发展，还要更多地随着市场机制的更加完善，更多地采取经济的手段，来减少一些行政的管制手段，减少数量的管制手段，更多地利用价格的杠杆。

4. 坚持治标与治本相结合。在我国经济发展中出现的投资过热现象，它的根源还是体制性问题、机制性问题和增长方式问题。如对于房价调控问题、农产品价格调控问题、水电价格的调控，调控决策缺乏相对独立性，调控部门往往根据政治经济发展的需要或者领导人的讲话，而制定宏观调控政策。调控目标不应局限在增强居民对调控的信心和预期影响，而应该建立相关宏观调控的长效机制，对于房价水电价格，首先应该明确的是调控准则和标准，进而影响市场参与者的长远经济决策，而不是靠若干讲话和某一项强制性规定来实现。通过改变宏观调控的观念、改进宏观调控工具、改善宏观调控的方法，立足于建立一个稳定长效的宏观调控机制，才是宏观调控部门应该持续加强改革的地方。

（四）建立和完善水、电资源性产品价格形成机制

要使目前水电资源性产品价格不合理的状况得以改善，总的来说必须继续深化改革，推进要素市场化，建立和完善反映市场供求关系、资源稀缺程度和环境损害成本的水电资源性产品价格形成机制。

1. 建立科学的水价格形成机制。

第一，明确政府在城市供水中的职责。城市供水、排水、污水处理方面的基础设施属于公共产品，其供给主体当属政府，政府应明确承担职责，而不应当通过水费转嫁于居民。中央政府要负责全国水资源调配规划和跨省水利工程建设，地方政府负责本地区内水源的保护开发和污水处理。对现行的国营水厂进行改造，通过招标等途径让更多的私营企业和民间资本参与到水厂的管理和运行中来，引入竞争机制，提高供水服务质量。同时政府应加大对低收入群体的用水补贴，对于特困家庭给予水费减免政策。

第二，实施水价成本公开制度。水价成本公开，提高水价调整的透明度，让百姓了解与其切身密切相关的水价成本，有助于减少水价改革的阻力，同时也有助于督促供水公司强化内部管理和约束，有助于其主动降低生产成本，提高服务水平和质量。要清晰完善地公布其成本构成，应包括资源成本（原水的价格）、工程成本、环境成本（水污染防护及污水处理）、水源保护机会成本（水源地丧失经济发展机会的补偿）、生态成本和利税 6 个方面。且其每一部分的具体成本价格依据也应给予充分说明，建立成本考核指标体系，规范水价成本的核算办法，解决企业个别成本定价不合理问题。

第三，推行分类水价和阶梯水价。按“公平负担，促进节约”原则合理制定分类水价。可分为农业用水、城市居民用水、非居民用水和特种行业用水四大类水价。对于城市居民用水，根据城市居民生活用水量，采用阶梯式计价方式收取水价。阶梯式计量水价分为三级，极差为1∶1.5∶2。阶梯式计量水价＝第一级水价×第一级水量基数＋第二级水价×第二级水

量基数＋第三级水价×第三级水量基数；居民生活用水计量水价第一级水量基数＝每户平均人口×每人每月计划平均消费量；第一级水量基数，根据确保居民基本生活用水的原则制定；第二级水量基数，根据改善和提高居民生活质量的原则制定；第三级水量基数，根据按市场价格满足特殊需要的原则制定。此外，季节性消费明显的地区可根据地区特点实行季节性水价，旺季提价，淡季降价。

第四，推进农业水价综合改革。对于农业水价的改革应按坚持促进节约用水、降低农民不合理水费支出、保障灌溉工程良性运行原则，加大政府的财政补助。推进末级渠系与骨干工程同步配套建设，解决因末级渠系不配套引起的农田灌溉“最后一公里”等问题，促进节约用水，减少因输水损失过大造成农民不合理的水费支出；建立灌区末级渠系工程产权制度和农民用水合作组织，把改造完成的末级渠系工程移交给农民用水合作组织，明确归其所有，用水合作组织对农民用水，推行计量收费，费用用于末级渠系的维护、管理和运行，同时加大对农民用水合作组织的财政补贴。

2. 发挥市场在资源配置中的基础性作用，形成市场化电价机制。

第一，上网电价引入竞争、市场定价。上网电价，要由发电企业根据成本和市场供求状况来自主定价，充分发挥市场在资源配置中的基础性作用，通过竞争，激励管理水平高、设备效率高的机组在竞争中获得额外收益，在市场中获得主导地位，自动淘汰能耗高、管理落后的机组，提高发电资源的综合利用效率。同时，加强煤炭与电力行业的协调管理，理顺煤、电价格关系，实现煤电联营。建立煤炭与电力价格之间的信号传导机制，煤炭涨价时相应提高上网电价，实现煤电联营，形成风险共担、利益均沾的合作格局。

第二，输配电价独立定价。尽快建立独立和合理的输配电价机制。实现电网的主辅分离和主多分离改革，解决输配电主业、辅业和多种混业经营问题。尽快界定与输配电相关的有效资产，科学核定输配电成本水平，同时加快制定出台电网输配电成本监管办法，加强对电网输配成本合理性、合规性的监管。在此基础上，结合电网投资相应的资本金回报，建立独立的输配电价，确保电网可持续发展。

第三，改变单一的销售电价模式，推行阶梯式电价。核定用户应当承受的能源价格水平，以多种销售电价结构类型适应不同用户的用电需求，建立真正有利于公平负担的销售电价制度。弱化行政力量在销售电价领域的干预，建立双边合约市场，销售电价由供需双方协商确定，按照市场供求、电压等级和季节、时段等因素定价，制定合理的峰谷分时电价和功率因数考核标准。推行阶梯电价，合理划分一、二、三档电量标准，二、三档用电量尽量根据季节划分，提高灵活性和科学性，切实维护各阶层居民的利益。同时，政府要下决心取消电价中的交叉补贴，还原电价本来面目，反映成本和供求关系。

第四，推行大用户直购电。鼓励发电企业和大用户直接签订电力交易合同，破除电网公司单一购电的垄断局面。要明确大用户准入标准，用电量上不仅要考虑用户当前用电量还要考虑用户未来几年（2—4 年）的新增用电量，并扩大用电企业新增用电量的直购电量比例，激励用电企业扩大生产规模。大用户行业选择上，限制污染严重和不利于国家和地区发展的行业的直购电量，放宽对于能够促进地区工业结构调整和产业升级，属于地区鼓励和重点扶持的产业的直购电量，如煤化工、天然气化工、装备制造业、高科技产业、生物制造业、信息产业等，可以通过设置行业系数增加其直购电量。

（五）改善对外贸易结构、促进对外贸易平衡发展

我国的对外贸易市场的发展虽然面临着不少问题和隐患，直接制约着它的进一步发展，也影响到我国经济的平稳发展。但是，我国仍保持着较好的经济基本面。因此，在保持对我国经济高度信心的同时，及时采取相应的政策措施，确保对外贸易市场持续发展，为经济的平稳健康发展奠定良好的基础。

1. 积极开拓市场，实现贸易的多元化。近年来，我国对外贸易市场的规模虽然扩大很快，但主要集中在一些发达国家，而且我国主要从日本进口产品，向欧美出口产品。这就使得我国经济在相同的对外贸易依存度下面临着更大的不确定，受世界经济形势的影响更大。政府应该引导我国出口企业与多方国家进行交易。尤其是那些新兴的发展中国家，如印度、越南等，它们的经济正在快速发展，需求也在不断膨胀。我国应该与这些国家多开展贸易活动，有利于保持我国出口的稳定增长。政府之间可以通过建立区域伙伴关系，如东盟 10＋3，为该框架下的国家的企业之间的交易提供有利的条件，各取所需，从而促进双方贸易的发展。这不仅有利于两国之间的友好交流，也有利于实现我国贸易的多元化，降低我国经济运行的外在风险。

2. 优化对外贸易结构，减少贸易摩擦。经济危机以来，美国、欧元区等国家强烈要求中国减少外汇储备，改变靠投资和出口拉动经济的增长方式，实施进出口平衡政策。这一政策会严重影响我国出口，造成大量外贸型企业倒闭和工人失业。为了逐步实现经济发展方式的转变，减少经济发展对国际市场的依赖，从贸易结构来看，应逐步改善商品结构单一、技术含量低的现状，加大研发投资的力度和重视程度，鼓励企业自主创新，推进产业结构升级；通过调整和完善出口税收、加工贸易等政策，改变贸易方式中加工贸易大部分处于低附加值、价值链低端的局面；我国对外贸易区域的结构性问题恐怕难以在短期内得到改变，要想减少贸易市场过分集中带来的威胁，需要加强内需，扩大国内市场来分散风险；针对长期以来大多出口产品采用贴牌的生产方式，鼓励企业品牌发展战略；严格控制“两高一资”产品的生产和出口，对环保节能型产品的出口给予优惠政策；规范出口竞争秩序和行业自律，稳步推进对外贸易秩序的法律法规建设，加快建设外贸信用体系。同时应协调利用外资政策，调整外商的投资结构，减少外商低端制造业的投资，限制技术含量低、资源消耗高、污染排放大的外资项目，提高外商投资的质量；取消对外资企业的优惠政策，缩小民族产业与外资企业之间的差距和资源配置的不平衡性，减少国家财政收入流失，增加政府调控资源配置的能力。

3. 提高国内居民的消费率，扩大内需。由于我国政府政策的影响以及我国人民的传统习惯，我国居民的储蓄率较高，消费率较低。虽然通过投资与外需也能拉动我国经济增长，但这并不是长久之计。一国的经济只有立足于自己本国的需求之上才能确保经济长久平稳增长。我国人口众多，具有巨大的潜在消费需求，这为我国经济的进一步发展提供了广大的空间。首先，完善社会保障体系，增强居民消费预期，当我国人民在年老退休后凭借养老金就能安度晚年的时候，我国居民就会降低为老年准备的储蓄，提高消费水平。其次，提高人民收入，消费提高的关键在于收入的提高。政府可以通过个人所得税的调整，降低低收入群体的所得税税率，提高高收入群体的所得税税率，从而提高整个社会的消费水平。同时，政府也可以通过转移支付来提高我国居民的可支配收入。再次，政府可以出台一些促进消费的有利政策。如为了应对金融危机的影响，我国政府出台了“家电下乡”的政策，这极大提高了居民的消费欲望，促进了消费水平的提高。

4. 建立开放经济下内外统一的贸易综合管理体系。我国入世后虽然将国内贸易与国际贸易管理体系融合，但仍存在外经贸管理措施的单一性、国内贸易与国际贸易做法的差异性、市场化的措施和金融融资方式依然“内外有别”等问题。因此，必须从根本上转变为内外经济融通一体化的综合管理体系，建立统一的大市场体系。政府在管理形式上，以经济手段和法律手段等间接管理手段为主，为我国企业平等参与国内和国际竞争创造条件；运用市场机制促进国内外商品流通；培育具有竞争力的大型企业，包括生产商、贸易商、零售商，让中国企业更愿意在国内市场做生意，脚踏实地立足国内市场积累经验的同时参与国际跨国经营，形成具有世界“品牌”的生产型跨国公司、贸易型综合商社和跨国流通企业。

必须实现贸易政策基础由传统的比较优势逐步向以竞争优势为基础转变；贸易政策管理方式由以往的直接管理向间接管理为主转变；贸易政策作用范围由过去单一的外贸领域向整个流通领域延伸，这意味着贸易政策将更多地注重国内外市场的融通、内外贸易的统一。因此，需要尽快建立内外融通的综合性贸易管理体系，形成连续性和承继性的贸易政策，使我国企业能够实现全球范围的资源配置。同时尽可能注意与其他相关政策的衔接配套，避免因贸易政策的变化而引起整个宏观管理政策体系运行效率的降低，这是新的内外贸易一体化综合管理体系有效运行的重要保证。

5. 加快推进人民币国际化进程，完善汇率形成机制。在现在的国际货币体系下，美元占据主导地位。虽然日元、欧元等也在国际贸易结算中占据一定份额，但它们仍不能构成对美元的威胁。因此，在现阶段的国际贸易中，几乎所有的商品都是以美元进行计价并结算。我国也同样如此，因而汇率的变动对我国的对外贸易具有很大影响。近年来，其他国家对我国人民币升值施加压力就是针对这一点，希望通过此举来遏制我国经济的发展势头。我国应该努力增强人民币的国际影响力，逐渐推进人民币国际化。我国政府应该先在周边国家推行人民币计价并结算，开展亚洲货币之间的合作，实现人民币区域化。应该走一条具有中国特色的人民币国际化道路——先在贸易项下实现人民币国际化，再在资本项目下实现人民币国际化；先实现人民币的区域化，再逐步实现人民币的国际化。

执笔人：孙小兰（中共中央党校经济学部）

下　篇

实践篇

第七章

浦东新区“创新驱动、转型发展”经验

——在综合配套改革背景下

一、浦东新区综合配套改革试点的背景及其与“创新驱动、转型发展”的关系

浦东进行综合配套改革试点，是国家新一轮改革开放的重大战略部署。在我国改革开放进入重要战略机遇期、全面建设小康社会的新的历史阶段，中央提出了树立和落实科学发展观、构建社会主义和谐社会的重大战略思想。这些重大战略思想的提出，是一个崭新的命题，需要强有力的制度保障，需要纵深推进制度创新、扩大开放，有必要选择有条件的地区先行先试。作为我国世纪之交改革开放的排头兵，上海浦东率先试点责无旁贷。

（一）浦东新区综合配套改革试点的背景

中共浦东新区委员会、浦东新区人民政府组织全体干部和群众，认真学习贯彻科学发展观，按照国务院批复精神，于 2005 年 12 月制定《关于深入推进综合配套改革试点的若干意见》。

《意见》指出：中央把国家综合配套改革试点放在浦东，是对浦东的高度信任和殷切期望。在推进试点工作的过程中，必须坚持以科学发展观为统领，着力转变经济增长方式和城市发展模式，努力构建社会主义和谐社会；必须坚持解放思想、实事求是、与时俱进，敢为人先、敢闯敢试，促进开创性、坚韧性、操作性相统一；必须坚持市委、市政府的统一领导，充分调动各方积极性，形成改革发展的强大合力；必须坚持整体规划、重点突破，突出综合性制度创新这一核心，突出关键领域、重大环节这一重点；必须坚持体现国家意志、上海要求和浦东实际，更好地服务

“四个中心”国家战略，努力在更高的起点上实现快速发展，努力促进经济结构的战略性调整。

浦东综合配套改革试点着重转变经济运行方式，构建符合社会主义市场经济要求、与国际通行做法相衔接的经济运行法规体系和体制环境；着力于改变城乡二元经济与社会结构，构建和谐社会，把改革和发展有机结合起来，以改革促发展；把解决本地实际问题与攻克面上共性难题有机结合起来，有效发挥示范作用；把实现重点突破和整体创新有机结合起来，全面推进体制建设；把经济体制改革和社会其他方面改革有机结合起来，使各项改革相互促进，经过 5 到 10 年坚持不懈的努力，逐步形成贯彻科学发展观、构建社会主义和谐社会的制度体系，力争在全国率先建立制度比较完备、运行比较高效的社会主义市场经济运行机制，基本形成比较完善的社会主义市场经济运行机制；基本形成充分激发自主创新活力的有效机制；基本形成有利于实现统筹协调发展和构建和谐社会的制度环境；基本形成与经济全球化趋势和开放经济相适应的经济运行规则体系；基本形成制度创新和扩大开放的示范引领优势。

为了使综合配套改革试点顺利启动，浦东区委、区政府要求全区加强领导，切实增强改革创新的责任感、使命感和紧迫感。改革创新是提升综合竞争力的重要源泉，是浦东开发开放的生命所在。进行国家综合配套改革试点，是中央和全国人民交给上海和浦东的一项政治任务，是中央赋予上海和浦东的一项神圣使命。新区全体干部要进一步统一思想、凝聚力量，充分认识浦东综合配套改革试点的重大战略意义，加倍珍惜改革机遇，紧紧抓住改革机遇；切实增强为全国改革攻坚探路的责任心，切实增强以制度创新服务全国的使命感；不断提高改革创新的主动性，不断提高开拓进取的自觉性；敢于攻坚破难、敢于迎难而上，敢为人先、敢闯敢试；积极投身改革大业，积极投身浦东开发开放的新实践；勇于为改革攻坚积累经验，勇于为解决面上共性问题提供示范，勇于为解决发展中的瓶颈问题创新突破，努力在制度创新、扩大开放等方面走在前列。

浦东区委、区政府要求形成推进综合配套改革试点的强大合力。综合配套改革试点是一项复杂的系统工程。按照“总体方案”的部署和“三年行动计划”的要求，明确改革事项、明确工作目标、明确工作进度、明确责任主体，切实把各项工作落到实处。全区方方面面增强大局观念，着眼全局，胸有全局，服务全局。改革是一场革命，必须坚持局部服从全局，坚决克服本位主义、部门利益、既得利益，从我做起、从本部门做起，自我加压、自我革命。坚持区委总揽全局、协调各方，各级党组织充分发挥在改革创新中的领导核心作用，统筹协调好各项改革，注重把握改革的力度、发展的速度和社会的可承受程度，在改革创新中提高党的执政能力。浦东区人大常委会党组、区政府党组、区政协党组充分发挥领导核心作用，集中各方智慧，凝聚各方力量，积极探索综合配套改革的法制保障，努力做到既勇于改革创新又依法办事。各部门、各地区充分发挥改革的积极性和创造性，制定和实施具体操作方案。大力营造改革创新的社会氛围，坚持物质文明、政治文明和精神文明协调发展，大力弘扬以爱国主义为核心的民族精神和以改革创新为核心的时代精神，大力弘扬海纳百川、追求卓越的城市精神，大力弘扬开拓进取、艰苦奋斗的创业精神，倡导改革创新为荣、不思进取为耻，鼓励成功、宽容失败，增强敢于争先、争创一流的竞争意识，为综合配套改革试点提供强大的精神动力和智力支持。区委要求全区党员干部争当改革创新的先锋模范。每一个共产党员都要牢记党的宗旨，永葆共产党人的政治本色，为深入推进综合配套改革试点营造良好的党风政风环境。全区党员干部要解放思想、与时俱进，只争朝夕、时不我待，争当综合配套改革试点的标兵，努力在落实科学发展观、构建社会主义和谐社会的历史进程中发挥先锋模范作用。

（二）浦东新区综合配套改革与“创新驱动、转型发展”的关系

1. 全面启动六大领域综合配套改革，为浦东转变经济发展方式奠定基础。在市委、市政府和区委、区政府领导下，2005、2006、2007 年 3 年间，浦东综合配套改革试点在金融改革和创新、科技体制创新、涉外经济体制改革、城乡二元结构制度改革、社会领域改革和政府行政管理体制改革六大领域中全面启动，包括直接促进经济发展方式转变和优化经济发展宏观环境等 42 项改革。例如：

（1）金融改革和创新。

第一，外汇管理“九条”改革措施在浦东先试先行。国家外汇管理局在浦东率先开展跨国公司地区总部外汇资金管理方式改革试点，至 2007 年底已有 100 多家企业和银行获准开展试点。

第二，积极推进外资银行法人化。积极吸引外资金融机构落户浦东，至 2007 年底 340 多家外资和中外合资金融机构汇聚上海。按照外资银行条例，促进外资银行法人化，第一批 12 家外资子银行已落户浦东。

第三，中国金融期货交易所正式挂牌成立。2006 年 9 月 8 日，中国金

融期货交易所在上海浦东挂牌成立，成为中国内地首家金融衍生品交易所及首家采用公司制为组织形式的交易所。

第四，推进再保险市场对外开放。推动全球最大的再保险机构英国劳合社在华法人机构成功落户上海，劳合社正式进入中国再保险市场。

第五，推出外汇市场做市商制度。对活跃外汇市场交易，增强中央银行调控的灵活性，提高人民币汇率形成的市场化程度起到积极的作用。

第六，推出上海银行间同业拆放利率。2007 年 1 月 4 日正式推出上海银行间同业拆放利率。由信用等级较高的银行组成报价团自主报出的人民币同业拆出利率计算确定的算术平均利率，是单利、无担保、批发性利率。上海银行间同业拆放利率的推出对于中国市场化的利率体系建立具有重大意义。

第七，成立上海国利货币经纪有限公司和上海国际货币经纪有限责任公司。英国国惠集团德利万邦公司与上海国际集团上投公司中外联姻，合资成立上海国利货币经纪有限公司、中国外汇交易中心与全球最大的货币经纪公司毅联汇业集团共同筹建上海国际货币经纪有限责任公司，开创了中国货币经纪业的先河。

第八，上海信托登记中心在浦东挂牌成立。这是全国第一家信托登记机构。信托登记中心目前面向全国的服务项目主要是信托基本信息登记、信托财产登记、信托信息披露与发布、信托信息查询和证明、信托登记研究与咨询。

第九，进行首家 QDII 试点。华安基金管理公司与美国雷曼兄弟控股公司合作发行 QDII 外币基金，积极探索境内机构投资境外资本市场的新途径。

第十，推进资产证券化试点。中国证券协会在张江高新区试点，至 2007 年底率先推出国内首个租赁资产证券化项目，另外有多个项目上报待批。

第十一，积极推进征信体系建设。积极推进个人、企业联合征信体系和企业资信评估体系建设，配合央行上海总部开展中小企业信用评级工作，推动并建立金融高管和金融从业人员信用信息系统。

（2）科技体制创新。

第一，开展股权交易试点。在张江建立股权托管中心，开展股权交易试点。

第二，完善科技创新服务体系。在张江高科技园区建立了科技创新、人力资源、知识产权、投融资和信息服务等公共平台。建立政府主导、社会参与、多种资金来源、多种组织形式的中小企业融资担保体系。

第三，建立创业风险投资引导基金。至2007年底浦东新区政府投资10亿元，在张江设立创业风险投资引导基金，发挥政府资金对风险投资的引导作用。目前，海内外风险投资机构已在浦东投资14个项目，风险资金近2亿美元，约占全国五分之一。

第四，完善知识产权保护制度。张江高科技园区成立全国首个“国家知识产权试点园区”，探索与知识产权产业化相关的新政策、新标准，推进构筑园区知识产权服务体系、自主知识产权成果转化孵化、自主知识产权成果进入“园区采购”、知识产权质押。

（3）涉外经济体制改革。

第一，开展服务外包试点。上海市政府制定了《关于鼓励服务外包发展的意见》，并把浦东作为重要的试点区域。至2007年底国家商务部已在浦东建设国家级服务外包专业人才培训基地，设立专项资金支持基地承接外包企业新聘人员的委托培训等业务，把张江创新学院打造成国家级服务外包人才培训基地。

第二，推进口岸管理体制改革试点。国家民航总局原则同意在浦东国际机场开展海关、边检、检验检疫申报单“三单合一”试点。推进进出口货物报检报关“一单两报”和联网监管，扩大对外贸易企业绿色通道。国家质检总局下发《关于支持上海浦东新区综合配套改革试点的意见》，出台支持浦东先行先试的14条措施。

第三，在金桥出口加工区进行贸易通关改革试点。上海海关出台《支持浦东综合配套改革试点九条措施》，在金桥试点出口加工区和保税区海关政策的叠加。新措施有利于拓展浦东口岸功能、促进贸易发展、推动产业升级，形成良好的涉外经济环境等。

（4）城乡二元结构制度改革。

第一，推进新农村建设。推进村改居工作，深化村集体资产管理体制改革，完善“承包土地换保障”的办法，推进非农就业，实施“订单”式培训模式，实现郊区公共文化设施网格化，大力发展现代农业。

第二，浦东川沙功能区域（新镇）社区体制改革与创新。开展“区镇合一”试点。成立川沙功能区和川沙新镇，实行区镇合署办公，对区域发展进行统一规划。探索建立以社区委员会制度为主体的管理体制。采取“社区共治”的管理方式，建立社区共商、共决、共治的民主决策和民主管理的机制，形成服务协调和培育中介组织体系。

第三，推进乡镇机构改革。以唐镇和北蔡镇为试点推进乡镇机构改革试点。通过改革，精简行政机构，调整经济职能，强化社会管理和公共服务职能。至2007年底唐镇和北蔡镇行政机构分别由改革前的17个调整为7个。

第四，推进张江合庆镇老年农民土地置换保障改革试点。积极探索通过征用退休农民承包土地解决退休农民的保障的新形式，并以合庆镇的海塘村和勤益村为试点村，在切实尊重农民意愿，在农户与村协商一致的基础上，为交出土地的老年农民落实保障。

第五，推进农村集体资产管理改革。实施镇级集体资产市场化和村级集体资产股份化的“两项改造”试点。完成镇级集体资产清产核资和集体改制企业善后管理工作，平稳推行撤制资产处置。

第六，完善城郊社会保障体系。建立小城镇社会保险制度，将征地农民全部纳入小城镇社会保险。实行外来从业人员综合保险。完善“承包土地换保障”办法。完善农村社会保障体制，探索提高统筹层次、建立养老金合理增长机制。

此外还积极探索“一口式”综合审批、建设项目联合验收、企业年检申报备案等审批机制创新，减少审批事项，优化审批流程，提高审批效率。经过四轮审改，浦东新区行政审批事项至2007年底从原724项缩减为目前的220项，行政审批事项减少近70%。

推进功能区管理体制改革，理顺新区与功能区域和街道乡镇的职能、事权和财权关系，探索建立互补型、高效率的行政管理体制。

改革企业登记制度，试行人力资本等无形资产的出资办法，试行企业注册资本分缴办法，扩大自然人出资范围，严格落实各项收费优惠政策，鼓励公众创业。

推进企业社会责任体系建设，形成新型的政企关系。构建政府引导、企业自主、行业自律、社会监督“四位一体”的企业社会责任体系等。

2. 纵深推进综合配套改革，为浦东经济结构战略性调整创造前提。2008年后，由美国次贷危机引发的全球金融海啸给我国经济改革和经济结构的战略性调整带来了严峻的挑战，同时中国改革开放的持续推进也为经济结构调整造就了战略性发展机遇。浦东综合配套改革审时度势，自2008年起持续推出了力度更强的系列改革举措，为浦东新区率先实施经济结构战略性调整创造了理想的前提。

（1）围绕形成服务经济为主的产业结构，深化服务业发展制度创新。围绕“四个中心”核心功能区建设的需求，以增强国际化、市场化的资源配置能力为核心，继续深化服务业发展领域的制度研究，推进金融、航运、贸易等重点领域的改革创新，加快服务业制度先行先试。

第一，服务业总体制度创新。围绕突破服务业发展面临的税制、管制、体制等瓶颈，加大改革创新力度，完善制度环境。以落实增值税扩围改革试点为契机，推进服务业税制改革，加强增值税扩围效能研究分析，以进一步完善服务业发展税制环境，同时积极探索建立适应服务经济发展的统计制度体系。

第二，金融服务领域。重点以陆家嘴金融城为载体，完善金融市场体系，促进金融产品创新，优化金融发展环境，不断提升金融枢纽功能。一是推进上海信托登记中心改制工作，争取全国性信托登记平台落地，不断完善多层次的金融市场体系。二是率先推进外资保理试点，推动保理企业、股权投资企业等金融功能性机构进一步在浦东集聚。三是继续推动跨国公司外汇管理创新，探索有利于人民币国际化的创新试点，深化金融领域的对外开放。

第三，航运服务创新。重点以国际航运发展综合试验区为载体，通过创新航运业务、开展航运相关政策试点，完善海关监管模式，加强海、陆、空等多种航运方式联动，提升航运金融、中转集拼功能，提高航运服务能级。一是推动上海综合保税区融资租赁业务创新试点，完善融资租赁运作支持体系。二是进一步落实国务院 19 号文件内容，推进在洋山保税港区开展启运港退税政策试点。三是推动船舶登记创新实践先行先试，启动洋山保税港区开展保税船舶登记试点。

第四，贸易体制创新。重点以上海综合保税区为载体，聚焦市场体系完善，促进贸易便利化，增强配置国内国际两种资源的能力。一是推进上海综合保税区具有一定条件的居民企业开设外币离岸账户，推动集中管理境内外资金业务及相关监管措施的制度创新。二是推进上海综合保税区开展非国内制造产品检测维修业务，推动建立全球检测维修中心。三是启动第三批国际贸易结算中心企业试点，推动国际贸易结算中心试点常态化运作，推动企业发展成为符合国际惯例的新型国际贸易结算中心、订单中心和定价中心。四是研究建立大宗商品保税电子交易平台，探索促进大宗商品交易市场规范有序发展的监管体制。

（2）围绕实现创新驱动的发展模式，加快浦东科技体制机制创新。浦东新区的科技体制创新以张江国家自主创新示范区为主要载体，推动有利于提升科技创新能力和高技术产业化水平、有利于完善创新创业环境的改革举措，大力推进企业、产业和创新要素的国际化，努力形成促进科技成果孵化、转化和对外辐射的新机制。

一是进一步推进张江国家自主创新示范区建设，参照中关村完善相关政策，推进中央单位的股权和分红激励试点，从股权激励、人才特区、财税支持、科技金融和管理创新等方面细化“张江创新十条”的实施举措。二是推进工业用地“二次开发试点”，突破工业用地转性中存在的规划、土地等方面的制度性障碍，为创新经济的发展拓展空间。三是推进科技与金融结合试点，争取在浦东推出贴合科技型中小企业发展实际的投融资模式。四是探索建立临港创业特区，促进创新与创业相结合，推进产权投资与股权投资联动，创新政府资金资助模式，构建创业能力标准体系，探索建立有利于创业的低成本开发机制。五是积极落实推动“千人计划”，优化人才公寓和“双定双限”房管理运作机制，健全多层次的人才住房保障体系，完善人才引进、培育、使用和激励机制。六是针对高新技术重点产业发展遇到的瓶颈问题，进一步深化集成电路产业链保税监管模式创新改革，推进新药委托加工试点等。

浦东新区综合配套改革取得了丰硕的成果，经济发展方式不断转变，经济结构日益优化，全区国内生产总值从 2005 年的 2108.79 亿元增长到 2008 年的 3150.99 亿元，4 年间增长 149.4%；第一、第二、第三产业的增加值比重从0.2∶50.9∶48.9到0.1∶45.4∶54.5；人均国内生产总值从 2005 年的 11.41 万元增长到 2008 年的 16.22 万元，4 年间增长 42.1%，如表7—1 所示。

表 7—1　浦东新区国内生产总值简表（2005—2008 年）　（单位：亿元）

年份	国内生产总值（亿元）	第一产业（亿元）	第二产业（亿元）	第三产业（亿元）	人均国内生产总值（万元）
2005	2108.79	6.09	1070.96	1031.74	11.41
2006	2365.33	5.88	1194.47	1164.98	12.61
2007	2793.39	6.06	1306.49	1480.84	14.61
2008	3150.99	5.88	1430.25	1714.86	16.22

注： 2009 年后的生产总值因南汇并入，统计口径变化，故不列入比较。

资料来源： 浦东新区统计年报。

(3) 围绕国务院推进上海国际金融航运双中心建设意见，加快浦东

“四个中心”核心功能区综合改革与体制创新。2009年后，浦东新区应对全球金融海啸和自身发展转型的双重挑战，以综合配套改革为动力，把握国务院颁发《关于推进上海加快发展现代服务业和先进制造业建设国际金融中心和国际航运中心意见》和“南汇并入浦东”的重大机遇，保持经济健康持续快速增长。

浦东新区紧紧抓住国务院出台推进上海国际金融中心、航运中心建设文件（国发〔2009〕19号）的契机，围绕发挥市场在资源配置中的基础性作用，坚持以开放促改革，构建与国际通行规则相适应的经济运行环境，以功能创新为突破口提升国际竞争力。在监管部门的支持下，推进金融领域的改革创新和先行先试，结合我国金融业改革发展需要，努力成为金融改革开放的先行区、金融创新的试验区和金融风险防范的示范区，推进证券、期货、产权、外汇等要素市场拓展功能，集聚和培育金融期货、股权托管交易等新的要素市场，率先推出消费金融、个人本外币兑换、跨国公司外汇管理等金融产品和服务创新，促进了私募股权、财富管理、金融信息、第三方支付等新型金融业态发展。至2011年末，各类金融机构总数达到2000多家，金融业增加值占新区生产总值的比重达到18%。以深化涉外经济体制改革为重点，推进航运贸易领域的创新突破，推进国际贸易结算、期货保税交割、单船单机融资租赁、船舶保税登记、启运港退税等试点取得突破，有力提升了核心枢纽功能和贸易便利化水平。2011年年终，经上海市认定的跨国公司地区总部达到189家。推进张江国家自主创新示范区建设，努力以制度创新促进自主创新，通过股权激励、国资创投、知识产权质押融资等多种方式，构建了覆盖企业生命全周期的科技投融资体系，有效探索了市场经济条件下政府引导市场而不干预市场的路径。

二、浦东新区坚持“三个着力”，推进“创新驱动、转型发展”

浦东新区近8年来通过综合配套改革试点的探索和实践，实施“创新驱动、创新发展”的战略，逐渐形成了自身的实践特色。

（一）肩负国家战略重任一往无前

浦东综合配套改革试点，是浦东在更高起点上实现快速发展的强大动力。开发开放浦东，是党中央、国务院高屋建瓴的战略决策。牢记中央领导对新时期上海和浦东的发展寄予的厚望，学习贯彻科学发展观，提升强烈的历史责任感和时代使命感是推进综合配套改革的重中之重。

开发开放浦东，是 20 世纪 90 年代初党中央、国务院作出的重大战略决策，在邓小平理论和“三个代表”重要思想的指引下，按照“开发浦东、振兴上海、服务全国、面向世界”的方针，浦东开发不仅实现了自身的快速发展，而且有力促进了长三角区域的整体发展。胡锦涛明确要求上海“率先转变经济增长方式、率先提高自主创新能力、率先推进改革开放、率先构建社会主义和谐社会”，强调要“继续搞好浦东开发开放，加快体制创新，不断提高外向型经济层次，努力在更高的起点上实现快速发展”。全面推进综合配套改革试点，就是要通过改革创新，进一步增强浦东的制度优势、环境优势，为贯彻落实科学发展观和构建社会主义和谐社会探索新路，为我国在更高层次、更广领域参与国际竞争与合作作出贡献。这是中央对新时期浦东开发开放的再部署，是新阶段、新形势下上海和浦东承担的重大战略使命。

浦东综合配套改革试点，是国家新一轮改革开放的重大战略部署。胡锦涛指出：“对影响面较大的改革措施，要坚持先行先试，积累有益经验。”温家宝强调，在上海浦东新区进行国家综合配套改革试点，是“中央新时期推进浦东改革开放的重大举措”，是“中央对新时期浦东开发开放的再部署”。在全国改革处于攻坚阶段的新形势下，浦东新区综合配套改革试点“着力转变政府职能、着力转变经济运行方式、着力改变城乡二元经济与社会结构”，对于纵深推进全国的改革开放，具有重大的战略意义和深远的全局意义。

同时，综合配套改革试点也是浦东在更高起点上实现又好又快发展的战略机遇。浦东正处在转变增长方式、拓展核心功能、提升发展水平的关键阶段。我们清醒地看到，浦东在发展中存在着一系列重要而紧迫的问题，特别是促进服务经济、创新经济发展的体制机制还未完全形成，推进“四个中心”建设仍然遇到不少制度和政策障碍；与外向型、多功能、现代化新城区相适应的社会建设和管理机制还不够完善，经济社会发展中不平衡、不协调、不和谐的因素依然存在。综合配套改革试点为浦东的改革开放创造了更为广阔的空间。

新形势下，浦东要在更高的起点上实现快速发展，必须把制度创新和扩大开放放在重要的战略位置，着力突破深层次的体制性障碍，从而为新一轮发展注入强大的动力。只有认真学习贯彻科学发展观，进一步解放思想，才能肩负起国家战略重任，以一往无前的勇气、克难攻坚的胆识和先行一步的锐气，将综合配套改革不断推向新的高度，取得新的进展。

（二）聚焦“创新驱动、转型发展”

创新驱动、转型发展是浦东综合配套改革的主攻方向和聚焦重点。只有按照这一方向坚定不移地向前推进，才能有效地加快浦东新区经济发展方式的转变和经济结构的战略调整。“十二五”开局以来，浦东新区围绕这一重心，开展了以下崭新的配套改革创新：

1. 以扩大开放完善市场体系为抓手，不断优化“四个中心”建设制度环境。围绕打造全球资源配置新节点，继续坚持以开放促改革，深化金融、航运、贸易等领域改革。

在金融方面，重点是推动市场体系完善、业务模式创新和发展环境优化。继续加强沟通，推动全国性信托登记平台落地；推动新型要素市场发展，完善上海股权托管交易中心功能和运作机制，探索 PE 和融资租赁二级市场交易平台，启动外资保理试点正式运作；完善新型功能性机构集聚的体制环境，推出第三方支付、企业跨境支付试点，探索票据中介服务机构准入规范化；探索通过促进人民币产品开放（如原油期货使用人民币定价）、完善支付和清算体系等措施，积极参与人民币国际化进程。

在航运方面，重点是提升高端航运服务能力，强化航运枢纽功能。积极深化启运港退税试点，放大改革效应，降低运作成本；融资租赁 SPV 试点实现规模化多元化拓展（截至 2012 年末，综保区已引进 16 家境内外融资租赁母公司和 64 家 SPV 项目公司，累计注册资本超过 32 亿，运作的租赁资产包括 35 架民航客机、6 架直升机、4 艘远洋船舶以及 2 台飞机发动机，涵盖了融资租赁行业主要的三大业务门类，资产价值总额达 25 亿美元），将继续争取和完善飞机进口批文、出口退税、外债额度等政策支持，放大综合服务平台效应，促进融资租赁机构集聚和业务拓展。积极开展船舶保税登记试点，2012 年首艘以洋山港作为船籍港的方便旗船顺利实现回归，深化开放性国际船舶登记制度研究，包括推动船用保税油供应试点，在国家部委出台市场经营管理办法后，积极申报试点企业。争取综保区内口岸货物和保税货物同步运作试点，拓展中转集拼功能；扩大涉外非政府航运组织进入试点等。

在贸易方面，重点是推进贸易便利化、完善贸易市场体系。围绕贸易便利化，抓好外汇管理和口岸监管两方面的改革突破，在外汇管理方面，国际贸易结算中心试点已实现常态化运作（2012 年内试点企业增加到 50 家，专用账户贸易额 80 亿～100 亿美元），同时启动综保区居民企业开设外币离岸账户试点，并获准探索打通跨国公司境外内资金池试点。在口岸监管方面，2012 年海关和检验检疫部门积极支持总部经济发展，针对总部企业的诉求，推出了个性化的监管创新举措，2013 年将进一步予以深化，推动通关通检作业无纸化改革，推进企业诚信管理体系建设，探索适应会展经济、跨国采购中心发展的监管模式，围绕完善市场体系，国家进口贸易促进创新示范区在高端消费品进口展销平台和文化艺术品贸易平台推出销后完税改革，推动了进口货源的交易和集聚。2012 年，在期货保税交割试点功能拓展、仓单质押融资实现的推动下，洋山等区域大宗商品交易量快速增长（1—8 月，洋山进口的电解铜同比增加 121%），今后将继续做大规模，并探索完善大宗商品的监管体系。

2. 以建设国家自主创新示范区和国际人才创新试验区为抓手，加快营造最适宜创新创业的良好环境。围绕打造创新策源地和产业链、价值链制高点，进一步推动自主创新领域的综合改革，健全有利于激发活力、推动人才创新创业的制度环境。

第一，加快张江国家自主创新示范区建设。首先，以推进科技与金融结合试点为抓手，完善科技投融资体制。一方面，进一步拓展市场化融资机制，完善知识产权质押登记机制，探索与股权投资机构开展投贷联动；另一方面，优化政府引导机制，完善国有创投进入环节以及管理过程中相关流程的评估机制创新，扩大国资创投的引导效应，探索建立适合国资创投的市场化激励约束机制。其次，完善以张江为核心的区域创新布局，一方面，形成企业为主体，各类创新组织良性互动、共同发展的机构体系；另一方面，集聚全球创新资源，形成产学研联动的协同创新机制，促进各类创新主体和创新要素在浦东集聚发展。

第二，加快国际人才创新试验区建设。充分利用中央“千人计划”、上海“千人计划”、浦东“百人计划”等平台人才集聚作用，完善相关配套政策。积极争取政策突破，如拓展研发费用税前加计扣除政策、推进中央单位股权和分红激励试点等，为人才创业提供支撑。加快临港创新创业园区开发和限价商品房建设，完善人才住房保障服务体系。以上海纽约大学为载体，完善国际化人才培养机制。同时，继续推动人才引进落户、生活服务、出入境管理便利化等方面举措，争取更多国际一流人才集聚。

3. 以推动园区发展模式创新为抓手，强化重点区域、重点产业加快发展。围绕重点产业园区推进发展和转型升级中的瓶颈问题，完善政策、创新制度、强化支持，形成具有区域特点和产业特色的制度政策支撑体系，推动重点区域、重点产业发展。

推动落实全市聚焦的重点园区创新制度和政策。除张江国家自主创新示范区外，主要有两个重点：一是配合推进临港特别机制和特殊政策落地。进一步做好体制机制和政策衔接，落实好管理体制、财力机制、规划和供地管理、人才宜居、城市功能配套等方面的特别机制及支持政策，加快推进“两聚一强化”（集聚高端制造业、集聚创新创业人才、强化产城融合）。二是推进金桥出口加工区服务业综合改革试点。针对金桥园区生产性服务业发展的问题与需求，完善体制机制和政策环境，推动行业准入制度、行政审批制度、企业融资、监管、税制、统计等领域制度创新，打造上海工业园区转型升级的示范区和生产性服务业发展的制高点。

此外，进一步推进国资管理和投融资体制创新，增强区域开发主体的融资能力，完善区域开发机制，并适应部分园区“二次开发”的需要，继续推进用地方式等方面改革。

（三）强化前期调研，创新政策导向

为了实现综合配套改革的政策导向从财税优惠为主向功能创新为主转变，浦东新区在推进综合配套改革试点进程中，持续进行重大改革与创新举措的课题调研，如 2012 年度的前期调研课题就包括：

1. 浦东综合配套改革试点经验总结及未来展望。对浦东综改以来的改革实践进行理论总结提炼，形成进一步可供推广的经验。同时，结合国家改革整体方向，研究浦东综改下一步深化的方向和举措。

2. 深化服务业发展体制改革研究。在国务院同意上海开展增值税改革的基础上，进一步深化研究，对服务业发展面临的其他税制、管制、法制、体制问题，以及适应服务经济发展的政府体制进行比较分析，形成系统的服务业改革思路及下一步改革突破点。

3. 促进平台经济发展的制度研究。适应信息化、服务化的服务经济发展趋势，探索平台经济等新型服务业发展中存在的体制机制瓶颈，构建促进平台经济可持续发展的制度体系，促进经济结构转型发展。

4. 人民币国际化创新试点研究。研究开发离岸人民币产品。进一步完善跨境贸易人民币结算机制，降低金融机构和企业的业务成本，推动人民币跨境投资改革试点，减少人民币 FDI（外商直接投资）和 ODI（对外直接投资）的操作瓶颈。研究推动跨国公司总部使用离岸人民币融资并投资境内。

5. 航运经纪准入试点研究。继续争取市有关部门的大力支持，积极研究利用浦东综改平台解决好航运经纪公司税收和法律与国际接轨、发票开具等配套问题，既实现航运经纪准入制度的突破，又能帮助公司解决实际问题、增强落户浦东开展业务的积极性。

6. 上海国际旅游度假区监管模式便利化研究。针对迪斯尼项目及国际旅游度假区开发建设过程中的实际需求，开展上海国际旅游度假区物资通关及检验检疫便利化研究。在符合海关现有监管模式、通关流程的基础上探索进口物品预归类、税收征管、物流监管等方面的专题研究；探索入境物资集中受理、集中查验、集中监管的管理模式；对涉及知识产权的入境物品及创意性特殊产品开展便利通检研究探索；开展园区境外人员的入境卫生检疫便利化研究。

7. 完善进出境展品检验检疫模式研究。拟对目前进出境展品检验检疫中存在的突出问题进行梳理和总结，促使新区会展业政策发展环境与国际接轨。重点是对以 ATA 单证册形式进出境的用于企业自行举办的内部小型展示会、全球巡展活动等，以及对出境展览品免于出展前备案、免于报检、直通放行检验检疫模式进行调研，并探索形成业务主管部门、监管部门、展馆、主办单位、展运公司之间的合作机制，对相关展会、展馆等单位进行风险评级，使低风险展会办展更加便利化，有效保证高风险展会的安全。加强进境展品的安全技术防范，确保浦东新区展会安全。

8. 推进服务业统计制度改革。改变传统工业经济下的统计制度模式，探索建立适应服务经济发展、适应新兴行业发展的服务业分类、指标、调查方法等统计制度体系。

9. 完善区域创新体系的制度研究。破解创新要素集聚的制度束缚，实现技术创新所必需的人才、资金和技术要素在浦东的高度集中；研究促进创新要素高效配置的制度架构，依托浦东发展特点提高资源使用效率；研究创新要素在研究、流转、更新和转化等创新各环节实现效益最大化的制度性障碍。

10. 高新技术企业认定政策创新研究。目前，高新技术企业认定在专利指标、研发投入比重、注册独立法人、注册年限等方面都有很严格的门槛，限制了许多企业申请认定为高新技术企业。针对这些问题，借鉴北京中关村开展放宽高新技术企业认定的有关做法，深化相关研究，争取国家支持，在张江探索实施高新技术企业认定试点工作。例如允许注册满半年不满一年跨一个年度的新创企业参加高新技术企业认定，经认定的企业，可享受除税收优惠以外有关人才、金融支持、项目申请等政策优惠。

11. 完善浦东农业园区开发运作机制。以国家现代农业示范区建设为契机，以五大示范基地为载体，完善浦东农业园区体制机制，整合创新农业园区开发建设主体，促进现有各类农业园区资源整合集聚，发挥整体效应。

12. 优化商事登记制度研究。以合法、稳妥、谨慎、可操作性为前提，综合评估，尝试放宽《营业执照》中关于经营事项记载的规定，具体设想包括：一是对经营范围中不涉及许可经营项目的，按照国民经济行业大类予以登记，不再核定具体经营项目。二是在经核准的国民经济行业大类范围内，企业可以自主选择经营项目开展经营活动。此项措施不仅能减少企业因具体经营项目调整而办理变更登记手续的麻烦，也符合现实监管的需要。

13. 优化税务征管方式研究。依托“三统一”（窗口设置统一、涉税业务操作规范统一、涉税事项内部流转处理程序统一）的推进，在部分涉税事项管理上，探索实行“先批后审、先办后核、批核分离”的涉税事项审批方式。由不同专业部门分别负责“集中受理、集中审批、集中回复、事后审核”，通过专业分工，提高审批效率，防范税务执法风险等。

（四）连续制订三个“三年行动计划”，实现“项目化推进”

“项目化推进”不仅是浦东综合配套改革试点顺利推进的重要保证，其本身也是一项综合改革领域的探索和创新。项目化推进是指每个阶段（3 年或 1 年）都依据面临的形势和经济转型的目标，根据问题导向和需求导向，设计一系列综合配套改革项目，并通过落实组织实施责任部门和单位，确保改革推进并取得预期成效。自浦东新区开展综合试点以来，已先后实施了 180 多个项目。

如仅 2012 年就设计并实施 24 个项目，并指定相应的项目落实责任单位，保证了各个项目的高质量高成效实施。

1. 推进建设全国性信托登记平台项目。在相关部门指导下，进一步完善方案，推进上海信托登记中心改制，加快组建全国性信托登记服务机构（项目实施责任单位：浦东新区金融局）。

2. 率先推进外资保理试点项目。配合市有关部门，积极争取在浦东率先开展外商投资保理企业试点，制定外商投资保理企业试点办法。鼓励商业银行开展保理业务，支持相关企业按有关规定兼营保理业务，引导各类保理企业落户浦东（项目实施责任单位：浦东新区商务委、金融局、工商局）。

3. 推进开设离岸账户相关试点项目。在洋山保税港区、外高桥保税区、浦东机场综合保税区内具有一定特征或符合一定条件的居民企业开设外币离岸账户，探索集中管理境内外资金业务及相关监管措施的制度创新（项目实施责任单位：浦东新区综管委、金融局）。

4. 推动全球检测维修业务创新项目。深化金桥旧机电入境维修检验检疫改革试点，推进洋山保税港区、外高桥保税区和浦东机场综合保税区开展非国内制造产品检测维修业务，建立全球检测维修中心（项目实施责任单位：浦东新区综管委、浦东检验检疫局、浦东海关、商务委）。

5. 推进启运港退税政策试点项目。配合上海海关、市财政局等部门，积极争取国家相关部委支持，在确保监管的前提下，率先实施启运港退税试点（项目实施责任单位：浦东新区综管委、财政局、税务局）。

6. 推进融资租赁运作机制创新项目。推动洋山保税港区、外高桥保税区、浦东机场综合保税区成为融资租赁业务创新试点区域，实施相关政策创新，推动天津先行先试有关政策在浦东实施（项目实施责任单位：浦东新区综管委、税务局、金融局、浦东海关）。

7. 率先推进增值税扩围改革试点项目。率先推进落实上海在交通运输业和部分现代服务业领域开展增值税改革试点，在此基础上，加强增值税扩围效能研究分析，以进一步完善服务业发展税制环境，推动经济结构转型发展（项目实施责任单位：浦东新区税务局）。

8. 探索建立促进大宗商品企业发展的电子交易平台和市场监管体制项目。研究建设大宗商品保税电子交易平台，利用上海综合保税区的净价环境和期货保税交割独家试点优势，打造虚拟市场和实体经济相结合、国内市场和国际市场相结合、现货市场和期货市场相结合的大宗商品交易平台。研究建立浦东大宗商品交易中心（所），完善大宗商品交易监管体系，推进电子商务与大宗商品交易市场的融合（项目实施责任单位：浦东新区综管委、商务委）。

9. 推进工业用地“二次开发试点”项目。在张江、金桥等开发区，立足节约集约利用土地，推动产业结构转型升级。进一步推动产学研结合，深化研发领域产业化项目合作，继续加大对产业联盟的支持和发展

(项目实施责任单位：浦东新区张江管委会、规土局)。

10. 推动在临港建立创业特区项目。完善创新与创业相结合的制度环境，建立有利于创业的低成本开发机制。推进产权投资与股权投资联动机制创新，探索政府资金的期权化资助模式，研究构建符合企业发展规律的创新创业能力指标体系，探索创业园区自治管理模式（项目实施责任单位：浦东新区科委)。

11. 推进人才政策创新，积极推进“国际人才创新试验区”建设项目。完善人才引进、培育、使用和激励的体制机制，加快集聚创新创业人才。落实好“张江创新十条”中5亿元代持股专项资金等人才政策。优化人才公寓和“双定双限”房管理运作机制，健全多层次的人才住房保障体系。进一步推动人才出入境便利化，试点符合一定条件的持上海居住证引进人才在上海办理护照（项目实施责任单位：浦东新区组织部、人保局、建交委、公安分局、张江管委会)。

12. 创新社会组织培育机制项目。探索将社会组织业务主管单位改为业务指导单位，在新增的公益慈善、社会福利、社会服务等类社会组织中推行直接向民政部门申请登记，并会同有关部门依法监管。推动跨区域社会组织登记改革，促进跨区域社会组织发展。完善政府购买服务配套政策，推进政府购买服务进一步向社会组织倾斜。拓展浦东公益服务园、基金会服务园等孵化培育平台功能，并通过完善供需对接机制，支持、引导社会组织更好地参与社会管理和服务。

（五）奋力创新，探索上海能推广、全国能借鉴的改革突破口

自开展浦东综合配套改革试点以来，国家、上海市及浦东新区海关、质检、工商和税务部门，纷纷出台一系列在浦东先行先试的改革举措，加大了综改支持力度。

如工商部门颁布新21条，探索进一步方便企业准入。围绕“两个中心”建设，促进新区发展转型、新兴业态发展，市工商局带领新区工商分局，深入开展调研，从思想观念、许可服务、市场监管和社会中介组织培育等领域，分析了深入推进综改在工商领域有待突破的瓶颈问题，从创新服务方式、执法方式、监管方式等方面，提出了18条政策措施，以及工商部门内部创新服务方式和执法方式的3条措施。如加快推进企业设立并联审批制度，让投资者“一次性”办齐“一照二证”；拓宽债权出资范围，拓展非货币出资形式；推进主体资格与经营资格相分离的商事登记制度，

探索符合国际惯例的准入规则。

质检部门深化检验检疫改革，探索扩大服务外包的国际竞争力，签订支持综改框架协议、创建国家质检创新示范区的基础上，国家质检总局明确提出，进一步深化生物医药检验检疫监管改革试点，争取扩大试点范围到全区，扩大试点内容，进一步简化生物医药企业通关流程。上海市商务委、浦东检验检疫局联合开展了企业需求调研，提出了完善试点办法、扩大试点范围的具体建议，同时，质检总局还支持研究有关进口旧机电设备的检验检疫改革。

海关完善综改支持举措，进一步提高企业通关效率和贸易便利化程度。浦东海关一直大力支持浦东综改，不断提高海关监管效率，促进新区发展转型。浦东海关联合新区各个海关，推动建立公共协作平台，加强各海关协作配合，强化政策延伸和突破。积极支持浦东“三港三区”建设，大力推进浦东机场综合保税区按期封关，扩大张江生物医药便捷通关试点范围到4家，增强生物医药企业服务外包的国际竞争力。同时，重点关注和研究保税监管、特殊区域监管、后世博展会监管等管理模式创新的方法和途径，为口岸贸易发展创造良好环境。

税务部门加强税收政策研究，推动加快形成发展转型的税制环境。税务部门专门成立税收政策研究小组，积极开展税收政策、征收管理和重大项目等调研，研究企业的税收政策需求。探索现代服务业税制改革，积极向国家争取试点现代服务业综合改革。在实现国外下单设计企业视同生产企业享受免抵退政策的基础上，将推进政策延伸到国内下单设计企业。积极配合相关部门开展综改工作研究，支持融资租赁业发展、推进个税递延型养老保险试点、推进航运保险业发展等，计划开展离岸贸易、期货保税交割等前期调研。

在上述国家各职能主管部门的大力支持指导下，浦东综改依照“浦东能突破、上海能推广、全国能借鉴”的方向大胆探索创新突破，自由贸易园区的筹办与城镇化就是其中两例。

自由贸易区和离岸贸易区探索得到国务院高度重视，为“两个中心”建设增加了新的推动力。2010年2月，温家宝将《上海浦东新区建立自由贸易区研究报告》批转李克强和王岐山阅示，要求“国家发改委会商务部深入研究提出意见”。俞正声在研究报告上批示“发改委、研究中心、商委、浦东新区积极支持”。综管委会同商务委与市发改委讨论了如何落实领导批示精神，市发改委牵头开展前期工作。同时，浦东率先建立自由贸易园区的方案和政策研究也进一步深化，并得到了国家发改委、商务部的积极支持，争取推动保税区向自由贸易园区升级转型取得重大突破。

浦东综改在城乡统筹发展领域，以农村要素市场化为目标，提升城乡资源统筹能力，促进农村地区可持续发展，不断提高农村居民收入水平。一是深化农村集体土地管理制度创新，积极推进小城镇发展改革试点和城乡建设用地增减挂钩试点，提高集体土地资源配置效率。二是深化集体经济产权制度改革，拓展完善集体经济组织股份化改革试点和农村集体建设用地市场化流转试点，稳步推进川沙新镇小城镇发展改革试点，并按照重大项目带动的快速城市化区域、中部多种产业结构布局相对集中区域和南部农业比重较大区域三种不同类型，探索多元化的城镇发展改革试点模式，协调推进镇域经济发展模式、公共服务配置机制、土地利用方式创新和农村综合改革。在土地利用方式创新方面，重点推进落实川沙新镇城乡建设用地增减挂钩工作，探索可实现土地平衡和资金平衡的有效开发机制。在农村综合改革方面，重点是深化农村集体经济产权制度改革，按照“明细产权、统一政策、以村为主、镇级试点、因地制宜、适时推进、重在发展、民主改制”的方针，推进土地确权和集体资产股份化，确保农民享有合理的资产和利益。加强村级基层组织建设，完善农村基层治理结构，在北蔡、合庆等镇探索经验的基础上，进一步形成村民有效行使知情权、参与权、监督权的保障机制，实现村庄改造、农民增收等目标。

党的十八大报告指出：“加快实施自由贸易区战略，推动同周边国家互联互通。提高抵御国际经济风险能力”，为浦东综改率先创建自由贸易区的探索突破指明了方向。十八大报告还指出：“城乡发展一体化是解决‘三农’问题的根本途径”，为浦东综改加快城镇化建设增添了动力。

三、推进综合配套改革，加快浦东新区“创新驱动、转型发展”的政策建议

站在新的历史方位，浦东新区综合配套改革试点工作要紧紧围绕贯彻落实十八大精神，进一步增强使命感、紧迫感，按照习近平总书记“努力取得突破性进展，为全国的改革开放探索新路、积累经验、提供示范”和李克强在全国综改试点工作座谈会上提出的“抓住牵一发而动全身的改革突破口”的要求，以及韩正强调的“浦东能突破、上海能推广、全国能借鉴”的要求，围绕促进服务经济、开放经济和创新经济发展，提升城乡统

筹和服务型政府建设水平，坚持问题导向、需求导向和项目导向，集中力量抓好一批有突破性、带动力的改革事项，努力在创新驱动、转型发展中走在前列。依据浦东综合配套改革的进展态势，现提出以下政策建议，供领导决策参考。

（一）建议在上海浦东开设首个国家级航运金融资产交易所

世界上航运金融资产交投非常活跃，成为全球金融市场的重要组成部分。上海国际航运中心是我国航运金融资产最为集聚的区域之一，不仅国内最大航运企业、港口建设企业、物流企业的资产相对集中，而且国际著名航运企业、船公司、物流企业也最为密集，这为航运金融资产的交易提供了庞大的标的物与资金。国际航运发展综合试验区的提出，对创建全国首家航运金融资产交易所带来极为宝贵的战略发展机遇。为此，建议创建对包括船舶、港口设施、航运物流等领域的各类金融资产提供进行交易的平台。

交易对象可包括：船舶股权；航运产业基金等有价票据；港口设施资产；航运物流资产；港口及综保区内办公楼宇、加工厂房及仓库；大型航运企业也握有不少航运金融资产，如中国远洋和中海发展在 2009 年分别发行了 100 亿元和 50 亿元的中期票据等，均可成为交易标的物等。按照国际惯例，航运金融资产交易所拟可采用会员制。

在此基础上，探索建立其他金融类资产交易平台。如依托陆家嘴金融资产交易所或其他载体，打造为融资租赁、私募股权、小额贷款等机构提供金融类资产交易的平台，设计合理的交易流程，引入交易经纪机构，完善产品定价机制，为上述新兴金融机构提供资产转让的渠道，拓宽其再融资能力。结合平台建设，积极推进有利于金融新业态发展的监管创新，争取试点完善融资租赁物权登记制度，健全融资租赁物权争议法律解决机制；试点汽车经销商和贸易商发起设立汽车金融公司（目前只有汽车生产商可以发起设立）；试点中小零售商业机构联合发起设立消费金融公司、放开消费金融公司对外资的限制。

（二）建议以洋山保税港为地域载体，由上海浦东设立“自由贸易园区”

2010 年 10 月，由国家发改委、商务部、财政部、海关总署、银监会、外汇管理局六部委调研组前往浦东新区专题调研，原则上支持浦东新区开展“自由贸易园区”试点。浦东外高桥保税区被国际权威机构评为全球2010/2011年度最佳自由区，为率先创建奠定良好基础。依照国务院文件提出的“探索创新‘海关特殊监管区域’的管理制度，更好地发挥洋山保税港区的功能”的要求，争取国家与上海市有关主管部门的大力指导与支持批准，实施以综保区为核心地域载体，能够充分体现“境内关外”、“离岸运作”优势的系列配套举措。

离岸制度体系主要构成为：综合保税区港区一体离岸制度安排；区域运作便利离岸制度安排；准境外港离岸制度安排；区内企业有限离岸地位制度安排；国际中转离岸制度安排；国内货物保税延展运作与离岸税收优惠制度安排；运费结算离岸制度安排等。

（三）建议在浦东新区开展人民币跨境使用与总部企业外汇试点

争取人民币国际支付清算系统（CIPS）及其运营机构落户浦东，支持内外资金融机构开展跨境结算业务。参照前海与香港开展双向跨境人民币贷款业务模式，在浦东试点与欧美等地区双向跨境人民币贷款，拓展人民币跨境贸易结算和融资功能。扩大跨境人民币结算再保险业务试点，促进再保险业务在浦东集聚。

深化总部企业外汇、通关等监管创新。着力解决总部经济发展面临的税制、管制等瓶颈问题，推动总部经济拓展功能。探索总部企业外汇管理创新从经常项下向资本项下拓展，开展总部企业外汇资金集中运营试点，允许试点企业货物贸易和服务贸易等经常项目集中收付汇，试点通过国际外汇资金主账户对境内成员短期外债和对外放款进行集中管理。探索综保区内符合一定条件的企业设立具有离岸性质的国际账户。推动总部企业集中报关报检试点，实行在其总部注册地海关集中报关，集中办理预归类业务、预审价等业务及集中报检、施检。在综保区实施亚太运营商计划，探索建立与国际通行做法衔接的政策体系，支持企业发展成为统筹国内和国际市场、在岸和离岸业务的亚太区营运总部。

（四）建议在浦东新区建设科技银行创新和科技金融服务链

区域性科技银行是推进科技创新的重要工具。建立健全支持人才创业和适应科技企业发展全生命周期的科技金融服务体系，为中小企业提供差异化、组合型的投融资解决方案。通过深化银政合作、扩大知识产权质押融资、完善担保体系等方式，降低轻资产企业银行贷款门槛；通过深入推进国资创投机制创新，以“成本＋利息”的退出方式，降低初创期企业的融资成本；通过推动投贷联动，实现银行债权融资与风险投资股权融资的联动组合，优化科技企业融资结构（近期，可探索由国资创投与银行合作，在向企业投资的同时，将股权质押给银行，被投资企业据此获得授信额度，不需要另外提供抵押质押）；通过完善上海股权托管交易中心功能和运作机制，加强与新三板的衔接，拓展资本市场直接融资渠道；通过贴息、奖励等方式，激励金融机构开展并购贷款业务，支持高科技龙头企业开展兼并重组，加快产业化进程。依托浦东科投和张江集团，探索构建创投、担保、小贷、上市辅导、人才引进等功能整合、业务联动、信息共享，有利于创业人才和企业信用积累、扩大社会资本投入的投融资服务平台。

（五）建议激励对外文化贸易功能创新，进行文化创意资产证券化试点

建议推动外高桥国家对外文化贸易基地功能创新。在外高桥国家对外文化贸易基地探索开展保税艺术品交易，拓展进口文化保税设备租赁业务，争取允许境外机构在区内提供国际艺术考级、艺术品拍卖等业务，允许在综保区注册的文化演艺公司设立用于引进国际演艺节目的外汇专用账户。

20 世纪 80 年代以来，资产证券化已成国际潮流。我国已颁布《信贷资产证券化试点管理办法》、《资产支持证券信息披露规则》、《关于资产支持证券质押式回购交易有关事项的公告》；已试点发行的资产支持证券总额已超过 400 亿元，发起机构包括政策性银行、国有商业银行、股份制商业银行、资产管理公司等金融机构。文化创意产业资产证券化有利于加快文化创意企业资产的流动，提升文化创意企业金融意识，优化资产结构与质量。通过业务引导与政策激励，引导浦东地域内拥有优质文化创意资产的企业，在金融机构或专业服务机构的指导协助下，加快在境内外上市或者发行企业债券的步伐。

（六）建议提升城镇开发企业活力，深化城镇化发展改革试点

以土地管理制度创新和农村产权制度改革为重点，配套推进小城镇发展改革试点，探索多元化的小城镇发展模式。在实行农村集体土地确权的

基础上，通过城乡建设用地增减挂钩、宅基地置换等方式，探索建设用地指标跨镇平衡，形成一批资源配置合理、公共服务完善、产业项目配套、农民生产生活方便的小城镇和集中居住区，形成镇村经济“造血”机制。同时，推动集体经济组织股份化改造和规范管理，形成农民持续增收预期。近期可选择城市化进程相对较缓、经济基础相对薄弱的镇先行试点。

建议借鉴国际通行做法，对浦东新区地域内从事农村区域小城镇开发的企业开展以注册资本认缴制、减少经营范围限制、允许经营地与注册地分离、主体资格与经营资格分离等为主要内容的商事登记制度改革。探索根据市人大支持浦东综改的决定，以地方规范性文件形式为试点提供法制保障。

（七）建议筹建长三角长江流域航运保税物流协作网络

长三角是我国经济最发达的一体化经济区，长江流域是我国最重要的流域经济区，随着重庆两江新区的设立，长三角与长江全域对航运与流域物流的需求日益增长。建议发挥国际航运发展综合试验区的政策优势，以长江流域及长三角各主要港口，包括流域内城市“无水保税港”为成员，建立长江流域航运保税物流协作网络。在网络各保税港区、港口保税区、无水港保税区之间，开辟保税通道，并在综保区建立长江流域长三角保税物流网络服务中心。

保税物流网络采用“属地报关、多点验放”的便捷通关方式，使企业可就近选择某一海关现场报关，就近选择货物查验场地，而货物启运后则通过支线经口岸港口直接运往目的地，简化通关手续降低成本，提高货物转运速度和通关效率。该项改革举措能增加综保区进出口中转数量，拓展上海综保区国际保税展示，吸引更多跨国物流企业集聚。

（八）建议使浦东在全国率先开设跨国公司区域分拨总部保税通道

全球化制造及售后服务与中国庞大的内需市场使跨国公司地区分拨业务剧增，东部沿海各港口在跨国公司亚太区域配置与大中华区域配置体系中的作用更加显著，如能在东部沿海各港口之间实现产品与物资的保税流动，将能提升跨国公司分拨中心的大量集聚。如 IBM（中国）有限公司 2000 年 12 月在浦东落户以来，年均营业收入 117 亿元，纳税总额 13.1 亿元，IBM 中国研究院成为全球 ICT 创新的重要源泉，助推中国新一代信息技术智慧产业的成长，高端服务器、高端集成电路（主要是CPU和微纳米芯片）开发、销售，由总部进行分拨结算。霍尼韦尔公司亚太地区总部及其研发中心落户浦东，管理和服务范围涵盖中国（含大陆和台港澳地区）、印度、日本、韩国、新加坡、澳大利亚、新西兰等10多个国家和地区，2009年霍尼韦尔中国的营业收入已达14亿美元，是全球配置与分拨链中的重点环节。这些著名跨国公司均对保税分拨表现出强烈的需求。

建议在海关等国家主管部门的支持和监管下，以东部沿海主要保税港区为试点，开设跨国公司区域分拨总部保税通道，即对认定的跨国公司分拨中心所开设在相关保税港区或港口保税区内各注册存储点之间，开设保税运输通道，简化报关与查验，能够自由调拨与配置。该项改革举措能显著提高跨国公司在我国境内物流配置的便捷度，降低营运成本，并促进跨国公司结算业务在综保区的增长，加快综保区总部经济发展。

综上所述，党的十八大对改革开放作出了新的战略部署。浦东为改革而生、因改革而兴，以改革开放为己任。我们将深入贯彻学习十八大精神，围绕上海加快建设“四个中心”、推进“四个率先”，坚持需求导向、问题导向、项目导向，坚持部市合作、市区联动，按照“浦东能突破、上海能推广、全国能借鉴”的要求，循序渐进推进改革，努力做到突破一批、深化一批、储备一批，力争走在创新驱动、转型发展的前列，办好体现时代要求和国家战略的改革试验区。

执笔人：毛力熊（中共上海市浦东新区委员会党校）
庄玲凌（中共上海市浦东新区委员会党校）
李江苹（中共上海市浦东新区委员会党校）
范远江（中共上海市浦东新区委员会党校）

第八章

东北老工业基地产业结构调整展望

产业结构性矛盾一直是困扰东北经济发展的核心问题。国家实施东北老工业基地振兴战略以来，东北地区产业结构调整取得了显著的阶段性成果，但产业结构性矛盾尚未得到根本解决。“十二五”时期是东北加快转变经济发展方式的攻坚时期，是为全面振兴奠定更加坚实基础的关键时期。加快产业结构调整，促进产业更替和高级化进程，是东北老工业基地实现全面振兴的必然途径，是东北地区彻底摆脱传统的经济发展模式实现转型的关键所在。

一、产业结构调整与东北老工业基地振兴

产业结构调整是东北老工业基地振兴的重中之重，它关系到东北能否发展成为技术先进、结构合理、功能完善、特色明显、机制灵活、竞争力强的新型产业基地，成为中国经济新的重要增长区域。

根据国务院批准的《东北地区振兴规划》，从区域经济联系角度界定的东北地区范围，包括辽宁省、吉林省、黑龙江省和内蒙古东部的五盟（市）。为了便于建立数学模型和进行指标数据比较分析，在此以东北三省为主要研究对象。

（一）产业结构调整对促进东北经济振兴的作用

东北地区是新中国的工业摇篮，工业基础雄厚，综合配套能力强，规模经济优势显著，区位比较优势明显。东北老工业基地在中国工业化和经济建设中具有重要的战略地位。

东北重工业依托于丰富的资源，发源于清朝末年，成型于张作霖时期，兴盛于日本侵占时期，高耗、低效的传统工业化，成就了东北重化工基地的雏形。在我国社会主义工业化初期，尤其是“一五”时期，国家

156个重点项目中58项在东北，使东北成为最早、规模最大的新中国重工业基地，并为建设独立、完整的国民经济体系，推动我国工业化和城市化进程做出了历史性重大贡献。如今，东北仍然是国家粮食、石油、天然气、原煤、冶金矿产等重要资源供应地和农副产品生产基地，积聚了全国很大一部分工业资产存量和大中型骨干企业，拥有众多关系国民经济命脉的战略产业和骨干企业，是我国重化工业的重要基地。

东北不是中国最早形成的工业基地，之所以成为“老工业基地”，在于它是传统工业化、传统社会主义工业化道路的产物。改革开放以来，东北结构性矛盾和体制性矛盾凸显，虽然东北三省都在进行产业结构调整，但受体制、资源、结构、资金、市场需求等内外压力和冲击，老工业基地出现明显衰退，产业结构调整和优化成效甚微。2003年国家实施东北振兴战略以来，东北地区体制机制创新取得重大突破，产业调整步伐加快，经济结构进一步优化，经济持续快速增长，东北老工业基地振兴取得重要阶段性成果。实践证明，党中央、国务院关于实施东北地区等老工业基地振兴战略的决策是完全正确的。

产业结构的调整、演进、升级，对于东北老工业基地振兴具有重要的战略意义和现实意义。加快产业结构调整，促进产业高级化和工业化进程，是东北老工业基地实现全面振兴的必然途径，是东北老工业基地彻底摆脱传统经济发展模式实现转型，走中国特色新型工业化道路，建成新型产业基地的关键所在。

1. 加快产业结构调整，有利于东北老工业基地从根本上转变经济发展方式，解决经济发展中不平衡、不协调、不可持续问题。霍夫曼（1931）的“霍夫曼定理”、科林·克拉克的“配第—克拉克定律”、西蒙·库兹涅茨的产业结构变动分析、钱纳里对工业化过程中产业结构及产业发展规律的研究等，都揭示了产业结构变化与经济增长具有相辅相成的作用。产业结构由低到高的动态转化过程，是经济增长的重要驱动因素。产业结构是经济结构的基础和核心，反映了特定生产力发展阶段和水平，直接关系到国民经济增长的速度和质量。

东北工业基地之所以出现“老化”衰退，从制度环境角度讲是体制机制的问题，从工业化进程角度讲则是产业升级问题。由于产业结构调整缓慢，导致三次产业发展严重失衡，严重制约了东北区域经济发展。根据国际老工业基地研究理论，老工业基地衰退的重要标志之一，就是该地区的经济发展速度长期低于全国平均水平。1978—2011的34年，全国生产总值年均增长速度为9.98%，而东北三省平均增长速度是9.91%，这其中还包括了振兴九年来的发展速度，依然低于全国平均水平。由此可见，东北产业结构调整进程缓慢严重影响了区域经济发展，也成为全国经济发展的短板。

东北振兴不仅仅是经济振兴，但经济振兴是实现东北全面振兴的基础和关键。东北振兴目标之一就是建成“综合经济发展水平较高的重要经济增长区域”。坚持科学发展观，遵循工业化发展规律，加快产业结构调整，向产业结构高度化、产业加工程度高度化、产业价值链高度化、产业集群高度化、产业技术高度化方向发展，促进产业结构演进升级，才能从根本上转变高消耗、高投入、高污染、低效益、低产出的经济发展模式，为东北区域经济均衡、协调、可持续发展奠定坚实基础。

2. 加快产业结构调整，有利于东北建成新型产业基地，探索中国特色新型工业化道路，破解老工业基地“复兴”这一世界性难题。西方学者普遍认为老工业基地是过去的经济辉煌区，由于条件的变化而导致无法适应新的环境，从而走向衰退的区域。老工业基地的“老”并不是一个时间的概念，而是从根本上源于其产业结构水平、技术装备水平呈现老化落后的状态，最明显的标志就是落后于产业升级的步伐。老工业基地调整改造是个世界性的难题。德国的鲁尔、法国的洛林、美国的匹兹堡、底特律“锈带”和英国的道克兰等老工业区等都是著名的老工业基地，而每个老工业基地的“复兴”之路各有不同，都曾用了几十年的时间去解开发展的“死结”。

在中国，曾被称之为“老工业基地”的不仅有东北还有上海等地区。但如今的上海，经过20多年的产业结构大调整，顺利实现转型，雄踞中国经济增长极一方，成为长三角经济圈领头雁。虽然东北老工业基地与上海有所不同，面临的诸多问题更复杂、难度更大，但有一点是共同的，那就是调整产业结构是老工业基地振兴的必然途径。

东北老工业基地振兴的重要标志是建成新型产业基地。《东北地区振兴规划》中对东北地区功能的明确定位是建设“四大基地、一个保障区”，即具有国际竞争力的装备制造业基地、国家新型原材料和能源保障基地、国家重要商品粮和农牧业生产基地、国家重要的技术研发与创新基地、国家生态安全的重要保障区。《东北振兴“十二五”规划》提出了6个方面的具体振兴目标，其中产业转型升级达到新水平，是实现经济发展再上一个台阶、民生改善取得新成效的重要经济基础和物质保障。

加快产业结构调整，从根本上突破产业结构性障碍，是建设新型产业基地的关键。东北不仅是我国重要的原材料基地、能源基地、粮食基地，而且是重要的基础装备制造业基地。加快产业结构调整，积极探索新型工业化道路，通过优化提升传统产业，发展现代农业和现代服务业，做强装备制造业基地，促进战略性新兴产业发展，构建完善的现代产业体系，提高产业核心竞争力，推进东北地区工业化进程，为东北全面振兴提供强大的经济支撑。

3. 加快产业结构调整，有利于提高东北人民生活水平，实现居民收入增长与经济发展同步。根据库兹涅茨产业与就业关系理论，工业化进程中产业更替规律，不仅存在于产值结构也存在于就业结构上，就业重心由一产向二产、三产转移。从经济理论来说，经济增长与就业增长存在着相关性，但高增长低就业问题比较突出，已经被公认为经济失衡、消费低迷、贫富分化等重大经济矛盾的根源之一。就业不仅关系民生与福利，关系社会稳定，而且也是经济均衡增长的前提。

居民收入增长和消费增长的主要决定因素在于就业的增长。东北老工业基地的重型化产业结构，导致资本对劳动力的排斥，三次产业结构的不协调直接影响到就业结构，而就业结构直接影响到人们的收入水平、生活质量以及社会稳定与和谐发展。老工业基地衰退，产业结构性调整，导致大批产业工人下岗失业，第三产业发展缓慢，使得就业压力和农村剩余劳动力转移压力巨大。东北地区的职工工资水平以及城乡居民收入水平一直偏低，即使是发展比较好的辽宁省，2011 年城镇居民可支配收入（20466 元）仍低于全国（21809 元）平均水平。

全面振兴东北老工业基地，既是中央对东北的要求，也是东北地区人民的愿望。党的十八大提出“努力实现居民收入增长和经济发展同步”。东北振兴是“以提高人民生活水平为出发点”，扩大就业增加居民收入，是实现东北全面振兴的重要标志之一。加快产业结构调整，促进三次产业的替代转移，可以调整优化就业结构；加快农业产业化、规模化和现代化进程，可以提高农业效率和效益，增加农民收入；加快城镇化建设，大力发展生产性服务业和生活性服务业，可以为扩大就业和承接农村剩余人口转移提供空间；产业结构的优化升级，产业附加值和竞争力的不断提高，为“劳动报酬增长和劳动生产率提高同步”提供条件；区域经济整体实力增强，经济发展持续、稳定增长，政府财政转移支付能力提高，在一定程度上能够为职工退休金与经济发展同步增长提供保障（东北企业退休人员比重大、退休金低，是导致城镇居民收入水平偏低的重要原因)，从而实现经济发展与居民生活水平同步提高，人民分享东北振兴的丰硕成果。

（二）国家东北振兴政策对产业结构调整的影响

2003 年 10 月，《中共中央国务院关于实施东北地区等老工业基地振兴战略的若干意见》（中发〔2003〕11 号文件）正式印发，标志着东北老工业基地振兴战略启动实施。自东北振兴战略实施以来，国家层面制定和实施或批复了一系列支持东北振兴的重要区域政策，截至 2012 年底有 50 多项。[①]

在政策内容上，涉及产业、企业改革、财政、税收、金融、项目投资、资源型城市转型、社会保障、对外开放、空间布局、人才和科技等方面。其中，财税金融、项目投资、产业发展、企业改制、资源型城市转型是国家实施东北振兴政策的主体。

在政策功能上，2009 年《国务院关于进一步实施东北地区等老工业基地振兴战略的若干意见》的出台，形成政策重点转移的界点。东北振兴 10 年来（2003—2012)，前 6 年可以说是东北振兴的启动期，政策主要为直接“输血”功能，大部分政策重点解决历史问题、改善发展环境、资源型城市经济转型和建立社会保障体制，以国债项目投资、财税补助直接扶持产业发展。后 4 年，则是东北进入全面振兴期，政策主要为提升“造血”功能，大部分政策的重点放在区域规划、空间布局、具体产业发展方面。

杨东亮（吉林大学东北亚研究院）在《东北振兴政策实践效果评价与政策启示》(2011）一文中，基于全要素生产率增长的全国比较得出的结论是：2003—2007 年实施政策效果并不理想，因为东北地区全要素生产率没有提高，与 2003 年之前自身水平和 2003 年之后全国平均水平相比，出现了严重下降的现象。

根据国际老工业基地振兴的经验看，振兴通常至少要经过 3 个阶段：启动阶段、振兴阶段和巩固阶段。启动阶段是政策的发布、解决历史问题、改善发展环境、形成发展体制和机制基础的阶段；全面振兴阶段是生产要素投入稳步增加并发挥效用、经济增长效果溢出的阶段；巩固提高阶段是振兴进入自我循环、资源配置效率驱动增长的阶段。

对于东北老工业基地启动阶段而言，由于东北以国有大型和超大型重

① 数据主要来自振兴东北网 http：//www. chinaneast. gov. cn.

化工企业为主体，受体制和机制等诸多因素影响，沉重的历史负担、社会负担、财税负担导致大量的国有企业陷入困境，产业结构调整内动力不足。国家振兴政策首先要解决的是历史问题、国企生存改制问题、资源城市转型问题、民生问题，为东北区域经济维持基本运行、阻止老工业基地衰退趋势提供强有力的政府支持。这也是世界各国老工业基地振兴的重要成功经验之一。

全要素生产率增长率是用来衡量除去所有有形生产要素以外的纯技术进步的生产率的增长，是科技进步对经济增长的贡献指标。正是由于启动阶段的政策有效实施，为东北产业结构调整提供了必要条件和重要支持，而东北产业结构调整力度加大、进程加快，则是从根本上提高东北全要素生产率的基础所在。

国家东北老工业基地振兴政策对产业结构调整不仅带来积极的影响，而且起到很大的推动作用。

1. 财税、金融政策，为东北国有企业解决历史负债、助推产业结构调整起到重要作用。国家对中央直属企业分离办社会职能单位实施的经费补助（三年过渡期），对国有企业政策性关闭破产、厂办大集体分离等改革给予财政支持。在一定程度上解脱了国有企业因体制机制而形成的历史负债，推进了企业调整重组，加快了东北地区国有企业改制、改组、改造的步伐，为产业结构调整提供了必要的条件。

国家豁免老工业基地历史欠税，优惠企业所得税，增值税抵扣，免征农业税，扩大东北地区粮食生产补贴范围和规模，降低资源税等财税政策；银行减免企业表外欠息，核销呆坏账和不良资产，发放农村扶贫贷款等金融政策，直接助推东北产业结构调整。实际享受税收优惠较大的行业主要集中于冶金、石化和装备制造等传统工业，以及东北地区军品和高新技术产品生产企业。

以辽宁省为例，据国税部门统计，2004—2007 年度，享受企业所得税专项优惠政策企业增加的税前列支数中，因缩短固定资产折旧年限相应增加的税前列支加速折旧额，占全部列支额的 88%。税收政策的实施，对不同行业产生一定的影响力，引导了资源配置流向，对促进产业结构调整和产业升级起到了重要作用。

2. 项目投资、产业发展政策，为东北老工业基地产业结构调整提供了重要的资金支持和产业导向。为支持东北振兴，国家发改委设立了振兴东北老工业基地调整改造（国债）资金专项和高新技术产业发展专项。东北老工业基地调整改造国债专项资金，以重大装备自主化为重点，围绕石化、钢铁、重大装备、造船、汽车和零部件、农产品深加工、医药等东北地区的优势领域实施。据国务院振兴东北办《东北振兴三年评估报告》，仅2004—2006年，国家安排了东北老工业基地调整改造项目660个，总投资达935亿元（包括地方配套资金）。

目前，国家对项目投资实行制度化管理，在国家发改委设立的“产业结构调整和技术改造专项”中，每年的东北老工业基地调整改造专项资金支持的重点领域，包括数控机床、输变电设备、轨道车辆、发电设备、重型机械、汽车零部件、高附加值钢材产品、合成材料及精细化工、农产品深加工等重点产业。

国家实施对东北传统优势产业改造和升级、高新技术产业的支持和鼓励、农业良种推广补贴项目、产业振兴规划等政策，同时启动了重点企业核心技术研发平台、软件验证条件、大型实验设备开发与研制和信息产业等方面高科技项目。这些支持政策为东北产业结构调整创造了有利的条件，使东北传统产业优势有了显著提升，战略性高新产业得到较快发展，三次产业结构得到较大程度的调整，初步形成现代产业体系框架。东北三省支柱产业增加值占全省工业增加值比重都得到大幅度提高，三次产业结构调整取得显著成效，从而带动了区域经济快速发展。2004—2011年，东北三省年均增长速度13.2%，高于同期全国两个百分点以上。东北重大装备自主化成绩斐然，百万千瓦核电装备、百万伏特高压输变电设备、百万吨乙烯核心装置等一大批重大技术装备研制成功，极大地提升了中国装备制造业水平和国际竞争力。

3.资源枯竭型城市转型、社会保障等试点政策，为东北老工业基地突破地域性难题提供支持，新的接替产业发展、区域内需水平提高和资源要素流动，对产业结构调整起到积极的促进作用。资源枯竭型城市转型是东北地区具有代表性的突出问题，目前国家界定的资源枯竭城市中，东北有20个，约占全国的29%。东北资源型城市具有资源枯竭型和老工业基地的双重特征，在全国表现最为集中、最典型和最紧迫。国家最先在辽宁阜新进行试点，随之出台了资源型城市可持续发展综合意见、土地和矿产资源利用政策以及国家资金投资计划，确立了资源枯竭型城市名单，国家财政设立了资源枯竭城市年度财力性转移支付资金项目。在国家及地方政策扶持下，许多转型城市已逐步培育起新的接替产业，发展了具有地方特色的高新技术产业基地，对区域产业结构调整起到了积极的推动作用。

由于东北老工业基地衰退，大量的国有企业职工下岗，2002年东北城镇失业人员占全国18%以上，辽宁曾连续6年失业率居全国之首。国家最先在辽宁省进行城镇社会保障体系试点，随后吉林、黑龙江也全面展开。社会保障政策，包括城镇企事业职工基本养老保险、基本医疗保险、国企下岗职工基本生活保障向失业保险并轨、城市居民最低生活保障、社会保障资金的筹集和管理等；东北地区棚户区改造，采煤沉陷区治理投资等。基本生活得到保障，居民消费水平有所提高，居住条件得到改善的同时，也促进了城镇化建设和社会服务需求的增加，从而带动了第一、三产业的发展，对东北产业结构调整提供了市场需求和拓展空间。

4. 区域开放、空间布局等政策，对东北老工业基地产业结构调整具有重大的指导性作用，振兴政策带来“洼地”效应、“品牌”效应和协同效应。《关于促进东北老工业基地进一步扩大对外开放的实施意见》，鼓励外国投资者以并购、参股等多种方式参与国有企业改组改造，支持外商投资装备制造业等重点行业和领域，鼓励外商投资高新技术产业和研发中心等。《中西部地区外商投资优势产业目录》增列辽宁省，享受鼓励类外商投资项目优惠政策，如汽车零部件、配件制造，数字医疗设备及关键部件开发及生产，资源枯竭型城市的精深加工和接续产业等项目。国家政策使东北成为外商投资的关注热点，东北三省外商直接投资额不断提高，促进了传统产业优化提升、高新技术产业发展，同时东北的边贸产业、旅游业和现代服务业也得到快速发展。2008年以来，辽宁实际利用外资连续4年进入全国三甲行列，在2010年和2011年均位居全国第二位。辽宁吸引了世界第二大造船企业——韩国STX集团等众多重量级投资商纷纷落户，辽宁沿海经济带已成为辽宁产业转型升级的强劲支撑，对东北产业结构调整起到重大的推动作用。

从《关于实施东北地区等老工业基地振兴战略的若干意见》、《东北地区振兴规划》，到《东北振兴“十二五”规划》；从《辽宁沿海经济带发展规划》、《中国图们江区域合作开发规划纲要》，到《沈阳经济区新型工业化综合配套改革试验总体方案》；从东北地区人才队伍建设、旅游业和物流业发展，到《中科院科技服务东北老工业基地振兴行动计划（2012—2015年）》，振兴政策涵盖范围较宽泛，既有高层次、综合性指导，也有特定区域、具体产业发展的要求，从不同角度和不同层面，为东北产业结构调整提供了方向、要素、制度等政策环境。

尽管国家东北振兴政策有些属于一次性政策或时效性较强的政策，也有许多变成普惠性政策（如增值税、农业税、社会保障等），有些政策覆盖范围较窄或缺乏细化操作性，也有待逐步形成一个推动东北振兴的政策保障长效机制，但从历史客观地分析，振兴政策对东北产业结构调整起到了积极的推动作用，并取得了阶段性显著成效。

（三）东北产业结构演进及存在的主要问题

产业结构调整升级是经济发展的内在规律决定的，是社会生产力发展的必然要求。由于产业结构升级具有多层次性、多结构性、多要素性和多重关联性等特征，因此无论是对于国家还是地区来说，产业结构调整升级既是一个系统化工程，也是一个相对长期复杂的动态过程。

东北老工业基地受历史、政治、经济、体制、地域、文化等多种因素影响，产业结构的形成以及演进具有鲜明的历史痕迹和区域特色。因此，需要在中国工业化演进的历史大背景下，通过历史时序的纵向分析和国内各省域的横向比较，研究东北产业结构的演进及存在的问题。

1. 中国工业化路线的大幅度变迁，使东北产业结构演进始终处于被动之中。中国工业化进程最突出的特征是：行政化而非市场化，重工化而非轻工化。在中央政府的直接掌控和强力推进下，中国工业化的演进在地理空间上南北转换，呈现“Z”字形发展曲线。

中国近代工业起步于“洋务运动”（1860 年），引进海外大机器生产技术发展军事工业，此中国第一轮工业化是由南向北推进，东北（如辽宁 1890 年左右）近代工业发展晚于南方（东南沿海和长江流域）。而新中国的解放则是由北向南推进，在中国第二轮工业化中东北成了“一五”时期的投资重点区域，“优先发展重工业”使东北成为新中国最早建成的工业基地。改革开放面向国际市场以获取资金和技术，中国第三轮工业化重新由南向北展开，无论是轻工业发展阶段，还是引进外资和技术发展出口加工业阶段，东南沿海地区获得发展机遇，而东北地区由于地理区位以及所有制结构、制度转型之间相互牵制陷入衰退，产业结构演进停滞不前甚至出现逆工业化现象。如就业结构中工业劳动力降低、农业劳动力回流，“一产”以传统农业为主，“二产”重工业以初加工业为主，传统服务业低水平扩张。

当中国改革开放 20 多年后，中央区域发展战略开始由非均衡发展转向均衡、协调、可持续发展，在珠三角、长三角成为国家经济增长极后开始着力打造环渤海“中国经济第三极”，在中国工业化逐步进入中期准备向后期冲刺时，东北的资源、粮食和装备制造业成为重要的战略性资源和产业。东北振兴提到中央的议事日程，东北产业结构调整在振兴政策的大力支持下开始有所起色。

尽管在改革开放中，东北自身一直在进行产业结构调整，如辽宁1979年在全国率先提出产业结构调整，但总归受多种因素制约，力不从心，成效有限。在中央集权的经济体制下，中国工业化的大势是东北产业结构演进的重要外部环境。

被动演进下的东北产业结构，也存在着乘势而上的机遇。如今，中国工业化进入发展重化工业、装备制造业、高科技产业为主的自主创新阶段，东北与整个东部地区同样享受到国家政策，在新一轮改革开放中，东北应变被动为主动，发挥产业优势，加快产业结构调整升级，从根本上突破产业结构性制约。

2. 传统的经济发展模式，使东北产业结构演进进程缓慢、成效较低。东北经济具有资源型、重工型、内陆型和国有为主的特征。新中国成立60多年来，受产业结构延续性的影响和路径依赖的惯性使然，东北产业结构始终没有从根本上摆脱传统经济发展模式的困扰。

依托资源发展产业的传统工业化模式，使东北具备了工业基地的条件，1949年东北工业值占全国33%。计划经济体制下，优先发展重工业的传统社会主义工业化模式，成就了东北重化工业基地，同时也使其走了一条自我发展道路（与其他产业缺乏协同性），产业结构畸形发展。市场经济体制下，资源枯竭产业出现衰退，重工产业高投入、高消耗、低附加值、低效益，无法应对瞬息万变的市场需求，内陆经济思维限制了产业发展空间，国有比重居高不下阻碍了民营和外资等多元经济主体进入。

传统经济发展模式严重制约了东北产业结构演进步伐，几十年来的产业结构调整改造，虽然在新兴产业、发展空间等增量上有所突破，如信息产业、高端装备制造业、辽宁沿海经济带开发等，但更多的是局限于传统产业领域、传统产品种类、传统发展空间，对现有企业规模、生产能力以及技术设备进行存量扩张和改进。表现最突出的是区域经济主要靠投资拉动，产业高度化程度较低，产业技术创新能力较弱，产业规模实力不强，产业效益和产品附加值偏低，产业缺乏强大的国际竞争力。

3. 重工业的刚性结构，使东北产业结构演进呈现非协调性和滞后性。东北以重工业主导的刚性产业结构，是初始制度安排决定的，也是长期历史积淀的结果。东北地区产业结构演进轨迹表明，区域经济发展主要依托于第二产业中的工业，东北工业中主要是重工业。

尽管改革开放30多年来，东北老工业基地产业结构一直处于不断调整之中，但仍呈现为“重工业化”的刚性结构，工业自我发展模式，排斥了农业的升级改造和第三产业的相应发展。在产业结构上缺乏产业间有效协同，呈现出很强的非均衡，对东北经济运行的良性循环形成一定制约。

从变动趋势看，第一产业占GDP的比重呈持续下降走势，第二产业比重先降后稳，保持在40%～50%之间，第三产业比重为上升态势，由1978年的16.2%上升至2011年的35.9%。2003年实施振兴战略以来，一产比重变化很小，二产比重明显上升，三产比重回落。工业曲线与二产曲线基本保持了相同的演进趋势及比重间距，如图8—1所示。

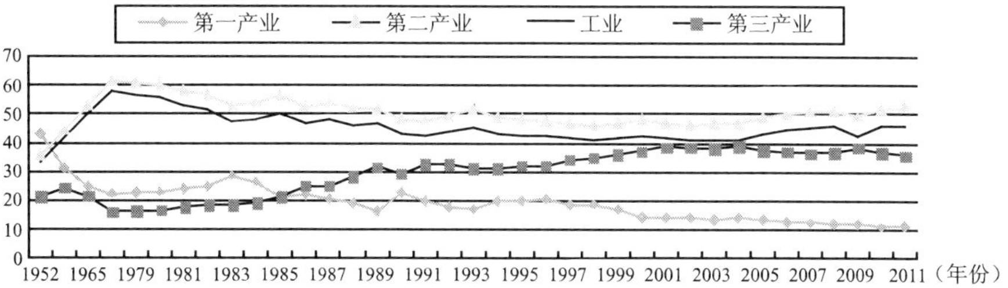

图8—1　1952—2011年东北地区三次产业结构变动趋势

从演进过程看，东北产业结构变化呈现二个阶段。第一阶段，1978—1990年，东北三省GDP增长低于全国平均发展速度，第二产业的比重由61.5%降到48.1%，第三产业有所提高。第二阶段，1990—2005年，一产比重逐步下降，二产比重一直处于50%以下，三产比重逐步提高，产业结构逐步由“二一三”结构转向“二三一”结构，如表8—1所示。第三阶段，从2006年开始第一、三产业“两极化”走势日趋明显，但三产比重低于全国水平。就产业结构演进历程而言，东北地区已经进入工业化中后期，若从产业结构量化比例来讲，尚属于工业化中期水平。

从产业更替升级的成效看，东北产业结构高级化进程相对迟缓，尚未步入良性阶段。第一产业比重偏高，30多年仅降了10个百分点，其中吉林和黑龙江作为国家农业大省、粮食基地都降了10个百分点左右，而工业大省的辽宁只降低了5个百分点。1990年以来，东北第二产业比重始终处于停滞状态，在2003年实施东北振兴战略的推动下，2005年也仅提高了1个百分点，大大低于山东（57.4%）、江苏（56.6%）等发达省份，到2011年东北第二产业比重开始上升，表明工业振兴取得阶段性成效。东北第三产业比重虽有很大程度提高，但"三产化"进程始终低于全国平均水平，较之沿海发达地区差距更大。

表8—1 东北地区生产总值构成比较（单位：%）

年份 地区	1978	1990	2005	2011
	一产：二产：三产	一产：二产：三产	一产：二产：三产	一产：二产：三产
全国	28.2：47.9：23.9	27.1：41.3：31.6	12.2：47.7：40.1	10.0：46.6：43.4
东北平均	22.3：61.5：16.2	22.6：48.1：29.3	13.6：49.0：37.4	11.4：52.7：35.9
辽宁	14.1：71.1：14.8	15.9：50.9：33.2	11.0：49.4：39.6	8.6：54.7：36.7
吉林	29.3：52.4：18.3	29.4：42.8：27.8	17.3：43.7：39.0	12.1：53.1：34.8
黑龙江	23.5：61.0：15.5	22.4：50.7：26.9	12.4：53.9：33.7	13.5：50.3：36.2
广东	29.8：46.6：23.6	24.7：39.5：35.8	6.4：50.7：42.9	5.0：49.7：45.3
山东	33.3：52.9：13.8	28.1：42.1：29.8	10.6：57.4：32.0	8.8：52.9：38.3
江苏	27.6：52.6：19.8	25.1：48.9：26.0	8.0：56.6：35.4	6.2：51.3：42.4
上海	4.0：77.4：18.6	4.4：64.7：30.9	0.9：48.6：50.4	0.7：41.3：58.0

资料来源：《新中国60年1949—2009》中国统计出版社2009年版，《中国统计年鉴（2012）》。

尽管东北工业化进程的总体水平曾高于全国，但按产业结构现状和产业更替升级规律分析，东北老工业基地产业结构调整相对滞后于全国平均水平。振兴战略实施10年来，东北老工业基地的产业结构调整力度增大，尤其是第二产业呈现持续的上升势头，但第一产业的转移及第三产业的发展相对缓慢，农业基础相对薄弱，工业大而不强，第三产业总量偏小和综合竞争力不强。

4. 工业比较优势下降和产业高度化进程缓慢，直接影响了东北产业结构更替转移的演进速度。从结构变迁的原因看，东北产业结构受制于第二产业（实质是工业）。在计划体制下东北工业比重过高，导致产业结构畸形。改革开放初期，东北地区先是主动自我调整，"退二进三"降低工业比重，但随着新工业区的兴起和市场需求环境变化的冲击，东北工业则是被迫调整一路下滑，使东北产业结构演进升级丧失了重要支撑。由于东北工业在矫枉过正中，没有跟上全国工业化进程，工业比较优势大大削弱。工业的长期萎靡不振，虽然客观上促进了传统第三产业的发展，但并没有给第一产业的提升和转移提供充分的空间，对产业结构演进升级的带动作用十分有限。

1978年，东北地区全部工业增加值占GDP的58.1%，高于全国14个百分点。1990—2005年，东北工业比重一直停滞在43%左右，2011年达到46.4%，与同期沿海发达省份水平接近，如表8—2所示。

表8—2 东北地区工业增加值占GDP比重的比较 （单位：%）

年 份	1978	1990	2005	2011
全 国	44.1	36.7	41.8	39.9
东北平均	58.1	43.1	43.4	46.4
辽 宁	67.7	45.4	43.6	48.1
吉 林	49.2	38.5	37.7	46.5
黑龙江	57.6	45.3	48.9	44.5
广 东	41.0	33.6	46.9	46.3
山 东	48.1	37.6	51.7	46.9
江 苏	47.0	44.8	51.0	45.4
上 海	76.0	60.1	45.1	37.6

资料来源：《新中国60年1949—2009》，中国统计出版社2009年版，《中国统计年鉴(2012)》。

东北振兴以来，在区域资源环境压力、国家项目投资、市场需求拉动以及体制机制创新等驱动因素的影响下，东北地区工业结构高加工度化发展趋势初步显现，重工业比重持续上升的态势得到一定遏制，工业所有制结构调整取得显著成效，企业规模分化现象呈下降趋势，大型工业企业主导工业发展态势的局面有所改变。但东北区域间工业产业趋同现象突出，优势工业行业构成变动不明显，传统优势产业的规模化、集群化和高技术化程度还较低，高技术产业和战略性新兴产业发展滞缓，多数新兴工业行业规模较小，工业技术支撑和自主创新能力薄弱，工业结构优化升级与拉动就业之间的矛盾开始凸显。

此外，东北地区的政府处于强势，经济发展的行政区域概念较强，市场化程度和开放程度相对较低，国有资源型垄断企业和大型国有企业依然是重要产业的主体，科技、人才资源与产业整合还存在着体制障碍。

二、东北产业结构变动度和产业偏离度分析

按时间序列对产业的产值结构进行绝对值的比较分析，存在一定的局限性，而运用相对数经济指标进行分析，可以消除量纲的影响，以便综合评价。以产值结构为基础数据，计算产业结构变动度，在于分析研究产业

结构调整变动的力度。以产值结构和从业结构为基础数据，计算产业结构偏离度，在于分析研究产业结构内部转换的效益。

（一）产业结构变动度分析

采用产业结构变动度指标，更便于分析东北地区在一定时期内三次产业构成变化程度。其计算公式：$K=\Sigma \mid Q_{ij}-Q_{i0} \mid$，式中的 Q_{ij} 为报告期 i 次产业构成百分比，Q_{i0} 为基期同次产业构成百分比。以表 8—1 数据为基础，计算得出东北与全国及其他省市产业结构变动度数值，如表 8—3 所示。

表 8—3　东北地区产业结构变动度比较　（单位：%）

地区＼年份	1978—1990	1990—2005	2005—2011	1978—2011
全　国	15.4	29.8	6.6	39.0
东北平均	27.5	19.0	12.2	39.9
辽　宁	40.4	12.8	10.6	43.8
吉　林	19.2	24.2	18.8	34.4
黑龙江	22.8	20.0	7.2	41.4
广　东	24.4	36.6	4.8	49.6
山　东	32.0	35.0	12.6	49.0
江　苏	12.4	34.2	14.1	45.3
上　海	25.4	39.1	15.1	78.8

资料来源：根据表 8—1 数据计算整理。

从产业结构变动度比较可见，东北地区在 1978—1990 年的 12 年，产业结构变动度为 27.5%，高于全国平均水平 12.1 个百分点，其中辽宁的产业结构变动度最大达到 40.4%，主要是二产与三产之间有 20 个百分点的转换。1990—2005 年，东北产业结构变动度仅为 19%，低于全国 10.8 个百分点，其中吉林的产业结构变动度最高，主要是一产与二产之间有 10 个百分点的互换，而辽宁变动度最低的原因是三次产业结构框架基本没有太大变化，黑龙江也出现以一产向二、三产业转移的趋势。2005—2011 年东北振兴战略显现成效，产业结构变动度高于全国近两倍，其中吉林一产向二产转移的态势强劲。

纵观 30 多年产业结构变化，东北地区产业结构变动度仅高于全国 0.9 个百分点，而上海（78.8%）则高于东北近两倍。同为当年的中国老工业基地，上海产业结构调整的力度大、成效显著，对比之下，东北产业结构调整升级的进程比较滞后，严重制约了区域经济发展。

（二）产业结构偏离度分析

产业结构偏离度是当前测算产业结构效益的一种有效的、较直接的方法，其含义为劳动力结构与产值结构（GDP 的产业构成）之间的一种不对称状况。其计算公式为：$P=\sum|L_i-C_i|$，式中的 L_i 为 i 产业从业人数比重，C_i 为 i 产业产值比重。偏离度越大，说明劳动力结构与产业结构越不对称，产业结构的效益越低。

产业结构的更替升级应带来从业结构的同步转变，体现出产业结构优化带来的社会效率。东北作为新中国的工业基地，工业化进程比较快，第二产业从业比重大大高于全国水平，产业结构的效益十分显著。30 多年来，东北地区三次产业劳动者从业结构由 49.8∶31.9∶18.3 转变为 37.3∶21.9∶40.8，如表 8—4 所示。产业就业结构与产值结构比较，两者呈现为非同步化转变，即产值结构转变超前，从业结构转变比较滞后。

表 8—4 东北地区三次产业从业结构比较 （单位：%）

年份 / 地区	1978	1990	2005	2011
	一产∶二产∶三产	一产∶二产∶三产	一产∶二产∶三产	一产∶二产∶三产
全国	70.5∶17.3∶12.2	60.1∶21.4∶18.5	44.8∶23.8∶31.4	34.8∶29.5∶35.7
东北平均	49.8∶31.9∶18.3	40.6∶34.9∶24.5	44.1∶21.6∶34.3	37.3∶21.9∶40.8
辽宁	47.4∶34.6∶18.0	34.0∶41.0∶25.0	36.3∶25.5∶38.2	29.6∶27.3∶43.1
吉林	49.3∶31.8∶18.9	48.3∶28.6∶23.1	47.7∶18.4∶34.0	42.9∶20.2∶36.9
黑龙江	52.6∶29.3∶18.1	39.6∶35.1∶25.3	48.4∶20.9∶30.7	39.4∶18.2∶42.4
广东	73.7∶13.7∶12.6	53.0∶27.2∶19.8	32.9∶30.7∶36.4	23.9∶42.4∶33.7
山东	79.2∶12.3∶8.5	64.0∶22.8∶13.2	40.2∶30.5∶29.3	34.1∶33.7∶32.2
江苏	69.7∶19.6∶10.7	56.6∶28.7∶14.7	27.8∶38.5∶33.7	21.5∶42.4∶36.1
上海	34.4∶44.0∶21.6	11.5∶60.1∶28.4	7.1∶37.3∶55.6	3.4∶40.3∶56.3

资料来源：历年《中国统计年鉴》及辽宁、吉林、黑龙江等省市统计年鉴。注：因《黑龙江统计年鉴 2012》中三次产业就业人员数据空白，此数据根据 2005 年以来变动趋势估算。

由于东北产业结构调整较为缓慢，从业结构的“非农化”进程也大大低于全国进程。2005 年，东北一产从业比重高达 44.1%，折射出非农产业的就业创造效应低下；东北二产从业比重仅占 21.6%，达到建国以来历史最低点，与 1952 年“一五”计划初期时的“二产”从业水平（21.7%）相当。即使是近 6 年来工业得到快速发展，2011 年“二产”从业比重也仅比 2005 年提高了 0.3 个百分点；东北“三产”从业比重处于上升势头，表明第三产业是吸纳第一产业和第二产业劳动力转移的主渠道，而第一产业向第二产业转移的劳动力比例较低。

将产业结构与从业结构进行时序动态的对应比较，取各产业从业人员比重与产业比重的绝对值，就可以得到不同时期产业结构偏离度的数值，其绝对值的变化能清晰地展现出产业结构变动所带来的效益状况，如表 8—5所示。

表 8—5　东北地区产业结构偏离度比较　（单位：%）

年份 \ 地区	1978		1990		2005		2011	
	一产/二产/三产偏离值	绝对值合计	一产/二产/三产偏离值	绝对值合计	一产/二产/三产偏离值	绝对值合计	一产/二产/三产偏离值	绝对值合计
全国	42.3 -30.6 -11.7	84.6	33.0 -19.9 -13.1	66.0	32.6 -23.9 -8.7	65.2	24.8 -17.1 -7.7	49.6
东北平均	27.5 -29.6 2.1	59.2	18.1 -13.2 -4.8	36.1	30.6 -27.4 -3.1	61.1	25.9 -30.8 4.9	61.6
辽宁	33.3 -36.5 3.2	73.0	18.1 -9.9 -8.2	36.2	25.3 -23.9 -1.4	50.6	21.0 -27.4 6.4	54.8
吉林	20.0 -20.6 0.6	41.2	18.9 -14.2 -4.7	37.8	30.4 -25.3 -5.0	60.7	30.8 -32.9 2.1	65.8
黑龙江	29.1 -31.7 2.6	63.4	17.2 -15.6 -1.6	34.4	36.0 -33.0 -3.0	72.0	25.9 -32.1 6.2	64.2
广东	43.9 -32.9 -11.0	87.8	28.3 -12.3 -16.0	56.6	26.5 -20.0 -6.5	53.0	18.9 -7.3 -11.6	37.8
山东	45.9 -40.6 -5.3	91.8	35.9 -19.3 -16.6	71.8	29.6 -26.9 -2.7	59.2	25.3 -19.2 -6.1	50.6
江苏	42.1 -33.0 -9.1	84.2	31.5 -20.2 -11.3	63.0	19.8 -28.1 -1.7	49.6	15.3 -8.9 -6.3	30.5
上海	30.4 -33.4 3.0	66.8	7.1 -4.6 -2.5	14.2	6.2 -11.3 5.2	22.7	2.7 -1.0 -1.7	5.4

资料来源：根据表 8—1 和表 8—4 计算整理。

从表 8—5 中的数据可见，东北产业结构偏离度出现了高低起伏的波浪式走势，2010 年曾回归到 1978 年水平（59%），但 2011 年偏离度又有所提高，而全国则一路下降了 35 个百分点，广东、江苏等省的降幅都在 40～60 个百分点，上海产业结构偏离度最低仅为 5.4%，表明上海的劳动力结构与产业结构的效益最佳。东北产业结构偏离度居高不下，说明东北产业结构的效益较低，从业结构与产业结构存在严重的错位。这也就是东北三省城镇居民人均可支配收入低于全国平均水平的重要原因之一。

经过 30 多年调整改造，东北老工业基地产业结构偏离度出现回归，但三省情况各异，其中辽宁的产业结构偏离度降幅最大为 18.2 个百分点，主要是一、二产业偏离度下降；吉林的产业结构偏离度提高最大为 24.6 个百分点，主要是一、二产业偏离度上升；黑龙江的产业结构偏离度回归原有水平，主要是一、三产业偏离度一降一提。

导致东北产业结构偏离度居高不下的根源，主要在于第二产业吸纳就业能力低下，而第三产业效益不高。第二产业从业比重呈下降趋势的主要原因：一是重工业化的产业结构，资本有机构成比较高，排斥了劳动力。二是东北工业组织结构以国有企业为主，大型企业集团比较多，产业链条比较短，产品配套比率较低，影响了吸纳劳动力。三是高新技术产业，技术劳动密集型和生产性服务型企业比重相对较少。第三产业产值效益较低的主要原因：一是由于老工业基地衰退，导致大量的产业工人流向传统的第三产业。二是实施东北振兴战略，第二产业比重快速提高，导致服务业比重出现下降。三是第三产业内部结构不合理，现代服务业、高技术服务业和生产性服务业发展缓慢。

三、东北产业结构演进的特征分析

在现代经济的产业结构调整过程中，工业扮演着主导角色。东北工业化的历史进程也验证了东北老工业基地是“成也工业，败也工业”。当初因工业过重、过大，而使产业结构畸形发展。体制改革，以国有工业为主体的产业体系首当其冲受到致命的冲击，传统工业框架的坍塌，导致老工业基地迅速衰退。转型30多年，对东北产业结构演进起决定作用的依然是工业，工业及其内部结构的变化展现了东北产业结构演进的主要特征，即工业比较优势“相对弱化”，工业产业结构“重工化”，工业内部结构转换“双重滞后”。

（一）工业比较优势“相对弱化”

东北产业结构中带有强烈的二产超前发展特征，但在30多年转型中，工业比较优势出现弱化趋势，无论是在GDP构成上，还是占全国工业的比重都一路下滑。

从工业集中度看，东北地区工业规模优势已经微乎其微，占全国比重大幅度下降，工业区位熵几乎与全国水平持平。1978年，东北全部工业增加值占GDP的58.1%，占全国GDP的18.4%，其中辽宁省占全国工业的9.7%，相当于西部10省区工业增加值的70%，仅次于上海居全国第二位。东北老工业基地出现衰退后，工业占全国比重迅速下跌，2005年开始有所回升，2011年达到11.3%，曾经以工业雄踞全国的“辽老大”退位于全国第7位，如表8—6所示，黑龙江甚至后移了12位。从工业总量看，2011年东北三省工业之和不敌山东一个省的工业（21275.9亿元），也仅是广东省工业的86%、江苏省工业的95%。

表8—6　东北地区工业增加值占全国比重

地区＼年份	1978			1990		2005		2011		
	增加值（亿元）	比重（%）	位次	增加值（亿元）	比重（%）	增加值（亿元）	比重（%）	增加值（亿元）	比重（%）	位次
全　国	1607.0	—	—	6858.0	—	77230.8	—	188470.2	—	—
东北合计	296.1	18.4	—	970.6	14.2	4408.8	5.7	21217.3	11.3	—
辽　宁	155.2	9.66	2	482.9	7.04	3489.6	4.52	10696.5	5.68	7
吉　林	40.3	2.51	16	163.8	2.39	1363.9	1.77	4918.0	2.61	20
黑龙江	100.6	6.26	5	323.9	4.72	2696.3	3.49	5602.8	2.97	17

资料来源：根据历年《中国统计年鉴》计算整理。

采用区位熵方法对东北地区的工业状况进行分析，能更科学地确定东北工业集中状况在全国所处的位置。区位熵系数计算公式为：$\beta_{ij}=(q_{ij}/q_j)/(q_i/q)$，当$\beta_{ij}>1$，则表示i产业在j地区的专业化生产水平（比例）高于全国该行业在全国的平均水平（比例），说明该行业是该地区的相对优势产业。区位熵越大，说明产业集群效应越明显。将东北地区工业增加值占GDP的比重与全国同一指标值进行比较，得出东北工业增加值区位熵系数，如表8—7所示。

表8—7　东北地区工业增加值区位熵系数

地区＼年份	工业占GDP比值（q_{ij}/q_j；q_i/q）				区位熵系数　$\beta_{ij}=(q_{ij}/q_j)/(q_i/q)$			
	1978	1990	2005	2011	1978	1990	2005	2011
全　国	0.44	0.37	0.42	0.40	—	—	—	—
东北平均	0.58	0.43	0.43	0.46	1.32	1.16	1.02	1.17
辽　宁	0.68	0.45	0.44	0.48	1.55	1.22	1.05	1.20
吉　林	0.49	0.39	0.38	0.47	1.11	1.05	0.90	1.18
黑龙江	0.58	0.45	0.49	0.45	1.32	1.22	1.67	1.13

资料来源：根据表8—2和表8—6数据计算整理。

东北工业区位熵系数由1978年的1.32降到2005年的1.02，其中辽宁由1.55降到1.05比较优势十分微弱；吉林由1.11降到0.90，完全丧失了比较优势，只有黑龙江由1.32提高到1.67，比较优势增强。到2011年，东北工业区域熵系数才恢复到1990年水平。与此同时，广东、江苏、山东的工业区位熵系数，2005年分别为1.12、1.23、1.2，2011年分别为1.16、1.17、1.14，工业比较优势基本与东北三省持平。东北的工业区位熵系数表明，无论是区域整体还是各自省份的工业比较优势均在逐步丧失，虽然近年来出现转机，但作为一个工业基地的区位熵如此之低，必然会制约区域经济的发展和产业结构的优化升级。

（二）工业产业结构"重工化"

工业结构的高度化是整个产业结构高度化的核心特征。根据霍夫曼理论，一个国家和地区的工业化所处阶段可用消费品工业净值和资本品工业净值的比例研究，这个比例被称为霍夫曼系数。在工业化进程中霍夫曼系数是不断下降的，这表明工业化由以轻工业为中心向以重工业为中心推进，不断向重工业化和高加工度化演进。

表 8—8　东北地区工业霍夫曼系数变动

年　份	1952	1957	1978	1990	2005	2011
全　国	1.81	1.22	0.76	0.96	0.45	0.39
东北平均	0.89	0.51	0.47	0.52	0.20	0.33
辽　宁	0.73	0.36	0.36	0.48	0.20	0.24
吉　林	1.28	0.83	0.66	0.66	0.25	0.38
黑龙江	0.66	0.42	0.42	0.41	0.14	0.37

资料来源：根据《中国统计年鉴（2012）》及国家统计局网站有关数据计算整理。注：1990年以前按全部工业总产值计算，之后按规模以上工业总产值计算。

表 8—8 数据显示，东北的工业霍夫曼系数变动状态与全国的大趋势基本是一致的，但表现状态不同。全国的霍夫曼系数从 1952 年的 1.81 降到 1978 年的 0.76，1990 年出现回升，2011 年达到 0.39，基本呈现出稳步、平滑的下降走势，这表明中国工业化已经进入中期，步入重工业化阶段。

东北的霍夫曼系数表现出大幅度的下降走势，重工业化进程十分显著。从"一五"计划初期到结束，霍夫曼系数由 0.89 降到 0.51，这种状态一直持续到 1990 年，2005—2011 年基本维持在 0.20～0.33 范围。其中辽宁和黑龙江的霍夫曼系数直线下降，但重工业化程度依然突出，吉林则加快了重工业化进程。实施东北振兴战略以来，东北产业结构大幅度调整，到 2011 年东北重工业比重为 77.6%，高于全国近 6 个百分点。从霍夫曼系数走势上看，东北已经进入到工业化中后期，尽管国家仍然将东北定位为重工业化基地，但过于偏重的产业结构也在一定程度上制约了结构调整。

（三）工业内部结构转换"双重滞后"

按照工业产业结构演进的一般规律，以原材料为主的重工化应向高加工度为主的重工化、技术集约化的结构演进。东北产业结构演进的变化趋势及现状结构都表明，东北工业化已经进入中后期阶段，“重工化”结构应当向高加工度化和技术集约化进行转换升级。具有高加工度的装备制造业和技术集约化的高技术产业，在东北产业结构中的比重都比较低，带有“双重滞后”特征。

东北尤其是辽宁以重型装备、交通运输设备、通用机械等机械工业为主的重化工，曾经在全国占有重要地位。从绝对量看，1990 年以前东北地区装备制造业增加值占全国的比重一直在 10%以上，而近 20 年始终低于 10%，2011 年东三省总量（21316.3 亿元）仅略高于上海一个市（18404.25 亿元）的产量，如表 8—9 所示。

表 8—9　东北地区装备制造业区位优势比较

地区＼年份	1987			1990		2005		2011		
	产值（亿元）	区位熵	占全国比重(%)	产值（亿元）	区位熵	产值（亿元）	区位熵	产值（亿元）	区位熵	占全国比重(%)
全国	2898.46	—	—	4401.89	—	82644.14	—	276598.87	—	—
东北合计	426.39	0.96	14.71	555.57	0.91	4907.96	0.80	21316.30	0.83	7.71
辽宁	246.95	1.12	8.52	324.09	1.06	2754.16	0.81	13669.56	1.00	4.94
吉林	82.18	1.04	2.84	115.54	1.02	1452.03	1.11	6186.57	1.12	2.24
黑龙江	97.26	0.72	3.36	115.94	0.64	701.77	0.49	1460.17	0.38	0.53
广东	186.12	0.96	6.42	368.18	1.15	18661.97	1.59	46692.12	1.50	16.88
山东	162.90	0.80	5.62	291.78	0.81	7399.09	0.81	27338.78	0.84	9.88
江苏	358.31	1.16	12.36	544.66	1.11	13366.20	1.22	50861.49	1.44	18.39
上海	337.90	1.36	11.66	474.80	1.36	8468.50	1.57	18404.25	1.73	6.65

资料来源：根据有关年份《中国工业经济统计年鉴》计算整理。

从比较优势看，几十年来东北装备制造业占工业比重始终低于全国水平，体现比较优势的区位熵系数一直低于 1，2011 年也只有 0.83，说明东北产业结构中高加工度化不及全国平均水平。辽宁作为国家装备制造业基地，2011 年占全国产值比重比 1987 年降低了 3 个多百分点，区位熵系数仅为 1，尚不如吉林，虽比 2005 年有所回升，却低于 1987 年的水平，这表明辽宁装备制造业振兴以来有了较快发展，但高加工度的装备制造业在工业产值结构中的比重仅与全国水平持平。与发达地区相比，上海的装备制造业区位熵系数（1.73）为全国最高，装备制造业的区位优势十分突出；广东、江苏的区位熵系数都出现大幅度提高，产业结构调整升级成效显著；山东虽然区域熵系数较低，但装备制造业产值在全国比重高于东北三省 2 个百分点，比 1987 年提高了 4 个百分点，总体实力大幅度提升。

高技术产业占工业的比重是分析产业层次高级化、工业体系现代化的重要指标之一。东北地区高技术产值占工业的比重始终低于全国，而且差距越来越大，区位熵系数由 2000 年的 0.58 降到 2011 年的 0.45，根本无法与广东（2.37）、上海（2.07）、江苏（1.73）相比。2011 年，东北三省高技术产业的区位熵系数及占全国比重都低于 2000 年，表明新增投资依然是以传统产业为主，高新技术产业增长比重偏低，产业结构高技术化程度不及全国平均一半的水平，如表 8—10 所示。

表 8—10　东北地区高技术产业比较

年份／地区	2000			2005			2011		
	产值（亿元）	区位熵	占全国比重（%）	产值（亿元）	区位熵	占全国比重（%）	产值（亿元）	区位熵	占全国比重（%）
全　国	10425.9	—	—	34360.8	—	—	88433.9	—	—
东北合计	—	0.58	6.12	—	0.44	3.29	—	0.45	3.73
辽　宁	358.4	0.67	3.44	641.1	0.47	1.87	1884.5	0.43	2.23
吉　林	101.9	0.50	0.98	185.8	0.33	0.54	1020.6	0.58	1.15
黑龙江	177.7	0.58	1.70	303.9	0.53	0.88	395.3	0.33	0.45
广　东	2714.9	1.83	26.04	10704.4	2.27	31.15	23576.3	2.37	26.66
山　东	370.2	0.33	3.55	1785.7	0.47	5.20	6201.1	0.60	7.01
江　苏	1271.7	1.00	12.20	6718.4	1.53	19.55	19487.8	1.73	22.04
上　海	1006.8	1.33	9.66	3905.1	1.80	11.36	7021.4	2.07	7.94

资料来源：根据有关历年《中国高技术产业统计年鉴》计算整理。

纵览东北地区 30 多年产业结构演进、调整，可得出以下判断：

第一个判断，由三次产业产值结构演进轨迹得出，“三产化”趋向显现，“二产化”特征突出。这一特征也表明，东北产业结构调整的关键是加快工业内部结构调整，同时注意带动第一产业和第三产业协调发展。

第二个判断，由三次产业从业结构演进轨迹得出，“非农化”趋向显现，但“非农化”进程缓慢。东北第一产业就业比重持续不变，意味着“一产”劳动生产率和收入分配效应较低，也折射出非农产业的就业创造效应下降，应加快发展第三产业。

第三个判断，由工业产业结构的演进轨迹得出，“重工化”特征显著，“高加工度化”和“技术集约化”进程双重滞后。这表明，东北工业实力和比较优势下降，对产业结构演进更替的支撑力不足，应加快工业内部结构调整，向高加工度、高端制造、高技术产业产业化发展。

四、东北产业结构调整升级的基本路径

对于东北老工业基地来说，转变经济发展方式，加快产业结构调整，促进产业转型升级，实现三次产业协调发展，是“十二五”时期以及东北振兴后10年的战略重点。

东北老工业基地的产业结构调整，既不能完全抛弃现有的基础，也不能完全依赖于现有的框架。相对于长三角、珠三角而言，东北地区的“再工业化”是一种基于阶段差异的“结构错位”、国有企业主导和政府积极引导的重工业化。

（一）加快转变经济发展方式，走创新驱动的新型工业化道路

彻底摆脱传统的经济发展模式，是东北实现产业结构调整、建设新型产业基地的历史必然选择。转变经济发展方式具有长期性、系统性，东北产业结构调整必须从发展要素角度进行全方位转型，即由主要依靠第二产业转向三次产业协调发展，由资源型比较优势转向集群型产业优势，由主要是投资拉动转向自主创新驱动，由产业规模扩张转向提高产业核心竞争力，由各自为战的行政属地化转向区域经济一体化发展，走新型工业化道路，积极探索中国老工业基地全面振兴、可持续发展之路。

（二）明确优势产业定位，加快建设新型产业基地

东北在国民经济中依然具有难以替代的独特优势和处于十分重要的地位，原油产量占全国的2/5，原油加工量占全国的2/7，木材提供量和重型卡车占全国的1/2，商品粮、造船产量和电站成套设备占全国的1/3，汽车产量和乙烯产量占全国的1/4，钢产量占全国的1/8。正是基于东北的区位资源和工业基础优势，国家在东北振兴规划中提出建设“四大基地”和“一大保障区”的目标。

在东北振兴规划中，各省都有自己明确的发展目标，辽宁提出建设两大产业基地和一个研发基地，吉林提出建设五大基地，黑龙江提出建设六大基地，如表8—11所示。

在区域产业发展中，应注重发挥政府的协调作用，建立东北地区联席会议制，协商落实振兴规划，制定区域一体化的产业政策平台，建立东北地区产业协调、协作配套服务体系。各省根据自身的特色产业以工业园区

和工业走廊为载体，发展各具特色、重点突出的产业园区，形成具有一定规模和竞争力的工业集聚区。对重大产业项目、重大技术研发项目和跨地区资源整合，突破省际界限，建立高层次的合作联动机制、信息沟通机制、区域协调机制，在东北地区进行整体性规划和布局，形成重点突出、优势互补的区域工业发展新格局，探索区域发展统筹产业布局的新模式。

表 8—11　东北三省区域发展重点

省　份	重　点　建　设　基　地
辽　宁	先进装备制造业基地、高加工度原材料基地、科技研发与创新基地
吉　林	汽车产业基地、石油化工产业基地、农产品加工基地、现代中药和生物制药基地、光电子信息等高新技术产业基地
黑龙江	现代化装备制造业基地、大型石化基地、能源基地、食品工业基地、北药生产基地、森林工业基地

（三）激活增量和优化存量，向“高重型化”发展

充分发挥东北地区“重工业化”优势，围绕四大产业基地建设在传统产业基础上提高其高加工度和高端化，由单一资源型产业格局向综合高加工度型与高科技型产业格局转变。

东北地区的重工业化是中国工业化发展中“再工业化”的核心。受资源及成本等因素限制，长三角和珠三角的重工业具有“轻型化”特征，主要集中在通信设备、计算机等电子及交通运输设备制造方面，表现为“高服务化”、“高技术化”。东北的重工业主要集中在装备制造、黑色金属冶金、石化产品等重化部门，表现为“高重型化”。从中国工业化的进程看，东北重化工产品依然有较大的发展空间。因此东北地区重工业的发展，需要增添一些高技术型的重化工项目，但更要激活、优化存量资源。因为，相对于包括国有资本在内规模巨大的资源存量，任何规模的增量都难以在短时间内改变经济发展的产业结构，尤其是资本、技术等退出壁垒较高的行业。

从重化工业产业发展的制度基础讲，东北的国有企业在重工业化中仍具有主导和支撑作用。东北的国有骨干企业主导的多数是战略性产业部门，围绕战略部门形成了开放式的、区域化的产业链条，其“装备中国”的特殊地位，在中国工业化进程中具有极其重要的支撑角色。应发挥大型国有企业的作用，通过加快国企的调整和重组，中央企业与地方国有企业的整合、改造与创新，使之能力不断释放。

东北地区产业的外向化程度比较低，与长三角和珠三角重化工产业的外向化明显不同。东北三省的进出口贸易总额近年来虽有比较大幅度的增长，但相对全国而言，增速仍低于全国平均水平，进出口贸易总量较小。这表明，东北地区重工业发展靠的是国内资本而不是国际资本，产品服务对象和面向的市场是国内而不是国际市场。这就意味着，在我国经济发展中，东北重工业更多地是承担为其他地区提供设备、输送中间产品的分工职能。

（四）发展区域产业集群，全面提升东北装备制造业产业竞争力

东北振兴不等于工业振兴，但东北振兴离不开工业振兴。原材料和装备制造是东北的两个优势产业，然而，原材料产业发展受到资源存量的严重制约，东北资源型城市多达 30 多座，占全国的四分之一强。而装备制造业则是为国民经济和国家安全提供技术装备，是制造业的核心，是国家工业实力、科技创新能力和国际竞争力的体现。

中国装备制造呈现四大区域，即珠江三角洲的通信设备、计算机；长江三角洲的电子信息设备、汽车及零部件；以沈阳为中心东北地区的成套设备、汽车及零部件；以西安为中心的西北和以重庆为中心的西南军事设备制造。尽管东北装备制造业在全国的比重下降，但近几年在本地工业比重在快速上升。辽宁机床设备，吉林的汽车制造，黑龙江的电站设备、重型机械等方面都处于领先地位，东北装备制造业的制造技术、产业发展优势以及沿海、辐射全国的地理优势，是其他几个省市所无法比拟的。将传统的装备制造业提升改造为先进装备制造，形成具有国际竞争力的产品和高度专业化的配套加工体系，对东北产业结构优化升级、带动老工业基地振兴将起到积极的推动作用。

东北不缺大项目、大企业，缺的是产业集聚和产业集聚所能带来的竞争优势。做强东北产业基地，必须促进区内同一行业和相关行业的合资合作、强强联合，在区域内部形成多个分工协作、专业化强、加工度高、规模较大的产业集群。按照点轴理论，东北沿海经济带的开发，应该在一些重点区域，选择恰当的主导产业和大型核心企业进行产业集群式的开发，通过哈大线、京沈线、东北东部铁路、东北西部交通线路等轴线与腹地的发展紧密联系起来。

例如，以长春一汽、沈阳金杯汽车、哈飞集团为核心，联合各汽车配套生产厂家形成汽车产业集群；以沈阳、大连为核心形成数控机床产业集

群；以哈尔滨三大动力为中心形成电站成套设备产业集群；以大连为中心形成造船和机车制造产业集群。

东北地区的大型石化装置、有轨道路运输装置、核电站、火力发电装备、通用机械、船舶制造等产业链，都具有较大整合发展的空间。扶持重点企业加快跨地区、跨行业、跨所有制兼并重组和联合，鼓励支持有条件的装备制造企业“走出去”，积极开拓国际市场，提高市场竞争能力。

（五）加快区域经济一体化进程，促进产业资源要素整合流动

东北地区不仅仅是一个地理概念，更是一个经济概念。东北地区涵盖辽吉黑三省和蒙东地区，其地理位置临近、历史和经济联系密切，既有相同或相近的地缘文化传统，资源互补性和产业关联度较高，具有经济一体化的基础条件。

东北区域经济一体化的路径依赖是在计划经济基础上形成的，主线条是：石化通用设备制造—石油开采—石油化工—化工制品；矿冶设备制造—采矿—金属冶炼制材—机械装备制造。两条产业链具有较强的区域集聚性和外部经济性，成为具有一体化特征的区域生产综合体。改革开放后，东北区域经济结构发生重大变化，固有的产业联系分崩离析，但难以完全改变构成整个区域产业联系的大系统。

东北的重化结构和一体化路径依赖，决定了东北区域经济一体化不同于珠三角、长三角，必须始终围绕重化工业，以发挥国有工业和政府作用为主，构建政府推进机制和市场机制相结合的区域经济一体化发展模式，实现区位优势互补，将东北打造成中国新型产业基地和重要的经济增长区域。

东北地区应坚持“真诚合作、体制创新、优势互补、互利互惠、有序竞争、统筹发展”的原则，加强区域合作形成整体优势，建立区域经济一体化市场，激活和整合区域产业资源，实现产业优势互补，引导区域产业由各自为政的同质化、分散化向分工合作的产业集群化、规模化发展，发挥大工业城市的集聚效应，打通东西轴线，辐射城镇，形成沿海与腹地互动的产业发展态势。

（六）有效地发挥政府的引导作用，加快东北产业结构调整升级

东北老工业基地以重化工业为产业主体、以国有制为经济主体的基本经济结构，在短期内将难以发生重大改变。作为一个后发地区，在发挥市

场机制对资源要素配置的基础性作用的同时，更需要积极发挥政府的引导作用。重化工业是一个资本投资量大、技术要求高的战略性产业，同时是资源消耗和环境污染问题也比较突出的部门。在重化工业的发展中，政府需要积极引导、监督与服务。

政府要调整干预经济的方式，宏观调控应从以行政手段为主转向以经济手段为主，改变直接干预经济的方式，通过控制交易主体，制定交易规则，建立健全市场体系和市场规则体系，培育市场主体，用法律手段保障良好的竞争机制，创造良好的经济环境，为所有的市场主体创造平等的机会。

执笔人：常　丽（中共辽宁省委党校工商管理教研部）

第九章

长沙：走在科学发展的前列

湘江春潮涌，星城面貌新。近年来，湖南省长沙市认真践行科学发展观，始终瞄准省内率先、中部领先、全国争先，以建设资源节约型、环境友好型社会为契机，实施开放带动、“两型”引领、创新发展、城乡统筹、人才支撑战略，从结构调整、内生增长、创新驱动和改善民生入手，加快转变经济发展方式，创造了一项项又好又快、率先发展的骄人业绩，谱写了科学发展、和谐发展、绿色发展的宏伟篇章。2011 年，长沙经济总量在全国省会城市排第 7 位，综合竞争力居全国大中城市第 9 位，所辖县（市）全部进入全国基本竞争力百强；荣获“全国文明城市”、“中国最具软实力城市”、“最具幸福感城市”、“中国国际形象最佳城市”等美誉。那么，长沙这些发展成绩是如何打造出来的呢？深入的调研让我们找到了答案。

一、抓机遇，“两型”建设探新路

党的十七大强调：“必须把建设资源节约型、环境友好型社会放在工业化、现代化发展战略的突出位置。”2007 年 12 月，国务院批准湖南省长株潭城市群为“全国资源节约型和环境友好型社会建设综合配套改革试验区”。长沙市委、市政府紧紧抓住这一重大机遇，设立大河西先导区，先行先试、边干边试、敢闯敢试，拉开了长沙“两型社会”建设的大幕。2011 年 11 月，长沙大河西先导区确定为全国生态文明建设试点区，为湖南乃至全国“两型社会”建设提供示范，成为长沙“发展两型化”过程中引以为豪的城市名片。

长沙市制订了“两型社会”建设的总体综合方案、12 项专项改革方案和 7 项专项规划方案，加快转变经济发展方式，探索新型工业化和新型城市化，致力于实现经济繁荣、社会和谐、生态优化，推动“两型产业”、宜居城市、生态文明、大河西先导区、城市群五大建设，积极推进资源节约、环境保护、土地管理、科技创新、财税金融、城乡统筹、对外开放和行政管理等八大改革。

1. 创新资源管理体制。提高市场准入门槛，严格控制新建高耗能项目开工，引导国内资本和境外资本投资节能环保领域和产业。建立落后产能退出机制，采取强制和补偿相结合的办法，促进落后产能加快退出市场。大力推进新能源、可再生能源、水资源体制改革，加快建立原材料节约、资源综合利用、再生资源回收有效机制。

2. 创新环境保护体制。着力改变生态资源无偿提供、无偿保护的现状，综合利用价格杠杆和市场手段，建立健全环境资源交易、生态资源补偿以及绿色消费机制。建立城乡环保基础设施和农民环境保护自治机制，彻底克服环境保护城乡分治的局面，实现城乡环境统筹。

3. 创新土地管理体制。促进土地合理流转与集约使用，以解决城市化和工业化用地不足和农业产业化程度不高的问题，实现农业人口向城镇集中、工业向园区集中、农用地向大户集中的目标。把农村土地交易所的建设，作为土地管理制度创新的重要突破口，努力构建统一、高效、透明、规范、廉洁的国土资源有形市场。

4. 创新科技管理体制。形成以市场为导向、以企业为主体、官产学研金密切结合的技术研发和科技成果转化机制，创新的主要内容包括科技资源共享机制、科技交流与合作机制、产学研结合机制、科技投融资机制和知识产权保护机制。

5. 创新财税金融体制。建立激励与约束相结合的财政政策和调控机制，包括税收、投资、支出、补贴、贴息、担保等政策手段，促使经济主体将社会成本内部化，适应资源节约型、环境友好型社会发展要求。以深化金融体制改革和增强金融企业综合服务功能为重点，推进金融机构改革，扩大金融领域对外开放，加快金融产品创新，提升金融服务能力和水平，创建与“两型社会”建设相适应的现代金融服务体系。

6. 创新城乡统筹体制。以完善城乡总体规划为先导，统筹城乡基础设施和产业布局；以深化城乡市场化改革为动力，统筹城乡资源要素配置；以转移农村剩余劳动力为突破，统筹城乡就业创业；以完善公共财政体制为支撑，统筹城乡社会保障体系建设和社会发展。首创了“两转变一纳入”（农村集体土地转为国有土地、农村村民转为城镇居民，被征地农民纳入城镇社保体系）的征地安置模式，极大地促进了长沙市的工业化、城市化和城乡一体化进程。

7. 创新对外开放体制。大力发展开放型经济，着力打造国际制造研发中心、国际科技创新中心、国际文化交流中心和国际人才交流中心，在更大范围、更广领域、更高层次参与国际经济技术合作和竞争。重点创新招商引资机制、外来投资管理服务机制、口岸管理和通关机制，努力提高利用外资和对外开放水平。

8. 创新行政管理体制。2008 年，实施大部制改革，精简优化行政审批制。2009 年，清理行政许可项目 363 项，保留 199 项，精简幅度达到 46%；对行政审批程序进行整合优化、流程再造，改“串联审批”为“并联审批”，实现了全市所有项目审批时限压缩 30%以上和 100%在线审批，行政审批总时限比原部门承诺时限缩短 80%以上。积极探索绿色国民经济核算方法，将发展过程中的资源消耗、环境损失和环境效益纳入经济发展的评价体系，建立绿色 GDP 政绩考核机制。

长沙市充分利用全国“两型社会”建设综合配套改革区的政策优势，加大改革创新力度，在重点领域和关键环节取得重要突破，积极构建“两型产业”体系、绿色建筑、高效交通、生活方式和低碳文化，有效释放了经济发展的内生动力。长沙的实践启示我们：“两型社会”是一种以人与自然和谐共生为特征的发展方式与文明形态，是符合“两型”要求的经济、文化、社会、生态的综合体，一定要把建设“两型社会”作为加快经济发展方式转变的重要内容、载体支撑和阶段目标，通过“两型社会”建设来消除体制弊端、强化内生动力，建立一套协调运行、相互促进、持续发展、富有活力的经济社会体系，在节约资源、保护环境的前提下，努力探索一条科学发展之路。

二、转方式，减加乘除优结构

加快转变经济发展方式，最根本的就是要优化经济结构。长沙把优化经济结构作为加快转变发展方式的基础来抓，在激烈的竞争中赢得主动，在新一轮的发展中抢占先机。为了优化经济结构，长沙的决策者动足了脑筋，想尽了办法。

（一）淘汰高消耗、高污染、资源型产业，大力做“减法”

对传统产业进行高端化改造，是传统产业密集地区发展高端产业、进行产业升级的重要方式。通过这种方式不仅能充分利用现有的产业资源，而且能有效地发挥传统的产业、行业优势，是一种比较经济有效的发展道路。通过扶持引导及市场的优胜劣汰，培育一批综合竞争实力较强的优势品牌企业。

（二）发展现代制造业和高新技术产业，有效做“加法”

围绕“新兴产业、先进制造、高效农业基地以及现代服务、文化创意中心”建设，重点培育新型材料、电动汽车、节能环保、文化创意、信息网络、高端制造等战略性新兴产业。形成了生物制药、电子信息、环保节能、电动汽车、文化创意及新材料等战略性新兴产业集群。打造装备、汽车、食品和材料四大千亿产业集群，形成特色鲜明、产业结构层次合理、产学研金有机结合，具有较强带动力、富有长沙特色的旗舰产业和国际品牌。长沙工程机械产业共有规模企业30家，工程机械业产值占全国的23%，占全球的7.2%，长沙晋升为国内工程机械行业首个产值过千亿元的城市。中联重工、三一重工、山河智能等长沙工程机械行业的“顶梁柱”已在国际市场上赢得很高的知名度和美誉度。

（三）提高科学技术对经济增长的贡献率，着力做“乘法”

建设创新型城市，引导企业进行自主创新，推动产学研金合作，促进创新成果转化。2007年，长沙市科技研发投入42.49亿元，占地区生产总值的比重达到1.94%，接近创新型国家2%的标准，成为全国科技创新投入最强的地区之一。2008年，启动优势企业培育工程，在全市培育100家知识产权优势明显、市场竞争力强的企业。2010年，全市工业企业申请专利263个，开发新产品2703个，完成新产品产值1274亿元。目前，全市拥有29家知识产权优势企业，覆盖了工程机械、汽车制造、家用电器、新材料、生物医药、电子信息等优势产业领域；拥有国家级、省级、市级企业技术中心分别为11家、42家、151家。“国家科技进步示范城市”、“全国知识产权保护示范城市”、“全国唯一知识产权投融资服务试点城市”等荣誉，正成为长沙这座历史名城的新名片。

（四）推进资源环境公平制度建设，大胆做“除法”

没有资源环境公平，就没有资源节约型、环境友好型社会。资源环境公平，要求在自然资源的利用和环境责任的承担方面体现公正性和公平性，做到“谁开发谁保护、谁污染谁治理、谁破坏谁恢复、谁使用谁补偿、谁治理谁受益”，用制度和机制来保证资源环境的合理开发和使用。

长沙大河西先导区在全国率先成立了环境资源交易所，建立和完善排污权、环境污染治理技术指标、生态环境补偿的交易机制，推动环境资源的商品化、价格化，使排污权成为一种生产要素进入企业的生产过程。

长沙始终坚持把调整优化经济结构作为转变发展方式的基础来抓，为经济平稳较快发展创造了条件，在激烈的竞争中赢得了主动。长沙的实践启示我们：产业发展是一切城市发展的基础。发展现代产业体系，推进产业高端化，是当前中国经济面临的重大战略任务，也是转变经济发展方式、提升产业能级、优化产业结构的必然选择。只有坚持把经济结构战略性调整作为主攻方向，着力发展现代产业体系，加快产业高端化进程，才能更有效地提升中心城市的作用，更切实际地加快发展方式转变。

三、促和谐，社会管理创示范

2010 年 11 月，长沙市被确定为全国社会管理创新综合试点城市。长沙市委、市政府出台《长沙市推进社会管理创新综合试点工作方案》，抓住试点机遇，运用实践经验，努力把长沙建设成为全国社会管理示范城市。强化“以人为本服务为先、社会协同广泛参与、统筹兼顾依法管理、多管齐下综合施策”的理念，完善社会管理格局，创新社会管理体系，健全社会管理机制，夯实社会管理基础，形成了党委领导、政府负责、社会协同、公众参与的社会管理新格局。

（一）高度重视加强并改善党组织对社会管理的领导

长沙市委专门成立了社会管理创新综合试点领导小组，设立社会公共安全、社会民生保障、社会公共服务、流动人口服务、城市交通秩序 5 个创新管理协调委员会，切实加强社会管理创新工作的领导。为切实加强和改进新形势下群众工作，进一步密切党群干群关系，市委还下发了《关于建立“一推行四公开”制度进一步密切联系群众的意见》，决定“全面推行干部联点驻村（社区）、公开联系方式、公开岗位职责、公开监督机制、公开考核办法”制度。有效协调社会各界力量，扎实推进社会管理各项工作。

（二）大力增强政府的社会管理职能，努力提高政府公共服务能力

长沙市委、市政府坚持把创建全国文明城市和建设人民满意城市作为

社会管理的抓手，统筹推进平安和谐城市、食品安全城市、创业宜居城市和生态环保城市建设，丰富了社会管理内涵，创新了社会管理方式，为经济又好又快率先发展提供了良好的条件。在2010年《中国城市竞争力报告》中，长沙市政府管理能力竞争力排名全国第9位。

（三）充分发挥社会组织作用，加大社会管理的协同力度

社会组织在提供社会服务、扶助弱势群体、保障公共基本权益、促进社会有序运作方面具有不可替代的重要作用，是联系政府和公众的纽带和桥梁。长沙市在社会管理创新过程中，十分重视发挥各类社会组织的作用，加强政府与社会组织之间的分工、协作以及不同社会组织之间的相互配合，以整合社会管理资源，形成社会管理和服务合力。目前，长沙市共登记社会组织及其分支机构2341家，遍布工商业、农业及农村发展、科学研究等14个领域，社会组织在社会管理和服务中的积极作用日益彰显。

（四）充分发挥群众在社会管理中的主体作用，创建“公众参与型”社会治理模式

公众广泛参与社会管理，既有利于社会事务管理得到群众支持，又能有效地实现群众当家作主。以胡锦涛提出的“三问于民”为指导，长沙市委、市政府充分尊重人民群众的主体地位，注重发挥人民群众的首创精神，切实完善各种公共政策的听证会，积极征集人民群众的意见和智慧。一是通过“对话长沙”、“网络问政”、“信访联调”等形式，利用电视、网络、报刊等媒体工具广泛建立民众表达诉求、反映意见的渠道，在政府与社会之间架起一座沟通顺畅、良性互动的桥梁。二是建立公共政策制定的社会参与机制，以政府规章形式明确重大行政决策必须经过决策启动、公众参与、专家咨询、风险评估、合法性审查、集体讨论决定等环节，完善重大决策听证制度，搭建公众参与决策的平台。三是通过强化公众参与监督行政决策执行，大力推进政务公开，完善群众投诉举报制度，高度重视舆论监督，保障公众对行政事务的监督权，综合协调各方利益，促进社会公平正义。

合理的社会管理格局有效地维护了社会大局稳定，促进了经济社会发展。长沙的实践启示我们：必须高度重视社会管理创新工作。只有坚持把创建全国文明城市和建设人民满意城市作为社会管理的抓手，统筹推进平安和谐城市、食品安全城市、创业家居城市和生态环保城市建设，丰富社会管理内涵，创新社会管理方式，才能为经济社会又好又快、率先发展提

供良好的条件。

四、保民生，人民群众得实惠

保障和改善民生，既是实现全面建设小康社会宏伟目标的必然要求，也是加快转变经济发展方式的根本出发点和落脚点。只有提高市民的民生指数，增强群众的幸福感受，提高人民的生活质量，改革开放才能得到广泛支持，经济发展才有不竭动力，社会稳定才有牢固基础。长沙市委、市政府在“两型社会”建设中，始终坚持改善民生的价值取向，完善富民安民的制度安排，创新惠民利民的体制机制，以确保人民共享发展成果，实现社会的公平正义。

（一）注重创业就业这一民生之本

1. 出台一系列优惠的创业就业政策。按照这些政策，创业富民“非禁即入”，对市场开放、对企业放权、对群众放手，大专以上毕业生可以在长沙先落户后择业，外来创业人员住房纳入“安居工程”保障，小额贷款担保可以以技术成果和专利权、商标权、著作权等作为质押，创业者家庭住所、租赁房屋均可视为创业经营场所，从而为创业者搭建了宽广的创业平台。

2. 营造浓厚的创业富民氛围。通过举办“携手创业，共享成功”为主题的创业典型报告会、座谈会，开展“逆势而上，创业富民”创业典型宣传报道，与清华大学、湖南大学等高校联手推出“解放思想，创业富民”大讲坛等活动，使“百姓创家业、能人创企业、干部创事业”的创业氛围日渐浓厚。

3. 建立政府、社会、企业就业扶持联动机制。落实零就业家庭援助制度，2010 年长沙城镇登记失业率为 2.89％，居中部十城市第 3 位。加大创业富民活动投入，每年安排创业富民专项基金 5.5 亿元以上。为创业富民提供优质服务，广泛开展订单培训、岗位培训和就业培训，有效提升了劳动者就业技能和素质。

（二）注重社会保障这一民生之要

1. 进一步完善城乡社会保障体系。基本建立城镇职工社会保障体系，2010 年参保人数为 472.9 万人，参保率在中部省会城市排名第 2 位。以新农保试点为契机，率先在中部实现城乡居民养老保险全覆盖，到 2010 年底，全市城乡居民基本养老保险参保居民已超过 243 万人，参保率达 75%。大力发展社会救助事业，2007 年在全省率先实现了农村五保户较高标准的集中供养制度，全市 67.8 万 60 岁以上城乡居民每月发放养老金 60 元。

2. 不断提高新农合覆盖水平。新型农村合作医疗 2003 年在长沙县试点，2006 年在市普及。2010 年人均筹资水平达 140 元，有 378.4 万农民参加，参合率达 95.9%。累计筹集新农合基金 16.9 亿元，其中各级财政资金 14.1 亿元，农民自筹资金 2.86 亿元。累计补助参合农民 258.4 万人次、共 14.74 亿元，一次性个人最高补偿达 6 万元。新农合基本实现农村居民病有所医的目标。

3. 住房保障工程让居者有其屋。2010 年，长沙城市居民人均住房建筑面积由 2005 年的 27 平方米增加到 31 平方米，农村居民人均住房面积由 2005 年的 49.4 平方米增加到 59.5 平方米，城乡居民居住条件进一步得到改善。

（三）注重社会事业这一民生之需

1. 让每个人都享有均等受教育的权利。“十一五”期间，长沙市坚持科教兴市战略，把教育放在优先发展的位置，实现高等教育大众化、高中（阶段）教育普及化、义务教育优质化，城乡义务教育“一费制”全免，基本解决了农民工子女入学问题，职高和普高入学比例接近 1∶1。

2. 让每个人都享有基本的医疗资源。把保护人民健康和生命安全摆在第一位，针对城乡居民“看病难、看病贵”等突出问题采取了一系列措施，城乡基本构建起“15 分钟医疗服务圈”，每个乡镇建设 1 个标准化卫生院，村村建立了卫生室。

3. 让每个人都享有丰富的文体生活。大力推进政府购买公共服务计划，重点推进文化馆、科技馆、美术馆、游泳馆、运动场等文化体育设施免费或优惠向群众开放。全市广播综合人口覆盖率达 99.1%，电视综合人口覆盖率达 98.5%，有线电视用户达 117.5 万户，为丰富公共文化产品提供了有效载体。

这一系列推进民生事业发展的扎实举措，使群众生活显著改善，长沙的城市恩格尔系数、国民幸福指数、人文发展指数、社保覆盖率、人均住房面积等均已达到或接近国际化城市水准。长沙的实践启示我们：民生连着民心，民心凝聚民力。保障和改善民生，让人民充分享受经济社会发展成果，既有利于提高消费需求对经济增长的贡献，从而推动经济发展方式的转变，又有利于最大限度地消除社会不和谐因素，从而凝聚起改革发展的强大动力。

五、强党建，创先争优促发展

长沙市委始终把“创先争优”作为推动科学发展的实践载体，紧紧依靠基层党组织和党员作用，使科学发展融入人民生活，成为普遍自觉。以促进科学发展和“两型”社会建设为主要目标、以“创先争优”为主要内容的党建活动在长沙搞得有声有色，卓有成效。

（一）紧扣科学发展主题，注重“创先争优”实效

长沙市委按照中央和湖南省委有关精神，结合本市实际，明确提出创先争优活动要紧扣“深入推进科学发展、率先实现全面小康”主题，跳出就活动抓活动、就党建抓党建的局限，努力实现创先争优活动与经济社会发展互动互促。长沙在全市党员中组织开展“三联三为”（联系困难群众、联系身边群众、联系普通群众，为群众代言、为群众排忧、为群众服务）活动，以及党员志愿服务活动，为党员发挥作用提供了有效载体，让群众得到了真正的实惠。据统计，全市参与“三联三为”活动的党员达 28.4 万名，结成帮扶对子 9.8 万个，为群众解决难题 10.5 万个。在 2010 年底的“创先争优”活动群众满意度问卷调查中，满意度达 98.2%。“以雷锋为榜样”的志愿者服务是党员服务群众的又一重要载体。长沙城区共有党员志愿者 3.5 万人，带动 3 万多名入党积极分子、4 万多名非党人员，加入了志愿者服务行列，服务领域涵盖 10 大类 40 多个项目的服务岗位。

（二）抓住关键环节，创新“创先争优”活动形式

在“创先争优”活动中，长沙市委将中央、省委部署与本地实际有机结合，创造了丰富多彩的新形式。一是抓公开承诺。承诺是种态度，考验着每个基层组织和党员的党性；承诺是种责任，丈量着每个基层组织和党员为民服务的能力。长沙市委要求每个基层组织和党员都要向群众作出公开承诺，接受监督。具体承诺的内容为坚持“三个贴近”，即紧紧贴近科学发展主题、贴近群众、贴近党员实际，对群众所盼、所忧、所思，由基层组织和党员作出承诺并践行承诺。二是抓公开评议。长沙市普遍推广了

“四评工作法（群众参评、党员互评、组织讲评、领导点评）”。通过此法，群众把公开承诺兑现情况评出来，党员把相互之间的意见说出来，支部把组织评价亮出来，领导把争创成效点出来，真正让群众成为参与者、监督者和评定者，对基层组织和党员的创先争优活动形成一种有力的监督和鞭策。

（三）注重实干实绩，锻造“创先争优”主体力量

积极推行干部绩效考核，实现考人与考事、定性与定量、民意与民主、当上与当下相结合，奖优、治庸、罚劣、惩恶，让想干事、能干事、干成事的干部得到奖励、提拔和重用，让不作为、没作为、乱作为的干部受到诫勉、降职和免职，真正打破了干多干少一个样、干好干坏一个样的状况。大力实施“五百工程”，积极探索竞争选拔，注重在基层培养、锻炼及选拔干部，干部队伍的结构优化、素质提升、活力增强。深化党风廉政建设，设立“3·23”廉政警示日，加强廉政警示教育，拓展源头防腐领域；强化对权力的制约和监督，集中进行八项制度督察整改，推行领导干部公开述廉；严肃查处违纪违法案件，纠正损害群众利益的不正之风，反腐倡廉工作取得明显成效。

卓有成效的“创先争优”活动，不仅极大地提升各级党组织的凝聚力和战斗力，而且为长沙市“两型经济”发展提供了强大保障力和推动力。长沙的实践启示我们：实现科学发展，关键在于党的坚强领导，根本在于广大党员牢固树立执政为民的理念。

长沙的发展变化，是科学发展观在长沙的生动实践，是湖南省“四化两型、两个加快”步伐不断加快的具体体现，是长沙“又好又快、率先发展”战略结出的丰硕成果。长沙推进科学发展、转变发展方式的艰辛探索，既是一种自觉实践，也是一种责任担当。我们期待着，长沙在科学发展道路上，进一步在“两型社会”建设改革试验中发挥核心辐射作用、在科学发展富民强省进程中发挥龙头带动作用、在加快经济发展方式转变中发挥示范引领作用，着力提高城市国际化水平、加快产业高端化进程、推进城乡一体化发展、创新发展“两型”化模式、加强城市法治化管理，率先实现全面小康，建成充满活力、开放包容、繁荣发展、和谐幸福的“两型城市”，昂首迈入国内外先进城市的行列。

长沙市科学发展取得的一系列成绩，带给我们重要启示：一是“两型社会”是一种以人与自然和谐共生为特征的发展方式与文明形态，是符合

“两型”要求的经济、文化、社会、生态的综合体，一定要通过“两型社会”建设来消除体制弊端、强化内生动力，建立一套协调运行、相互促进、持续发展、富有活力的经济社会体系。二是产业发展是一切城市发展的基础，发展现代产业体系，推进产业高端化，是当前中国经济面临的重大战略任务，也是转变经济发展方式、提升产业能级、优化产业结构的必然选择。只有坚持把经济结构战略性调整作为主攻方向，着力发展现代产业体系，加快产业高端化进程，才能更有效地提升中心城市的作用，更切实际地加快发展方式转变。三是必须丰富社会管理内涵，创新社会管理方式，健全社会管理机制，夯实社会管理基础，形成社会管理新格局。四是保障和改善民生，让人民充分享受经济社会发展成果，既有利于提高消费需求对经济增长的贡献，从而推动经济发展方式的转变，又有利于最大限度地消除社会不和谐因素，从而凝聚起改革发展的强大动力。五是卓有成效的“创先争优”活动，不仅能极大地提升各级党组织的凝聚力和战斗力，而且为“两型”经济发展提供强大保障力和推动力。

执笔人：韩保江（中共中央党校国际战略研究所）
郭　威（中共中央党校经济学部）

第十章

西宁市民族团结、宗教和顺的城镇化道路研究

城镇化是形成城乡经济社会发展一体化新格局，全面建成小康社会，加速推进社会主义现代化的重要途径。地处青藏高原的青海省是多民族聚集、多宗教并存地区，受自然条件、人文传统以及政策梯度限制，城镇化水平明显落后于东部地区。西宁市作为青海省的省会城市，遵循省委、省政府制定的“扩市提位”发展战略，以建成青藏高原区域性现代化中心城市为奋斗目标，肩负起了率先追赶全国城镇化进程的历史责任，初步走出了体现鲜明地区特色的民族团结、宗教和顺的城镇化道路，值得认真总结，深入研究，不断完善。

一、西宁市民族团结、宗教和顺的城镇化现状

改革开放以后，西宁市进入了城镇化水平稳定提高阶段，尤其是进入21世纪以来，城镇化步伐开始加快，与此同时，保持了民族团结、宗教和顺的大好局面，并积累了丰富的经验。

（一）西宁市城镇化快速推进，并具备进一步提升城镇化水平和质量的空间与潜力

“十一五”以来，伴随着社会经济发展，西宁市的城镇化进入一个快速推进阶段。据西宁市第六次全国人口普查数据，在西宁市常住人口中，城镇人口占63.7%。同2000年第五次人口普查相比，市区城镇人口比重上升了7.12个百分点。但全市城镇化发展速度不平衡，所辖3个县的城镇化率还比较低，大通县、湟中县和湟源县分别只有33.14%、16.85%和25.76%，如表10—1所示。根据全国第六次人口普查的数据，目前，西宁整体的城镇

化水平已超过全国平均城镇化水平近 14 个百分点（全国平均城镇化率为 49.68%）。从西北 5 个省会城市加拉萨市来看，目前西宁的城镇化水平与其经济规模和发展水平相适应，但还有进一步提高的空间，如表 10—2 所示。

伴随着西宁市城镇化水平的提高，城镇化的质量也得到提升。一是经济保持了较快增长速度，“十一五”期间平均的经济增长率达到 16.35%，经济的整体规模持续扩张。二是经济结构得到进一步改善，产业结构升级速度加快，地区产业竞争优势不断显现。三是城镇化进程中的居民生活质量得到进一步提高，全社会就业人员从 2005 年到 2010 年年均增速为 2%，而城镇登记失业率控制在 4.3%以内。城镇居民的人均可支配收入和农民人均纯收入分别达到 14073 亿元和 5450 元，年平均增长率达到 10.9%和 16%。“十一五”末，政府用于民生方面的支出也达到一般财政支出的 55%，民众越来越多地分享城镇化带来的福祉。当然，通过与西北其他省会城市的对比，我们也应看到，西宁在提高城镇化水平方面仍然具备很大的提升空间。

表 10—1　西宁市各县（区）城镇化率

地　区	城镇人口（人）	乡村人口（人）	城镇化率（%）
西宁市	1406894	801814	63.70
城东区	354869	4819	98.66
城中区	283612	13375	95.50
城西区	242113	514	99.79
城北区	272823	26179	91.24
大通县	144484	291453	33.14
湟中县	73792	364043	16.85
湟源县	35201	101431	25.76

资料来源：课题组在西宁市调研期间市直部门及区县提供的相关资料。

表 10—2　2009 年西北五省会和拉萨市的城镇化水平比较

地　区	城镇化率(%)	地区生产总值(亿元)	人均地区生产总值(元)	三次产业比重(%)	城镇登记失业率(%)	城市居民可支配收入(元)	农民人均纯收入(元)
西　宁	61.4	501.07	22865	3.83∶49.76∶46.41	4.14	12911.03	4698.63
西　安	68.93	2724.08	32411	4.05∶42.03∶53.93	4.3	18963	6275
兰　州	62.66	925.98	27904	3.3∶46.83∶49.87	3.09	12760.66	4001.04
乌鲁木齐	73.3	1094.52	38496	1.46∶41.28∶57.26	3.52	13075	6666
银　川	66.8	578.15	34453	5.6∶49.4∶45.0	3.7	15715	5389
拉　萨	41.7	163.28	20264	5.5∶29.9∶64.6	4.3	15114	4149

资料来源：各省会城市 2010 年《统计年鉴》、2009 年《统计公报》及 2010 年《中国城市统计年鉴》。

（二）民族团结与宗教和顺的局面基本形成

多年来，西宁市坚持共同团结奋斗、共同繁荣发展的民族工作主题，紧紧围绕经济建设这个中心，积极开展民族团结进步活动，依法加强对宗教事务的管理，积极创新宗教活动场所管理，巩固和发展了全市民族团结、宗教和睦的良好局面，为全市城镇化的加快推进营造了良好的社会环境。在长期的实践中，西宁市政府坚持贯彻执行党和国家的民族宗教政策，各族群众能够做到和谐相处、守望相助，对祖国、中华民族、中华文化和中国特色社会主义道路的认同程度不断提高。例如，许多宗教人士主动向信教群众宣讲宪法和国家的其他相关法律，并发掘和弘扬经典、教义中的优秀传统文化和道德，对宗教教义做出符合社会进步的解释，探索宗教与社会主义社会相适应的有效路径。不同民族共度一些传统的民族节日，促进了民族团结与宗教和顺的理念贯穿于日常生活和风俗习惯之中。例如，以前大多是穆斯林群众彼此之间在开斋节走亲访友、交流感情。穆斯林过节，汉族、藏族等其他民族一道齐贺，已成为当地开斋节的新风景，而各族穆斯林也会祝贺其他民族的节日。

二、西宁市民族团结、宗教和顺的城镇化建设的基本经验

西宁市历史上就有着多民族多宗教和谐相处的优良历史传统。在城镇化迅速推进的今天，西宁市在继承传统的基础上，积极探索和创新出促进民族团结与宗教和顺的城镇化道路的基本经验。

（一）以各民族群众喜闻乐见的方式开展民族团结、宗教和顺的宣传教育活动

西宁市坚持开展民族宗教政策宣传月活动，培育民族团结与宗教和顺的社会氛围。从 20 世纪 90 年代开始，每年的 9 月份都是西宁市的“民族宗教政策宣传月”，青海省确定 8 月份为全省的宣传月之后，西宁市的宣传月由单月变成了双月。西宁市将民族团结宣传教育和党的民族宗教政策宣讲工作纳入全市思想政治教育和道德建设工作中，与各单位各社区的创先评优、安全文明评选活动相结合，与群众精神文明建设活动相结合，不断增加民族团结进步工作的内涵。同时，依法加强对宗教事务的管理，积极开展“平安寺院”建设活动。西宁市将对宗教界人士的政策教育与民族

团结进步工作相结合、与群众性精神文明建设活动相结合。通过宣讲中央文件、召开村民大会、党员学习会、入户调查、举办农业技术暨政策法规培训班等，向各族干部群众广泛宣传党的民族宗教政策法规，提高了各级干部正确处理民族宗教问题的水平和能力，提高了宗教教职人员和信教群众的法律意识、法制观念。

（二）全面推进宗教活动场所社会管理工作，引导宗教与社会主义社会相适应

宗教活动场所的有效管理不仅有助于各族信教群众合法、规范地从事宗教活动，而且也有利于引导宗教与社会主义社会发展的需要相适应。为此，西宁市提出了宗教活动场所社会管理创新思路，健全了宗教活动场所社会管理工作体系，做到了确定宗教活动场所管理主体、确定各部门职责、确定宗教活动场所人员；完善宗教活动场所的各项管理制度、完善宗教活动场所民主评议机制、完善宗教活动场所社会管理各部门的联席会议机制、完善宗教活动场所的“四通”、“五有”和“六覆盖”[①]。西宁市还将藏传佛教寺院全面纳入社会化管理。这些做法，对各民族各宗教的教职人员一视同仁，给予公民待遇，调动了各宗教和睦相处，在政府领导下为当地经济社会稳定发展做贡献的积极性。

（三）注重民族地区经济发展，改善民生，提高基本公共服务水平

以经济建设为中心是西宁市推动民族团结、宗教和顺的基本思路。在发展战略上，大力推进具有民族特色的城镇化发展战略，通过缩小城乡和民族差距，带动地区经济发展。在推动经济发展的同时，西宁市还注重以改善民生为抓手，提高公共服务水平，促进民族团结与宗教和顺。一是财政保民生。西宁市财政收入的83％投向民生，提出“财政保民生，建设靠经营”的理念，立足“小财政”办好“大民生”。二是拆迁工作，安置当头。以安置促拆迁、以安置保拆迁是拆迁工作的基本思路和原则。三是

① “四通”包括：通水、通电、通路、通信；“五有”包括：有一个坚强的民管会领导班子、有一套行之有效的制度体系、有一套完整的档案体系、有一个村级卫生室、有一个以寺养寺的经济实体；“六覆盖”包括：各项社会保障体系覆盖到寺院、各项公民待遇覆盖到寺院、各项利民惠民政策覆盖到寺院、各项建设规划项目覆盖到寺院、各部门行业服务覆盖到寺院、各项行政管理覆盖到寺院。

城镇化建设与民族文化特色保护工作和贯彻宗教信仰自由政策相结合。在城市总体规划、片区具体规划编制过程中，主动听取民俗专家意见，尊重民族群众意愿。

（四）在城镇化过程中重视民族宗教问题，妥善处理民族宗教矛盾

城镇化的快速推进必然使民族宗教问题日益复杂，也不免引发各种矛盾和摩擦，因此，需要建立有效的机制，采取积极的措施及时化解民族矛盾和处理宗教问题，确保民族团结与宗教和顺的大局。在这方面，西宁市也探索和创新出一系列行之有效的经验措施。首先，西宁市制定了民族宗教矛盾纠纷的调处机制，按照宗教属地化管理原则和综合治理责任范围，要求分管领导和统战干部在矛盾发生时及时到场处置，并强调各部门的综合协调，做到矛盾不上交、不推诿。同时，为防患于未然，定期开展矛盾的排查调处，将矛盾消除在萌芽状态。其次，充分尊重少数民族群众的风俗习惯和宗教信仰，坚决维护少数民族群众的合法利益。在实际工作中，西宁市各部门积极从政策优惠、税收、信贷资金等方面加大对少数民族企业的扶持力度，满足少数民族生产和生活的需要。同时，认真贯彻执行党的宗教民族政策和相关管理条例，对诸如清真食品生产企业存在的“清而不真”等损害少数民族群众利益的问题坚决予以打击和惩处。

三、西宁进一步推进民族团结、宗教和顺城镇化进程遇到的困难和挑战

在看到西宁市城镇化建设取得巨大进展和成绩的同时，还要清醒地认识到进一步推进城镇化将受各种不利因素的制约，面临一系列较为严峻的困难和挑战。

（一）城镇化深入推进面临一系列硬件和软件因素的制约

1. 城镇化的深入推进缺乏产业发展的有力支撑。尽管西宁在城镇化中积累了必要的产业基础，但在产业结构、竞争力和配套设施方面仍存在不足之处，削弱了产业发展对城镇化的支撑力。首先，产业结构不合理，工业化快速推进，但服务业发展相对滞后。服务业发展滞后不仅不利于扩大就业，而且导致城市的中心服务功能和区域辐射能力逐步下降。其次，

工业结构层次偏低，重型化特征突出，新兴主导型产业的发展不足。目前，第二产业主要集中于开采冶炼业、原料生产等初级资源加工行业，产业链较短，产业附加值低，形成了“两头在外，耗能在内”的格局。与高耗能产业的扩张相比，以低耗能、高效率为特征的新能源、新材料、生物医药等战略性新兴产业发展不足，富有青海和西宁特色的轻工业发展滞后。最后，产业配套不完善，核心企业在产业链上缺乏相关企业和产业的支撑，没有形成强大的产业集群；物流、银行、中介、教育、保险、信息等产业基础服务建设也较为滞后。

2. 城镇化的深入推进面临资金不足的严重制约。在推进城镇化进程中，财力不足成为重要制约因素。首先，财政资源有限，制约城镇化发展。从2010年的财政收支状况来看，全市地方一般预算收入约为34.52亿元，一般财政支出约为108.74亿元，其中有70多亿的财政支出缺口需要转移支付加以弥补。在财政支出中，教育、医疗、社保等民生领域的支出增长迅猛，耗费了一般财政收入的近80%。面对财力基础薄弱和城镇化进程加速的局面，“小财政、大民生”的财政运行模式难以持续。其次，金融业不发达，影响城镇化资金的积累。一是缺乏金融支持城镇化的专门配套政策措施。二是一些金融机构撤销了一些在乡镇的营业网点，进一步缩减了融资渠道和服务网络。三是针对城镇化特定需要的金融产品开发不足。四是银行对中小企业的金融支持力度不够。五是融资手段单一，主要靠银行贷款这一间接融资手段，资本市场等直接融资手段缺乏。六是政府和企业借债难度大，国家缺乏支持青海发展的金融手段，外资利用也较少。

3. 城镇化的人力资源基础薄弱，对高端人才的吸引力不足。人力资源匮乏，特别是高端人才不足，成为制约西宁市城镇化水平提升的重要因素。首先，劳动力受教育程度偏低。其次，高端人才外流严重。人才流失的主体多为学科带头人、技术骨干、专业技术人才等。高端人才外流导致西宁市的人才结构整体上体现出低端化特征。最后，外来流入人口素质偏低。从受教育程度来看，流入人口主要以高中及以下文化程度为主。从职业构成看，服务业从业人员居多，而专业技术人员和科技人员较少。外流人才层次高、人数多，流入人才层次低、数量少，使西宁出现严重的人才“逆差”和“赤字”。

4. 城市空间结构布局不合理，中心城市功能受到制约。西宁主城区位于四面环山的错位X形川道中，狭长的空间受河流、铁路、公路的分割，土地资源十分紧缺。城市空间结构不合理，进一步加剧了土地资源紧张的状况，致使有限的城市空间与多元的城市功能之间的矛盾不断凸显。首先，工业用地扩张迅猛，接近极限。其次，生活空间在城市中心过度积聚，导致中心区密度过高，交通拥堵加剧，城市空间品质降低。再次，城市的生产、生活及服务功能交杂，并争夺有限空间。最后，城镇规划多头管理导致发展无序。中心城市与周边城镇之间各自为政、独立发展，难以形成发展合力。

5. 基础设施建设仍显滞后，城镇公共服务能力不足。西宁在城市发展的过程中仍面临基础设施滞后，城市公共服务能力不足的问题。首先，公共服务基础设施发展速度滞后，且某些重要基础设施建设不合理。其次，公共服务设施空间分布不均衡，城乡基础设施尚缺乏对接与共享。最后，交通设施建设滞后，制约城镇化进程。此外，西宁目前尚未实现与国内各省会城市之间的直航，客货列车与全国大城市之间的直达更是有限，影响了西宁中心城市的承载服务能力，制约了西宁乃至青海民族地区的经济发展和交流融合。

（二）城镇化进程中民族和宗教问题日趋复杂，社会管理难度加大

伴随着国内国际形势的变化以及城镇化的迅速推进，西宁市的民族宗教问题也呈现出一些新的特点，民族问题、民族关系和宗教工作的复杂性、紧迫性和敏感性也相应增加。

1. 少数民族地区经济发展相对滞后，社会事业发展相对缓慢。在少数民族聚集的地区，特别是农村地区，由于物质资本和人力资本稀缺，地理位置和交通不便，导致经济发展水平相对落后于城市地区，存在大量剩余劳动力和贫困人口有待转移和救助。由于缺少资金和人才，这些地区的基础设施建设和公共服务体系发展相对缓慢，政府的公共服务供给能力明显不足。这使得现有的二元经济结构有所固化，制约了城镇化的均衡推进。

2. 在城镇化进程中，省内外大量少数民族群众进入城镇，给社会管理带来新的挑战。伴随着市场化、经济发展与劳动力转移进程的加速，省内外大量少数民族群众通过各种渠道进入城市。由于城镇化速度过快，城市本身尚未做好足够的准备，结果导致基础设施缺乏容纳能力，现有的公共服务体系、宗教活动场所等基础设施不能适应新进入的少数民族和信教

群众的需要，造成新的城市居民与原有城市居民对基础设施和公共服务资源产生争夺。外来少数民族进入城市还会打破现有的民族聚居布局结构，从而给城市管理与社会稳定带来新的问题。此外，少数民族流动人口的权益保障及社会管理领域还存在许多薄弱环节，容易积累和引发社会矛盾。

3. 在城镇化进程中，民族宗教事务管理有待进一步规范、完善和创新。首先，有关民族宗教关系的协调研究工作有待加强。目前，西宁市民族宗教问题的理论和实践研究比较薄弱，缺乏权威的专家学者、研究机构和代表性的研究成果，缺乏就城镇化快速推进条件下的城市民族关系、宗教关系等课题进行深入探讨，未能形成指导城市民族宗教工作实践的有力理论支撑。其次，宗教教职人员的综合素质有待进一步提高。目前，宗教界人士年龄老化、知识结构老化、文化水平较低的问题依然突出，无法很好地适应信教群众的宗教信仰和文化需求。一些非法的、素质低的甚至别有用心的人趁机混入宗教教职人员队伍，给宗教的健康发展与社会稳定带来不利因素。最后，对民族、宗教传统和文化的保护、挖掘和建设等工作的力度有待加强。近些年来，西方敌对势力和境外民族分裂势力往往利用文化渗透对我国进行西化分化，干扰和破坏民族团结与宗教和顺的局面，而城镇化推进过程中对民族宗教文化的保护力度不够也为敌对势力的渗透留下了可乘之机。

（三）经济社会发展失衡与资源、生态环境脆弱，制约城镇化可持续发展能力

经济社会发展失衡与资源、生态环境脆弱的问题，制约西宁市城镇化的可持续发展。

1. 城镇化发展不均衡，城乡二元结构特征显著。西宁正处于城镇化的初级阶段，城镇化发展不均衡和城乡二元结构差异显著。首先，中心城市与周边地区的城市化水平差距明显，中心城市缺乏带动区域城镇化和经济发展的能力。其次，城镇产业分布呈现明显的二元差异，形成以西宁为中心的圈层梯度结构，缺乏区域内产业的分工协作。最后，城乡收入水平二元差异显著，尚未形成城乡经济发展的良性互动机制。西宁市多利用国家西部开发的电价政策优势，发展在东中部地区受到严格限制的高载能产业。这些产业并非劳动密集型产业，无法吸纳大量农村剩余劳动力，制约了农民收入水平的提高。

2. 城镇化进程中失地农民的就业和社会保障问题突出。伴随城镇化

的快速推进，西宁市近年来征地规模不断扩大，失地农民人数逐年增加，他们的生产、就业、生活和社会保障问题日益凸显。首先，失地农民缺乏从事非农产业的技能，竞争能力弱，创业意识差；一些失地农民依靠低保为生，缺乏积极寻找工作的意愿。其次，城乡劳动力市场二元分割制约了失地农民就业。再次，对失地农民就业的后续保障缺乏完善的设计。一些部门主要采取土地补偿费的形式对失地农民进行补偿，尚未从就业安置的后续保障方面进行完善的规划安排。最后，失地农民的生产、生活方式及思想观念转变不到位，阻碍了他们成为市民的进程。

3. 资源、生态环境脆弱，影响城镇化可持续发展。西宁市水资源严重短缺，水土流失严重，草地退化严重，城市绿地网络建设不完善。目前，西宁的城乡生态环境已遭受一定程度的工业污染，而且由于曲折的地貌和60%以上的静风天数，污染物不易消散。此外，农业生产中由于土壤养分含量较低，因而化肥施用量明显高于国内其他地区，破坏了土壤的自然环境。

四、西宁市继续走好民族团结、宗教和顺城镇化道路的建议

针对深入推进城镇化面临的困难和挑战，课题组提出了西宁市推进城镇化的战略构想。课题组认为，我们应当充分发挥中国特色社会主义的制度优势，让西宁的城镇化道路继续为我国多民族多宗教地区顺利推进城镇化探索途径和积累经验。

（一）从国家发展战略层面来考虑西宁市民族团结、宗教和顺的城镇化问题

我们应当从保持全国社会稳定的大局出发，充分认识稳定青海尤其是稳定西宁的重大意义。在我国西部边疆，青海、西藏、新疆三省区形成了稳定的三角关系。青海省的状况历来对西藏和新疆的社会稳定具有重要意义。青海乱，则影响西藏和新疆稳定；青海稳，则西藏与新疆即使发生动乱，敌对势力也得不到来自于内地的有力支持，相反还会处于孤立无援的境地。

调查显示，多年来在青海省部分干部中，存在着青海“被边缘化”的说法。这来源于他们对于青海与西藏及新疆的政策梯度对比，即青海省从中央得到的支持力度要小于西藏和新疆。课题组认为，为了保持青海、西

藏、新疆三省区今后的均衡发展，有必要把西宁的发展上升为国家发展战略高度。目前，把西宁建设成青藏高原现代化中心城市，还仅仅是青海省的发展战略，但是单纯靠青海省自身的力量，难以实现这样的发展目标。因此，应当上升到国家发展战略的层面予以通盘考虑。

（二）西宁市走好民族团结、宗教和顺城镇化道路要处理好的几大关系

多民族多宗教地区城镇化有其特殊规律性，具体来说，在多民族多宗教地区，城镇化意味着具有不同民族、宗教、语言文化背景的农牧民向城镇居民的转变，意味着历史上传统的农区和牧区从封闭或半封闭状态走向开放状态，意味着各种经济的或社会的要素在不同社会群体和不同区域之间大规模的流动。在这个过程中，民族与宗教因素不会像小农经济那样彻底消亡，而是要以新的形式传承下来。西宁市要继续走好民族团结、宗教和顺的城镇化道路，必须充分认识这个特殊规律性。

1. 城镇化与多民族聚集的关系：一般来说，民族地区经济发展相对落后，单纯依靠市场力量，势必加剧贫富分化，民族地区在推进城镇化进程中要更加注重公平和共同富裕。城镇化要求技术与管理不断创新，必然促进资源配置效率的大幅度提高，带来社会财富的巨大增长。但是，这些巨额财富如何分配，是个世界性难题。西宁属于欠发达地区，各级党委、政府的第一要务是加快本地区的发展速度，把蛋糕做大，但是，不能再走城乡之间和区域之间发展差距不断拉大的老路。然而，不论是做大蛋糕还是分好蛋糕，西宁市多民族聚集、多宗教并存的基本市情造成了更多的变数和更为复杂的利益格局。

第一，要科学认识西宁作为民族地区发展的难点和潜力。在城镇化过程中，西宁必然遇到东部和中部很难遇到的问题。一是以少数民族为主要居民构成的地区，一般说来，传统色彩更浓，经济发展水平更低。二是少数民族的传统产业是其民族特色的经济基础，不能简单地一改了之，其民族特色尤其是文化特色必须妥善保留。对于以上两个难题，既要看到消极的方面，更要看到其积极的方面。全面考察少数民族地区“传统色彩更浓”的现实，固然增大了城镇化的难度，但也意味着这些地区开发的潜力比较大，只要发展思路对头，政策措施得当，就容易形成比较大的发展空间。积极地看待保护民族特色产业，要求做到传承与创新的有机结合，形成具有鲜明区域特色的产业。

第二，深刻认识多民族聚集地区资源配置效率低的原因。传统的农牧业经济不仅是劳动力过剩系统，更为本质的特征是货币供应短缺经济系统。这一本质特征在多民族地区就更为明显。从某种意义上说，多民族地区的“传统色彩更深”，正是货币供应更为短缺的具体表现。在这类地区，人均财力比较少，缺乏灵活便捷的金融体系，资本市场功能孱弱。所以，同样的资源要素，却难以表现出其稀缺价值。反映在市场要素方面，就是一方面，人才、资金等稀缺要素向内地流动；另一方面，土地、水、动植物、矿产等要素大量闲置。城镇化的过程为多民族聚集地区改变货币供应短缺状态，提高资源配置效率，提供了历史性机遇。

第三，注重不同民族之间均衡发展，共同富裕。多民族聚集地一般比较偏远，自然条件比较差，再加上语言和文化水平的限制，与大多数汉族群众相比，在市场竞争中往往处于劣势地位。如果发展成果的分配完全由市场竞争机制决定，则少数民族群众中的大多数将难以摆脱贫困状态。在市场经济体制基础上，党委和政府还必须综合运用财政、金融等调控手段，在就业、教育、卫生、养老、住房等群众切身利益方面，向少数民族群众倾斜，使他们同全国人民一道跨入小康社会，共同分享发展成果。

2. 城镇化与多宗教并存的关系：宗教因素在城镇化中既可以起积极作用，也可以起消极作用。宗教也要与时俱进，要引导宗教和城镇化进程相适应，共建多元文化的和谐社会。胡锦涛在第十七届中央政治局第二次集体学习会上强调，发挥宗教界人士和信教群众在促进经济社会发展中的积极作用，是做好新形势下宗教工作的根本要求。这是西宁市在推进城镇化进程中如何处理好宗教问题的基本指导方针。在当代中国，各种宗教的信徒是构建社会主义和谐社会需要依靠的基本群众，而不是异己力量。在西宁市，各种宗教的信众构成了一个特定的和现实的社会群体，也是一个将会长期存在的社会群体。在一定的历史阶段，信教人口的数量还会有所增加，宗教还会有所发展。由于世界观不同，对于有神与无神问题上的认识不同，信教群众有可能成为党和政府最容易脱离的一部分群众，或者被视为消极因素。宗教伴随着整个人类发展史，各种宗教虽然难免带有迷信的内核，但在浩繁的教义中也包含着大量人类精神文明成果，在人类文明进步中发挥了重要作用。历史已经证明，以现代化为核心内容的城镇化不可能消灭宗教，而是促进宗教与时俱进的过程。当代西方的城市文明与基督教存在着密不可分的关系。在我国古代灿烂的文明史上，儒、释、道都发挥了重要作用，而且相互融合补充，相得益彰。所以，西宁在城镇化进程中不可能回避宗教问题，而应当以积极的态度发挥宗教的作用。

从理论上看，市场经济是法制经济，是信用经济。诚信应当是市场主体必备的素质。但是，现实的市场竞争又是残酷的。在激烈的市场竞争中，人们的观念和行为发生变形在所难免，有些人甚至走向违法犯罪的深渊。矫正人们在市场竞争观念与行为上的偏差，维持正常的市场竞争秩序，单纯靠法制，会造成很高的社会交易成本。在违法与守法、罪与非罪之间，还有很大的空间可供人们选择。我们虽然是共产党人并且是执政者，但是，在市场经济体制下，既不能要求大多数普通劳动群众信仰共产主义，也不能要求他们的行为方式都合乎共产党员的标准。各宗教的教义虽然大相径庭，但都旨在指导信众如何做人做事，共同点是劝人向善，教人诚实守信，反对损人利己，禁止违法乱纪。在这一基本点上，有益的宗教教义与党中央倡导的社会主义核心价值体系并不矛盾，在很多具体场合，前者甚至可以成为后者有益的补充。所以，在警惕宗教消极作用的同时，应充分发挥宗教对满足普通群众在多领域、多层次精神需求方面的积极作用。这样，可以降低人们在竞争中形成的精神压力，减少社会摩擦甚至冲突，有利于构建社会主义和谐社会，是建设中国特色社会主义的必然选择。

西宁在历史上早就形成了多种宗教并存的格局，较好地满足了从事不同产业、属于不同社会族群、信仰不同宗教的人们的精神需求。课题组在调研中看到，经过党和政府的长期宣传教育，在西宁市，各种宗教的和睦相处已经蔚然成风，很少发生不同宗教之间的冲突。显然，在新的历史时期，这一文化传统仍然具有优势，应该继续保持并发扬光大。

3. 民族宗教意识与公民、国家、法制意识的关系：国家、公民、法制意识高于民族宗教意识，要防止极端思想误导群众，增强爱国思想与法制观念。辩证唯物主义认为，意识是存在的反映。民族意识是现实社会客观存在的民族差异和民族问题在人们头脑中的反映；宗教意识则是现实社会客观存在的宗教差异和宗教问题在人们头脑中的反映。如果我们承认民族和民族问题、宗教和宗教问题在我国存在的长期性，那么，民族意识和宗教意识的存在，就将会是长期的。正因为如此，我们党一贯从统一战线的高度科学处理民族宗教问题，尊重少数民族群众的权益和广大信众的信仰自由。当然，我们也要清醒地认识到，各种错误的民族主义思想倾向、宗教极端思想也会长期存在。对此，我们要保持清醒的头脑，防止形形色色的极端思想误导群众，为多民族多宗教地区保持正常的社会生活秩序奠定坚实的思想基础。防止各种极端思想误导群众，关键是在民族宗教工作中科学认识民族宗教意识与公民、国家、法制意识的关系。

博大精深的中国传统文化积累了丰厚的历史经验。自有文字记载以来，中国没有神权大于、高于世俗政权的记录，在这一点上，完全不同于文艺复兴以前天主教统治欧洲的历史。自秦汉到明清，中国历史上形成了“普天之下莫非王土，率土之滨莫非王臣”的国家意识形态。我们剔除其中的封建皇权专制糟粕，便不难发现，它要求的是所有民众不论属于哪个区域或哪个族群，都要忠诚于国家。这也就是我们今天所说的爱国主义精神的原型。在这种意识形态支配下，没有“非我族类”或“异教徒”的概念，不会产生基于狭隘的民族利益和极端的宗教信仰的大规模杀戮。在中国的历史上，只要忠于国家政权（即皇权），大家就都可以生活在同一块土地上。而国家的最大利益就是国泰民安，也就是我们今天所说的安定团结。这一历史经验非常宝贵，值得我们很好地挖掘，古为今用。

市场经济体制要求国家严格实行依法治国，把所有的竞争都建立在契约的基础之上。所以，在市场经济体制下，主导各种利益主体行为的意识形态不可能是民族意识和宗教意识，而必须是国家意识、公民意识和法制意识。由于历史传统的原因，绝大多数中国人并不缺乏国家观念，但比较缺乏法制意识。在激烈的市场竞争中，敌对势力往往利用普通群众缺乏法制意识的漏洞，以狭隘的民族意识和极端宗教意识蛊惑群众，使国家意识受到扭曲和损害。我国是社会主义法制国家，公民在法律面前一律平等。当代中国的公民，不管出身于哪一个民族，是否信仰宗教或信仰何种宗教，都应当具备法制观念、公民意识、国家认同、文化自觉，都应当自觉地处理好民族认同、宗教认同与国家认同的关系，都同样承担着维护法律尊严、维护人民利益、维护民族团结、维护祖国统一的责任和义务。

4. 多民族多宗教地区城镇化与可持续发展的关系：民族地区多是生态敏感脆弱地区，可持续发展压力大。民族地区在城镇化中要更加注重实现环保与发展同步、传统与现代有机结合。西宁在中国版图上的位置和在全国生态系统中的位置，都决定了它必须为中华民族承担起保护水土的历史责任。历史上西宁地区人口较少，城市化和工业化水平低，使得青藏高原的生态环境保持了较好的状况。但是近几年来，随着西宁经济的快速发展，西宁的生态环境保护总体而言质量不高，且有退化的趋势。因此，如何在环境保护的基础上实现经济社会可持续发展，是西宁市面临的重大课题。

相对于现代产业而言，传统农业与牧业虽然生产效率比较低下，但是，对于当代经济发展却独具启发意义，那就是“可持续”。也就是说，传统产业在农田和草场的地力恢复上都创造出了一整套行之有效的办法，能够保持生态平衡，做到自然资源在世代间的可持续利用。这是人类发展史上的重要物质文明成果，应当成为发展现代产业的基础。而且，传统的民族习惯和宗教教义在保持生态平衡和环境保护方面，都有自己独特的规定，属于重要的人类精神文明成果。这些在发展现代城镇经济中仍然具有旺盛的生命力，不能简单地弃之不用。只要在传统产业和产品中科学地加进现代管理和科技元素，就能够在创造就业、产值和税收方面做出贡献。

当然，我们也必须认识到，传统农牧业经济的“可持续”是建立在经济系统封闭运行基础之上的，它对生态平衡和环境保护的主要机制是自然恢复与补偿。而现代城镇经济是开放系统。所以，在现代城镇经济发展中，需要在更大范围谋求生态平衡和环境保护。西宁地区作为全国性的特殊生态功能保护区，其生态环保效益主要体现在黄河及长江中下游地区。因此，为在城镇化进程中保护环境，从地区内部看，在产业的选择上尽量做到促进可持续发展；从地区外部看，由于经济外部性存在，必须获得外部的生态环境补偿。可持续发展能够进一步促进城镇化发展，促进民族团结与宗教和顺。

（三）西宁市推进民族团结、宗教和顺城镇化进程应采取的措施

在多民族多宗教地区城镇化过程中，民族、宗教问题以新的形式存在，其中，利益的冲突是最主要的。必须妥善处理利益问题，才能实现城镇化平稳快速发展。在推进城镇化进程中促进民族关系、宗教关系和谐发展，培养具有法制观念、公民意识、国家认同和文化自觉的新一代城镇居民，是经济社会协调可持续发展的重要保障。

1. 实施国家发展战略，加大中央财政转移支付力度，把西宁建设成青藏高原现代化中心城市。青海与西藏同样存在藏族与藏传佛教问题，同样处于高寒和荒漠地区，地广人稀，而且青海还存在回族与伊斯兰教问题。但与西藏相比，青海省享受到的优惠政策比较少。同样是省会城市，西宁与拉萨相比人均财力相差悬殊，2010 年差距是 1∶1.44。在国家确定主体功能区规划中，西宁和拉萨一样，都属于“重点开发”地区。西宁属于“兰州—西宁地区”，拉萨属于“藏中南地区”。相对而言，西宁在经济

发展和环境保护方面的责任更重一些。显然，在各自的地区内，西宁与兰州相比，相对处于辅助地位，而拉萨则处于主导地位。以西宁现有的经济发展水平和人均可支配财力水平，西宁在与兰州、拉萨共同构成的区域发展格局中，已经显现更加明显的“洼地”态势。在2011年年底中央确定的14个连片特困地区中，包括了西藏的藏区和四川的藏区，而没有青海省的藏区，这样势必相对降低了中央对青海省的扶贫支持力度。如果这种态势长期下去，青海与西藏、新疆的发展差距就会拉大，不利于整个西部地区的稳定与发展。因此，课题组建议，可以拉萨的人均财力为参照，增加中央对西宁的财政转移支付水平。

2. 在城镇化进程中推进民族团结应采取的主要措施。相对于内地，民族地区经济发展落后。多民族多宗教地区在处理发展和稳定的关系中，应更重视发展；在经济发展和民生建设上，应更重视民生建设。

（1）采取有力措施提升城镇化水平。首先，进行全域规划，形成多民族多宗教特色的城市风貌。在推进城镇化中，规划先行，而且要对城乡统一进行规划。要对规划部门进行整合，以充分利用资源，创造最佳的经济、社会和生态效益。为避免城镇化过程中出现“千城一面”问题，规划应凸显城市的历史底蕴和文化底蕴，充分利用好地处高原的地理风貌、多民族多宗教的历史传统和文化传承这张独特“名片”，提高城市化质量和品位。其次，建立健全便捷的金融体系，增强资本市场功能，解决货币供应短缺问题。积极开展融资制度改革，拓宽城镇化资金来源渠道。借鉴发达国家和地区城镇化经验，进行制度和政策创新，开发针对城镇化特定需要的金融产品。在中小企业的抵押和担保上进行政策创新，增加银行对中小企业支持力度。积极争取在西宁市设立大型券商机构，改变单纯靠银行贷款而资本市场等直接融资手段缺乏的状况。积极引进内外资，促进地区经济发展。再次，把西宁打造成青藏高原教育科研高地。西宁与拉萨相比，由于海拔相对较低，更适合人居，对知识分子和青年学生的吸引力更强。应以青海大学为基础，整合青海省委党校、青海省社会科学院、青海省发展研究中心等教学与科研力量，在社会科学领域，重点研究多民族多宗教如何与中国特色社会主义制度相适应；在自然科学领域，重点研究高原生物与矿产资源的开发利用和高原生态平衡。为了实现西宁成为青藏高原教育科研高地的发展目标，国家有关方面应加大投入。

（2）重视民生建设，提高各族群众福祉。民生问题的改善将助推民族团结、宗教和顺。如何破解“小财政、大民生”的问题？一是发展经济。

二是争取国家支持。三是在民生发展上量力而行。在“小财政，大民生”的财政运行模式下，作为多民族多宗教地区，在民生改善上应向少数民族群众倾斜。

加大财政转移支付力度，提高民族地区公共服务水平。加大资金投入，帮助建设依托当地资源的经济发展项目，调整农村产业结构。扶持民族地区发展教育、文化、卫生、体育事业，从根本上提高人的文化素质和劳动者的劳动技能。尽快妥善解决民族贫困地区用水、用电、住房和上学等遗留问题。改善生产、生活环境，扶助民族群众早日脱贫致富，维护民族地区稳定。

（3）提高素质，强化服务，促进进城少数民族群众融入城市生活。在少数民族人口向城镇的流动问题上，存在“两个不适应”和“两个跟不上”，即外来少数民族群众不适应城市化生活与管理，城市的汉族群众不适应外来少数民族群众的风俗习惯；输入地政府的管理服务跟不上，输出地政府的协调服务跟不上。要积极探索在城镇化条件下加强社会管理的有效措施。

在人口由牧区、农区向城市迁移的过程中，关键的问题是移民在城市中的就业问题。少数民族流动人口由于文化水平低，使用国家通用语言文字有困难，缺乏在城市中的就业技能等原因，就业范围狭窄，易于陷入失业或无业的窘境。其中一部分人由于生活质量低、法制观念淡薄，极易受到民族分裂分子的收买和煽动，对政府和社会主流人群容易产生抵触甚至仇视情绪。我们应该做的是创造条件让进入城市的流动人口安顿下来，安居乐业，顺利融入城市生活之中。这就需要给予新进城的流动人口，尤其是对第一代移民，进行必要的培训，使他们至少能够掌握一两种在城市谋生的本领。对于部分少数民族移民，甚至还要进行汉语普通话的培训，使他们尽快消除社会交往的障碍。第一代移民面临的困难往往是最大的。因此，在就业方面，在市场经济的竞争中，不仅要给予他们平等的机会，而且要在一定时期内给予适当的优惠。要设立双语职业技术学校，帮助少数民族流动人口中的青壮年掌握一两门初级技能，扩大就业。政府有关部门可以采取减免税收、协调银行小额贷款予以资助等优惠政策，帮助少数民族群众解决在城市中的就业和生活问题。

（4）坚持宜散不宜聚的多民族杂居形式。在推进城镇化过程中，人口的分布格局对民族关系和宗教关系影响显著。在调研中我们注意到，干部群众都认为多民族杂居有利于民族团结、宗教和顺。目前西宁市的各民族杂居现象是历史形成的。在城镇化的过程中，随着外来少数民族人口不断进入城市，各民族居住的格局也面临着被改变的可能。应当坚持“宜散不宜聚”的原则，在城市化进程中，注意避免某个单一民族在某个区域的居住过于集中，避免形成民族群体过度分割居住的格局。在人们自然定居的过程中，科学运用行政手段促进杂居。例如，在新建住宅中，在户型设计上，大户型与小户型搭配起来，商品房与保障房等搭配起来。不同收入阶层的人杂居，也引导着不同民族杂居。又如调整教育结构布局，各区域成立一个重点高中，相应地初中和小学也进行优化配套，做到优质教育资源均衡布局。再如在小区中完善民政、社保等措施，使公共服务均等化。同时，应该不断关注不同民族群众居住格局的变化，当多民族杂居的格局出现不良的改变倾向时，适时出台地方性法规、办法，采取妥善措施适度推动民族杂居。

3. 在城镇化进城中推进宗教和顺应采取的主要措施。要引导宗教和社会主义社会相适应，和城镇化建设相适应。广大信教群众是社会主义建设的积极力量，应充分调动其积极性。

（1）全面贯彻党的宗教工作基本方针，着眼于发挥宗教界人士和信教群众的积极作用。促进宗教和顺，处理好宗教和顺与城镇化的关系，最主要的是处理好党和政府与宗教界人士和信教群众的关系。此外，还要处理好信教与不信教、信仰不同宗教和同一宗教的不同教派的人的关系。处理好上述关系，党和政府是主导，发挥宗教的积极作用是关键。

（2）提倡互相尊重不同的宗教信仰和信教群众的风俗习惯。我们在调研中注意到，经过党和政府的长期宣传教育，在西宁市，各种宗教的和睦相处已经蔚然成风，很少发生不同宗教之间的冲突。宗教信仰的差异，往往通过日常生活和风俗习惯的不同显现出来。彼此尊重，相互体谅，是应对差异和矛盾的最好办法。对于互相尊重不同宗教信仰和生活习惯的做法，党和政府应当加以鼓励和倡导，使之逐渐推广开来。

（3）下大力气培养一批爱国爱教的宗教界人士。课题组在调研中了解到，西宁市有一批爱国爱教的宗教界人士，他们在促进民族地区经济社会发展，促进宗教与社会主义社会相适应，在协调关系、化解矛盾，促进民族内部、不同民族之间，宗教内部、不同宗教之间的团结方面都做了大量卓有成效的工作。他们热爱祖国，拥护社会主义制度，拥护共产党的领导，遵守国家的法律、法规和方针政策。实现西宁市的宗教和顺，积极引导宗教与社会主义社会相适应，需要有更多这样的宗教界人士。党和政府有关部门要重视培养宗教界人士，相关部门要通力合作。

4. 在城镇化进程中，增强各族群众公民意识、国家认同、法制观念应采取的主要措施。当代中国的公民应当自觉地处理好民族认同、宗教认同与国家认同的关系。为此，需要进行长期的宣传教育，特别是要在城市化的进程中探索出一条对各民族群众进行“汉族离不开少数民族、少数民族离不开汉族、各少数民族之间也相互离不开”、“共同团结奋斗，共同繁荣发展”思想教育的路子。对于在校学习的青少年和未成年人，还要进行唯物论和无神论的科学世界观的教育。这方面的思想教育需要注意两个问题：

（1）要向各民族和信仰各种宗教的公民进行爱国主义教育和维护祖国统一、民族团结的教育。青海省是我国西部的大省，西宁市地处西藏、新疆等西部少数民族地区与祖国内陆联系的要冲之地，反分裂、反渗透任务艰巨，守边维稳、兴边富民责任重大。西方敌对势力一直利用民族问题、宗教问题对我国实行“西化”、“分化”的图谋，这是一个客观存在的事实，不以我们的意志为转移。这个道理要经常向各族群众讲清楚。要让大家懂得，我们虽然分属中国 56 个民族中的不同民族，信仰不同的宗教，但是我们都是中国公民，都是中华民族的成员。在建设中国特色社会主义的共同事业中，在经济社会快速发展和城市化的进程中，各族人民的根本利益是共同的，前途命运是共同的，面临的困难和挑战也是共同的。只要我们在党的领导下团结奋斗，各个民族、各种宗教都会有光明的未来。

（2）在宣传教育工作中要理论联系实际，尊重客观规律，循序渐进，注重实效。作为社会问题的组成部分，民族问题、宗教问题会长期存在，民族意识、宗教意识当然也会长期存在，各种错误的民族主义思想倾向、宗教极端思想也会长期存在。我们要多进行正面教育，而慎提淡化民族意识和淡化宗教意识，以免给极端分子扰乱社会制造借口。因为按照辩证唯物主义的观点，人们的社会存在决定人们的意识。对于绝大多数社会成员来说，只有当一定的思想意识产生和存在的社会条件改变了，他们的意识才会发生根本的改变。所以，思想教育工作不能指望“大跃进”。民族意识、宗教意识的淡化乃至消亡，是伴随经济社会发展而逐渐实现的长期的自然历史过程。要在共同团结奋斗、共同繁荣发展的同时，各美其美，美人之美，美美与共，不同而和，不断增强对中华民族的归属感、对中华文化的认同感。

5. 民族地区在城镇化进程中实现可持续发展应采取的主要措施。西宁市作为生态敏感脆弱地区，在城镇化进程中必须重视人与自然的和谐，强化环保与发展同步、传统与现代共存，实现经济社会可持续发展。

（1）不仅重视现代产业的发展，还要重视传统产业的发展。城镇化的推进要以产业做支撑，缺乏产业的支撑，城镇就会失去经济基础和活力。西部的开发要借鉴东部发展的经验。在经济发展的同时，要保护环境。在吸引外商投资和接受东部产业转移时，坚持高标准的准入条件，同时，大力发展当地产业。由于西部地理位置的原因，发展具有高原特色和民族文化特色的产业就是一个很好的选择。西宁市应围绕工业园区、特色镇、特色县大力发展块状经济。在产业聚集发展中，要不断增加科技含量，形成全国甚至世界品牌。我国文化正处在大发展、大繁荣时期，西宁市要加强民族文化、传统文化与现代文化的整合发展，在彰显地域文化特色的基础上，培育一批文化核心品牌，逐步形成高效益的文化产业体系。

（2）注重环境保护，使发展和环境可承受力相适应。在经济发展和环境保护的关系中，我们既不能过度强调经济发展而不顾及环境保护，也不能过度重视环境保护而不强调发展，应强调发展和环境保护相协调。

首先，进一步加强西宁及周边地区的江河源头和国家级特殊生态功能保护区的生态保护建设，继续实施天然林资源、天然草原保护工程，巩固退耕还林成果。其次，建立生态建设和环境保护补偿机制，鼓励各类投资主体投入生态建设和环境保护。坚持“谁开发谁负责、谁受益谁保护”的原则建立生态补偿机制，为全面协调可持续发展打下坚实基础。最后，完善计划生育政策，促进少数民族人口从数量型增长向质量型增长转变。人口学家和民族问题专家的研究成果表明，一些信奉伊斯兰教的少数民族（如塔塔尔族）在多项人口指标上都达到全国最优水平，要大力宣传介绍这样的典型经验。

五、多民族多宗教地区走好城镇化道路的普遍意义

课题组在深入研究西宁市走民族团结、宗教和顺的城镇化道路的过程中认识到，多民族多宗教地区走好城镇化道路，在全国范围内具有普遍意义，对于建设好中国特色社会主义，全面实现建成小康社会，具有重大战略价值。

城镇化是发展中国家实现现代化发展目标的重要途径。但是，城镇化道路是由欧美发达国家率先走出来的，所以，当今各国官员学者们谈论本

国城镇化的是非得失，都在自觉或不自觉地以发达国家的城镇化理论及经验教训作为模板。然而，发展中国家简单地模仿发达国家的城镇化道路与模式并不成功。从理论上透视这一现象，其实质是，源于发达国家的城镇化理论原则没有与发展中国家的具体实践很好地结合，生搬硬套、简单模仿成为普遍现象。因此，我国在推进城镇化进程中，必须紧密结合中国的国情，坚持一切从实际出发，反对教条主义。在多民族多宗教地区推进城镇化进程中，各民族、各宗教的历史文化传统，都必然对城镇化所要求的经济社会管理体制改革、产业结构调整、收入分配政策创新等诸多方面产生影响，任何忽视民族与宗教因素而简单地盲目地推进城镇化进程，都会造成发展道路的曲折，甚至演化出社会动乱。

我国在世界上是典型的多民族多宗教国家。内蒙古、宁夏、甘肃、青海、新疆、西藏、云南、广西等西北西南省区，占全国陆地面积一半以上，是少数民族人口比较集中的地区。改革开放以来，这些省区同沿海地区相比，城镇化进程相对缓慢，发展差距拉大。尤其是进入新世纪以后，西藏、新疆等地还发生过比较严重的社会动乱。深入研究这些现象不难发现，在这些具有明显民族宗教特点的地区，过分迷信市场竞争对经济增长的促进作用，忽视民族与宗教因素对经济发展与社会稳定的巨大作用，往往事倍功半，欲速不达。西宁市委、市政府在推进城镇化进程中，对多民族多宗教因素给予了充分考量，给我们以深刻启发。

首先，只有在推进城镇化进程中解决好民族宗教问题，才能充分显示出中国特色社会主义的优越性。在西方发达国家中，一般是民族比较单一，国民的宗教信仰基本相同，推进城镇化进程中没有遇到多民族多宗教因素带来的困扰。美国虽然是个例外，但美国属于移民国家，同英法等国一样，基督教一直占据主流意识形态地位，历史上的民族矛盾也只是表现为种族隔离和种族压迫。第二次世界大战以后，尤其是冷战结束后，以美国为首的西方发达国家不但没有处理好发展中国家遇到的民族与宗教矛盾，反而激化了这些矛盾，造成中东、非洲等地区热点不断。所以，我国如何处理城镇化进程中的民族宗教问题，并没有现成的经验。我们党领导下的中国特色社会主义制度，不仅要包容资本主义发达国家创造的人类文明成果，还要包容千百年传承下来的民族与宗教文明成果。只有这样，社会主义制度才能显示出强大的生命力。西宁的经验表明，我国处理民族宗教矛盾具有明显的历史传承优势和制度优势。我国完全有条件且有能力处理好城镇化进程的民族宗教问题，在世界范围内创造出新鲜经验，彰显中国特色社会主义制度的优越性。其次，只有在推进城镇化进程中解决好民族宗教问题，才能实现全面建成小康社会的宏伟发展目标。党的十八大已经向全国人民庄严承诺，到2020年全面建成小康社会。针对这一时间表，党中央曾经作出过全面小康的难点重点在农村的基本判断。课题组在西宁调研中深刻认识到，全面建成小康社会，最难最重的任务在多民族多宗教地区的广大农牧区。如果简单地套用西方自由竞争的理念、体制与政策，多民族多宗教因素只能成为西部地区推进城镇化的障碍，甚至引发难以调和的社会矛盾冲突。西宁的经验表明，走民族团结、宗教和顺的城镇化道路，多民族多宗教因素完全有可能成为加速小康进程的推动力。

执笔人：徐祥临（中共中央党校经济学部）
施　红（中共中央党校经济学部）
胡　岩（中共中央党校科社部）
陈宇学（中共中央党校经济学部）
张慧君（中共中央党校经济学部）

第十一章

走出“贫困凹地”，实现赣南跨越发展

赣州俗称赣南，是全国著名的革命老区，原中央苏区的核心地区，也是我国最贫困的地区之一。最近，国务院颁布了《关于支持赣南等原中央苏区振兴发展的若干意见》，使赣南地区获得了一次脱贫致富、跨越式发展的重要机遇。为此，笔者对赣南经济发展问题进行了专题研究，并提出相关政策建议，以期为促进赣南脱贫致富提供决策参考。

一、赣南地区贫困现状

赣南苏区是我国集中连片的贫困地区之一，也是最为贫困的地区，可称“贫困凹地”。

（一）经济发展缓慢，综合实力排名靠后

从总体看，赣南地区经济社会发展低于全国平均水平。我们选择反映地区经济社会综合实力的 6 个主要指标（即地区生产总值、全社会固定投资、社会消费品零售额、地方财政收入、农民纯收入以及城镇居民可支配收入）进行比较显示，2011 年，赣州 6 项指标的人均值不仅低于全国、中部地区以及江西省的平均水平，而且低于西部地区的平均水平。从发展趋势来看，差距还在拉大。2000 年，赣南地区人均生产总值占西部的比重是 71.8%，2011 年降为 58.1%，11 年下降了大约 13.7 个百分点；同期，农民人均纯收入占西部的比重，由高于西部转为低于西部，2000 年为 126.4%，2011 年为 89.7%[①]。这种状况说明，由于赣南地区经济发展速度慢于西部及全国的平均水平，导致农民人均纯收入的增长落后于西部

① 本文用到的数据如无特殊说明均来自《中国统计年鉴》和各省统计年鉴及相关政府网站公布的统计数据，或根据这些数据计算所得。

和全国平均水平，呈现“相对贫困”的趋势。

具体分析看，一是赣州经济发展实力排名居后。赣州作为江西省人口最多（占1/5）、区域面积最大（占1/4）的地级市，上述6个指标在省内11个地级市排名中处于末位，与毗邻省内外的8个地级市[①]相比，多数指标也居倒数，如表11—1所示。二是赣南是全国8个革命老区中的“欠发达的地区”。用人均生产总值、人均地方财政收入、城镇居民人均可支配收入和农民人均纯收入4个指标，与其他7个革命老区对比发现[②]，赣州的人均生产总值排名第6位，城镇居民人均可支配收入和农村居民人均纯收入均排在第7位，人均地方财政收入排名第4位。

表11—1　2011年赣南地区人均主要指标在省内和毗邻市中的排名

	生产总值	全社会固定资产投资	社会消费品零售总额	财政收入	农民纯收入	城镇居民可支配收入
省内11设区市排名	11	11	10	11	11	11
毗邻4省9市排名	9	7	8	7	9	8

资料来源：《中国统计年鉴》以及相关市县政府网站公布数据。

（二）农村居民收入低下，贫困面大且程度深

赣州有8个国家级扶贫重点县，1119个省级扶持贫困村，分别占江西省国家级扶贫重点县总数的38%、省级扶持贫困村总数的33%。按照国家农民人均纯收入2300元的新贫困标准计算，2010年赣南地区有贫困人口215.5万（占江西省贫困人口总数的43%），贫困发生率高达29.9%，分别高出江西省、全国贫困发生率18.8个和16.5个百分点。除了8个国家级扶贫重点县外，还有3个县被纳入罗霄山脉集中连片扶贫开发的行列中[③]。在赣南18个市县中[④]，都存在大量的贫困人口，农民人均

---

① 赣南地处赣粤闽湘四省交界处，毗邻8个地级市是福建省的三明和龙岩，广东省的梅州、河源和韶关，湖南省的郴州，江西省的吉安和抚州。

② 这7个革命老区是指延安、遵义、百色、临沂、龙岩、三明、黄冈。

③ 2011年11月，国务院颁布了《中国农村扶贫开发纲要2011—2020》，确定罗霄山区等11个集中连片特殊困难地区为重点扶贫对象；2012年6月，国家扶贫办公布了11个集中连片特殊困难地区分县名单，其中罗霄山区涉及23县（江西省17个，湖南省6个），有11个县属于赣州，分别是：赣县、上犹县、安远县、宁都县、于都县、兴国县、会昌县、寻乌县、石城县、瑞金市、南康市。

④ 赣南地区18个市县区中，唯有章贡区农民人均纯收入为6448元，超过全国平均水平。

纯收入普遍在 3000～4000 元水平，即使是条件相对较好的市县，比如南康市、龙南县、信丰县、大余县，农民人均纯收入也低于全国 6977 元的水平，占比在 70％～80％。毫不夸张地说，江西的贫困在赣南。

赣南贫困人口主要集中在罗霄山脉，不仅收入低，而且生存环境差，处于深度贫困状态。一是安居难，温饱难。赣南地区常用耕地 470 万亩，人均耕地 0.51 亩，且多为丘陵山地，务农收入很低，难以解决温饱问题。由于穷困所致，至今仍有 40.6％的农户住在土坯房中，甚至住在危房中。二是生活设施匮乏。赣南农村仍有 175 个村庄不通电，7.1 万户农民用不上电，18.65 万户农民看不到电视。多数贫困家庭没有像样的家具、家电。比如，对瑞金市 3740 个贫困户的调查显示，有 70％的家庭没有电视，94％的家庭没有电冰箱，97％的家庭没有通信工具。三是看病难。赣南地区医疗资源相当缺乏，至今仍有 297 个行政村没有卫生室，千人执业医师仅 1.01 人，千人病床数仅 2.22 张，分别比全国少了 0.78 人和 1.34 张，根本无法保障群众享受最基本的医疗服务。四是出行难。农村地区公路通达率低、安全隐患多，2.29 万公里公路中等外公路占了 33.5％，仍有 1.85 万个村民小组、2.32 万个自然村不通公路；206 个乡镇没有客运站、542 个行政村不通班车。

（三）地方财政收入少，债务负担沉重

赣南地区人均财政收入水平和“自给率”都很低，财政支出的 2/3 依靠上级转移支付。2011 年赣州人均地方财政收入是江西省的 58.4％、西部地区平均水平的 44％、全国水平的 28.7％；地方财政收入占财政支出比重为 35.3％，分别比全国、江西省和西部地区平均水平低 22 个、8 个、4 个百分点。财政“自给率”最低的安远、寻乌两县仅有 17.2％和 20.2％。赣南地区及各市县都是“吃饭财政”，2/3 的财政支出用于人员经费开支。为了改善民生环境，赣州各县（市、区）政府举债发展民生事业、改善基础设施，导致债务负担越来越重，形成“债务经济”。截至 2011 年底，各级政府累计债务达 299.83 亿元，是地方财政收入的 2.72 倍，其中 217 个乡镇平均直接负债 595 万元。

由此，赣南地区无法与全国同步进入小康社会。2010 年赣南地区小康目标实现度为 69.8％，比全国低了 10.3 个百分点，落后了 4 年；比全省低了 6.2 个百分点，落后了 3 年。2011 年，工业占生产总值的比重为 41.05％，相当于我国 20 世纪 90 年代中期的水平；与之相伴，城镇化率

也仅有39.34%，低于全国水平约14个百分点。赣南地区不仅是江西省发展最落后的地区，也是全国最落后的地区之一，堪称“贫困凹地”。

二、赣南地区脱贫致富面临的挑战

从发展经济学视角来看，赣南地区要跨越“贫困凹地”，必然要利用毗邻珠三角、海西经济区的地理优势，以“输入工业化”的方式，快速提升地区工业化水平，推动农村现代化、城镇化和信息化的发展，进而实现脱贫致富的战略目标。但是，随着赣州工业化持续跃迁，将面临区位优势不明显、生态环境制约、政策扶持力度不足等因素的挑战，克服这些困难是赣南脱贫致富的关键。

（一）区位优势不明显

从理论上说，影响产业转移的主要因素有两类：成本因素和市场因素。2007年全球金融危机以来，我国沿海地区的加工贸易产业，面临成本上升和外需萎缩的“双重压迫”，开始向中西部转移。只有满足成本和市场两大条件的区域，才具有“输入工业化”的区位优势。调研中发现，赣南虽有毗邻珠三角的地理优势，但除了少部分市县具有一定的承接产业转移的区位优势外，总体上并不具备明显的区位优势。

1. 不具备市场优势。主要表现在：一是远离新兴市场中心。赣南距离区域性经济板块核心的深圳、广州、厦门、南昌、长沙都在400公里以上，处在各个经济板块的边缘，很难搭新兴市场崛起的便车。根据世界银行的研究结论，经济密度增加一倍，生产率提高6%，而与中心城市的距离增加一倍，利润就降低6%。二是本地区市场规模狭小。驱动本轮产业转移的一个重要原因，是外需萎缩产能过剩，企业被迫内迁拓展产品市场，以缓解或改变对外部市场的依赖。有学者对浙江105家较大规模制造业企业关于产业转移的问卷调查数据进行回归分析，表明企业对转移区域选择与产品市场分布有很高的相关性，相关系数为0.88[①]。而赣州由于经济欠发达，居民收入水平低，消费水平低于全国及西部的平均水平，区内市场容量较小，并不受大企业的青睐。据赣南地区招商局提供的“招商引

---

① 陈建军：《中国现阶段的产业区域转移及其动力机制》，《中国工业经济》2002年第8期，第37—44页。

资”数据显示，落户赣州的能带动产业集群发展的大项目和核心技术项目很少，劳动密集型的、低端产业的小规模外向企业居多。

2. 成本优势不明显。地区低成本环境是承接产业转移的关键条件。从赣南地区实际来看，比较成本优势并不显著。一是投资效益不高。从投入产出比来看，2011 年赣南地区投入产出比[①]（1.33），虽然高于江西省（1.05）、西部地区（1.27），但是，低于中部（1.44）及全国的平均值（1.52），更低于毗邻的福建（1.80）、湖南（1.66）。这说明，赣州的投资效益并不高。二是物流成本过高。赣南地区地处南岭、武夷山、诸广三大山脉交接地区，丘陵、山地多，交通条件较差，物流成本高于珠三角20%～30%。三是劳工成本优势不明显。由于受发达地区吸附效应的影响，大量高端人才和农村青壮年劳动力流失。据不完全统计，赣南地区约有 117.2 万人外出务工，造成了赣南本地“用工荒”，劳动成本上升。与毗邻赣州的地级市[②]相比，2011 年，赣州平均工资水平虽然低于福建莆田市、南平市及龙岩市，粤北韶关市、清远市，但与粤东的揭阳市、潮州市及汕尾市，粤西的阳江市、茂名市及湛江市以及江西省内的上饶市、抚州市，处在同一水平上，有一定的劳动成本优势。如果考虑行政区划因素，赣南不具有明显的区位优势，如图 11—1 所示。

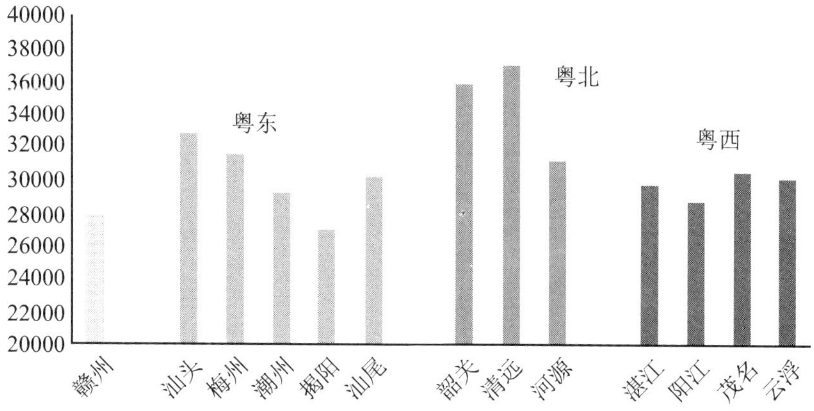

图 11—1 2011 年赣南与粤东、粤西、粤北城镇单位在岗职工平均工资比较

资料来源：相关各市政府网站公布数据。

① 投入产出比＝GDP/固定资产投入。

② 这些地级市主要是指列入海西经济区范围内的 20 个地级市和粤北、粤西的 7 个地级市。

（二）生态环境保护的制约

赣南是赣江、东江的源头所在地，也是重要的生态屏障区。为了保护好水源地和生态屏障区，中央政府对该地区的资源开发、产业准入以及已开发地区整治都有严格规定和限制。这样，必然限制了赣南产业发展空间，影响了农民的脱贫致富。

1. 限制了资源开发。国家主体功能区规划把赣南地区36.3%的区域面积列为国家重点生态功能区，限制开发。此外，还有10处区域被列为禁止开发区域，如表11—2所示。这些限制和禁止开发的区域涉及赣南11个县区，占赣州市国土面积比重接近40%，绝大部分与罗霄山脉集中连片扶贫开发区域重叠。国家规定，在限制和禁止开发区内，不能随意从事矿产资源开发、化学农业、伐木、工业等产业的发展，这样影响了赣南地区产业发展和整体布局。

表11—2　赣南地区被国家列为限制和禁止开发的区域

	类　别	名　称	覆盖县市	面积(平方公里)
限制开发区域	国家重点生态功能区	南岭山地森林及生物多样性生态功能区	定南、龙南、全南、寻乌、安远、大余、崇义、上犹县	14295
禁止开发区域	国家森林公园	峰山	章贡区	207.35
		翠薇山	宁都县	78.67
		三百山	安远县	33.30
		梅关—丫山	大余县	53.00
		阳岭	崇义县	68.90
		五指峰	上犹县	245.33
		陡水湖	上犹县	226.67
		九连山	龙南县	200.63
	国家级自然保护区	九连山	龙南县	134.12
	国家级风景名胜区	三百山	安远县	138

2. 抵消了区位优势。如上所述，赣南在与其他地区竞争“招商引资”上，有一定的低成本优势。但国家对生态环境保护的严格规定，抬高了产业进入成本，一定程度上抵消了低成本优势。据有关资料显示，赣南近5年关闭和搬迁了2540家企业，拒绝了3150个对环境有污染的产业投资项目，涉及资金近千亿元。

3. 挤占了发展资金。为了保护生态环境，地方政府每年都要从窘迫的财政中，拿出一部分资金，用于生态环境恢复。数十年矿产资源的过度开发，已使 97.34 平方公里的土地遭到破坏，1050 万亩土地水土流失严重，占山地面积的 23.6%。要恢复这些遭受破坏的生态系统，需要大量的资金、人力投入。另外，赣南大部分县（市、区）是泥石流、滑坡、洪灾、旱灾等自然灾害的多发区，必须投入资金预防频发的自然灾害，改善农民生存环境。不仅如此，为了保护水源地，需要安置大量的生态移民、水库移民，地方政府财政不堪重负。

（三）政策支持力度不足

为了加快转变经济发展方式，国家在促进产业转移，实现区域协调发展上政策频出。从 2008 年至 2012 年 11 月底，相继出台了 30 多个区域发展规划，几乎涉及东中西所有地区，呈现出政策“普惠化”的趋向。虽然国家颁布了《关于支持赣南等原中央苏区振兴发展若干意见》，将扶持赣南地区发展上升到国家战略层面，但对于“贫困凹地”的赣南，并没有形成特殊的支持效应。比如，没有对赣南地区在保障水源资源供给、维护森林生态所牺牲的经济利益等做出系统性的政策安排。再者，周边各省在新一轮产业转移中，为了承接产业转移，也竞相出台和承诺各种优惠措施，在一定程度上冲抵了赣南的“政策效应”。

三、赣南地区脱贫致富的机遇

世界各国为了顺利度过经济危机，都忙于转方式调结构，试图在新一轮竞争中抢占有利位置。我国政府更是未雨绸缪，在经济增长还保持两位数时，就开始推动转方式调结构，培育战略新兴产业和积极稳妥地推进城镇化。这一趋势性的转变，使赣南地区特有的稀缺资源出现战略升值，拥有了发展战略新兴产业，竞争优势产业与后工业化产业的历史机遇。我们运用产业经济学家迈克尔·波特的钻石理论，如图 11—2 所示，对赣南地区资源进行系统分析，结果表明赣南在矿产资源、森林资源、环境资源三个方面，存在战略升值的空间，区位优势凸显。

（一）稀土、钨资源升值：打造新材料产业基地优势凸显

稀土和钨资源是影响国家竞争力的战略资源，以此为基础的材料产业，也日益成为成长性好、附加价值高、应用广泛的战略性新兴产业。赣

南地区在此方面拥有“得天独厚”的发展优势。

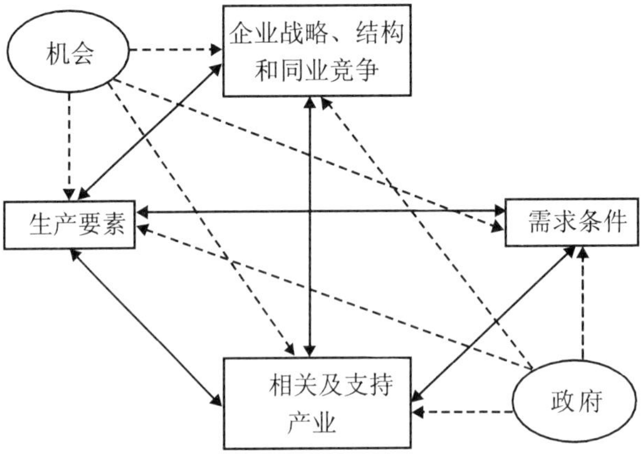

图 11—2　迈克尔·波特的钻石理论模型

1. 赣南地区素有“稀土王国”和“世界钨都”之称，稀土和钨矿产资源丰富。赣南的离子型稀土储量占全国总量的 30%、离子型采矿权占全国的 85%、开采总量控制指标（2012 年）占全国的 67%。赣州也是钨和离子型稀土的主产地和集散地，集散量分别占全国总量的 60%和 50%。

2. 赶上政策推动产业发展和转型的机遇。新材料产业是我国重点扶持的 7 个战略性新兴产业之一①，这为赣南从资源优势转化为产业优势提供了良好的政策环境。国家为促进稀土行业的可持续发展，也加强了对稀土和钨开采、冶炼、出口的严格监管，并开始实施战略储备制度。这就倒逼赣南从“卖资源”向“卖材料”转变，从而客观上加速了赣南地区新材料产业的形成。

3. 相关产业集群初见规模。目前，赣州已初步形成产业聚集优势：稀土分离能力约占全国同类矿的 50%，冶炼能力占全国的 60%，是全国最大的稀土金属生产基地和资源综合利用基地。新材料终端产品生产也有一定的生产能力，比如稀土永磁电机 200 万台、锰酸锂动力电池 600 兆瓦、稀土陶瓷刀具 500 万套等。近年，稀土产业发展势头迅猛，主营收入规模呈现跨越式增长。2010 年全地区稀土产业主营业务收入突破百亿元，

---

① 2010 年 9 月我国做出《关于加快培育和发展战略性新兴产业的决定》，明确了节能环保、新一代信息技术、生物、高端装备制造、新能源、新材料和新能源汽车 7 个产业，作为重点扶持产业。

2011年则突破300亿元。可见，赣州新材料产业已经具备跨越式发展的竞争优势，正在成为全国新兴材料产业基地。

（二）森林资源升值：林果生产、加工、储备等优势明显

赣南地区拥有丰富的森林资源，2011年森林覆盖率达到76.6%，活立木蓄积11921.7万立方米，林地面积306.38万公顷，具有发展林果经济、林下经济及相关加工业集群的基础，有实现森林“软产品”市场化的潜力。这对推动赣南地区走出“贫困凹地”，构建“富民”产业具有重要意义。

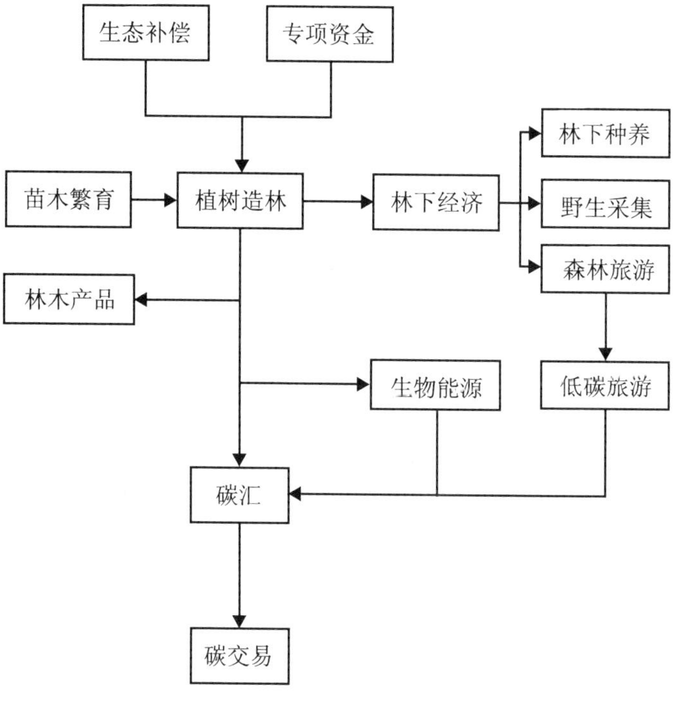

图11—3　碳汇林业产业链示意图

1. 有大力发展脐橙和油茶产业，成为全国柑橘交易市场以及食用油生产基地的优越条件。赣南位于柑橘5大优势产区之一——赣南—湘南—桂北优质鲜食脐橙带的核心区域[①]。由于特殊的土壤、气候、水质等自然

① 参见农业部颁布的《全国优势农产品区域布局规划（2008—2015年）》。

条件，赣南脐橙的品质最优，享誉全球，产业优势显著。赣南也是油茶最适宜栽培和生长的区域。林业局颁布的《全国油茶产业发展规划（2009—2020年）》，将江西省列为最适宜栽培区，赣南是江西最主要的栽培区域。目前，我国油料作物种植面积减少，过度依赖进口；食用油生产领域被跨国公司控制，高端食用油市场被外国品牌占有，导致食用油安全问题日益严重。为此，发展节省耕地、品质好的山茶油，是提高食用油安全的重要选择，赣南迎来了发展以树果为基础食用油产业的机遇。另外，赣南处于我国脐橙、油茶产业分布的中心地带，有利用品牌、政策、科研等优势，整合周边资源，打造市场中心的地理优势。

2. 发展碳汇林业潜力突出。世界各国都把林业作为减少碳排放的重要途径、争取本国工业化发展空间的战略手段。我国作为碳排放第一大国，必然高度重视碳汇林业的发展。赣州是我国十八大重点林区之一，林地面积占全市面积的77.8%，拥有发展碳汇林业的特殊优势。所以，赣南应以碳汇林业为基础，发展林下经济，大力培育鲜活食品、中药材、木材等产业，建设南方农副产品供应基地。

（三）环境资源升值：休闲与宜居优势突出

工业化给人类带来财富，同时也带来污染、喧嚣，人们已经难寻一块宜居的栖息之地。所以，拥有良好生态环境的地方，越来越赢得人们青睐，也获得了发展机会。赣南恰恰拥有发展休闲产业、培育宜居城市的区位优势，有发展成为“人气城市”、“创意城市”的潜能。

1. 环境资源得天独厚。赣州森林覆盖率高，域内有江河分支上千条，森林公园、自然保护区、风景名胜区共计21处（包括国家级和省级），空气清新，负离子含量高，气候湿润，温度适宜，被誉为“生态家园”。另外，赣南农产品供应丰富，有独特的饮食文化，是生态旅游、居住、养老的好地方。赣南毗邻富裕地区，尤其是距离香港、澳门、深圳、广州以及珠江三角洲很近，航距在一小时范围内。如果交通条件改善，陆路也非常方便，有可能成为发达地区居民度假和休闲的“后花园”。

2. 文化资源丰富，有构造“精神家园”、传播华夏民族精神的资源优势。《海峡西岸经济区发展规划》明确提出：“龙岩、赣州、梅州等城市，要发挥红色旅游、客家文化等优势，大力发展特色产业，建设成为重要的生态工贸城市。”赣南历史底蕴深厚，有“红色故都”、“客家摇篮”、“南国宋城”的美誉，尤其是“红色资源”遍布赣南。因而，可以通过挖掘和整合资源，使赣南成为我国红色文化旅游目的地。

3. 赣州生活便利、成本低、节奏慢，适宜居住。如果在低碳、知识、文化、信息、教育、医疗等方面有所改善，也有可能成为“最具人气的宜居城市”，吸引中等收入人群的流入。尤其是随着老龄化加快，养老需求大幅度增加，温暖的南方地区是“候鸟老人”的首选，老龄产业的高成长也有可能带动区域的发展。

四、赣南地区脱贫致富的出路

赣南应乘着国家《关于支持赣南等原中央苏区振兴发展的若干意见》的“东风”，转变发展思路，抓住战略机遇，走出“富饶的贫困”，实现跨越式发展。

（一）赣南地区的发展路径

赣南地区由于自身条件和外部环境的约束，不能再沿用“珠三角”通过输入加工贸易产业，快速推动工业化的发展模式。因此，赣南要走出“贫困凹地”，应立足于资源优势，抓住新兴市场崛起的机会，发展新兴产业，推进跨越式发展。

1. 把发展必需消费品产业与发展新兴产业相结合。必需消费品产业具有需求弹性小、市场空间随人口增长和收入水平提高而稳步增长的特点。目前，我国正处在城镇化加速的阶段，中等收入人口不断增长，消费品升级加快，必需消费品产业发展空间广阔。赣南地区可以凭借资源禀赋、地理区位等优势，打造绿色、优质、高档农产品供应基地；还可以利用市场中心地位，集聚周边资源，发展食品加工业以及保健品、生物制药、化妆品等高附加价值产业。同时，着眼未来，发展新兴产业，抢占未来市场制高点。赣南地区“得天独厚”的战略性资源——中重稀土和钨，可以为新材料产业及相关终端设备制造业发展奠定基础。赣南地区的生态环境、人文资源及地理区位等优势，为打造宜居城市，推动老龄产业、外包服务、休闲旅游等发展奠定了基础。概括地说，就是做大做强必需消费品产业——支撑经济稳定发展；做大做好新兴产业——实现经济跨越发展。

2. 把发展富民产业与发展富税产业相结合。按照现在的税收制度，农业是富民产业，工业是富税产业。农林牧渔各业的发展，可以增加农民收入，但没有税收；工业则是税收的主要来源，也是政府财政的主要来源。从赣南地区的实际来看，这两者是相辅相成的良性互动关系。资源加工链条越长，实现增值的环节就越多，财政收入就越多。而资源稳定的、持续的供应能力，直接影响了加工业的发展。因而，一方面，赣州可以大力发展林业经济，促进农民增收；另一方面，大力发展相关加工产业，促进就业和税收增长。这是赣州推进跨越式发展的现实选择。

3. 把发展教育与产业培育相结合。教育，尤其是职业教育和高等教育，对于地区优势产业的形成和发展具有重要影响。从国际发展经验来看，一个地区成功跨越的基础是该地区具有与产业发展相关的教育体系。例如，印度班加罗尔外包服务业的成功，得益于印度完整的工程教育体系为其提供了大量的软件工程师，形成了劳动力比较优势。所以，打造技术劳动力优势，对于赣南发展外包服务产业、机械设备制造业以及老龄服务业具有重要意义。为此，要大力发展中等职业教育和高等教育，培养大量的高技能、低成本的技术工人和高级技术人才，满足优势产业发展的需要。同时，学校也是重要的科研基地，把学校与产业园区、科技园区的建设结合起来，有助于形成产、学、研一体化机制，推动产业集群发展。

4. 把保护生态环境与建设宜居城市相结合。生态环境是宜居城市的基础，宜居城市又是吸引人才、聚集人气、发展旅游和老龄产业的本钱。因此，搞好生态环境保护，就是进行资本积累。“生态资本”的积累，可以强有力地支撑赣南优势产业的发展；同时，随着生态资源的市场化推进，还会直接带来更多的效益，比如，碳汇交易收入、生态补偿收益等。

（二）赣南地区脱贫致富的具体对策

根据上述分析，我们认为赣南地区实现跨越式发展，需要从资源整合、利益共享、机制创新三个方面进行突破：

1. 资源整合。赣南地区可以发挥地缘优势，利用其拥有的技术、科研和市场优势，高起点整合区域资源、科学布局产业链条，引入行业龙头企业，高水平地建设产业园区，形成资源开发、保护、加工、营销一体化的产业发展机制。待条件成熟时，可以此为平台，聚集上下游企业，形成产业集群，实现园区上市，借助社会资金振兴赣州经济。在引进龙头企业的同时，还应引进高等院校、职业学校，共建以中等职业教育为基础，高等教育为核心的教育体系，为产业发展培养技术工人队伍，形成劳动力比较优势。另外，鼓励科研机构、学校和园区企业互动，通过科园互动、校园互动、企校互动，打造产、学、研一体化的产业发展平台。具体而言，可以通过引进旅游业龙头企业和知名旅游设计院，对赣南地区的红色资源进行产业规划、题材设计及项目开发，挖掘红色资源的精神内涵，打造中华民族的“精神家园”。还可以引进国有粮食企业或其他食用油生产企业，对赣南地区油茶资源进行整合和产业布局，培育我国以油茶为原料的食用油生产基地。总之，通过资源整合形成龙头带动产业、产业推动区域的目标。

2. 利益共享。在赣南地区振兴过程中，只有企业、政府、农民能够分享“发展红利”，才能保证赣南发展动力不衰。因此，建设“利益均沾”的共享机制至关重要。一是要建立内部资源共享机制。组建赣南稀土、赣州钨业等地区矿产资源开发的龙头企业，负责整合地区资源，通过股份合作、协作补偿等多种方式构建利益分享机制；建立赣南果业、油茶农民合作总社，整合现有小规模的农民合作社，整体推进脐橙和油茶的标准化种植、现代化服务、市场化营销，迅速提升市场占有率和增值能力。参加合作社的农民，可以按照合作原则分享利益，各个分合作社可以按照分成制分享利益。二是建立产业链利益共享机制。构建股东制产业园区，融合全国各种有效资源，尤其是行业龙头企业、科研机构、高等学校等实力机构，共同建设高水平的产业园区，共同分享发展红利；也可以合作社为平台，引进龙头加工企业，构建合作分享机制。三是建立区域内政府间的利益共享机制。在可能的条件下，实行区内生态补偿机制，给予属于生态功能区的市县政府财政转移支付。

3. 体制创新。赣南地区脱贫致富、跨越式发展，是一个经济社会协调发展的系统工程，也是生态环境建设的系统工程，需要统筹整合政府的各项政策，建立地区内外的协调机制，解决区域内条块分割、产业“碎片化”的问题。要做到这些，必须对现行行政体制实施改革。考虑到赣南地区的特殊功能和政治影响，建议将赣南地区确定为我国“生态文明建设与改革试验区”，探索贫困地区转变发展方式的有效路径。可以从 4 个方面率先改革试验：一是在赣南地区试行绿色 GDP 考核体系，探索绿色资源增值的途径，构建生态补偿机制。二是率先把赣州确定为碳汇扶贫、新能源扶贫示范区、循环经济试验区、低碳试点城市，把探索连片扶贫开发与发展低碳经济相结合，探索生态文明建设与区域整体扶贫致富相结合的发展模式。三是探索智力扶贫方式，试行教育体制改革，在赣南试行免费中等职业教育，对全国 592 个国家级重点贫困县的考生，实行特殊录取制度，把赣州作为全国教育扶贫和中等职业教育基地。四是赋予地方政府有整合各种项目、集中落地、连片开发的职权，以克服现有条块分割、项目分散、协同效率差的弊端。

总之，贯彻落实《关于支持赣南等原中央苏区振兴发展的若干意见》和党的十八大报告关于建设生态文明的精神，需要体制改革的保证，需要慎重的试点。赣州自然优势及特殊政治地位，作为“生态文明与体制改革试验区”，具有特殊示范意义，有利于探索贫困地区在新的环境下，整体脱贫致富、跨越式发展的有效途径。

执笔人：石　霞（中共中央党校经济学部）
芦千文（中共中央党校研究生院）

第十二章

“以民生建设年”助推新疆跨越发展和长治久安

发展无止境，民生重千钧。新疆维吾尔自治区党委和人民政府把民生问题从物质层面提升到了精神层面，从单纯的经济问题提升为政治问题，通过“民生建设年”活动方式，不断加大和提高民生建设的力度和质量，为新疆跨越式发展和保持长治久安打下牢固的基础。

一、新疆“民生建设年”的主要进展

2010年，新疆维吾尔自治区党委、自治区政府在贯彻落实中央新疆工作座谈会过程中，坚持把工作切入点首先放在民生问题上。2011年初，自治区党委、人民政府向全疆各族人民庄重承诺，新的一年是“民生建设年”。2012年，自治区继续实施“民生建设年”，选择群众最急需最迫切的项目建设。2012年，自治区党委在坚持民生建设政策不变的基础上，力求推进力度更大、普惠性更强。2013年，自治区党委提出要继续开展“民生建设年”活动，以保障和改善民生为重点加强社会建设，进一步做好就业再就业工作，坚持优先发展教育事业，提高医疗卫生服务水平，完善社会保障体系建设，让各族群众充分享受跨越式发展和长治久安带来的丰硕成果。

表 12—1　新疆“民生建设年”主要项目建设情况一览表

	2011 年	2012 年	2013 年
项目	建设项目建设情况	建设项目建设情况	计划建设的项目
教育	完成教育保障工程、学前双语教育工程、职教帮扶工程；启动 10 项国家、38 项自治区教育改革试点项目；继续巩固提高“两基”工作，推进义务教育县域内均衡发展。续建双语幼儿园 1558 所，新增入园儿童 4 万多人；新招聘学前及中小学双语教师 1.42 万人，培训双语教师 8000 人；学前三年毛入园率 66%，高中阶段、高等教育毛入学率 70.5%、25.7%；用于教育的财政支出 413.2 亿元，增长 31.6%	坚持教育优先发展；积极推进教育强区；巩固提高“两基”成果，实施农村义务教育学生营养改善计划，保障经济困难家庭、进城务工人员子女平等接受义务教育权利，完成 103 万平方米中小学校舍抗震加固改造；实施学前教育三年行动计划，加强学前双语教育和教师培训；提高职业教育基础能力；大力发展南疆三地州高中阶段教育；继续推进教育保障七项重点民生实事工程	坚持优先发展教育事业，继续强化基础教育，巩固和提高“两基”成果，推进义务教育均衡发展；投入 1.6 亿元支持学前教育发展，着力解决“入园难、入园贵”等问题
住房	30 万户 120 多万农牧民喜迁新居，35.6 万套保障性住房和棚户区改造安置房建成，1.46 万户残疾人纳入安居富民工程	30.7 万户安居富民工程竣工，第一批 1.25 万户定居兴牧工程、27 项定居兴牧水源工程完工，解决 60 万农村人口安全饮水问题；开工建设 29.5 万套保障性住房和棚户区改造安置房。解决好孤寡老人等特殊困难群体住房问题	确保开工建设安居富民工程 30 万户、定居兴牧工程 2.71 万户、保障性住房 29.6 万套；高度重视并妥善解决自筹资金较为困难的贫困户住房改造和建设问题
就业	新增 56.56 万城镇就业人员；85%以上应届高校毕业生、7.41 万名 2009 年前实名登记未就业高校毕业生实现就业，1.4 万名少数民族普通高校毕业生带岗带薪赴援疆省市接受就业培训，累计 4.2 万户零就业家庭实现一人以上就业，转移农村富余劳动力 248.7 万人次	突出解决了就业问题，充分发挥企业吸纳就业主渠道作用，重点解决了高校毕业生、农村富余劳动力、就业困难人员就业问题。着力解决招工难问题，加强人力资源市场建设，完善基层公共就业服务平台；“零就业”家庭 24 小时动态清零；全年城镇实现就业 45 万人	新增城镇就业 40 万人，城镇登记失业率控制在 4%以内，城镇登记失业率控制在 4%以内，“零就业”家庭 24 小时动态清零，应届高校毕业生就业率达 85%以上，培训各类人员 100 万人次，农村富余劳动力转移就业 200 万人次
医疗	新农合参合率达 99.7%，住院费补助比例提高到 72.4%，农村重大疾病医疗保障试点全面展开，14.1 万关闭破产国有企业退休人员医保问题得到解决等，建立 80 岁以上老年人生活补贴和免费体检制度	加快构建公共卫生服务体系，坚持预防为主，做好艾滋病、结核病、乙肝等重大地方病、传染病防治工作；坚决抓好先天性儿童心脏病、贫困儿童白血病、贫困白内障患者医疗救助工作	巩固和完善城镇居民基本医疗保险和新型农村合作医疗制度，提高城乡居民医疗保障水平

续 表

	2011 年	2012 年	2013 年
项目	建设项目建设情况	建设项目建设情况	计划建设的项目
养老	企业离退休人员基本养老待遇继续提高，新农保和城镇居民养老保险制度提前一年全覆盖，25 万“五七工”家属工纳入养老保险社会统筹，投入 35 亿元，将城乡低保标准分别提高 40%和 20%	进一步扩大了社会保障制度覆盖范围，提高了统筹层次和保障水平，逐步实现人人享有基本社会保障；加快推进统筹城乡社会养老保险工作，健全城乡最低生活保障制度。加快了社会养老服务体系建设	完善社会保障体系建设，加快推进覆盖城乡居民的社会保障体系建设，进一步扩大覆盖范围，提高保障水平和统筹层次
扶幼	1332 名新疆籍内地流浪未成年人得到解救，2016 人（次）流浪未成年人得到安置救助	全区救助管理机构累计救助流浪乞讨人员 15113 人次，有效维护了流浪乞讨人员的合法权益	进一步做好流浪未成年人和孤残儿童救助保护工作
扶贫	安排 12 亿元扶贫资金，对 441 个贫困村实施整村推进；扶贫开发重点县农民人均纯收入 4066 元，增收 523 元	坚持把南疆三地州、边境地区、特困山区作为扶贫开发主战场，把新标准下 329 万农村贫困居民作为对象，集中力量实施了区域发展和扶贫攻坚；加大了“五大”扶贫开发工程和移民搬迁工程建设力度	
济困	发放 2.32 亿元解决 23.3 万城镇无收入困难老年人生活，1787 例先天性心脏病患儿、5669 名贫困白内障患者得到免费手术治疗，首次为 255.8 万城乡困难群众发放临时价格补贴 4.36 亿元	稳步提高了职工最低工资标准，城乡困难群众保障水平和艰苦边远地区人民收入，坚决维护劳动者尤其是农民工合法权益；继续实行了物价上涨与补贴挂钩联动机制；坚决落实了稳定物价各项措施，保持物价总水平基本稳定	
饮食	加强新疆少数民族特色食品研究与开发，打造新疆特色食品品牌，推动新疆特色食品产业发展	建设克拉玛依熟食品加工基地	
妇女	搞好新疆化妆品、服饰等方面的研发设计，提高质量和档次；努力提升妇女生活品质，让她们变得更加漂亮高雅，成为一道亮丽风景线		

续 表

	2011年	2012年	2013年
项目	建设项目建设情况	建设项目建设情况	计划建设的项目
气化工程	新增8万户沼气用户、4.53万户天然气用户；继续加快天然气利民和农村水电路气等生产生活设施建设	南疆天然气利民工程已建成喀什—泽普段、和田—泽普段两条主干线，南疆三地州已有13个县市实现“气化”；截至2012年12月底，南疆喀什、和田地区和克孜勒苏柯尔克孜自治州已有26万户各族群众用上了天然气	2013年全线投产后，将惠及南疆400多万人口。在继续推进南疆天然气利民工程基础上，启动新疆“燃气化工程”前期工作，论证决策后全面实施，力争用5年左右时间，基本实现“燃气化”

二、新疆“民生建设年”取得的主要成效

今日之新疆，各族人民群众的文化生活和物质条件都得到了显著改善，生产条件、生活水平都有了显著提高，呈现出一幅政通人和、百业兴旺、社会稳定、生活安康的画卷。老百姓感慨道：“日子，从来没有像今天这样舒心；笑容，从来没有像今天这样灿烂……”

（一）“安居富民”工程的实施，切实改善了农民的生活和生产条件

自2010年启动农村安居富民和定居兴牧工程，当年，安居富民工程就完成了19.1万户；2011年完成了30万户农村安居房建设任务，120多万农牧民喜迁新居。2012年，自治区将安居富民工程补助标准由每户4000元提高到8000元；定居兴牧工程由每户补助5000元提高到10000元，原则上每户不低于80平方米。在提高标准的基础上，自治区又完成了31.9万户的建设任务。自治区提出，力争到2015年完成70万户农村安居富民工程建设任务，“十二五”期间力争完成150万户安居富民建设任务。自治区在实施安居富民工程和保障性住房建设过程中，对南疆三地州农村困难家庭建房使用银行贷款的，给予两年财政贴息支持，切实减轻了农牧民的建房负担。房屋按照“一村一规划，一户一方案”和既节约又实用，既经济又实惠，既安居又富民，既抗震节能又功能齐全的要求，做到了上下水进屋，有厨房，有水冲厕所，用上清洁燃料，能洗热水澡，适合畜禽喂养，每户有增收项目，能满足农牧民生产生活需求。农牧民自愿

新建、改建自住不达标房屋的，按照现行国家和自治区补助政策，户均补助2.4万元，其余资金根据具体情况设置补助标准进行了补助。

（二）“定居兴牧”工程的实施，切实转变了牧区发展滞后的状况

以牧区水源工程带动“定居兴牧”工程，是自治区实施的一项重大民生民心工程和发展工程。自治区决心下大力气解决2万游牧民定居任务，每户建筑面积不少于80平方米，畜圈建设面积不少于80平方米。计划到2018年完成14.44万户定居兴牧建设任务。其中，“十二五”期间计划完成11.05万户。按现行国家和自治区补助政策，户均补助4.5万元；自治区户均补助从5000元提高到1万元，2011年投入1.56亿元。到2020年基本解决牧民定居任务。

没有水就没有草，没有草就没有畜，就无法实现真正意义上的牧民定居。自治区坚持以解决牧区水源工程带动定居兴牧工程，投资19.5亿元，以“小水库”惠“大民生”，2010年以“新疆效率”启动实施了27项“定居兴牧”骨干水源工程，2011年全面施工建设。配合牧民搬迁定居、安居，同步实施了5.8亿亩天然草场恢复工程。27项“定居兴牧”水利工程的建成，解决了259.7万亩饲草料地的水源问题，其中新增人工饲草料地98.8万亩，改善灌溉面积160.9万亩，为2.5万户牧民定居提供了水利基础设施条件。牧区水利建设，保障了定居兴牧工程的顺利推进，全面改善和提高了农牧民的生产生活条件，推动了牧区跨越式发展，保护和改善了草原生态环境……定居兴牧不仅让牧民住上了好房子，更重要的是系统地解决好了牧民生活改善和生产发展的问题，让牧民真正定得下、稳得住、能致富，使一直延续的游牧生活得到了改变：孩子上学近了，老人看病方便了，青壮年出去就业了，邻里之间来往方便了，牧民们感觉到了一种发自内心的幸福……

（三）农村饮水安全、天然气利民、光明工程等一系列民生项目的实施，切实提升了群众的生活质量

农村饮水安全有了保障。2010年，自治区完成农村饮水安全工程投资74134万元，其中：中央57272万元，自治区财政10426万元，地县6346万元。2011年完成总投资80124万元，其中：中央57405万元，自治区财政5810万元，地县6909万元，受益人口达到120万人。按照规划，到2015年，自治区建集中式供水工程770处，分散式供水工程17

处，总投资达到28.53亿元。

天然气利民工程加速实施，加快了连接气源地至县市天然气主干管网建设进程。2011年启动了10个地州2个市的利民燃气工程，实现了伊犁州、博州6座天然气空白城市通气，新增居民入户2.7万户；建设了多座母站及加气站，重点解决了乌鲁木齐冬季加气难的问题。2012年12月底，南疆天然气利民工程和田—民丰段测量放线任务完成。中国石油天然气集团施工队伍正利用尼雅河冰冻时机，集中力量加快施工速度，五个标段建设全面提速，力争“十二五”期间基本解决城镇居民用气问题，并逐步向农村推广液化石油气、压缩天然气或液化天然气。

加快推进无电地区的光明工程，尽快使各族群众过上现代文明生活。2011年投入5.12亿元，解决了2.2万户、9万人的用电问题。“十二五”期间，计划解决27.54万户、107.53万人的用电问题。国家采取综合措施，降低新疆城乡居民用气和农民用电价格，让更多的群众在资源开发中受益。

（四）“住房保障”工程的实施，切实大幅改善了城镇居民的生活质量和环境

全面启动了34万套保障性住房建设任务。2011年，自治区投入资金231.88亿元，新建廉租住房7.46万套，新增发放廉租住房租赁补贴0.9万套；建设公共租赁住房5.61万套；城市棚户区改造任务10.3万套，新建97533套，拆迁面积达993.43万平方米。最典型的是乌鲁木齐市沙依巴克区青峰路棚户区“盲流村”——雅玛里克山棚户区的矮窝棚、土房子改造。如今，代之而起的是一栋栋红黄色安置楼，荒山变成了城市、“盲流”变成了市民、窝棚变成了高楼，老百姓生活发生了翻天覆地的巨变。自治区计划“十二五”期间新建廉租房30万套、公共租赁住房35万套，完成37.5万户棚户区改造任务。用5年时间完成城市和国有工矿集中连片棚户区改造，按计划完成国有林区（场）棚户区改造任务。建设公共租赁住房34.7万套，总投资为344.03亿元，其中建房资金为227.6亿元、基础设施配套资金为34.1亿元；完成34.9万户棚户区改造任务，总投资为801.2亿元，其中建房资金为696.7亿元、基础设施配套资金104.5亿元。

（五）就业再就业工程的实施，从根本上解决了群众的后顾之忧

就业本身既是最大的民生，又是城乡居民增加收入的关键。解决就业

问题是改善民生问题中的重点工作，自治区党委坚持持续不断地推进，特别是坚持把零就业家庭作为最困难的就业群体，不仅作为就业援助的优先帮扶对象，而且作为政府促进就业的工作重点之一。2010 年，自治区消除零就业家庭 40242 户，自治区财政共拨付就业专项补助资金 19.57 亿元。2011 年是推进就业再就业工程力度最大的一年，也是工作成效显著的一年：取得了城镇就业人员新增 56.56 万人、85％以上的应届高校毕业生和 7.41 万名 2009 年前实名登记未就业高校毕业生实现了就业、1.4 万名少数民族普通高校毕业生带岗带薪赴援疆省市接受就业培训，累计 4.2 万户零就业家庭实现 1 人以上就业的好成绩。加强了农村富余劳动力培训和转移就业工作，农牧业富余劳动力转移就业 180 万人次，其中就地就近转移就业 100 万人次；转移区内城镇就业 66 万人次，转移区外就业 14 万人次。自治区通过鼓励和扶持农民工创业带动就业，在 21 个创建创业型县（市）率先建立农民工返乡创业园，并且在政策、资金等方面给予了大力支持。

2012 年，自治区坚持继续实施积极的就业政策，多渠道增加就业岗位，同时充分发挥企业吸纳就业主渠道作用，重点解决高校毕业生、农村富余劳动力、就业困难人员就业问题，强化就业技能、岗位技能和创业能力培训，加强人力资源市场建设，完善基层公共就业服务平台，全区城镇实现就业 45 万人。仅年初自治区启动的“民生工业促进计划”，着力建设和田手工羊毛地毯示范基地、克拉玛依熟食品加工基地等十大示范基地，通过大力建设十大民生工业示范基地，就使 7.1 万人实现了就业。其中，安排 5000 万元专项资金重点扶持了包括制毯、民族服装制作等行业在内的 95 个项目。民生工业全年完成工业总产值 10.66 亿元，实现销售收入 8.58 亿元，从业人员中，新增就业人员 3 万人，成为新疆拉动就业、增加收入的“大产业”。预计到 2015 年，新疆将培育 30 个具有一定影响力的民生工业示范基地或聚集区，将吸纳从业人员（含季节性）100 万人，实现销售收入 100 亿元，培训各种专业技能人员 100 万人次。

2013 年，自治区继续深入实施更加积极的就业政策，计划实现城镇就业再就业 40 万人，城镇登记失业率控制在 4％以内，零就业家庭继续保持 24 小时动态清零，应届高校毕业生就业率达 85％以上，培训各类人员 100 万人（次），农业富余劳动力转移就业 200 万人（次）。继续把高校毕业生就业放在就业工作的首位，落实和完善扶持高校毕业生就业创业政策，多渠道拓展高校毕业生就业领域，落实企业吸纳毕业生就业政策，引导毕业生到企业就业。广泛开展公共就业人才服务进校园活动，加强离校前应届毕业生和离校未就业高校毕业生的实名制就业服务管理。实施“三支一扶”计划，引导高校毕业生面向基层就业。深入实施更加积极的就业政策，落实政府建设投资项目和国有企业新招用人员中新疆籍人员不少于70％、新疆籍高校毕业生不低于30％的规定；建立政府投资和重大项目促进毕业生特别是少数民族高校毕业生就业的考核机制；推进创业园区、创业孵化基地和创业服务专家队伍建设，开发创业项目库，发挥政策扶持、创业培训、创业服务的联动作用，促进毕业生自主创业和农民工返乡创业。加强公共就业服务，加快就业信息化建设，让就业者及时掌握人力资源市场的需求，掌握企业的岗位需求，实现市场的有效匹配，更好地促进就业。

（六）最大可能改善困难群体生活现状，促进了社会安定团结

从2010年1月1日起，自治区为所有纳入城镇企业职工基本养老保险社会统筹的离退休职工，按120元/月/人的标准发放冬季采暖费补贴。到2010年底，自治区养老保险基金共为全区64.8万名企业离退休人员发放冬季采暖费7.75亿元。对1995年底前退休的企业人员按照每人每月120元的标准发放生活补贴。2010年自治区财政安排拨付11197万元，惠及22.12万名企业退休人员。2010年下半年以来，自治区党委针对城市、农村困难群体，出台一系列政策改善困难群体生活现状。

从2010年6月1日起，城市低保对象补助水平每人每月提高30元，每人月平均补助达到185元；农村低保对象补助水平每人每月提高10元，每人月平均补助达到75元。仅此，自治区财政共拨付城乡低保资金补助资金26.7亿元。从2010年7月1日起，自治区提高了纳入基本养老保险社会统筹的企业职工非因公或因病死亡的抚恤待遇标准，其中，离退休职工，按其死亡时本人月养老金标准一次性发给20个月的供养亲属抚恤金；在职职工，按其死亡前本人12个月的平均缴费工资基数为标准，按缴费每满1年支付1个月，最多一次性发给20个月的供养亲属抚恤金。仅此，自治区养老保险基金为1.2万名死亡企业退休人员，支付丧葬抚恤补助金1.96亿元。同时，提高了回乡务农抗战老战士等21346名四类优抚对象的生活补助标准，回乡务农抗战老战士生活补助标准每人每月增加428元，达到800元；在乡复员老军人每人每月增加105元，达到435元；带病回乡退伍军人、参战退役人员和涉核退役人员每人每月增加100元，达

到每人每月300元；1993—1999年军队复员干部生活困难补助标准每人每月增加200元，达到500元，自治区财政共拨付资金1818万元。

（七）大幅度提升了城乡社会保障水平，促进了社会和谐

2010年，自治区从企业养老保险基金中支付养老金6.13亿元，为全区10.3万名“五七工”、“家属工”办理了补费参保手续。2011年，自治区财政共拨付新农保补助资金7.17亿元，全面实施新农保试点工作；拨付城镇居民医保补助资金4.42亿元，将城镇居民医保政府补助标准提高到每人每年200元；拨付城镇居民养老补助资金1.33亿元，在全疆所有县市区开展城镇居民养老保险工作；安排社会福利基础设施建设补助资金1亿元，完成45所敬老院和26所儿童福利院新建和改扩建任务；安排农村贫困残疾人家庭危房改造补助资金750万元；拨付专项补助资金1636万元，实施先天性心脏病患儿免费救治工程；拨付专项补助资金440万元，实施贫困白内障患者复明工程；拨付补助资金8358万元，各级财政投入资金1.24亿元，提高公益性岗位补贴标准；每年投入15778万元，建立80岁以上老年人生活补贴制度，为全疆27.83万名80周岁以上老年人发放生活补贴，同时，每年还投入2974万元，建立80周岁以上老年人免费体检制度。

加强抗震防灾救灾建设。2011年，自治区财政拨付救灾资金6430万元，筹集救灾物资，安排灾民生活，转移安置灾民6.86万人；安排下达1000万元，专项用于地震救援装备及模拟训练设施建设经费补助。中央和自治区安排2750万元，建立防汛抗旱物资储备库；安排3660万元专项经费支持地质灾害防治工作。

积极提升基层保障能力。2011年，自治区财政下达社区办公服务设施建设经费1亿元。每年安排资金51910万元，自治区财政安排资金42744万元，各地安排资金9166万元，用于基层乡镇公务补贴，有效保证了乡镇工作的顺利运行，提高了基层一线为民服务的能力。

（八）提高了计划生育家庭奖励标准，提升了各族群众基本医疗服务水平

从2011年1月1日起，自治区将新农合政府补助标准提高到每人每年200元，自治区共拨付新农合补助资金12.22亿元，计划新建12万座农村无害化卫生厕所，使农村卫生厕所普及率达到52%。当年，自治区

本级财政共筹集农村改厕补助资金 7660 万元。从 2011 年起，对 1003 名取得执业助理医师及以上资格的乡村医生，每人每年补助 9600 元，对 11204 名一般乡村医生，每人每年补助 6000 元，同时对乡村医生承担的公共卫生服务等任务给予合理补助。2011 年，自治区财政共安排村医补助资金 4177 万元。2012 年，中央和自治区投入 5.88 亿元资金用于医疗救助，全年累计有 318.82 万人次困难群众受益，支出医疗救助资金数和困难群众受益人数均创历史新高。截至 2012 年 12 月底，全区共资助 770593 名城市困难群众参加城镇居民基本医疗保险，支出资金为 4830.66 万元，资助 1430327 名农村困难群众参加新型农村合作医疗，支出资金为 4759.15 万元。自治区民政部门协同财政、卫生、人力资源和社会保障等部门，探索建立城乡医疗救助、基本医疗保险和定点医疗机构互相衔接的信息共享平台，实现了城乡医疗救助与基本医疗保险、定点医疗机构三方同步的“一站式”即时结算。截至 2012 年 11 月底，全区共有 52 个县（市、区）开展了“一站式”即时结算试点工作。

将南疆三地州和 26 个边境县、贫困县农村计划生育家庭特殊奖励标准由每人每月 60 元提高至 100 元。2011 年 8 月，自治区财政安排 12900 万元，惠及享受农村计划生育家庭特殊奖励人群 268746 人。从 2011 年起，在自治区农村少数民族人口占 50%的县（市）实施南疆三地州特殊奖励制度，按每人每年 720 元的标准终身发放奖励金。奖励资金由自治区财政，相关地（州、市）、县（市、区）财政承担。2011 年共安排 8599.61 万元奖励资金，其中自治区本级安排 5406.39 万元，地州配套 3192.71 万元，惠及全疆 119439 人。2012 年，自治区投入 7.29 亿元奖励计划生育，52 万人和 5.8 万户计生家庭享受了国家和自治区各项奖励，1.4 万名农村领证家庭子女享受了加分政策。稳步推进农牧民生殖健康项目实施，特别是快速启动了南疆三地州农牧民生殖健康项目，40 万农牧民受益；9 个地州的 47 个县（市）自筹资金 1163.7 万元同时实施了该项目，70 万农牧民受益。

（九）大力推进生态文明建设，实现了天更蓝、地更绿、水更清

2012 年，自治区共查处 177 起企业环境违法行为，排污费征收突破 5 亿元。共检查国控重点企业 239 家，区控重点企业 148 家，普查企业 1200 余家，建立和完善了企业动态档案 600 余个，约谈企业 40 家；向地（州

市）环保局发出书面反馈函 17 份，向地区（州市）行政公署（政府）反馈环境违法企业函 2 份，督促 69 家企业完成整改。加强了国控、区控重点污染源和减排工程监管，确保了污染治理设施正常运行和污染物稳定达标排放。启动了典型环境违法案件曝光机制，全年有 5 家环境违法企业因新闻媒体曝光改正了违法行为。2012 年，自治区将博斯腾湖、喀纳斯湖、乌伦古湖、赛里木湖列为生态环境保护试点湖泊。中央和自治区共投入 1.2 亿元用于四湖泊的生态环境保护，其中中央专项资金 7000 万元，自治区专项资金 5000 万元。通过持续不断的治理，效果逐步显现了。累计完成总投资 98.82 亿元的塔里木河综合治理工程，已经进入收尾阶段，塔里木河下游大西海子水库的景色与往年大不相同，0.8 亿立方米的储水使其更像一个烟波浩渺的大湖泊了，丰富的储水使下游几个团场对增产增收充满了信心。

特别是近年来，乌鲁木齐市下大力气整治大气污染，大力推进大气污染治理及环境整治绿化工程，力求还各族群众一个蓝天工程，产生了群众满意的效果。2012 年开工城市基础设施建设和维护项目 107 个，实际完成投资 99.9 亿元，为历年城建投资规模最大的一年；大力开展环境综合整治行动，实施“见缝插绿”和生态绿化工程，乌鲁木齐市城区面貌有了新的改观。强力推进以大气污染治理为重点的环保工程，坚持该撤的撤，该搬的搬。全年新增清洁能源和可再生能源供热面积 1000 万平方米，新增热电联产供热面积 1000 万平方米，完成建筑节能改造面积 200 万平方米，严格控制新增污染源，拆并改造分散小锅炉 5000 台。落实中心城区“禁煤区”措施，加快 47 家污染企业搬迁进度，督促 20 家重点污染企业限期完成除尘脱硫设施改造。规划建设“六大组团”（高铁新区、城北新区、西山新区、米东区、甘泉堡工业区和中心城区），尽快拉大城市框架、拓展城市发展空间。新区建设绿化覆盖率不得少于 40%，道路建设必须按主干道两侧各 50 米、次干道两侧各 30 米修建绿化带，集中打造一批绿化景观精品；在中心区域实施“见缝插绿”、“拆墙透绿”和山体绿化工程，各区每年至少建设 10 块以上公共绿地或绿色小游园、小广场。截至 2012 年 12 月 24 日，乌鲁木齐市的空气质量优良天数达到 286 天，比 2011 年全年的优良天数多出了 11 天，创出了自 1995 年有空气质量监测数据以来的最好记录。乌市在全国重点城市空气质量综合排名中，首次进入前 100 名。乌鲁木齐的蓝天梦想终于成了现实！这个冬天，市民们对此感受颇深。国家统计局的民调显示，市民对“蓝天工程”满意率达到 96.9%。

（十）坚持反暴力、讲法治、讲秩序，坚决维护祖国统一、民族团结和社会稳定，持续大幅度增强了群众的安全感

据国家统计局新疆调查总队完成的《2012年自治区公众安全感调查报告》显示，2012年全区公众安全感为87.58%，较2011年上升5.96个百分点，较2009年上升16.6个百分点，公众安全感三年来持续大幅上升。2012年，全区公众总满意度为87.44%，较2011年上升8.73个百分点，较2009年上升16.03个百分点；公众对政法综治工作的满意度为87.65%，较2011年上升6.12个百分点，较2009年上升16.06个百分点。据此次调查显示，七成以上公众认为在日常生活、工作、居住、出行等方面具有较高的安全感，表明了新疆社会大局整体向好。

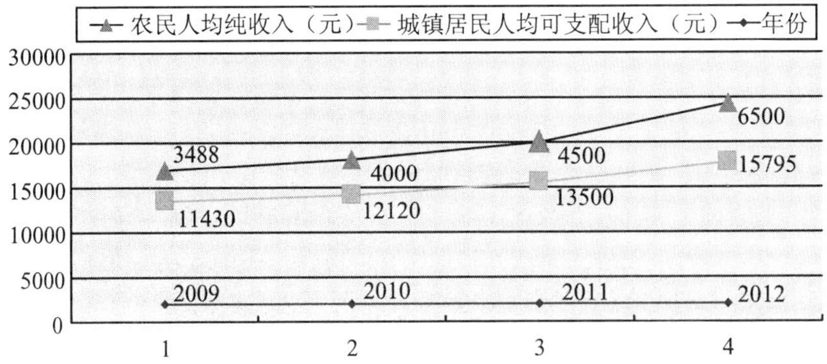

图12—1　近年来新疆城镇居民人均可支配收入、农民人均纯收入增长情况（单位：元）

资料来源：2009—2012年各年度新疆维吾尔自治区人民政府工作报告。

2012年群众对全区公安工作的满意度为87.4%，比上年提高近10个百分点。近年来，全区公安机关进一步畅通与人民群众和社会各界的联系，努力构建和谐警民关系，全区各级公安机关共建立公安专题网站174个，专题互联网站81个，QQ群331个，博客微博525个，架起了警民沟通的新桥梁；大力推进出入境管理执法服务、社会治安管理服务创新、消防安全管理和其他各项惠民生的服务保障工作，积极回应了群众对公安工作的新期待、新要求；开展各类评议活动近1万场次，收集各类建议和意见1万余条；走访慰问群众300多万人次，走访企事业单位等7万多次，评查解决问题近1.5万件，妥善化解矛盾纠纷近3万起，为人民群众办好事4.1万余件。2012年，全疆公安机关严厉打击各类刑事犯罪活动，部

署开展了“侦破命案”、“打击多发性侵财”、“打黑”、“打拐”、“打击电信诈骗”等一系列专项行动，命案破案率连续三年位居全国前列。大力推进道路交通社会化管理，优化交通路线解决群众出行难、交通拥堵等难题。积极落实“网上车管所”等工作，进一步方便了各族群众办理交管业务。各级交管部门先后出台了预约办理、智能管理、邮寄服务等一系列便民服务措施，得到了群众的好评。

近年来，全区推进民生建设年，所建设的具体项目，已经无法确切统计，更不可能一一细数了，但老百姓得到的实惠却是实实在在的。2012年，全区城镇居民人均可支配收入增长17%；农民人均纯收入增收突破了2000元，如图1所示。全面提高了各级干部群众特别是艰苦边远地区基层干部的收入水平，受益人员达500多万。总之，通过民生建设各项工程的实施，不仅逐年提高了各族人民群众的收入水平，提振了群众对政府的信心，给各族群众带来了新希望和美好期待，让各族群众感受到了党和政府的关怀与温暖，体验到了幸福，开启了新疆民生建设与经济社会建设的新篇章。

三、新疆提高民生建设水平的主要经验

（一）准确把握中央新疆工作座谈会的精神，坚持把“民生建设”作为跨越式发展和长治久安的出发点和落脚点

新疆是我国西北的战略屏障，是我国向西开放的重要门户，是我国战略资源的陆上大通道。新疆的发展稳定事关全国改革发展稳定的大局，关系祖国统一、民族团结、国家安全，事关中华民族的伟大复兴。没有新疆的小康就没有全国的小康，没有新疆的现代化就没有全国的现代化。因此，新疆工作在党和国家工作全局中具有特殊而重要的战略地位。

自新中国成立以来，特别是改革开放以来，新疆经济社会发展取得了举世瞩目的成就，进入经济社会快速发展、综合实力明显增强、各族群众得到实惠最多的时期，各族人民共同团结奋斗的物质基础、政治基础、思想基础、群众基础不断巩固，各项事业已站在新的历史起点上。但也要清醒地看到，中央新疆工作座谈会召开之前，由于历史、自然、社会等多方面因素影响，新疆的发展与稳定面临着许多特殊困难和严峻挑战，特别是民生建设，与发达地区的差距还很大。一是农民收入增长在全国和西部地

区的排位连续 10 年徘徊不前。2000 年，新疆农民人均纯收入只相当于全国水平的 71.8%，居西部第 6 位；2008 年相当于全国水平的 73.6%，居西部第 6 位；2009 年，仍只相当于全国的 75.4%，仍居西部第 6 位，如图 12—2 所示。二是人均储蓄存款余额快速下降。2000 年，新疆人均储蓄存款余额相当于全国的 96.8%，位居西部第 1 位，而到 2008—2009 年，则分别相当于全国的 73.0%和 72.3%，如图 12—3 所示，分别位居西部第 5 和 6 位。新疆经济社会发展与东部地区的差距越拉越大，就是在西部地区也不占优势。民生建设的滞后，导致各种矛盾交互呈现，加之复杂多变的国际局势，敌对势力和“三股势力”加大了对新疆进行分裂破坏活动的力度，新疆的发展与稳定受到了极为严峻的挑战。

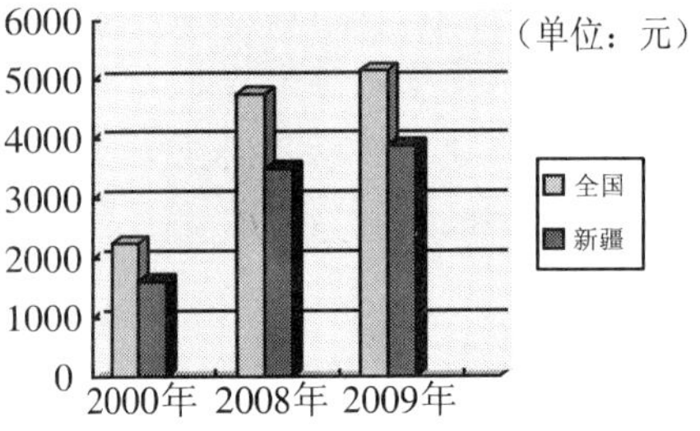

图 12—2 2000—2009 年新疆农民人均纯收入相当于全国水平的状况

资料来源：中华人民共和国国家统计局：《中国统计年鉴》，中国统计出版社 2010 年版。

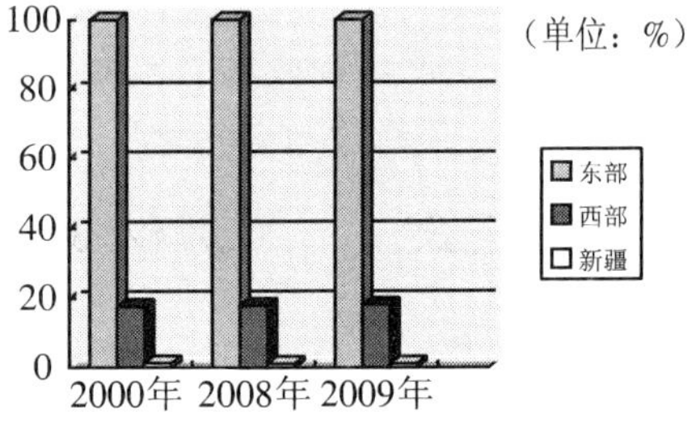

图 12—3 2000—2009 年新疆城乡居民储蓄存款余额相当于全国及西部水平的比例

资料来源：中华人民共和国国家统计局：《中国统计年鉴》，中国统计出版社 2010 年版。

中央新疆工作座谈会召开以来，在推进跨越式发展和长治久安这两大历史任务的进程中，自治区坚持把民生建设放在第一位，坚持树立“群众第一，民生优先，基层重要”的工作理念，将解决群众困难，维护群众利益，提升各族群众幸福感作为工作的最终目的，将保障和改善民生作为一切工作的出发点和落脚点，紧紧抓住基层、紧紧围绕着涉及群众切身利益的重点和难点问题，坚持以人为本、民生优先，把中央支持、各地支援和自治区投入，都优先用于改善各族群众的生产生活条件上，真正让发展成果惠及于民，让各族群众切实感受到党和政府的温暖，感觉到幸福，让民生工程成为温暖人心工程。

（二）抓住援疆机遇，加快民生建设

自治区党委抓住全国新一轮对口援疆的机遇，努力助推新疆民生建设，使新疆经济社会发展和民生建设都进入到了一个崭新的阶段。各对口支援省市以解决受援地各族群众生产生活中最直接、最现实、最急迫的问题为重点，将80%的政府性援疆资金用于民生建设，安排实施了四大类1024项民生工程，坚持高起点、高水平、高效益和普遍受益的原则，让不少农牧民住上了设计新颖合理、水电气路厕综合配套的砖瓦房。江西援疆资金修建阿克陶县第一中学高中部综合教学楼，山东省援建喀什地区英吉沙设施农业示范基地和育苗中心，深圳市在中国海拔最高的县——塔什库尔干援建了一所二甲医院。援疆省市在推进安居工程建设的同时，为帮助农牧民致富探索出了许多好做法。有的将改善居住条件与发展庭院经济结合起来，促进了就业和增收；有的不仅为游牧民建了新房，而且配套建设了牲畜暖棚和贮草棚，有效促进了安居与富民、定居与兴牧双重目标的实现。江西省第一批项目启动总投资近8000万元，北京市对口支援和田地区及新疆兵团农十四师的5个示范项目启动资金达1.5亿元，河北省援建巴音郭楞蒙古自治州首批15个项目涉及资金高达4亿元。中国石油天然气集团把南疆天然气利民工程作为新一轮援疆的“一号工程”来抓，4条主线中的喀什—泽普段、和田—泽普段已经建成投产，“气化南疆”的利民工程让南疆百姓大为受益。

（三）在政府支出中突出“民生优先”

民生问题就是与百姓生活密切相关的吃穿住行、养老就医、子女教育等生活“小事”，但是每一桩“小事”都是人民群众心中的“大事”。近年来，自治区党委、人民政府推进民生建设的力度不断加大，近5年来，财政民生投入共6466亿元，年均增长29.7%，民生建设支出占公共财政预算支出比重不断提高。2009年，自治区用于民生的支出达到创历史纪录的948.6亿元，占地方财政一般预算支出的70%。2010年，自治区财政用于民生的支出达1198亿元，占一般预算支出的71%。2011年自治区实施了22类80项重点民生工程，自治区财政用于民生建设的支出达1670.5亿元，占地方一般预算支出的73.2%。2012年，自治区实施了25类90项重点民生工程，自治区财政用于民生的支出达1975亿元，占地方财政一般预算收入的72.6%。

四、新疆民生建设存在的主要问题

由于历史与现实的种种原因，新疆民生建设存在一些现实问题也是必然的。

（一）亟待重视的几个潜在问题

1. 民生建设的思想还有待进一步解放，观念还有待进一步更新。特别是还有部分干部群众在民生建设中有热情，但工作能力与目前的形势需要有较大差距。因此，应重视以党的十八大报告精神为指导，进一步解放思想，加强学习，提升自身工作和管理能力，进一步增强对科学发展观和“以人为本”的理解能力，提升对政策措施的执行能力，不断提高推进民生建设工作的创造能力。

2. 新疆与内地发达省市的发展差距仍明显，给跨越式发展和民生建设都带来了极大挑战。发展是加快民生建设和解决民生问题的基础。跨越式发展是各族群众最关心的问题。因此，如何进一步加快推进跨越式发展，进一步夯实民生建设的物质基础，仍然是老百姓最关心关注的重点问题。

3. 民生建设不但要在发展的动态中把握平衡，而且要在不断提高的动态中把握平衡。按照这个要求来衡量，新疆有相当一部分干部的素质和能力不能适应新阶段新任务的需要，特别是专家学者型、懂经济尤其是工业经济和现代市场经济、擅长经营管理、熟悉城市领导工作的干部比较缺乏，直接导致民生建设工作缺乏开创性、前瞻性，短期应付的项目多，大手笔的工程极缺。表现在老百姓日常生活中的突出问题往往是久拖不决，如一些城市的市民出行难、乘坐出租车难的问题越来越突出，各地“打的”难的问题也已凸显，已经成为老百姓反映十分强烈的问题之一。

4. 敢于承担责任、善于开拓创新做好民生建设工作的干部比较缺乏。在民生建设领域，涉及维护稳定方面的，各地和群众反映比较集中的具体问题之一，就是在宗教事务管理上，地下非法宗教活动仍然屡禁不止，青年人留“大胡子”、妇女“蒙面纱”和穿戴“吉利巴甫”类服饰等彰显宗教极端思想的问题顽疾难除。法国、比利时、荷兰、西班牙、意大利等欧洲国家，土耳其、叙利亚等伊斯兰国家，都长期明令禁止上述行为，在新疆如何有效解决这些棘手问题，特别是如何充分发挥爱国宗教人士重要而积极的作用，最大限度地团结信教群众、最大限度地孤立压缩非法宗教和煽动宗教狂热的活动空间，切实维护好社会和谐稳定，对各级领导干部的政治素质、政治智慧、工作能力和敢于担当、变化变革、开拓创新的精神与品质都将是一项长期的硬考验与硬挑战。

5. 新疆还面临着“三股势力”频繁活动的威胁，和谐稳定问题始终都是各族人民群众关注的头等大事，都是影响民生建设的核心问题。因此，长治久安标本兼治的各项工作还亟待持续大力推进，特别是城乡接合部、治安重点地区和重点部位的集中整治工作还亟待进一步加强；流动人口比较集中的地方，有效做好管理与服务工作的问题还亟待创新思路，切实从根本上解决好制约流动人口全面发展的各类问题。

（二）亟待将民生工程切实办成凝聚人心的民心工程

1. 需要积极探索如何使民生工程真正办成富民工程，进而成为得民心工程。民生建设工程充分体现了新疆效率，措施实、推进快、效果明显。但在民生建设的过程中，承诺是银，践诺是金。人民群众的眼光是雪亮的，不仅关注你说了什么，更关注你干了什么。所以，凡是承诺的事，就一定要兑现。只有做到了承诺有信，给群众带来现实的利益，才会赢得民心；而承诺失信，就会损害党和政府在群众心中的形象，党和政府的凝聚力就会减弱。因此，应切实加强民生建设工程的监督、检查和管理。特别是要重视在发展中不断完善，一些事情当时办好了，但随着发展，新的问题又出现了，这就需要党委、政府及时解决好，否则，仍然难以取信于民。还要重视工作的主动性与前瞻性，民生事业都是在发展着的，因此，工作必须要有超前意识，落后于群众的需求，就会招致群众的不满和抱怨。因此，要切实做到把好事办好、办实，切实做到办一项成一项，成一项百姓拥护一项，还需要经常性地“回头看”，主动做好“补课”的工作。

2. 需要进一步加快新型工业化和城镇化建设，大力推进农副产品深加工业发展，为民生建设拓展空间、搭建更多更大的发展平台。积极强化职业技能培训，重视职业技术教育在初高中阶段、青壮年群体的全覆盖，为人的全面发展提供必要的平台。大力推进文化旅游产业发展，充分发挥旅游业带动性强、适应性广、增收致富效果快的特点，为老百姓的发展和基层基础建设提供动力和机遇。只有重视这些经济社会发展的推进，才能更加有助于提高民生建设的质量，提升民生建设的动力。

3. 需要重视对不同地区、不同群体实行差别化补助政策。重点是对南疆三地州、边境地区、偏远地区的工作人员，尤其是乡镇农村工作人员、城市社区等基层工作的人员，给予特殊补贴，确保那些长期在艰苦地区工作的同志，在物质利益方面能够得到一些应有的补偿。

4. 需要重视将改善农牧民居住条件与农牧民的需求及增收致富紧密结合起来，真正让农牧民住得起、待得住、能致富。这是一个很现实的问题，解决不好农牧民的生产生活便利的问题，“住得起、待得住、能致富”自然就成了一句空话，而且会造成很大的浪费。这既伤了老百姓的心，也损害了党和政府的形象。因此，在民生项目选择和规划中，就要充分贯彻落实科学发展观，坚持以人为本，真正把人的全面发展作为首要因素来谋划。

5. 需要重视进一步完善粮、油、肉、菜、蛋、奶等重要日用品储备制度，切实抓好生产、运输、储备和销售等各个环节的具体工作，积极建立健全蔬菜直销网络，增强政府对市场供应的调控和干预能力，确保市场稳定繁荣。坚持实施好城乡困难群众价格补贴动态调整机制，及时足额发放补贴，确保低收入群众基本生活不受影响，生活水平有保障。做好这项工作的关键点是要主动，避免被动；要充足，避免不足；要普惠，避免不均；要及时，避免滞后。否则，就会招致群众的不满和反感。

（三）亟待重视改善民生建设的基础条件，进一步提升服务老百姓的能力

1. 需要进一步强化基层社区工作，改善社区工作条件。社区是民生建设的第一线，加强社区建设是社会建设、社会管理创新的关键。但目前仍有一些社区面临着办公用房（包括备勤室、保洁员休息室等）、办公设施、食堂、工作车辆的油料和维修费、人员配置、外聘人员经费、取暖降温费、通信费、清扫机械、卫生保洁员的补助、清扫积雪和备勤加班补助、值班补贴等问题亟待解决。特别是克扣社区经费、抽调社区工作人员等问题，仍然没有彻底解决。这些问题都与做好民生工作息息相关，亟待尽快解决，不断提升服务群众的能力。

2. 需要重视将安居富民工程、定居兴牧工程建设、新农村建设规划和农牧区社区建设 4 个方面紧密结合起来，统筹规划、协调推进。鼓励农民、牧民向城郊定居，或向中心镇（村）集中，有利于水利、天然气、通信、道路等基础设施的建设。高度重视并妥善解决自筹资金较为困难的贫困户住房改造和建设问题，尤其是要进一步加大廉租房和经适房的建设力

度，更加重视解决更多困难群体的住房问题。

3. 需要坚持以“同步化、特色化、人本化”的思路支撑民生项目建设。民生建设的精髓是坚持以人为本、不断增进人的幸福。但一些地方民生项目的软件建设相对滞后，交通、水源、草场、耕地、学校、卫生院、集市、文化生活等等，还都不同程度地存在着配套不全的问题。项目后期管理水平也有待提升。民生项目范围内城乡分割的问题没有得到很好解决，主要是基本公共服务全面惠及农村进城人口的制度体系没有真正建立起来。

五、进一步加快推进新疆民生建设的对策建议

民生建设是一项德政工程、得民心工程。进一步加快推进新疆民生建设，必须坚持以党的十八大报告精神为指导，以自治区党委第八次代表大会和八届四次全委（扩大）会议的部署为重点，坚持从应对挑战出发、从凝聚民心出发、从提高服务民生的能力出发，着力解决好现实问题，不断取得群众满意的成效。

（一）坚持逐步提高民生建设项目的标准和质量

民生建设是一项动态的工作，解决民生问题最忌讳一曝十寒，最需要的是经常关注，自觉做到在不断发展和提高中把握好动态平衡。只有使工作充满前瞻性，才能保证工作富有创造性，也才能取得群众满意的成效。随着新疆跨越式发展的不断深入推进，各族群众对民生的关注度在不断提高，对繁荣富裕美好生活的渴望也更加迫切，民生领域的热点和难点问题也更复杂更多元，新需求新期盼也会不断涌现。因此，解决好民生问题，加快民生建设，迫切需要投入更大努力、更多智慧、更深感情。所以，必须坚持“民生建设年”的取向不动摇，优质高效地贯彻落实好自治区党委八届四次全委（扩大）会议的部署。紧紧围绕“学有所教、劳有所得、病有所医、老有所养、住有所居”等重点领域，进一步加大政策、资金的倾斜力度；围绕做好就业再就业工作，优先发展教育事业，提高医疗卫生服务水平，完善社会保障体系，切实解决好群众出行难等具体问题，进一步加强工作推进和制度措施的落实力度，努力使民生建设标准与要求得以逐年提高，确保民生建设的质量不断提高，扎扎实实地把民生建设的各项工程建成得民心工程。

（二）重视强化民生建设工程的管理与考核

改善和保障民生是党和政府的一项政治任务，是民族团结、全面建成小康社会进程中必须解决好的一项重要工作。因此，民生建设工程的质量问题、考核评估与管理等问题，都是亟待重视的重要问题。当前和今后，要突出重点，着重对安居、就业、教育、医疗、社保等民生领域的重点项目建设情况，做好质量检查、考核评估与后期管理等工作。要健全项目建设的目标考核评价体系，坚持将这项工作制度化、常态化，健全相应的长效机制。切实加强对民生建设工程的质量、成本管理、项目设施的配套与配置、后期评估与管理、工程建设规划的编制与修订等情况的考核与评价、管理与监督，切实把民生建设的各项工程建好建实。

（三）对口援疆应进一步加大保障和改善民生工作力度

各受援地、各对口支援省市前方指挥部应坚持统筹使用好中央补助资金、自治区配套资金和援疆资金，统筹实施好安居富民、定居兴牧、教育、就业、医疗等重点援建项目。应总结安居富民、定居兴牧工程的成功经验，坚持现代化和民族特色相统一，坚持高起点规划、高水平建设，确保让各族群众居住面积有所改善，水电气路厨卫浴配套。还应重视建设好学校、医院、文化站和垃圾处理等公共服务设施。应坚持把改善生活条件与解决生计问题结合起来，因地制宜发展庭院经济、设施农牧业、农产品深加工业、民族手工业和旅游业、农家乐等特色经济，努力把对口援疆工程建成各族群众的“致富工程”、民族团结的“连心工程”、开阔视野和提升素质与能力的“现代化工程”。应坚持把促进就业放在民生建设的优先位置，立足内部挖潜，大力发展劳动密集型企业、中小企业、民营企业，重视发展文化、餐饮、服装、旅游等第三产业，为少数民族群众提供更多就业岗位。自治区有关部门和各受援地应坚持主动加强与各对口支援省市前方指挥部的沟通对接，选择具备条件的援疆项目，提前做好项目的前期规划工作，及时落实项目资金和建设条件，抓紧建材生产、施工队伍组织等基础工作，确保援建项目早开工、早建设，群众早受益。

（四）进一步切实解决好关系民生的环境保护问题

坚持环保优先、生态立区理念，把资源开发可持续和生态环境可持续贯穿于民生建设的全过程；坚持把环境保护融入民生建设的各方面和全过程，努力建设和守护好大美新疆、和谐新疆、幸福新疆。加快推进塔里木河、伊犁河、额尔齐斯河等重点流域总体规划和污染防治规划。在继续实施好退耕还林、退牧还草、平原绿化工程，加快推进塔里木盆地周边防沙治沙、天山北坡森林植被保护与恢复工程中；在抓好重点工程和重点领域污染减排工作，大力发展循环经济和节能环保产业中，都要切实考虑到民生建设的具体问题，努力把民生建设与这些重点生态环境工程建设结合起来，确保所有的资源开发都控制在生态环境可承载的范围之内，切实做到统筹兼顾、协调推进，科学处理好环境保护与民生发展的问题。民生建设的各个项目，都要进一步强化水、大气、土壤等污染源的防治和综合治理工作，坚持做到从项目设计、规划到建设与运行的全过程，都要符合环境保护的要求。对已经建设好的民生工程项目，应组织力量进行检查考核，凡是环境保护不达标的项目，都要采取措施进行补救。应进一步大力推进以乌鲁木齐市为重点的城市大气污染治理工作，努力把乌鲁木齐市建成以人为本、宜居宜业、可持续发展的美丽城市。坚持深入实施城乡环境连片整治示范工程，切实解决好损害群众健康的环境问题，确保让人民群众既享有现代宜居的环境，又能喝上干净的水、呼吸到新鲜空气、吃上放心的食物，使各族群众的生活水平得到全面提高，资源节约型、环境友好型社会建设取得重大进展。

（五）民生建设应重视大力弘扬新疆精神，充分发挥社会各界的主体作用

民生建设是一项长期的复杂的系统工程，除了政府建设、援疆建设外，大量的工作还需要各族群众充分发挥主体作用。毕竟勤劳致富是新疆各族群众的共同目标，靠自己勤劳的双手建设美好家园、营造幸福生活，才是群众最崇尚的追求。因此，民生建设在不断强化政府建设和援疆建设的同时，应重视在群众中树立自力更生、奋发图强、积极改变命运的先进典型，引导人们转变坐等的观念；重视引导和充分发挥群众的主体作用，充分调动群众参与民生建设的积极性、主动性和创造性。积极发挥群众的聪明才智，引导他们勇于克难攻坚、崇尚实干、务实创新，积极参与到民生建设的实践中来，通过自己的辛勤劳动，实现自己美好的人生理想，为新疆的民生建设、为跨越式发展和长治久安做出积极贡献。重视将新疆精神渗透到民生建设的方方面面，引导群众积极参

与到民生建设工作中来，充分发挥新疆精神在民生建设中的重要作用，倡导变化变革、敢于担当、务求实效的原则，充分发挥“爱国爱疆、团结奉献、勤劳互助、开放进取”新疆精神的重要作用，为推进民生建设提供强大精神动力。

执笔人：尚　游（新疆维吾尔自治区党委政策研究室）
顾华详（新疆维吾尔自治区党委政策研究室）

第十三章

三江源生态退化的制度成因及治理思路

三江源地处青海省南部的青藏高原腹地，在这里不仅发育了长江、黄河和澜沧江等著名河流，而且湖泊、沼泽、雪山、冰川广布，多年平均出水量 499 亿立方米，其中，长江 184 亿立方米，为长江多年平均径流量的 2%；黄河 208 亿立方米，为黄河多年平均径流量的 38%；澜沧江 107 亿立方米，为澜沧江国境内多年平均径流量的 15%，有“中华水塔”之美誉。2011 年 11 月，国务院常务会议批准在这里设立第一个以生态保护为主题的国家综合试验区，该试验区由玉树、果洛、黄南、海南 4 个藏族自治州全部行政区域的 21 个县和海西州格尔木市代管的唐古拉山镇组成，共有 158 个乡镇，1214 个行政村（含社区），总面积为 39.5 万平方公里，占青海省总面积的 54.6%。2011 年底总人口 127.30 万人，占全省总人口的 22.4%。在总人口中农牧业人口占 80.18%，以藏族为主的少数民族人口占 88.92%。本文试图在分析三江源生态退化深层次原因的基础上从体制机制角度提出一些生态治理的思路。

目前，在关于三江源生态退化成因的讨论中主要有两种代表性的观点：一种是自然成因论，另一种是人为成因论。本文认为，相对于不可控制的气候变化等自然因素而言，人为因素是导致三江源地区生态退化的主要原因；但如果把该地区的生态退化只是简单地归咎于人口增加、超载过牧、滥采滥挖等，显然未能抓住问题的根本。三江源生态退化虽肇始于 20 世纪 50 年代，但加速于 80 年代，而这正好是我国经济体制改革开始的时期，也是商品经济因子不断显现的时期。所以，对三江源生态退化问题的考察，必须放到这个大的制度背景之下进行。按照新制度经济学的解释，三江源地区之所以出现了不断加剧的生态退化问题，其原因除了气候干旱化和人类经济活动过度外，还有草场产权、法律法规以及文化变迁等制度方面的偏颇。

一、草场产权制度不尽合理

草场作为三江源地区最主要的物质存在，不仅是畜牧业重要的生产资料和牧民生活的主要场所，而且是维系该地区生态平衡的重要屏障。所以，对于草场的产权安排既影响广大牧民群众的生活水平，又影响生态系统的正常运行。三江源地区草场产权制度的变迁大致可以分为三个时期，即早期的部落和寺院占有制、解放后到 1958 年的互助合作制以及 1958 年到 1978 年的人民公社所有制和 1978 年以来的家庭承包经营责任制。

（一）部落和寺院占有制

历史上，三江源地区各部落逐步形成了由各王朝控制的较稳定的辖区，并由各朝中央政府颁发文册。这就确定了草场为统治者（千百户或土司、寺院）所有的封建领主性质。凡居住在某一部落内的属民和草场一样，统治者对内有分配权，对外有买卖、出租、赠送、转让、抵偿等支配权。以境内的河南蒙古族自治县为例，解放前王府占有是草场占有的主要形式。亲王府除占有本部落全部草场外，还有权调整各旗及各部落的草场，各旗各部落必须严格执行。各旗各部落草场由旗扎萨克和部落头人掌管。草场使用上，各旗各部落不得相互越界、侵伐，王府对内有权予夺，对外有权出租或转让。另外，每个寺院在其周围都占有大片优良草山，而且界限森严，不容侵犯。资料显示，1949 年河南蒙旗共有人口 9515 人，其中王公头人、宗教上层有 381 人，仅占总人口的 4%，却占有全部可利用草场的 42%，人均占有 1.2 万亩，为牧民人均占有量的 17.4 倍；各类牲畜也都集中在王公头人、宗教上层手中，共占有 6.2433 万头，人均占有 163.87 头，其中王府一家人均占有 822.19 头。

这种草场产权制度安排不仅使广大牧民群众占有的草场数量少、质量差，而且使他们长期处于一种被剥削被压迫的贫困状态。仍以河南蒙旗为例，1949 年这里共有牧民 9134 人，占总人口的 96%，却仅占有全部草场的 58%，人均占有不足 695 亩，仅为王公、头人、宗教上层人均占有量的 5.77%；仅占有各类牲畜 9.7651 万头，人均占有 10.69 头，仅为牧主头人、宗教上层人均占有量的 6.52%，仅为王府人均占有量的 1.3%。据解放初期的调查，贫牧（包括赤贫户）达到 1678 户、7506 人，分别占总户数和总人口的 75.28%和 72.19%，其中占有很少生产资料或根本就不占有任何生产资料的缺羊户、赤贫户和贫困户竟超过了全地区总户数的20%。

三江源地区历史上长期形成的这种草场的部落所有制产生了严重的社会经济后果，但从生态环境保护的角度看，这种草场产权制度与高原草地畜牧业之间有一定的适存关系。首先，高原草地由于气候、水土等地理条件的限制，单位面积产草量很少，在这种环境中开展草地畜牧业需要有分季轮牧的较大空间，以与草场的修养恢复、人畜的回旋余地相适应。其次，三江源地区气候恶劣，频繁发生的雪灾、风灾等自然灾害使个人或家庭的力量显得十分渺小，必须通过集体（部落）的力量才能获得生存以及降低自然灾害带来的损失。再次，在三江源地区特殊的自然环境里发育的宗教和部落习惯法在维护生态平衡方面也发挥了一定的积极作用，因为在这一时期牧民们的养畜规模、冷暖季草场的放牧时限、轮牧转场的时间等都由部落统一部署，违者将受到部落习惯法的严惩。总之，游牧制度是千百年来藏族牧民与青藏高原严酷自然环境长期磨合的产物，是一种自然选择的结果，我们不能因为其原始落后就完全忽视其对生态环境保护有利的一面。

（二）互助合作制与人民公社所有制

建国后，边远、闭塞的三江源地区的制度变迁纳入了全国整体的轨道中，三江源地区也与全国其他地区一样开始了社会主义建设。在改革开放前该地区的草场产权制度分为两种类型：一种是1958年前短暂实行的互助合作制，另一种是1958年以后实行长达20余年的人民公社所有制。

新中国成立初期，青海省根据牧区的社会经济特点，坚持“慎重稳进”的工作方针，采取了一系列有别于农业区的政策措施，对牧区进行了民主改革。特别是实行的“三不两利”政策（即“不斗不分，不划阶级”和“牧工、牧主两利”）对于稳定牧区社会关系起到了较好的作用。由于措施得力，“一五”期间三江源地区畜牧业生产稳步发展，牧民生活水平有所改善；到了1955年，在全国开展互助合作运动的政治氛围下，青海省也在当年9月发布的《第一次牧业区区委书记会议总结报告》中提出了“在自愿原则的基础上，按照当地牧民能够接受的适当的形式，有步骤地发展畜牧业的互助合作”。从此，三江源地区也开始了畜牧业的互助合作工作。

互助合作制是社会主义集体所有制的萌芽阶段，在实行中采取了对牧民和王公头人两种不同占有制区别改造的方法，即对牧民个体经济按照互助互利原则组织互助组，进而联合为初级生产合作社；对王公头人牧主经济，采用赎买政策，动员他们或者参加牧业合作社，或者加入国营牧场，或者加入公私合营牧场。互助合作制因1958年春季在一些地区发生的武装叛乱而终止，取而代之的是人民公社所有制。1958年9月，在全国大办人民公社的形势下，中共青海省委召开会议，要求牧区各地："彻底完成畜牧业社会主义改造，迅速开展一个规模浩大的办公社运动，争取尽早实现公社化。"于是，在牧区掀起了大办人民公社的高潮。到年底，海南、海北、海西、黄南四州和玉树、果洛两州的部分地区基本实现了公社化，共建人民公社108个，入社牧户71408户，占牧区总户数的74.22%。

与互助合作制相比，人民公社所有制是一种更高层次的集体所有制形式，实行了草场和牲畜的"双公有"。按照三江源地区社会经济的自然发展，在当时的历史时期是不可能出现这种制度安排的。出现这种制度安排的主要原因是，为了使三江源地区迅速步入社会主义的康庄大道，党和政府采取了一种从外部"植入"的办法，运用行政力量推动政社合一的人民公社制度在不同地区建立和实施，以彻底摧毁长期以来形成的王公、头人和宗教上层的各种特权，使广大牧民真正成为新社会的主人。在人民公社时期，国家着力在三江源地区推行的政治、经济、法律等正式制度与该地区千百年来形成的各种非正式制度一直处于激烈斗争之中，不过这一时期在国家强大的政治动员能力的背景下，宗教和部落的势力得到了一定程度的抑制。

客观地说，人民公社所有制不仅促进了三江源地区集体经济的快速积累，而且使该地区的文教卫生事业也得到了空前发展。另外，从生态环境角度看，由于草场归人民公社所有的制度安排使畜牧业生产在空间上仍有一定的回旋余地，人民公社可以在一个较大的范围内组织广大社员转场和迁徙，并开展一定规模的草原建设，所以生态退化只是在局部地区因人口增加而有所出现。但需要指出的是，三江源地区在建立人民公社时同样出现了与全国其他地区一样片面追求"规模大、形式高"的错误倾向，导致生产关系超越了生产力水平，违背了高原草地畜牧业生产分散、流动、小群的特点和规律，再加上分配上的平均主义及政策执行中的偏差，因而严重挫伤了广大社员的生产积极性。

（三）家庭承包经营责任制

即使在人民公社时期三江源地区也普遍实行了"两定一奖"（定工、定产、超产奖励）的生产责任制，虽然这种责任制在"文化大革命"中受到了批判。1978年以后，在改革开放春风的沐浴下三江源地区迎来了新的发展时期，家庭承包经营责任制这种首先在内地农业区产生的制度安排也被逐步引入到这一地区。1982年春，果洛州甘德县根据群众意愿率先在全县范围内实行了牧业包干到户责任制，从此拉开三江源地区新一轮草场产权制度改革的序幕。经过一年在全省6个自治州的试点及经验总结，1983年秋中共青海省委发出《关于实行牧业包干到户责任制试行办法》，明确规定牲畜、草场、生产工具和设施的承包办法。1984年11月，在当年中共中央1号文件精神的指引下又开展了“牲畜作价归户”责任制的推广工作。到1984年底，全省3100个牧业合作社中的89.5%的社实行了“草场公有，承包经营，牲畜作价，户有户养”的牧业生产责任制，人民公社制度正式退出历史舞台。

事实上，家庭承包经营责任制在三江源地区实行的早期采用了一种“草场公有、牲畜私有”的制度安排。这一制度安排与人民公社时期“草场、牲畜双公有”的制度安排相比，极大地释放了广大牧民群众长期被抑制的生产积极性，但这一制度在具体实施中一方面，由于存在牲畜承包和草场承包的时间差；另一方面，由于对于草场的划分缺乏科学准备，使得在该地区一度出现了草场抢牧、过牧、草场纠纷以及草原得不到有效保护和利用等问题；为了尽快使草场承包工作纳入法制化、规范化的轨道，1993年6月青海省人民政府颁布《青海省草原承包办法》对草原承包期限、依法确认使用权、草原有偿使用及承包的具体技术等问题作出明确的规定，在全省确立了草原长期有偿分户承包经营的基本形式。在这一文件精神的指引下，不少州、县、乡都纷纷提出“把草场承包工作作为加快牧区改革步伐的头等大事来抓”的口号，从1994年开始进一步落实草场分户承包政策，使户与户之间的草场界限由虚变实。截至1997年底，全省6州草原承包工作通过省级验收的有5州、22县、129乡，承包草原面积总计1926.67万公顷，占全省冬春草场面积的76%；制图造册的承包牧户为6.82万户，占全省总牧户的72.2%。到2000年此项工作已基本完成。

虽然家庭承包经营责任制在设计之初特别强调统分结合的双层经营特点，即把集体的统一经营与家庭的分散经营有机结合起来，但在实际执行时一些地方出现了重“分”不重“统”，把集体经济“吃干榨净”的做法。仍以河南蒙古族自治县为例，到1996年1月，全县3180户（包括3所学校、3座寺院、1个牧场）固定了草场使用权，承包草场面积达到810.65万亩，占全县可利用草场面积的88.9%，其中冬春草场面积499.65万亩，夏秋草场面积 311 万亩。在总承包草场面积中，牧户承包面积 791.55 万亩，占 97.6%；划给学校、寺院和牧场的承包面积 9.39 万亩，占 1.16%；而留出的牧道、饮水点、公共活动等公用草场为 10.12 万亩，仅占 1.24%。除了划分草场外，人民公社时期积累的一些生产设施也陆续以各种方式分给了牧户。

历史经验表明，集体的力量以及由集体派生的制度的力量（康芒斯说，制度就是“集体行动控制个体行动”）不仅维系着个体与集体之间的和谐，而且在维护三江源地区十分脆弱的生态平衡中发挥着至关重要的作用。随着时间的推移家庭承包经营责任制在三江源地区实施中由于未能处理好个体与整体的关系，其不利的方面日渐突出。目前，理论界对于家庭承包经营责任制在三江源地区实施以来产生的弊端主要有以下几个方面的概括：一是承包之后，草场特别是冬春草场基本失去了明显的休养间隔期。在以户为单位划定的草场上，放牧半径极度缩小，加上牲畜吃踩频繁，造成草地超载和极度放牧，进而沙化不可避免。二是草场划分到户后随着牧户家庭人口的增加，草场又面临着重新划分的新问题。如果草场不能再分配，必然会导致过牧现象的发生；如果政府不允许过牧，就会走向贫困甚至危及生存。三是牧户定居后，在定居点和饮水区附近人畜活动频繁，雪灾时在轻灾区牲畜过度集中，加之牧户抢牧、乱牧及暴牧，以及各级政府及牧民对保护草场和治理生态环境缺乏足够认识和重视，导致定居点和水源区周围往往成为草场退化、沙化最严重的地区。四是草场承包到户以后，由于不同牧户家庭状况和经营能力的差异，必然导致草场使用权在不改变承包经营合同主体前提下的流转，而这种流转无疑会激发租用者的短期行为，从而进一步强化对草原的破坏，使牧场退化沙化。五是家庭承包经营责任制客观上促进了“家家马牛羊，户户小而全”经营模式的形成，使本来经济效益低下的高原畜牧业效益显得更为低下，而且由于弱化了对牲畜头数控制和对草原利用状态的监督，致使牧户经营的未纳入政府统计视野的“黑畜”大量增加，加剧了草地生态的恶化。六是集体力量的不足不仅使三江源地区文化教育卫生事业有所滑坡、抗灾自救能力有所下降、地方政权建设有所削弱，而且一些地方宗教和部落的势力重新抬头。

从以上分析可以看出，建国后三江源地区草场产权制度的两次变化均属于政府作为供给者的“强制性制度变迁”：第一次试图建立人民公社制度，主要强调“统”的力量；第二次全力推行家庭承包经营责任制度，实践中“分”的力量占了上风。这两次制度变迁虽然都在短期内获得了较高的制度变迁收益，使长期边远落后的三江源地区跟上了全国现代化建设的步伐，但这两次制度变迁由于未能处理好“统”与“分”的关系，特别是第二次照搬照套在农业区取得成功的土地家庭承包制度的做法，没有很好地结合藏族传统生产生活习惯和该地区地广人稀的实际，不仅牧民群众收入增加缓慢，而且对自然资源和生态环境的破坏加重。

二、资源与环境法律制度不够完善

产权的界定与保护有赖于法律的制定和执行。离开了政府和法律系统的保障，产权权利的实现是不可能的。草场是三江源地区重要的资源之一，在这里还有森林、湿地、野生动物以及生态环境等资源。所以对于包括草场在内的资源与环境的退化问题还必须上升到法律的高度予以认识。

（一）在自然资源和环境保护立法上未能全面贯彻生态环境优先的思想

根据联合国环境规划署的定义，“所谓资源，特别是自然资源，是指在一定时间、地点的条件下能够产生经济价值的，以提高人类当前和将来福利的自然因素和条件”。这个定义体现了自然资源的两重属性：一是自然属性，即自然资源永远是生态环境的组成部分，任何自然资源都来自于生态环境之中；二是经济属性，即在人类不同的技术条件下能够利用的自然资源是不同的，自然资源的内涵本身就是动态变化的。从立法角度看，自然资源立法要解决的实质问题是人类经济活动索取自然资源的速度与自然资源本身及其替代品的再生速度均衡发展的关系，而环境保护立法要解决的实质问题在于向环境排放废弃物的数量与环境的自净能力的协调关系。虽然两者在价值取向上都是为了维护环境资源的可持续发展，但自然资源立法侧重于单项资源的保护，环境保护立法更强调整体环境的保护。可以说，环境保护法的保护对象是自然资源法保护对象的一种升级。

我国运用法律手段保护自然资源和生态环境的实践活动开始于20世纪50年代。改革开放以后，党和国家日益重视资源与环境保护，在1982年制定的宪法中，除对自然资源的所有制做出规定外，还明确规定：“国家保障自然资源的合理利用，保护珍贵的动物和植物。禁止任何组织或者个人用任何手段侵占或者破坏自然资源。”“国家保护和改善生活环境和生态环境，防止污染和其他公害。”在宪法精神的指引下，我国不仅相继制定和颁布了一系列资源与环境保护的法律、法规和规章，还积极缔结或参加了环境资源保护的国际条约，经过30余年的努力，一个结构合理、功能齐备的环境与资源保护法律体系正在形成。然而，一个不容忽视的事实是，由于生态保护意识的觉醒较晚，使得不仅在自然资源的立法上存在着或多或少的“重开发、轻保护”倾向，而且在1989年颁布的《中华人民共和国环境保护法》中偏重于污染防治，对自然资源和生态的保护规定不够。目前，有关部门已经认识到了这个问题，正在研究修订《中华人民共和国环境保护法》，使其真正成为环境与资源保护的基本法。

资源与环境保护立法上存在的问题对可持续发展战略的实施必然产生不利的影响，特别是对于像三江源这种生态价值远远大于经济价值地区的可持续发展负面作用更大。众所周知，三江源地区地表广泛覆盖的草地既可以用于发展畜牧业和采集名贵药材，更可以提供涵养水源、防止土壤侵蚀、调节气候等生态服务。如果说前者是草地产生的短期经济效益，后者则是草地产生的长期生态价值，三江源地区草地发挥的生态效益远远地超过了其经济效益。但问题的关键是，草地的经济价值是归其使用者的“私人产品”，而其生态价值则是人人可免费享用的“公共产品”。如果不首先在生态环境立法上解决这种“错位”，就很难从根本上遏制人们为了一己之利而破坏生态环境的行为。

（二）有关自然资源开发管理的政策、体制和法律存在缺陷

马克思在《资本论》中虽然将劳动划分为生产价值的抽象劳动和生产使用价值的具体劳动，但同时指出：“劳动并不是它所生产的使用价值即物质财富的唯一源泉。正像威廉·配第所说，劳动是财富之父，土地是财富之母。”[①] 可见，马克思在主张劳动创造价值的同时，并没有忽视自然力的重要作用。但是，马克思的这一理论在实践中被扭曲为一种影响深远的观点，即由于自然资源是天赋的，没有附加人类劳动，所以没有价值。这种观点也直接导致了我国长期执行“资源无价、原料低价、产品高价”的价格政策。

这种不合理的价格政策对自然资源丰富的西部地区产生的不利影响即使到今天仍未消除，“富饶的贫困”仍是西部地区的一个特征。西部地区固然有自然资源丰富的比较优势，但这种优势只是一种潜在的优势，能否

---

① 《资本论》第1卷，人民出版社1975年版，第57页。

转化为现实的优势还需要许多条件。但目前在西部大开发战略的制定中仍然有不少地区不是以市场为导向，而是反过来以自然资源为导向，误把资源优势当成产业优势，误把产业优势当成产品优势，误把产品优势当成商品优势，误把商品优势当成市场优势。所有这些发展战略，由于违反了市场经济的本质要求和特征，背离了市场经济运行轨道和发展规律，不仅最终难以实现，而且破坏了西部地区脆弱的生态环境，缩小了西部可持续发展的空间。这种政策对于三江源地区草场及其他自然资源的过度开发也产生了不可低估的负面作用，突出表现在普遍存在的头数畜牧业不仅没有带来牧民的总体小康，也加快了草场资源的退化沙化。

在自然资源开发管理体制上存在的缺陷进一步放大了不合理的资源价格政策的副作用。我国现行的自然资源开发管理体制是以传统的经济体制和运行机制为基础，以自然资源的非资产化管理为特征建立起来的。这种体制曾经在我国社会主义经济建设中产生过积极的效果，但在建立和完善社会主义市场经济体制新的历史时期，其不适应性也日益明显，主要表现在以下 4 个方面：其一，重视技术管理，忽视所有权管理；其二，重视分散管理，忽视集中管理；其三，重视行政手段使用，忽视经济手段使用；其四，重视产权的垄断性，忽视产权的流动性。这种体制不仅混淆了自然资源所有权、行政权和经营权三者之间的关系，以行政权、经营权管理代替所有权管理，模糊了国家作为自然资源所有者代表的地位，而且导致了对自然资源的无偿开发和利用，在一定程度上甚至鼓励了自然资源丰富地区“竭泽而渔”、“有水快流”的短期行为。

最后，还必须指出有关自然资源开发管理的法律制度的不足。各类自然资源之间是相互依存、不可分割的，所以理应有一部综合性的《自然资源法》来规范对各类自然资源的开发和利用，但时至今日，这样一部法律尚未出台。另外，总览我国现有的 9 部单行自然资源法律，不仅其中 8 部是在 1992 年明确提出建立社会主义市场经济体制前制定的，不可避免地打上了计划经济的深深烙印，而且一些单行的自然资源法律之间在保护对象上“各自为政”，在享有的权利与承担的义务上不对等，使得各部门、各地方及个人都争夺资源开发权益而不顾资源的保护及永续利用。如《草原法》中既没有就法律规定属于集体所有的草原作出具体的规定，又没有对征用建设用地及采矿引起的草原破坏附加恢复建设条款；《森林法》仅规定对林木和林地保护，未涉及依存于森林的各种野生动植物保护；《野生动物保护法》仅以珍稀濒危野生动物为保护对象，未从生态环境平衡的角度对所有需要保护的其他野生动物提供保护；《矿产资源法》虽然为资源开发者规定了相应的生态环境保护义务，但对不履行这些义务者却没有规定任何法律责任；《水土保持法》也缺少对拒不履行法律义务行为的具体处罚条文。

（三）在法律层面还存在着有法不依、执法不严、违法不究等痼疾

这个问题具有全国普遍性，从实践中人们对于“法制”与“法治”两个概念的混淆使用中就可见一斑。应该说，“法制”与“法治”是两个不同的概念，“法制”一般是“法律制度”的简称，而“法治”是法律的统治，是与“人治”相对应的一种治国方法，其核心思想是制约国家权力的滥用和保障公民的自由权利。如果说前者主要是指“有法可依”，那么后者则强调“有法必依”、“执法必严”和“违法必究”。按照这一理解，我国经过30余年的改革开放，各种法律法规从无到有，从少到多，业已形成了一个比较完善的法律体系，可以说已进入了“法制社会”，但由于受“重人情、轻法理”历史传统及计划经济体制的影响，我们距“法治社会”还有漫长的路要走。

三江源地势高耸、气候寒冷、经济落后、交通不便，行政成本和执法成本高。据调查，三江源各县普遍存在着公、检、法系统人员编制和行政经费不足的问题。以达日县为例，在1.46万平方公里的面积上只有40个公安编制，平均每个警员负责近400平方公里的面积。政府法律供给的不足不仅导致对偷猎、盗猎等不法分子打击不力，对因挖掘药材等引起的破坏草原行为管理不到位，而且客观上为部落习惯法的死灰复燃提供了空间。近年来，部落习惯法在一些地区与政府法律相抗衡的现象时有发生。同时，在司法实践中有法不依，重罪轻判或以罚代刑的现象严重，而这种做法本身就助长了不法分子大肆猎杀野生动物的嚣张气焰，使法律丧失了对犯罪分子的威慑力。再加上部分政府官员法治观念淡薄，都在一定程度上影响了政府法律的权威性。

三、游牧文化向农耕文化不断转换

“可持续发展不仅是经济问题，也是文化问题。与此相应，实现可持续发展单单依靠与经济利益相关的价格机制和产权制度是不够的，还需要

充分利用与道德相关的文化机制。”[①] 文化有狭义与广义两种内涵，狭义的文化主要是指一定的价值观，而广义的文化，按照费孝通先生的划分，可以分为三个层次：第一个层次是生产、生活的工具，国家、社会用什么样的工具、器物来生产、生活，即器物层次。第二个是制度（组织）层次，包括在这个社会里怎样把个人组织起来，让单独的个人能够结合起来、在一个社会里面共同生活以及他们之间如何互动。第三个是价值层次，这是文化的核心。可以说，文化是制度的载体，任何制度的运行离开了文化的支持都是难以为继的，而制度是连接器物层次和价值层次的中间环节，理解制度必须理解文化的价值层次。所以，在认识三江源地区生态退化的成因时，也应进入到更深的文化价值层次。

（一）农耕文化对三江源地区的深刻影响

三江源地区由于海拔、气候等自然条件的限制，本身并不适宜农耕，只能发展适度的草地畜牧业。但受内地农耕文化，特别是“大跃进”浪潮的影响，20 世纪 50 年代末三江源地区也开展了声势浩大的开垦草原运动。1959 年 4 月，青海省提出“牧区应以开荒为纲，开展大规模的垦荒运动”，要求“社社开荒，队队种地”，力争在两年内以州为单位实现粮食、蔬菜、饲料基本自给。1960 年 2 月又下达文件，通知 1960 年全省开荒 880 万亩，当年 3 月又将这一指标修订为 1100 万亩。结果，从 1959 年至 1960 年，牧区共开荒 572 万亩，使大片冬春草场遭到破坏，给畜牧业生产造成了极大损失。最为极端的一个例子是，当时的玉树州委竟然提出了“五自给（粮、油、菜、肉、饲料）”的口号，并号召全州各族人民“要把粮仓建立在巴颜喀拉山上”。在“以开荒为纲”的几年中，三江源地区不适宜种植农作物的大片草原被开垦，这些优良草场在弃农还牧 20 多年后，植被仍不能恢复原状。

长期的草原开垦在一定程度上改变了三江源地区的土地利用结构。研究表明，1952 年耕地园地面积在三江源地区总面积中只占 0.03%，而到了 2003 年这一比重上升为 0.13%，50 年来耕地园地所占比重在各类用地中增幅最大，达 0.1 个百分点。虽然自西部大开发以来三江源地区开展了退耕还林、还草等生态修复工作，但时至今日仍有总计为 5.3 万公顷的耕地散布在囊谦、班玛、玉树、泽库、同德、兴海等县境内。另外，由于三

① 洪银兴：《可持续发展经济学》，商务印书馆 2002 年版，第 371 页。

江源地区的耕地、园地大都由开垦草原而来，而且其中坡度大于15°的耕地所占比重较高，所以当这些经过千万年自然演替和选择的原生植被从根部遭到破坏后，就会严重损害原本脆弱的生态平衡，形成很难逆转的水土流失，进而使草原变成新的沙源甚至活的沙丘。

农耕文化对三江源地区的影响不仅表现在把大量草原变为耕地上，而且表现在对待畜牧业发展方式的选择上。三江源地区有人类活动的历史已上万年，游牧的生产方式存在的时间也很长。这种方式本身就是自然选择的结果，它通过不断调整放牧压力和牧草资源的时空分配，使大范围的草地得到了合理利用，既保护了草原生态系统，又避免了自然灾害对畜牧业的毁灭性危害。因此，“现在所见到的草地，是草食动物‘打造’出来的；同样，现在见到的草食动物也是草地‘打造’出来的。这就是我们所说的‘协同进化’。如果一方失去另外一方，将全然不会是现在这个样子”①。“对草地来说，放牧可以摧毁草原。但放牧也是改良草原的重要手段；放牧是经济有效的草地利用方式。放牧家畜是很好的‘牧草收割机’。”② 但在三江源草场退化不断加剧以来，人们想到的办法总是逃不出“禁牧”和“舍饲”的框框，其根本是想利用所谓的生态畜牧业取代原始落后的草地畜牧业，认为应彻底改变传统的靠天游牧、择水草而栖、自然放牧等习俗，建立以舍饲圈养为主的科学养育体系，辅之以草料收储、加工、氨化、销售，防疫防病，稳棚养育，畜产品加工销售等配套服务，实现牲畜喂养不出圈，禁绝畜牧业对草场及生态环境的破坏。

这种一相情愿地发展舍饲畜牧业的想法是不符合三江源地区实际情况的。从经济原因上看，三江源高寒草场离周边种植牧草的农业区以及畜产品消费地较远，无法通过大量调入牧草来发展畜牧业，也无法及时向城市调出畜产品。而且，当地主要畜种牦牛和藏系羊虽耐受力强，但生长缓慢，也不适应舍饲圈养；从生态原因上看，舍饲畜牧业尽管已在欧美等地以疯牛病和东南亚等地以禽流感的形式向人们敲响了生态警钟，但其最终会造成何种严重生态灾难人们还是不得而知。另外，“禁牧育草”措施的效果尚需进一步观察。内蒙古草原的一项研究表明，围封30多年不利用的草地并未达到顶级群落，反而是地表植被覆盖度变差，草地植物结构趋向单一，生物多样性水平极低，营养循环被阻塞，土壤营养匮乏，生态系

① 任继周：《放牧与野生动物》，《草业科学》2003年第11期，第61—62页。

② 任继周：《羊年谈禁牧》，《草业科学》2003年第3期，第1—3页。

统退化现象明显。同时围封起来不去利用的草地，往往使某些物种成为优势，其他物种丧失，导致原有生态平衡遭到破坏。所以，三江源地区绝不能仿照农业区“一窝蜂”地发展舍饲畜牧业。

农耕文化对三江源地区的影响可谓比比皆是。再比如，20 世纪 80 年代以来在三江源地区实行牲畜、草场双承包到户，基本定居等与农业地区趋同的政策也是一个典型的例子。这一政策实行初期还能使牧民生活水平得到提高，但进入 90 年代以后草场开始全面退化，生产力大大下降，并出现了日益增多的“生态难民”。为了解决这些牧民群众的生活问题，也为了保护“中华水塔”的生态环境，政府在三江源地区开始了规模浩大的生态移民工程，但这一工程在初步实施中已经出现了由于局部禁牧带来的对未禁牧地区牧压增大以及对定居点附近草原过度开垦等新问题。在这些问题的背后都能看到用农耕文化的模式改造游牧文化的影子。

（二）农耕文化与游牧文化的内在冲突

包括三江源在内的中国北方草原危机引起了人们从文化角度的深度反思。中国全球环境基金秘书处的一位高层人士认为，草原危机最根本的原因是体制、政策、文化与内地逐渐趋同，游牧基本终止，特别是在草原地区借鉴推广的农业地区的土地承包制，其造成的负面影响却是令政策推行者们始料未及的。近年来又在草原地区大力提倡舍饲、圈养，使由草原游牧畜牧逐渐进入小农畜牧业，牧区变为半农半牧区，更加大了草原的开垦。所以，中国草原危机克服的真正关键不在技术方面，而是在政策方面。

费孝通先生更是站在农耕文明和游牧文明冲突与交流的角度分析了单一种植文化在草原地区扩展的深刻影响，他说：“靠天种地的粗放农业对牧场草地来说是一种破坏力量。而且凡是丢荒之地，在干旱地区植被破坏后，很快就会沙化，农耕所及草场荒废。”“对牧区来说，由于牧场缩小，单位面积载畜量相应增加，超过了自然恢复饲草的限度，引起草原退化。这一系列破坏生态平衡的因素，形成了恶性循环，引起一般所说的农牧矛盾，在民族杂居地区又表现为民族矛盾。”[①] 任继周院士也认为：“传统的华夏文化，对草充满不敬甚至敌意。草包、草寇、草草了事、草菅人命，都表现了对草的贬义，我们通常所说的‘良莠不齐’，就是说杂草混进了

---

① 《费孝通学术精华录》，北京师范学院出版社 1988 年版，第 299 页。

庄稼地的那种令人厌烦的情况，甚至发展到恶意相向，要‘斩草除根’。这就是‘以粮为纲’的农耕文化培养出来的一种‘厌草’情结。”①

游牧文明和农耕文明是世界文明史上的两大主要文明。在北亚、中亚等地区游牧文明在先，而在西南亚、东亚，农耕文明在先。两大文明在东方历史上长期抗争延续了30多个世纪。对于我国而言，农耕文化和游牧文化作为两种最基本的经济类型，是中华文化和中华文明得以不断发展壮大的源泉。在长达数千年的漫长历史发展过程中，两种文化相互撞击、相互补充、相互融合，最终铸就了中华民族经久不衰的凝聚力。游牧文化以其北方民族充满活力的刚劲气质和精神风貌，与中原稳健儒雅的农耕文化的融会，使中国传统文化一次又一次地实现了变革和更新，并长期保持着强大的生命力。但是，由于长期以来受人多地少基本国情的制约，不仅形成了我国浓厚的“以粮为纲”的文化情结，也导致了从黄河中游向全国其他地区一次又一次的开垦运动。

据史念海先生考证，西周时期黄土高原地区森林的覆盖率达到53%。以后农耕文化与游牧文化在黄土高原经过多次反复，8次嬗变，最终游牧文化退出历史舞台，定位于以垦殖土地—种植谷物—生产粮食为主要特征的农业体系和相应的农耕文化。西北地区在汉代以前也是以畜牧业经济为主要生产手段的，但随着汉代及其以后大规模的军事行动和过度开发，千百年来连续的、几乎不间断的农牧业生产方式和生产结构的调整和转化，造成了西北地区严重的、不可逆转的自然生态环境的恶化。这种文化变迁留下了当今黄土高原千沟万壑、水土流失的生态遗产；当这种文化继续向西北地区和内蒙古高原渗透时，草原退化沙化、沙尘暴频繁也就成为必然。如果我们再不能对游牧文化的价值予以重新审视，生态脆弱的三江源地区从牧区变为半农半牧区，由草原游牧畜牧业进入小农畜牧业，从而进一步加大对草原破坏的日子也就不远了。

总之，按照新制度经济学的解释，在社会经济发展中，可以选择、可以改造的是制度，不可选择、不可改造的是人性。三江源地区的广大牧民群众虽然缺少农耕文化视野中的“编码知识”，但他们拥有很多游牧文化中的“默会知识”，在市场经济下并不妨碍其“经济人”本性的释放和发挥。正如舒尔茨在获得诺贝尔经济学奖的授奖仪式上演讲时所指出的那

---

① 任继周：《摒弃“厌草”情结，培育“有草文化”》，《草业科学》2004年第4期，第52—53页。

样：“全世界的农民在处理成本、报酬和风险时是进行计算的经济人。在他们的小的、个人的、分配资源的领域中，他们是微调企业家，调谐做得如此微妙，以致许多专家未能看出他们如何有效率。”[①] 因此，三江源地区生态退化的根源是由于制度设计的偏颇，使个体利益与整体利益之间产生了偏差，从而使整个社会陷入了个体理性导致整体非理性的“囚徒困境”之中。

四、三江源生态退化的治理思路

三江源生态治理必须恪守生态公平理念，充分和科学地认识自然生态的价值，汲取传统文化精髓，端正人与自然的关系，并通过建立经济、有效并且能够吸纳公众和非政府组织积极参与的模式，让生态价值得到应有的尊重和回报，让当地百姓得到应有的生态补偿。

（一）明晰产权关系，改革草场承包制度

产权明晰是三江源地区草场制度改革的方向。需要特别强调的是，所有权明晰并不必然导致产权明晰，在产权制度改革上首先应从“非此即彼、非公即私”的两极思维的怪圈中走出来。按照美国著名产权经济学家巴泽尔的分析，判断产权是否明晰的关键在于对“公共领域”及其产生的净租金的界定，而且，“人们对资产的权利（包括他们自己和他人的）不是永久不变的，它们是他们自己直接努力加以保护、他人企图夺取和政府予以保护程度的函数”。随着市场化的深入、技术改进和政府干预，该地区业已形成的草场家庭承包经营制度必然会发生新的变迁。在草场产权制度改革上，一是应在稳定草场家庭承包权的基础上，在条件成熟的地区通过草场和牲畜的折价入股，尝试形成新的合作经济形式。二是应通过草原承包权的物权化来保障承包人的合法权益。

（二）加强法治建设，完善自然资源和环境保护立法

依法保护三江源生态环境，是可持续发展模式中的重要制度措施。加强三江源生态环境保护的法治建设需要中央、地方政府和广大群众的共同

---

① 〔美〕西奥多·W. 舒尔茨：《穷人的经济学》，王宏昌等译，《诺贝尔经济学奖获得者演讲集（1969—1986）》，中国社会科学出版社 1988 年版，第 428 页。

努力。从中央角度看，应适时制定综合性的《自然资源法》，并根据“生态环境优先”原则对现行的一些片面强调经济利益的资源法进行修改与完善；从地方角度看，应科学制定《三江源生态保护条例》等地方性法规。在完善立法的同时，还应通过宣传教育、依法打击破坏草原和滥捕滥杀野生动物行为等措施，培养各级官员和牧民群众的法治观念，逐步形成全社会崇尚法治的良好氛围，使三江源的保护和建设走上“有法可依、有法必依、执法必严、违法必究”的轨道。

（三）建立生态补偿机制和国际合作机制

三江源地区的生态保护是一种典型的公共产品，其受益者不仅包括生活在这里的广大牧民，更包括江河中下游十几个省份的七八亿人口，而且在短期内三江源地区的生态保护可能会以牺牲当地农牧民和地方政府经济利益为代价的。所以，一方面，应按照“谁污染谁治理、谁破坏谁恢复、谁受益谁付费”的原则，以开征环境税、资源税等形式获得生态环境补偿；另一方面，应逐步建立纵横结合的财政转移支付制度，在以一定比例从全国 GDP 增量中提取资金用于中央政府纵向转移支付的同时，适时在三江惠及省市区通过建立专门的支出预算科目进行横向转移支付试点。另外，还应开辟国际合作途径，吸引国际上关心三江源生态的有识之士，利用其资源和经验做好三江源地区脆弱生态环境的保护和治理工作。2012 年 10 月成立的三江源生态保护基金会正在为进一步开展国际合作创造新的平台。

（四）优化政府机构，转变政府职能

三江源试验区平均每个县的人口不到 6 万，但在政府机构的设置上仍然强调“麻雀虽小、五脏俱全”，使得财政供养比例过高，行政管理成本过大。一方面，随着移民搬迁的实施，有的县乡就有可能成为“孤岛”或是“空壳”；另一方面，随着交通状况的改善，该地区城镇中干部群众在海拔较低的异地购房现象日趋普遍。今后，应根据生态建设与保护的需要优化政府管理机构，并注意协调好州、县、乡政府与即将成立的“三江源国家生态保护综合试验区”管理机构之间的关系。另外，还应进一步完善三江源地区社会经济发展的总体思路，保证“生态立州”、“生态立县”战略的实施，并推动运用绿色 GDP、人类发展指数（HDI）等指标考核地方官员政绩的改革，使他们能够更加积极主动地为实现三江源可持续发展服务。

（五）保持文化多样性，发扬藏族传统生态伦理的精华

在1992年联合国环境与发展会议通过的《里约环境与发展宣言》中指出："土著居民及其社区和其他地方社区由于他们的知识和传统习惯，在环境管理和发展方面具有重大作用。各国应承认和适当支持他们的特点、文化和利益，并使他们能够有效地参加实现持久的发展。"长期以来，生活在青藏高原上的藏族人民形成了敬畏自然、珍惜一切生命的生态伦理价值观，这种观念本身就与现代生态伦理价值观有一定的共同之处，是实现三江源地区可持续发展的重要精神资源，应积极进行挖掘和弘扬。人们越来越清醒地认识到，三江源地区既不是发展现代畜牧业的乐园，更不是进行新型工业化的处女地，保持广袤无垠的草原森林、良性循环的生态环境以及充满生机活力的高原民族文化才是该地区最大的价值所在。

总之，从三江源地区自然和人文的实际出发进行制度设计是实现其可持续发展的根本，也是保证21世纪我国长江、黄河中下游地区生态安全的关键。我们必须从怨天尤人的怪圈中走出来，通过扎扎实实的制度创新实现三江源地区山川秀美、人民富裕的宏伟目标。三江源国家生态保护综合试验区建设不仅有利于从根本上遏制该地区生态功能的退化趋势，而且必将探索出一条生态脆弱的欠发达地区建设生态文明的先行之路。

执笔人：马洪波（中共青海省委党校）

第十四章

后危机时期中国外经贸发展的战略调整

中国外经贸发展在后危机时期正面临着日益严峻的挑战。在对外贸易领域，国内综合生产经营成本的快速上升正在逐步削弱“中国制造”的传统竞争优势，世界格局的动荡变幻、国际竞争的充满不确定性，让中国对外贸易发展的外部环境阴云笼罩。在国际投资领域，引进外资面临着后起发展中国家的激烈竞争，对外投资因各国经济困顿和时局动荡而风险剧增。后危机时期是中国的战略机遇期，在战略机遇期里，中国外经贸发展承载着助推经济结构调整和发展方式转变、保障中国和平崛起的历史使命，为此，我们需要清晰客观地分析和判断后危机时期中国外经贸发展面临的机遇和挑战，从而顺应新的形势加快推进外经贸领域的结构调整和战略转换。

一、后危机时期中国外经贸发展面临的机遇

（一）中国外经贸发展的全球机遇

后危机时期，全球经贸格局进入制度变革和结构调整共同推动的转换时期，全球经贸制度变革和结构调整给中国外经贸发展创造了新机遇。

1. 新的全球经济治理机制。本轮经济危机对世界经济最深远的影响之一就是 G20 的诞生和发展。G20 取代 G8 成为 21 世纪全球经济治理的新机制。由于各方利益的角逐，全球治理机制的改革发展之路必将曲折多艰，但新机制的诞生和成长，无疑为中国参与全球治理、参与国际经贸规则的制定和修改，进而营造互利共赢的外部发展环境、维护和增进中国外经贸发展的收益创造了有利的平台和空间。

2. 新的全球产业转移浪潮。国际经验显示，每一轮经济危机都将引

发全球产业的重组和重构，由此带来一轮新的更大范围的全球生产力布局的重新调整，以及与之相应的国际产业转移。在这一轮产业转移中，中国仍然是最具吸引力的东道国。国内外机构的调研都表明，跨国公司将进一步加速对华高端制造环节、研发环节和服务环节的外移和外包，这一趋势与中国的结构转换和转型升级相吻合，成为我们必须牢牢把握的战略机遇。

3. 新的市场空间。本轮经济危机中，全球达成的共识之一就是，未来世界经济发展的最大空间在发展中国家，发展中国家的工业化、城市化进程是后危机时期引领世界经济增长的主导力量之一。金融危机爆发以来，全球经济增长呈现南高北低态势，金砖国家在全球经贸发展中的作用举足轻重。发展中国家前所未有地加速推进工业化和城市化进程，这将为我国对外贸易的发展提供新的市场空间，对于我们转变长期以来对欧美市场的依赖、推进市场多元化发展意义重大。

4. 新的投资机遇。发展中国家的工业化和城市化进程同样为中国企业的海外投资创造了新机遇。与此同时，在欧美国家，金融危机爆发以来，大量欧美企业陷入财务危机，资产缩水，并濒临破产重组的边缘，这给中国企业通过海外投资实现全球产业链上的上下游延展和附加值的提升创造了难得的投资机遇。后危机时期，欧美债务危机以及随后将可能发生的一系列后危机涟漪，将为中国企业海外收购兼并提供有利空间。

5. 新的要素走势。近年来，国际中高端人才呈现出“逆向”流动新态势，即由原来从发展中国家流向发达国家演变为由发达国家开始向发展中国家回流。金融危机无疑加剧了这一态势。后危机时期，伴随着各国的结构调整，欧美国家正经历一轮又一轮的“裁员季”，而中国经济的平稳发展吸引着这些欧美国家的高端人才特别是高端华裔的“逆流”和回归，外籍高端人才流入和“海归”、“海鸥”队伍的形成与迅速壮大为中国出口产业转型升级特别是向研发和服务领域扩展提供了大量人才储备。

（二）中国外经贸发展的国内优势

后危机时期，针对全球经济政治格局的变化和中国国内经济社会发展的现实，中国加快了结构调整和发展方式转变的步伐，这为外经贸发展提供了良好的内在条件。

1. 科学发展观营造良好的发展氛围。中国当前面临的资源与环境约束已经让科学和可持续发展深入各级各部门政府执政理念，如果能够通过一系列制度变革，切实落实科学发展观，努力推进低碳发展，将不仅在全社会形成有利于产业“清洁”升级和可持续发展的良好氛围，而且在国际市场竞争中，特别在国际规则低碳化态势下为“中国制造”与“中国服务”打造坚实的国内产业基础。

2. 国内大市场促成巨大的发展空间。作为处在工业化、城市化进程中的发展中大国，13亿人口的中国在全球拥有独一无二的潜在大市场，每一个收入层次的中国家庭都拥有向上增长的消费需求和消费空间。后危机时期，伴随着社会保障制度的建立与完善、伴随着金融和房地产领域的改革与调整，更重要的是，伴随着收入分配制度的改革和扩大内需的长效机制的建立，中国百姓的可支配收入将持续增长，潜在的国内大市场显在化，中国外经贸产业的升级换代将获得强劲的市场需求的支撑。

3. 要素禀赋的结构变化创造优良的发展条件。改革开放30多年间，中国的要素禀赋结构发生了巨大变化。1978年，中国拥有全世界23%的人口、7%的耕地和水、3%的石油和天然气、1%的投资和0.5%的研发投入，这是一个劳动力要素畸形、资本与劳动力高度不匹配的要素结构。到2008年，中国同样拥有7%的耕地和水、3%的石油和天然气，但人口为22%，投资为14%，研发投入为5.5%[①]，显然，资本的稀缺性已经显著降低，同时，劳动力素质则明显提高。

4. 循序渐进的制度变革拓展高效的发展环境。中国经济的奇迹是在改革与开放两个轮子推动下实现的。制度变革是中国经济前行的有力推动力量。经过30多年高速经济增长，中国的经济和社会发展中积累了难以忽视的制度瓶颈和结构性障碍亟待突破和调整。金融危机爆发以来，针对国内外新的发展形势，中国开启了新一轮制度变革的序幕。循序渐进的制度变革，将为中国外经贸发展降低制度成本，拓展更加公平高效的发展环境。

二、后危机时期中国外经贸发展面临的挑战

后危机时期恰逢中国经济和社会发展进入转型期，全球经贸格局变幻与中国自身阶段性转换相结合，给中国外经贸发展带来了严峻的挑战。

① 数据来源：UNCTAD，Handbook of Statistics，2009.

（一）国际经贸环境不容乐观

2008年危机爆发以来，由于各国政府联合出手救市，世界经济很快进入复苏状态，这让许多观点对危机的预测颇为乐观。然而，欧美国家主权债务危机令全球复苏几乎停顿，也迫使人们重新估量本轮起于金融危机的全球经济危机之根源与影响。国际经验和当今世界经济发展现实都表明，后危机时期的世界经济发展呈现高度不确定性，全球经济结构调整的进程将艰难而漫长。

因此，后危机时期中国的外经贸发展面临着显著不同于以往的外部经济环境。就对外贸易而言，欧美国家的经济困境意味着全球主要市场的需求持续下降，而欧美市场在中国出口中占据了近50%的份额，如图14—1所示。与此同时，各国的结构调整和产业重组与重构还将改变全球的贸易结构，这让中国的对外贸易面临结构升级的严峻挑战。就直接投资而言，引进外资正面临越来越多的低成本新兴工业化国家的激烈竞争，海外投资则因各国经济发展困顿而风险凸显。

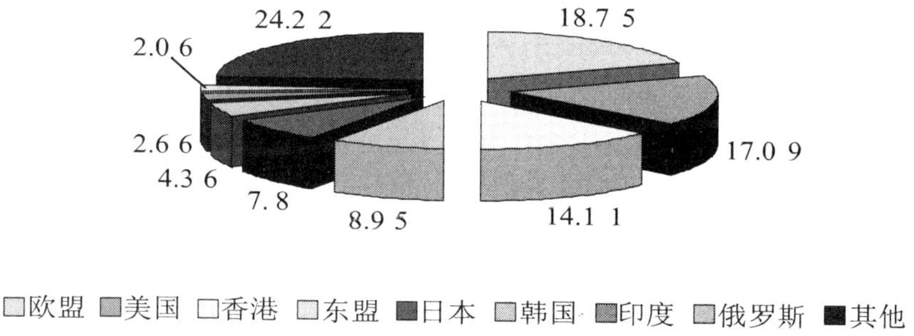

图14—1　2011年中国出口的地区结构

资料来源：商务部网站。

（二）国际经贸摩擦更为严峻

20世纪90年代以来，中国就成为全球经贸摩擦的主要打击目标。金融危机爆发以来，中国承受着巨大的保护主义压力。2010年，全球贸易保护案件随全球经济复苏而大幅回落，但中国仍然是保护主义的头号目标，33.3%的反倾销和60%的反补贴针对中国①。后危机时期，中国的经贸摩擦将更加严峻和复杂。随着产业的技术进步和升级换代，中国将冲击

① 数据来源：www. wto. org.

发达国家的核心贸易利益，于是，针对中国的经贸摩擦将不仅停留在传统的贸易保护手段上，而且将逐步上升到包括汇率、知识产权、环境保护、政府采购、自主创新等各个政策层面和制度层面。

竞争中立概念就是美国近两年来紧锣密鼓地在国际经济领域推行的新概念。所谓“竞争中立”，即竞争不能受外来因素的干扰，以“弥补现有的国际经济规则无法保证国有企业和私营企业公平竞争的缺陷”。这显然是针对中国而来，因为全球主要经济体中只有中国拥有强大的国有企业。美国正在经合组织内针对中国国有企业制定“竞争中立框架”。在泛太平洋战略经济伙伴关系协定（TPP）当中，也有专门针对国有企业的部分。本质上说，加强知识产权保护、形成市场化的汇率和利率机制、打破国企垄断，这些都是中国未来改革进程中的重要部分，但在自主改革尚未到位的情况下，这些规则条款的制定，无疑会让我们陷入被动局面，甚至形成制约和损害。

（三）国际收支不平衡压力依然不减

近两年来，中国贸易顺差持续降低，似乎贸易不平衡的压力有所缓解。但是，考虑到中国贸易不平衡所呈现出的高度结构性，不平衡压力仍然会持续一定时期。如图 14—2 所示，与全球产业转移紧密相关，作为亚洲生产网络的中低端和东亚消费品最终市场，中国对日本和亚洲四小龙以及东盟拥有越来越多的逆差，而对欧美国家相应地拥有越来越多的顺差。这就意味着下述情景会在相当长时期里持续，即一方面，对东亚国家的贸易逆差不断增长；另一方面，对欧美特别是对美国的顺差继续提高。

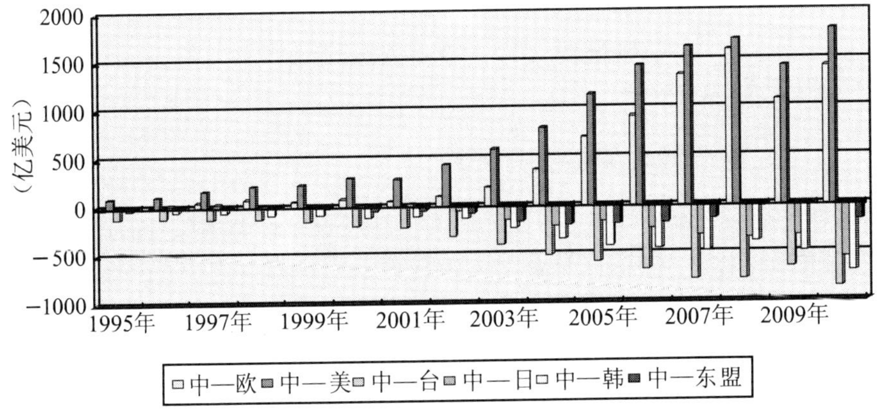

图 14—2　中国贸易收支的地区结构（1995—2010 年）

资料来源：中国统计年鉴（1995—2010 年）。

贸易收支不平衡压力还来自中国贸易收支的脆弱性。考察中国贸易顺差结构可以发现，如图 14—3 所示，新世纪以来，对外贸易顺差主要靠加工贸易支撑，一般贸易和其他贸易逆差缺口越拉越大。后危机时期，一方面，在扩大内需战略推动下，一般贸易和其他贸易逆差有可能进一步扩大规模；另一方面，在国内外市场压力制约下，加工贸易正处于转型升级的十字路口。大量加工贸易企业如果短时间内迅速向国外转移或者倒闭，加工贸易顺差有可能迅速收窄，整个贸易收支局面有可能在不经意间出现逆转。国际收支面临的风险不容忽视。

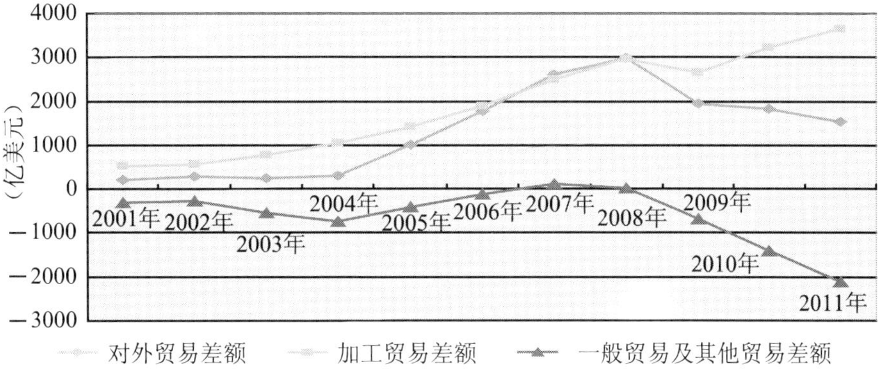

图 14—3　中国贸易顺差结构（2001—2011 年）

资料来源：商务部网站。

（四）综合经营成本全面持续攀升

研究表明，新世纪以来，在全球的新兴经济体中，中国劳动力工资的增长速度超过了其他国家和地区。按照国际劳工组织的统计，从 2001 年至 2009 年，中国劳动力小时工资年均上涨了 14.3%，而越南、菲律宾、泰国、马来西亚和墨西哥同期分别增长了 5.6%、8.1%、7%、11%和 2.6%[①]。除了劳动力成本以外，中国大陆经营的原材料成本、汇率成本、土地成本近年来也呈现持续上升态势。同时，伴随着中国环境保护的加强、社会保障制度的建立与完善以及资源价格体制改革的推进，中国大陆的综合经营成本进入全面持续攀升阶段。也就是说，恰恰在全球经济低迷的后危机时期，中国进入了后发国家经济发展轨道的一个节点，传统的天

① 数据来源：ILO 数据库、CEIC 数据库以及美国劳工部数据库。

赋的比较优势行将逝去，后天的竞争优势尚未充分培育和展现。于是，在全球分工中，我们面临的处境就是，要么向上游升级换代，要么被挤出全球产业链。

回顾世界经济发展进程还可以发现，当年日本和亚洲“四小龙”转型升级的过程，就是低附加值的加工组装环节向外转移的过程。由于产业大规模向外转移，这些小规模经济体都无一例外地经历了加工贸易持续锐减带来的失业增长、出口下滑、宏观经济面受损的转型升级之阵痛。因此，对于人口众多、经济社会同时处于转型期的中国而言，能否将转型升级之阵痛减缓至尽可能低，使之对经济增长和社会发展的负面效应尽可能小，使之不会显著打乱我们增长的轨迹和发展的步伐，成为传统低成本优势削弱后我们必须直面的另一个挑战。

（五）产业升级换代的动力亟待提升

当我们考察产业能否顺利升级换代的时候，我们发现产业升级换代的动力是不充分的。就制造业而言，改革开放 30 多年来，中国制造业取得了突飞猛进的发展。但是，毋庸讳言，制造业核心产业的核心技术仍然存在着外部依赖，引进—消化—再引进，这似乎是中国制造业难以摆脱的困局。当我们为摆脱这一困局而推崇自主创新时，我们发现，宏观层面上，国家创新投入不理想是公认的事实，科技与经济两张皮的局面亟待改变；微观层面上，国有企业拥有创新的资源，但多数国有企业囿于体制约束，创新的主观动力不足，私人企业拥有技术进步的动力，但多数私营企业，特别是中小私营企业技术进步的资源十分匮乏。更令人忧虑的是，由于创新动能不足，越来越多的实体企业正将实体经济的赢利投入到虚拟经济和房地产行业，产业空心化的隐忧已经显现。

在全球产业链上，上游研发和下游销售及其售后服务都属于服务业，中游生产环节的质量与效率也取决于为之服务的金融、保险、咨询等生产性服务业。因而，服务业尤其是生产性服务业在很大程度上决定着制造业的效率和竞争力，是产业升级换代的重要支撑。于是，中国服务业发展的滞后状态就成为阻碍制造业升级换代的重要原因，无论服务产品的质量还是品种都难以满足制造业的需求，生产者服务业对制造业升级换代的推动作用远没有发挥，研发创新设计、物流运输仓储、金融保险投资、信息咨询专业服务等新兴生产者服务业亟待扶持发展。

（六）社会管理制度的变革亟待跟进

减少转型阵痛需要相应的相对完善的社会管理制度，中国包括社会保障和户籍制度在内的社会管理制度变革的滞后使得社会发展与经济发展不协调问题在现时期里格外凸显。以劳动力为例，新生代农民工与其父辈不同，相对于父辈终究要告老还乡、叶落归根的人生诉求，新生代农民工从一开始就怀揣在城市生活的人生梦想。国研中心的一项调查表明，84.5%的新生代农民工没有从事过农业，30%多在农村没有承包地，40%多没有宅基地，92.3%不愿再回农村①。但是，当前的社会管理制度框架让农民工为城市发展做出了巨大贡献，却连基本的城市公民权都不能给予，更妄谈各种福利保障。今天，这种制度歧视已经不仅仅是新生代农民工群体和个人的苦难，而且日益成为制度变革的困境。在粤西地区，伴随着珠三角产业迁移带来的工厂倒闭和企业转出，大量失业农民工返回县城，正在形成对当地社会治安的严重负面影响。

（七）资源与环境挑战难以回避

改革开放以来，中国经济逐步积累着对外部资源的依赖，同时，在粗放生产方式下造成了对环境的威胁和损害。后危机时期，国际经贸领域两大新特征将挑战上述传统模式：一是资源价格的高位震荡和全球能源格局的转变。二是低碳经济的发展和低碳规则的实施。全球流动性过剩和新兴国家大规模需求的增长推动着初级产品价格的快速提升，发达国家推进新能源的努力改变着能源贸易的世界格局，而无论传统能源还是新兴能源胜出，对中国都将是不容回避的挑战。金融危机将全球经济带入一个低碳经济时代，为了促进新兴的绿色和低碳产业的发展，发达国家正致力于推动将低碳排放纳入国际贸易规则。“碳足迹”认证国际标准的出台和欧盟航空碳管制的推行，都是它们付诸行动的体现。显然，资源和环境问题不仅让中国在外经贸领域备受国际压力，而且成为制约我国未来外经贸可持续发展的重要因素。

三、新形势下中国外经贸发展的战略调整

任何国家的外经贸发展归根结底是为本国经济增长、社会发展和国家

---

① 《让农民工融入城市的最好方式是改革户籍和土地制度》，《21世纪经济报道》2012年1月5日。

战略服务的，因此，后危机时期中国外经贸发展的战略调整也服务于国家的三方面发展，即在经济上促进经济结构调整和发展方式转变，在社会发展上保障和改善民生，在国家战略上保障和提升中国的国际地位，助推大国向强国的转变。面对后危机时期的机遇与挑战，中国外经贸战略将着力于以下方面：

（一）继续稳定和拓展外需

稳定和拓展外需的关键首先在于制造业的升级换代。在全球产业链上，中国制造业的升级换代就是从当前所处的中低端环节向上游核心零部件制造环节、研发环节，向下游销售环节、售后服务环节延展。升级换代不是简单地放弃中低端环节，也不是用资本技术密集型产业和环节替代劳动密集型产业和环节，而是由中低端环节向整个产业链的延展和覆盖。在这一延展和覆盖的进程中，需要发挥中国在任何一个产业和环节中的相对低成本优势，同时体现低碳理念和绿色特质，实现“清洁”升级。

稳定和拓展外需的关键同时在于服务业的开放和竞争。服务业特别是生产性服务业对制造业升级换代和竞争力提升至关重要。通过服务业的开放和开放中的竞争，不仅“中国制造”得以效率增长和竞争力提高，而且中国百姓的日常生活也将显著地改善质量和提高水平。同时，改革开放前30年里，中国劳动力优势主要体现在制造业和货物贸易出口，后危机时期，伴随着中国服务业的开放和竞争，服务外包也将迅猛发展，“中国服务”将是未来中国对外贸易增长的最大亮点，“中国服务”将与“中国制造”一起驰骋全球市场。

稳定和拓展外需的关键还在于进一步改善营商环境。在世界银行的全球营商环境报告中，2010年，中国的营商环境在183个被测评经济体中位居第91位[①]，在中国经济改革研究基金会的中国企业经营环境研究报告中，2010年与2008年相比，中国企业经营环境的7类分项中有5项出现倒退[②]。营商环境对于企业发展至关重要，后危机时期尤其如此。改善营商环境，当务之急在于切实为企业减负、净化企业的营商环境、营造宏微观领域的创新氛围、保持相关经贸政策的稳定性。

---

① 数据来源：www. worldbank. org.

② 《樊纲：中国企业经营环境倒退至2008年前》，《21世纪经济报道》2011年11月23日。

（二）充分发挥进口的重要作用

充分发挥进口的重要作用首先需要领会国内市场发展对于大国的战略意义。今天，当美国意欲通过 TPP 重返亚洲并削弱中国在东亚日益提升的领导地位时，中国大市场的蓬勃发展无疑是抵御美国战略扩张、保障中国在区域经济中的权益与空间的首要武器。展望未来，蓬勃发展的中国大市场是全球唯一能够与美国大市场抗衡的新兴大市场，通过坚定不移的制度变革确保中国大市场的稳定与繁荣，是中国从大国走向强国的重要战略内容。经济大国和强国，必定是市场大国。

充分发挥进口的重要作用还需要注重进口对于消费福利增进的意义。长期以来，中国的进口主要着眼于生产领域，着眼于进口对产业发展和经济增长的促进作用。事实上，促进消费福利增长是进口贸易发展的本意。伴随着中国扩大内需战略的推进和中国收入分配制度的变革，中国消费品需求特别是高档消费品需求显著增长。在不远的将来，中国将替代日本成为全球第一大高档消费品需求市场。而在当前中国的高档消费品的消费中，境外消费是主流。因而，调节税收政策、促进进口便利化、推进流通领域改革，以充分发挥进口对消费者福利增进的作用，已经迫在眉睫。

充分发挥进口的重要作用同时需要加强对进口的战略管理。推进进口的战略管理包括两方面紧密相连的策略安排。一是改进进口结构，提高进口效率。依据国家战略产业发展需求和经济结构调整需求，扩大战略性物资的进口，包括战略性资源、物资储备、产业结构转型升级和生产线更新改造所需设备、关键零部件以及辅助产品等，既能够有效地降低贸易失衡，又能够充分发挥进口对国内经济与社会发展的积极作用。二是完善产业安全预警机制和救济机制，防止这些产品的进口冲击国家幼稚产业或者危害国家经济安全。

（三）努力提高利用外资水平

20 世纪 80 年代以来，FDI 始终是全球经济中的稀缺资源，发达国家一直是引进外资的主体。在金融危机爆发之前，发达国家历年引进外资都占据了全球引进外资的 60%以上。究其原因，我们可以看到，直接投资对于一国经济而言，不仅仅是资本，而且包含着与资本相连的富有市场竞争力的技术、管理诀窍、行业理念、研发能力、高级人才和国际营销渠道，它能够加强东道国市场的竞争，带动东道国的进出口增长和关联产业发展，进而促进产业结构的升级与换代。进一步考察全球资本流向，我们还可以发现，FDI对发展中国家的投资相当集中，截至2010年，前10位的发展中东道国（地区）引进外资占了发展中世界引进外资总和的62.9%[①]。这表明，不是所有国家实施优惠政策就能够吸引外资，我们需要珍惜改革开放以来的引资成就，努力提高引进外资水平，让外商投资在新时期作出更大贡献。

努力提高引进外资水平，核心在于，一方面，加强外资的产业导向和地区导向；另一方面，进一步优化外商投资环境。紧密结合中国在后危机时期产业升级换代和经济结构调整的目标，积极承接国际高端制造业转移，加大服务业特别是生产性服务业的外资引进，是中国引进外资的产业重点。伴随着中国综合经营成本的大幅提升和中国收入水平的迅速增长，跨国公司适时地调整了它们的对华投资战略，“利用中国廉价劳动力生产再出口”，这个延续了30多年的投资战略目标逐步被“利用中国内部大市场”所替代，中西部地区成为外商投资关注的新焦点，深入中西部地区是占领中国市场和分享中国未来增长收益的最佳选择。与此同时，当中国需要在高端制造业和服务业等领域吸引更加具有技术含量投资的时候，加强知识产权保护，扩大引进外资的领域，容纳新的外资进入方式，成为相应的政策调整内容。

（四）稳步推进对外直接投资

后危机时期，对于进入新的发展阶段的中国经济而言，海外直接投资的战略意义几乎是不言而喻的。海外直接投资是确保海外资源稳定供应、平抑经贸争端、加速结构调整、获取先进技术、拓展市场空间和减少外汇储备的必然选择。本质上说，在经济全球化的今天，相对于对外贸易而言，对外直接投资是更加积极主动地利用和整合全球资源的战略手段，看大国崛起，我们衡量的标准不仅仅是对外贸易，而且更重要的是海外投资。

近两年来，中国的海外投资迅猛增长，如图14—4所示，我们成为全球最强劲的海外投资母国，2010年，中国海外投资流量已经攀升至全球第五位。但是，需要看到，作为一个新兴大国，中国的海外投资刚刚起步，并面临着后危机时期巨大的投资风险。一方面，后危机时期全球局势的动荡让海外投资的外部风险陡然提高，发达国家的债务危机虽然给中国投资者带来低价位收购的机遇，但受债务经济拖累的发达经济体投资保护

① UNCTAD，World Investment Report，2011.

主义不断抬头；发展中国家受后危机时期全球经济震荡的冲击，民主浪潮迭起，政局不稳，国有化风险和政府违约可能性大增。另一方面，中国企业海外投资经验不足，风险防控意识和能力亟待提高。各类企业都面临着不同程度的国际型人才匮乏、融资困难和不同类型的体制性障碍，对于在转轨经济和东方文化中成长起来的中国企业而言，软实力的差距在海外投资中正日益显著地呈现出来。因此，为有效防范海外投资风险，我们需要稳步推进中国的海外投资。

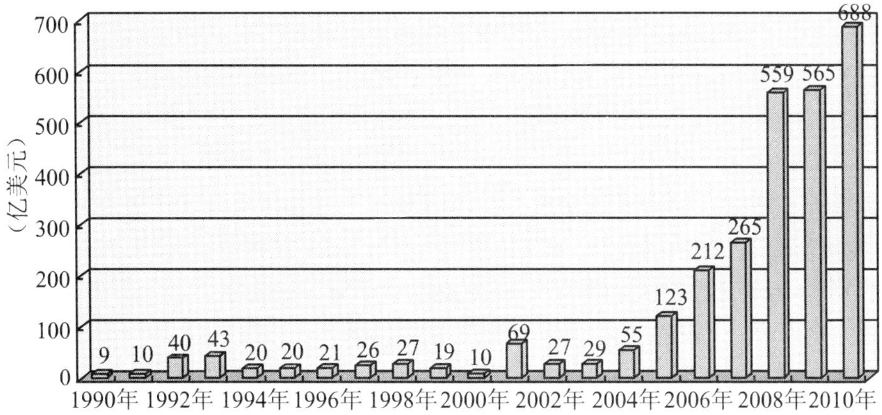

图 14—4　中国海外直接投资的快速增长

资料来源：中国投资网。

稳步推进中国的海外直接投资，一是宏观层面上，需要加强国家的战略规划，以形成产业和部门内部以及企业上下游之间的合力，保障海外投资的权益和效率；需要加强海外投资的法律法规建设，尽快出台海外投资法，规范企业海外投资与经营；需要加强海外投资的信息服务，特别是众多信息的汇总和整理，增强投资信息的针对性和及时性；需要加强海外投资的促进政策，积极探索和形成海外投资的富有成效的外交支持体系。二是微观层面上，企业要注重经验的积累和信息的共享，实体经济与教育部门相配合，迅速填补人才空缺；企业还需要加强治理机制的完善、社会责任意识的提升，努力实现属地化经营，在合规管理与运营中持续提升企业的国际形象。三是针对当前投资风险的特征，积极建立多重风险防范体系，努力探索多元投资合作路径，以开创后危机时期对外投资的新局面。

执笔人：潘　悦（中共中央党校国际战略研究所）

第十五章

三一集团的创新发展之路

三一集团的前身为湖南省涟源市特种焊接材料厂，是由梁稳根、唐修国、毛中吾和袁金华等4名大学生响应改革开放号召，辞去公职、白手起家，于1989年创立的一家民营企业，1991年正式更名为三一集团。1994年，公司提出"双进"战略，即进入在国家建设中具有重要作用的工程机械行业，将公司总部搬迁至长沙，专门致力于为全球基础设施建设和新能源开发提供高品质的施工设备。20多年来，三一集团秉持为中国改革开放创办一块"试验田"的初衷，坚持学习和践行党的理论、方针和政策，尤其在党的十六大以来，企业以科学发展观为指导，坚定不移地走新型工业化道路，通过技术创新、管理创新，改变了中国工程机械行业的面貌和世界工程机械行业竞争格局，形成了具有国际竞争力的三一品牌。

一、三一集团是中国非公有制经济发展的重要成果

1992年中国开始建立社会主义市场经济体制，中国经济驶入快速增长的轨道，体制和市场环境的转变，为我国非公有制经济提供了前所未有的发展机遇。三一集团的创业周期和产业选择恰逢其时，伴随中国经济发展，三一集团20年来保持了高速增长，尤其是在近10年达到了年均62%以上的增长速度，从而结出了丰硕的成果。

2007年，三一集团实现销售135亿元，成为建国以来湖南省首家销售过百亿的民营企业。2010年，三一集团销售首次超过500亿元。2011年6月，集团总资产达到789亿元、净资产达到258亿元，市值1554亿元，员工总人数达到6.6万余人（其中外籍员工有1300多名），成为中国工程机械行业唯一的世界500强的上市公司（全球排名第431位）。目前，三一集团在全球其他100多个国家和地区设立了营销分支机构，建立了21个海外子公司，业务覆盖达到150个国家。在美国、德国、印度、巴西和

印度尼西亚等国建立了海外产业基地，三一集团已经成长为全球最大的混凝土机械制造企业，在挖掘机械、起重机械、桩工机械、煤炭机械等产品领域位居全球前五名。

三一集团尽管是一家民营企业，但是为中国的机械工业发展作出了较大贡献。长期以来，我国工程机械等具有战略意义的高技术含量产品80%以上依赖进口。从1994年开始，三一以混凝土输送泵作为其进入工程机械制造企业的“敲门砖”，对混凝土输送泵机械、液压、电气等关键技术进行攻坚，并创造性地把拖泵的新技术应用到泵车等混凝土输送系列产品上，使得三一成为国内混凝土机械品种最多、规格最齐全的品牌。三一混凝土泵送产品的崛起，在中国工程机械制造企业中发动了一场拒洋品牌于国门之外的民族工业保卫战。从2002年起，三一混凝土机械市场占有率稳居国内第一，到2005年已超过50%，成为国内第一品牌。以三一品牌为代表的国产混凝土机械，在短短5年间，改变了原来国内市场85%的混凝土泵及95%的泵车依靠进口的局面。2007年，三一重工微泡沥青水泥砂浆车亮相京津高铁，结束了中国高铁施工中沥青砂浆灌注使用外国设备的历史，打破了德国博格公司独家拥有该项技术的格局。2008年，亚洲最大吨位全液压旋挖钻机在北京三一重机下线；亚洲首台1000吨履带起重机在三一重工研制成功。2009年，三一重工72米臂架泵车刷新吉尼斯世界纪录，实现了对混凝土超长泵送技术的超越。2010年，三一重工研制出中国最大的1000吨级汽车起重机。2011年9月，三一重工将72米臂架泵车延伸至86米，再次刷新自己创造的世界纪录。目前，三一集团的混凝土泵车、混凝土拖泵、摊铺机、压路机、平地机、旋挖钻机、挖掘机、履带起重机、正面吊运机共九大系列58型号产品通过由国际知名认证公司德国TUV公司审核的“CE”认证并获得证书，成为中国混凝土机械行业首家取得第三方“CE”认证的企业。

三一凭借强大的研发力量和先进的研发管理平台，自1998年开始承担了4项国家“863”计划项目、1项国家重大装备项目、4项国家重点新产品项目的研究，省部级项目60多项，研发成果转化率100%。“混凝土泵送关键技术研究开发与应用”荣获2005年“国家科学技术进步二等奖”，是混凝土机械行业最高奖项（当年一等奖空缺）；“SCC4000履带起重机”荣获“中国机械工业科技技术一等奖”，“LHZ25沥青混合料转运车”获“中国机械工业科技技术二等奖”，三一产品及其项目共获得省部级奖50多项。

三一集团旗下三一重工于 2003 年 7 月 3 日成功在 A 股上市后，于 2005 年率先在上市公司中进行股权分置改革，对所有流通在外的股份，提出了“每 10 股送 3.5 股，再补偿 8 元人民币”的方案，顺利将国有股转换成流通股，创始团队也开始真正掌握了公司股权与经营权，让三一摆脱了国营民企的包袱。三一重工的股改开启了中国股权分置改革的新纪元。“股改＋现金”的“三一模式”也为后来的股改企业提供了可以借鉴的成功范本，被载入了中国资本市场发展的史册。

三一集团多年来的成功发展，得益于中国改革开放背景下市场经济体制的发展完善。在“毫不动摇鼓励、支持、引导非公有制经济发展”等一系列国家政策措施的保障下，三一集团通过在管理制度、技术创新、社会责任、企业文化和党建等领域的积极探索和持续创新，为自己的发展壮大开辟出广阔的空间。

二、通过管理创新，逐步建立现代公司治理机制

三一集团是一个庞大、复杂的网络系统，随着公司的发展壮大，为使公司内部管理体系有序、高效运作，以规范的现代公司制度为基础，公司高管层进行了一次次组织架构的调整，一次次流程的梳理，提高每一个环节的工作效率，适应公司快速发展的需要。

自成立之初，三一公司就坚持实施“早餐会”、“周例会”、“月例会”、“部门之间协调会”等现代企业管理制度。其中，早餐协调会更是成为三一重工的重要决策工具，它强化了组织内的沟通，提高协调的效率，使管理层在第一时间能够知晓客户与市场的反应，决策层形成的新战略思想与决定，也能够在第一时间传达至各部门的负责人，从而形成了高效的决策机制。公司上市后，三一集团更加规范化建立并完善由股东会、董事会、监事会和经理层构成的现代治理结构，严格按照《公司法》、《证券法》的规定运行，成为一个以职业经理人为主的中国国际化民营企业。

三一集团建立了一套完善绩效考核机制和用人机制。公司成立了技术创新管理委员会，由集团技术总裁担任技术创新管理委员会主任；制定了《专业技术创新管理办法》、《非专业技术创新管理办法》，研发人员必须参与技术创新，同时还鼓励非研发人员全面参与技术创新。对每一位提出创新建议的员工给予奖励，创新建议一旦被采纳、实施，根据产生的效益再次进行奖励。三一集团制定《研发项目管理办法》，对研发项目实行“合

同式开发”管理；制定《专利奖惩办法》、《知识产权管理规定》等对专利的申请和授权阶段分别进行规范和奖励。在实际工作中，三一充分发挥民营企业机制灵活的特点，保留职务上的公平竞争机制，不拘泥于资历与级别，不论资排辈，大胆任用，对有突出才干和突出贡献者进行培养和提拔。每年3月31日是三一科技节，在这个重大的节日里，集团除重奖重大技术创新的项目和个人，还对研发人员进行股权激励。

三一集团建立了一套高效的精益生产组织体系。作为以“工程”为主题的机械装备制造企业，三一是典型的离散型、人员密集型企业，生产周期长、占用资源多（人员、场地、面积、资金等）。由于客户个性化需求的增多、产品品种日趋多样性、市场需求变化加快等种种原因，企业的生产面临严峻考验，亟须改变。为切实解决这些问题，在深入研究精益思想与TPS（丰田生产方式）之后，三一引入精益生产用于制造核心能力的变革，建立在SPS（三一生产系统）基础上的SPS标准体系，为从“图纸到产品”的全过程提供标准、方法和流程制度支撑，以确保高效、经济、高质量地制造出满足客户要求的产品，实施“五步卓越”，即三一精益起步、识别价值流、对生产组织进行变革、转变生产方式和精益制造评价体系。三一高效的精益生产体系，使“品质改变世界”的企业使命能够实现，三一的产品成为中国最具成长力自主品牌、中国最具竞争力品牌、中国工程机械行业标志性品牌和亚洲品牌50强。

三、通过技术创新，形成新型工业化发展道路

“产业报国”是三一集团最重要的企业精神，发展壮大民族机械工业一直是三一人矢志不渝的追求，通过全面运用信息技术和手段改造提升传统工业，三一集团获得了一大批创新成果，使中国的机械制造进入了全球先进水平。

三一集团运用信息化整合全国以及全球资源，不断增强研发能力。三一总部长沙设立的技术中心2002年被评定为国家级技术中心，技术中心设立了整个集团的标准化、项目管理、知识产权、情报信息、翻译协会等组织机构，依托以PDM系统为核心的研发信息化集成体系，广泛应用三维设计、虚拟仿真、数字化等手段，实现全球研发数据集中管理、安全共享，支持全球24小时的协同研发活动。目前，三一以长沙、上海为中心分别建立了两大产业集群，在人才密集的上海、北京、沈阳、昆山等地设

立研究院，就近指导产业园区的生产制造，围绕核心产业进行适当的延伸，共享三一集团研发创新的最新成果。在美国、印度等地研究院用以指导当地产业园区的生产销售，做到人才国际化、本土化。目前，集团拥有研发人员10059名，博士、硕士40%以上，外籍专家100余名。三一集团先后建成3个院士专家工作站、2个国家级企业技术中心、3个国家级博士后科研工作站、4个省级技术中心、1个国家认可实验室、2个省级重点实验室、4个省级工程技术中心和1个省级工业设计中心，形成了集群化的创新平台体系，具备了全球化的研发资源配置能力。

三一集团开发的ECC企业控制中心，是一个基于GPRS应用技术的服务控制系统，具有智能派工、服务质量的监控与评估、设备运行监控、故障远程报警与诊断、远程指导等功能，彻底改变了业界内客户直接求助现场服务工程师的传统模式，使60%以上的问题可以通过二线服务工程师远程解决，若故障不能远程解决，二线服务工程师可以进行智能派工，系统根据设备和服务车位置、服务人员技能、设备故障类型等，自动选择匹配的就近一线服务工程师，同时，系统还可将设备故障类型、所需工具、所需备件等信息发送给一线服务工程师的智能移动服务终端，工程师收到电子服务订单后立即通过智能移动服务终端进行订单确认，确保第一时间赶至现场快速解决问题。

三一集团的技术和产品创新，不仅仅是创造世界之最，更重要的是将研发的目光锁定在“安全环保节能”产品的开发上，将可持续发展的理念融入产品，顺应“资源节约型、环境友好型”社会的发展需求。长期以来，机械行业的传统动力控制节能模式不能随着发动机转速的改变实现即时调节，被称作固态节能模式。2008年，三一集团开发的新一代动态节能模式，拥有“全功率自动适应节能技术、高效节能液压技术、冷却系统节能技术”三大核心节能技术，使泵送产品平均节油20%。2010年，三一重工开发的双动力驱动SR200D旋挖钻机，成为全球首台节能环保的旋挖钻机。2011年，研制成功的混合动力挖掘机，集中了混合动力、发动机功率优化控制、电子控制正流量系统、工作装置轻量化等各种节能技术，可有效减少能量消耗，实现能量回收，该产品整机动作协调性好、安全性高，比传统挖掘机节能30%以上，作业效率提高25%以上。

工业化和信息化的充分结合，使三一集团在自主创新领域实现了一系列突破。截至2011年底，三一集团累计申请国内专利为4141件，其中发明专利为1440件，PCT国际专利申请189件，海外专利为65件，已获授权专利 2211 件，海外授权为 10 件，居行业首位。集团总工程师易小刚荣获中国科协首届“十佳全国优秀科技工作者”，是湖南省和工程机械行业唯一获奖者。“三一重工工程机械技术创新平台建设”获 2010 年国家科技进步二等奖，实现工程机械行业和湖南省“企业技术创新工程”类国家科技进步奖零的突破，也是我国工程机械行业获得的国家最高科技奖励。

四、勇担社会责任，树立非公有制企业良好形象

三一集团董事长梁稳根曾在各种场合多次说：“我梦想三一所有的员工都过上富足而有尊严的生活。”三一的这个“富足而有尊严的生活”理念就是企业与员工共命运、共成长，企业发展与员工共富、共赢、共荣的和谐企业理念。

三一在薪酬待遇上善待员工，员工工资领先行业和地区。与许多靠降低成本取胜的制造业企业不同，三一从不将员工工资看作成本，而是一种回报率最高的投资，通过实行有竞争力的薪酬福利制度和中长期奖励措施，三一的员工普遍过上了体面而有尊严的生活。2010 年，三一员工年人均工资达到 5.1 万元，是湖南在岗职工平均工资的 1.7 倍；一线员工年人均工资达到 5 万元，年均增幅近 20%。三一把恪守法律合同作为取信员工的重要举措，长期保持劳动合同签订率 100%、五险一金缴纳率 100%、工资按时足额发放率 100%。除了基本工资，三一还提供特色的中长期奖励措施。为鼓励研发人员持续创新，三一设计了“积分制”，将工作成果按标准换算成积分，累积到相应的数值时就可以兑现成房子、汽车或现金，2010 年发放等值奖励 2000 万元。三一将优秀的员工提拔为管理者，并通过股权激励等方式，把优秀的员工培养成了合伙人，以此，公司产生了一大批百万、千万甚至亿万级富翁。

三一不仅把善待员工当作企业应尽的责任，而且把关爱社会、奉献爱心作为企业始终奉行的宗旨。2008 年 2 月，三一赞助 300 万元支援湖南省抗冰救灾，并先后出动 21 台平地机投入高速公路的破冰行动。2008 年 5 月，三一捐出 1500 万元工程机械设备、300 万元现金，并派出 80 人的三一抗震救灾服务队第一时间奔赴四川地震灾区救援，三一救援突击队的 15 台大型设备先后打通 30 多公里的生命通道，唱响了生命的赞歌。时任湖南省委书记张春贤对三一支援抗震救灾给予了高度赞赏：“三一集团在这次支援汶川大地震工作中反应迅速，积极主动，彰显了企业的社会责任

感和人道主义的爱心，谨向同志们致谢!”2009 年 6 月，重庆武隆发生山体崩塌，4 台三一挖掘机首达武隆，成为第一批进入核心区救援的机械设备，加速了救援工作的推进。2009 年 8 月 15 日，台风“莫拉克”使台湾南部遭受 50 年来最严重的水灾，三一捐赠价值 350 万元的工程机械设备给予支援。2010 年“4·14”玉树地震后，三一出资 1500 万元成立了“中国三一灾后孤儿救助基金会”。创立了中国目前唯一的，也是最新的一个孤儿救助资金。三一孤儿救助基金是针对灾后（不仅是地震）对孤儿的救助，主要用于孤儿的救助、培训和教育。这个基金会可以帮助孤儿健康茁壮成长，对他们未来的人生也做了一个相对科学的规划。

大爱无疆，大灾面前无国界。2010 年 8 月 5 日，智利圣何塞铜矿发生矿难，33 名矿工被困 700 米深的地下。世界各国支持救援，救援工作中使用的“中国制造”，即三一集团自主生产的一台可起吊 400 吨重物体的履带起重机。受智利方面指派，该起重机的售后服务工程师郝恒随队奔赴矿难现场，历时 69 天后，终于将被困矿工悉数救出，创下了被困地下时间最长且成功生还的“世界奇迹”。

2011 年 3 月，日本福岛核电站发生核泄漏事故后，日本方面想尽办法，利用各种先进装备为核电机组注水降温。东京电力公司向三一重工提出需购买 62 米泵车，以向反应堆注水冷却。三一重工本着人道主义精神，通过中、日红十字协会捐赠了所需泵车，并提供全方位支持。3 月 19 日，三一重工 62 米泵车带着国人的祝福紧急出发，日夜兼程，于 3 月 27 日到达福岛核电站指挥中心。注水达到了预期降温效果。中国泵车援救福岛第一核电站的善举，得到日本权威媒体的竞相报道，并得到日本民众、政府的真诚感谢。日本媒体将这台日本国内有史以来臂架最长的泵车亲切地称为“大长颈鹿”或者“中国的机械大手”。

五、强化企业文化建设，塑造三一品牌

三一的企业文化是在中国特色社会主义理论指引下对现代商业文明探索实践中产生的，经过多年积累形成了独具特色的体系，决定了三一的发展战略、价值取向和企业品质。

早在创业之初，三一集团的创业团队就提出“创建一流企业，造就一流人才，做出一流贡献”的愿景，“三个一流”的最终目标是为实现产业报国的理想。“品质改变世界”是三一的三大核心文化理念之一，也是企

业的使命。“品质改变世界”，也就是要缔造世界最高品质的产品和服务，以高品质的企业文化促进社会文明，以高品质的管理引领企业实践潮流，以高品质的创新推动科学技术进步，以高品质的企业贡献于民族复兴。在三一，品质被视为价值和尊严的起点，是唯一不能妥协的事情。

“公正信实、心存感激”是三一信奉的企业伦理。在三一，爱党爱国、诚实守信被视为第一守则，“先做人，后做事”的核心价值观也深入人心。三一不仅要求自己的员工诚信，更要求管理层对员工诚信、公司对供应商和客户诚信，倡导诚信商业文明。三一讲诚信、重品质，求进步、重共赢的企业文化，积累出一笔宝贵的精神财富，极大地增强了全体员工、供应商和广大客户的凝聚力，成为三一迅速崛起、持续发展的不竭动力。三一看得最重、盯得最牢、做得最好的就是诚信，这不仅体现为对产品和服务品质的无上追求，更体现在对员工的言必信、行必果。在三一有一个家喻户晓的“诚信是金”的典故：1994 年，三一从涟源搬到长沙，当时条件非常艰苦，在长沙产业园的开工典礼上，集团给在场的每位员工发了一张纸条，承诺“将来大家可以用这张纸条来兑换金牌”，这批员工后来被亲切地称为“金牌员工”。10 年之后，三一成功上市，董事会兑现了当年的承诺，为他们兑换了纯金打造的金牌以及 10 万元奖金，并进一步承诺，将来在集团销售收入过 1000 亿时，再给“金牌员工”每人奖励 100 万。即使有人今天想用 100 万去和他们交换这块金牌，他们中也没有人愿意将它转让。

“帮助员工成功”是三一在中央关于“构建和谐社会”思想指引下建立的核心文化理念之一。在这个理念的指引下，三一始终视人才为企业的第一资源，以宽广的舞台发展员工，在企业建立了帮助员工成功，促进创新人才成长的良好机制，让员工干事有舞台、发展有空间。长期以来，三一通过完善的职业培训体系、畅通的员工晋升通道、健全的员工权益保障机制、优于行业水平的薪酬福利制度，公司努力让员工与企业共同成长、共同进步。

三一是个钻研业务、提升技能的大学校，给员工提供素质提升的机会。集团投资 3.5 个亿成立三一大学，并参照传统大学体制，建立了“15 个系、57 个专业、3 个年级”的专业课程体系。为加强年轻员工的培养，三一较早建立了导师带徒制，并用月度导师津贴和年度优秀导师奖促进帮学关系，目前，已认证的导师 2500 余人，年辅导学生 8000 人。为加强中层骨干的培养，三一开发了名校送读、S1000 人才工程等特色培养项目，每年选派大批管理技术骨干、优秀一线员工到北大、清华等名校深造，并实行“学费公司出、工资照旧发、岗位长期留”的鼓励措施。目前，已有上千名员工完成学业，大部分获得提拔重用。2010 年，三一又启动了 S1000 人才工程，每年开班培养 1000 名有理想、有道德、有技能的后备人才。

三一是个人尽其才、才尽其用的大舞台。针对三一员工比较年轻的特点，集团一方面，加大专业培训力度；另一方面给他们压担子、搭梯子，不遗余力培养青年成才。集团建设了研发、制造等 15 大体系的专业职称通道，近 3 年就有 5000 多名员工评上职称，能力待遇都有提升，使员工真切感受到“要想富，学技术”。集团每年都会选派大量年轻员工到管理岗位上轮岗锻炼。目前，三一管理人员队伍平均年龄 34 岁，最年轻的部门经理 24 岁。2010 年提拔的 900 人中，56%为 80 后的年轻人，形成了人才辈出的繁荣局面。

六、开拓“333”党建模式，打造民企党建标杆

改革开放 30 多年来，非公经济已经成为发展社会主义市场经济的重要力量，加强这一领域的党建工作，已经成为增强和扩大党的执政基础和群众基础、提高党的社会影响力的迫切需要，也是保护非公经济企业中广大职工合法权益、引导企业健康发展的迫切需要。三一集团以感恩的心态和对党的无比热爱高度重视党建工作，董事长梁稳根同志明确提出“将三一打造成民企党建标杆”的工作目标。

三一集团的员工有 68000 人，党员有 5186 人。在三一的发展中，党建工作已经成为推动企业发展的核心力量，是三一核心竞争力的重要组成部分，是三一实现科学发展的核心因素。三一集团党委成立于 2002 年，下设 3 个分级党委、6 个党总支和 53 个党支部，党员人数 5186 人，占员工总人数的 9%。10 年来，三一集团党委不断创新和积极探索非公企业党建工作，探索形成了独具特色的“333”民营企业党建工作法。

（一）“三化”，即党建工作制度化、信息化、国际化

党建工作的制度化，一是时间制度化，公司规定每月第二周周末必须开展“三会一课”。二是经费制度化，除了固定的党费以外，集团公司每年还提供了人均不低于 200 元的党务经费，建立了党委楼、企业党校，并

在中央党校开设党员培训班。党建工作的信息化，包括党员动态管理信息化，党员“三会一课”全球视频化，三一党报、党刊信息化，开办党建网站等。党建工作的国际化，就是三一的“业务开展到哪里，党的组织就设置到哪里，党的工作就延伸到哪里”，目前，三一美国、德国、印度、巴西都建立了海外党支部，让党旗高高飘扬在世界各地。

（二）“三双”，即三一党建工作中的“双培、双推、双促”

“双培”，就是把优秀员工培养成党员、把党员培养成工作骨干；“双推”，就是把优秀党员经营管理者推选为党务工作者，把优秀党务工作者推荐进管理决策层；“双促”，就是以党建促发展、以发展促党建。在三一，获得提拔不一定要是党员，但一定对党要有正确的认识，要递交入党申请书。在 2011 年，集团有近 560 名优秀党员走上了重要工作岗位，占提拔干部总数的 56%。

（三）“三结合”

第一个结合是集团各级党组织与经营组织高度结合，各事业部、子公司、职能总部的支部书记兼行政一把手，行政一把手不是党员的，都要配备党员干部担任支部书记兼行政副职，这在组织覆盖的前提下更有利于工作覆盖。第二个结合是党建工作与企业文化建设相结合。第三个结合是年终绩效考评、经营成果与党建成果相结合，公司对于经营单位和管理者的考核，不仅考核经营业绩，同时也要考核党建工作，经营成果主要考核利润、现金流等指标，而党建成果主要考核遵纪守法、诚信和员工满意度等。

通过“三化”、“三双”、“三结合”，党组织的政治优势和党员的模范带头作用在三一得到充分激发，并且快速转变成为企业发展的直接推动力量。现在的三一，11 位董事中有 7 位是党员，企业的主要经营岗位上，也有大批党员骨干和积极分子。跟党走、走中国特色社会主义道路，永远感恩党、感恩祖国、感恩人民，已经成为三一的核心理念！在三一，有三个值得思考的现象：一是党建工作好的党员是很好的员工，提拔使用以后，往往取得更大的成绩。二是党建强的组织也是经营绩效好的组织，如三一泵送事业部，已经发展成为全球最大的混凝土机械制造公司；三一巴西事业部，在创立的当年就实现了赢利。三是党建好的时期是经营好的时期，集团党委成立之前的 2001 年，三一的销售额只有 6.2 亿元、利税总额为 9600 万元，集团党委成立 10 年来，三一销售额年均复合增长 61%，利税总额年均复合增长 66%，销售额累计增长了 120 倍，利税总额累计增长了 166 倍，三一用 10 多年的时间，完成了许多西方企业用半个多世纪才完成的发展过程。

三一党建工作的实践说明，民营企业要健康发展，更加需要党。在把握政治方向上需要党，在凝聚力量上需要党，在解决问题上需要党，在人生价值的认可上需要党。许多民营企业家之所以经营民营企业，既是生活方式和职业生涯的选择，更是一种报效党和国家的情怀和路径选择。三一集团积极探索创新民企党建工作的做法得到了中央的肯定。中央党建工作领导小组调研组认为三一集团的党建工作“为企业所重视，为党员所欢迎，为员工群众所拥护，为探索民营企业党建工作、促进企业经济发展树立了典范”。2012 年 3 月 21 日，在习近平出席的中央非公有制企业党建工作会议上，三一集团董事长梁稳根在发言中道出了自己的心声：“我出身农村，没有党的教育和培养，就没有我个人的成长和事业成功，30 年前，我从农村第一次跨进大学校门，拿到了党提供给我每月 19 元钱的助学金，当时的感动和幸福，至今记忆犹新。如果没有对党的感恩之情，我就不会有‘品质改变世界’的理想。”

三一集团的创新发展实践说明，随着不断健全和完善中国特色社会主义制度，在中国特色社会主义道路的建设进程中，民营企业能够发挥越来越大的作用。发展非公有制经济，既是民营企业家生活方式和职业生涯的选择，更是一种报效党和国家的情怀和路径。

执笔人：李　鹏（中共中央党校经济学部）
程冠军（中共中央党校报刊社）
潘　力（中共中央党校研究生院）

参考文献

［1］洪银兴：《转变经济发展方式：抓住良好机遇推进自主创新》，《人民日报》2010 年第 5 期。

［2］李学勇：《加快推进自主创新促进经济发展方式转变》，《求是》2010 年第 6 期。

［3］高梁：《自主创新与转变经济发展方式》，《中国党政干部论坛》2009 年第 6 期。

［4］赵冬初：《自主创新与经济发展方式转变》，《云南社会科学》2009 年第 2 期。

［5］于学东：《经济增长方式与经济发展方式的内涵比较与演进》，《经济纵横》2007 年第 12 期。

［6］李峰：《企业成为技术创新主体的途径》，《商业经济评论》2010 年第 3 期。

［7］薛荣芳：《企业所得税对 R&D 投资影响分析及美、日等国税收优惠比较》，《税务研究》2007 年第 9 期。

［8］李丽青：《我国现行 R&D 税收优惠政策的有效性研究》，《中国软科学》2007 年第 7 期。

［9］郑永康：《技术创新与我国企业核心竞争力提升》，《经济师》2007 年第 5 期。

［10］彭继民：《提高自主创新能力的思路》，《经济研究参考》2006 年第 1 期。

［11］刘军：《完善税收政策促进自主创新》，《税务研究》2006 年第 8 期。

［12］刘金良：《鼓励企业技术创新的税收政策研究》，《税务研究》2006 年第 7 期。

［13］曲顺兰、路春城：《完善财税政策，促进自主创新》，《财政研

究》2006 年第 5 期。

[14] 张海涛：《R&D 税收激励政策的国际比较及其启示》，《中国高新技术企业》2007 年第 10 期。

[15] 胡卫、熊鸿军：《R&D 税收激励——原理、评估方法与政策含义》，《管理科学》2005 年第 2 期。

[16] 高鸿业：《西方经济学（第五版）》，中国人民大学出版社 2011 年版。

[17] 陈佳贵：《改革以投资驱动为主要特征的经济增长方式，增强消费对经济的拉动力》，《经济体制改革》2012 年第 4 期。

[18] 陈志武：《中国经济模式转型难在何处》，《大经贸》2009 年第 7 期。

[19] 林哲、毛中根：《中国经济平稳增长的总需求结构分析》，《学术月刊》2005 年第 5 期。

[20] 魏杰：《为什么目前我国难以通过再分配调节收入差距和启动消费》，《经济参考报》2011 年第 4 期。

[21] 陈志武：《国富民穷，经济如何转型?》，《新经济导刊》2010 年第 5 期。

[22] 梁媛、冯昊：《促进中国总需求结构优化的政策体系研究》，《经济问题探索》2010 年第 12 期。

[23] 厉以宁：《调整经济结构关乎中国生死存亡》，*IT Time Weekly*2012 年第 1 期。

[24] 房朝君：《现阶段我国产业结构和就业结构特点分析》，《商场现代化》2008 年第 1 期。

[25] 易醇、张爱民：《“十二五”期间我国产业结构调整的对策研究》，《经济纵横》2011 年第 4 期。

[26] 陈佳贵：《调整和优化产业结构，促进经济可持续发展》，《中国社科院研究生院学报》2011 年第 2 期。

[27] 国务院发改委宏观经济研究院课题组：《“十二五”时期我国产业结构调整的战略与对策研究》，《经济研究参考》2010 年第 43 期。

[28] 马凯：《在应对国际金融危机中加快推进经济结构调整》，《国际行政学院学报》2009 年第 5 期。

[29] 何德旭、姚战琪：《中国产业结构调整的效应、优化升级的目标和政策措施》，《中国工业经济》2008 年第 5 期。

[30] 周新城、王世崇：《国有经济控制力问题研究》，《黑龙江社会科学》2012年第4期。

[31] 王美杰：《中小企业发展问题探究》，《经管空间》2012年第4期。

[32] 金碚：《论国有企业再定位》，《中国工业经济》2010年第4期。

[33] 马彩红：《经济危机背景下民营企业发展探讨》，《企业研究》2012年第4期。

[34] 尹全胜：《我国中小民营企业发展现状及存在的问题》，《中国商贸》2012年第12期。

后 记

本书是由中央党校遴选的校级重点课题。随着国家“十二五”规划的出台，2012 年党的十八大召开，我国在转变经济发展方式问题上的认识更加清晰，为本课题的开展指明了方向。在韩保江教授的组织下，课题组围绕主题、立足国家政策，在多个省区市进行了调查分析，对我国在政策实践层面出现的新问题、新情况和新进展，进行了详细的梳理和剖析，顺利完成了课题总报告，并发表了系列相关文章，产生了较强的影响力。为了更好地使课题成果能够运用于党和国家的有关政策，服务于中国特色社会主义理论和制度的完善，本书在中央党校出版社的支持下予以出版，诚请社会各界批评指正。

在书稿即将付梓之际，衷心感谢给予课题组大力支持的中央党校的领导、专家们，衷心感谢中央党校科研部、教务部、经济学部和国际战略研究所的同志们给予的热情帮助。尽管课题组取得了初期的研究成果，但由于我国转变经济发展方式是一个长期的过程，我们将一如既往地继续进行追踪研究，为中国特色社会主义事业的发展做出一份贡献。

2013 年 5 月